विश्वमानव

वर्तमान नेतृत्वकर्ताओं का स्पष्टिकरण

(सार्वभौम सत्य-सैद्धान्तिक आधार पर)

notionpress.com

विश्वमानव
वर्तमान नेतृत्वकर्ताओं का स्पष्टिकरण

(सार्वभौम सत्य-सैद्धान्तिक आधार पर)

लव कुश सिंह "विश्वमानव"

सत्यकाशी पीठ
पांचवां और अन्तिम शंकराचार्य पीठ

Notion Press

Old No. 38, New No. 6
McNichols Road, Chetpet
Chennai - 600 031

First Published by Notion Press 2020

ISBN 978-16-48994-56-2

समर्पण

यह पुस्तक समर्पित है -

उन सभी खोजी आत्माओं को,

जो सत्य की ज्योति को अपने भीतर

और संसार के हर कोने में जलाना चाहते हैं।

भारतीय संविधान के धारा-51 (ए)

नागरिक का मौलिक कर्तव्य के अनुसार

01. संविधान के प्रति प्रतिबद्धता, इसके आदर्शों, धाराओं, राष्ट्रीय ध्वज व राष्ट्रीय गान का आदर करना।
02. स्वतंत्रता के लिए संघर्ष हेतु प्रेरित करने वाले सुआदर्शों का अनुकरण करना व उन्हें चिरस्थायी बनाना।
03. भारत की सर्वोच्चता, एकता और अखण्डता की रक्षा करना तथा समर्थन करना।
04. जब भी आवश्यकता पड़े देश की रक्षा करना व राष्ट्रीय सेवाओं हेतु समर्पित होना।
05. समाज में भाई-चारें की भावना का विस्तार करना, मातृत्व भाव, धार्मिक, भाषायिक, क्षेत्रीय विभिन्नताओं में एकता कायम करना तथा नारी सम्मान आदि का ध्यान देना।
06. अपने मिश्रित संस्कृति का मूल्यांकन करना उसको स्थायित्व देना और इसकी परम्परा को कायम रखना।
07. प्राकृतिक सम्पदा की रक्षा करना जिसमें जलवायु, जंगल, झील, नदियां, जंगली जीवों व समस्त जीवों के प्रति दया का भाव सम्मिलित है।
08. वैज्ञानिक भावना को प्रोत्साहित करना, मानवीय भावनाओं के स्वरूप की परख करते रहना।
09. जन सम्पत्ति की सुरक्षा करना और हिंसा आदि का परित्याग करना।
10. व्यक्तिगत, सामूहिक गतिविधियों के प्रत्येक क्षेत्र में सर्वोच्चता हासिल करना, जिससे राष्ट्र शतत उत्थान, प्रयत्न व प्राप्ति की ओर अग्रसर होता रहे।
11. जो कि माता-पिता या अभिभावक हो, वे अपने 6 साल से 14 साल के बच्चों को शिक्षा या अन्य ऐसे सुअवसरों का लाभ उन्हें मुहैया करावें।

मूल जीवन मंत्र

"हे प्रभु, तेरे प्यार में बस दो ही बातें है। एक तो अपना कल्याण करूँ, दूसरा तुझ जैसा बन सबका कल्याण करूँ"

विषय- सूची

भाग-1: भारत के स्वतन्त्रता (सन् 1947 ई0) के पूर्व जन्में नेतृत्वकर्ता

भाग-2: भारत के स्वतन्त्रता (सन् 1947 ई0) के बाद जन्में नेतृत्वकर्ता

07. सहस्त्राब्दि विश्व शान्ति सम्मेलन
08. श्री फर्दिनो इनासियो रिबेलो (31 जुलाई 1949 -)
09. श्री नरेन्द्र मोदी (17 सितम्बर 1950 -)
10. श्री राज नाथ सिंह (10 जुलाई, 1951 -)
11. श्री बराक ओबामा (4 अगस्त, 1961 -)
12. बाबा रामदेव (25 दिसम्बर, 1965 -)
13. अमर उजाला फाउण्डेशन प्रस्तुति "संवाद"

भाग-3: परिवर्तन

सीधी समझ
नये भारत में, नये मनुष्य के उदय के लिए
व्यवस्था के परिवर्तन या सत्यीकरण का पहला प्रारूप और उसकी कार्य विधि
वे शब्द जिसके बिना युग परिवर्तन सम्भव नहीं

भाग-4: केन्द्र या मध्य (भारत) में पांचवां और अन्तिम सत्यकाशी पीठ

सत्यकाशी पीठ: स्थान
सत्यकाशी पीठ: इतिहास और उद्देश्य
पाँचवाँ और अंतिम शंकराचार्य पीठ: इसकी विशेषता

भाग-5: सत्यकाशी पीठ के कार्य

धारा-उद्धार: धर्म की पुनर्स्थापना
मनुष्य चेतना का रूपांतरण
साधना, दीक्षा और आध्यात्मिक अनुष्ठान
वैश्विक कार्य: मानवता के लिए संदेश
शिव-तत्व और कल्कि-तत्व का मिलन
"सार्वभौम सत्य-सिद्धान्त" पर आधारित "युग परिवर्तन श्रृंखला" के नवयुग के शास्त्र-साहित्य

मुख पृष्ठ की व्याख्या

यह पुस्तक–आवरण एक गहरे नीले, ब्रह्माण्डीय पृष्ठभूमि पर निर्मित है, जो अनंत अंतरिक्ष, व्यापक चेतना और वैश्विक दृष्टि की अनुभूति कराता है। शीर्ष भाग में सफ़ेद अक्षरों में लिखा शीर्षक-**"विश्वमानव वर्तमान नेतृत्वकर्ताओं का स्पष्टीकरण"**-कवर की गंभीरता, व्यापकता और समकालीन महत्त्व को रेखांकित करता है।

केंद्र में पृथ्वी का स्वर्णिम गोला है, जिसके चारों ओर ऊर्जा–रेखाओं का जाल एक वैश्विक नेटवर्क का प्रतीक बनकर उभरता है। इसी पृथ्वी–चक्र के ऊपरी आधे भाग पर मानव आकृतियाँ एक अर्धवृत्ताकार पथ में खड़ी हैं-महिलाएँ, पुरुष, वृद्ध, युवा-सभी एक ही रेखा में खड़े हुए प्रतीत होते हैं, मानो यह संकेत दे रहे हों कि नेतृत्व किसी एक व्यक्तित्व का नहीं, बल्कि सामूहिक चेतना का विकास है। ये आकृतियाँ विविधता, समानता, और भविष्य के नेतृत्व–मॉडल को दर्शाती हैं जहाँ राष्ट्र–सीमाएँ गौण और मानव–एकत्व प्रमुख है।

आवरण के निचले हिस्से में चमकीले पीले रंग में **"सत्यकाशी पीठ"** लिखा है, जो इस कृति की आध्यात्मिक–दार्शनिक पृष्ठभूमि को उजागर करता है। उसके नीचे **"पाँचवां और अन्तिम शंकराचार्य पीठ"** की पंक्ति इस ग्रन्थ को एक विशेष आध्यात्मिक परम्परा और अंतिम घोषणापरक अधिकार से जोड़ती है।

समग्र रूप से यह मुखपृष्ठ आधुनिक विश्व–नेतृत्व के पुनर्मूल्यांकन, मानवता के भविष्य के मार्गदर्शन, और आध्यात्मिक–वैश्विक दृष्टिकोण के समन्वय का प्रतीक है-एक ऐसा आवरण जिसे देखकर ही यह आभास होता है कि पुस्तक मनुष्य, समाज, शासन और चेतना के अगले युग के लिए एक निर्णायक विमर्श प्रस्तुत करती है।

भूमिका

मानव सभ्यता हर युग में अपने नेतृत्व की गुणवत्ता से निर्मित होती रही है। समाज का उत्थान हो या अवनति-दोनों की जड़ें व्यक्ति की चेतना और उसके द्वारा संचालित नेतृत्व-वृत्ति में ही निहित रहती हैं। वर्तमान युग, जिसे ज्ञान-विस्फोट, तकनीकी तीव्रता, सामाजिक-राजनीतिक उथल-पुथल और वैश्विक पारस्परिकता के युग के रूप में देखा जाता है, उसमें नेतृत्व की परिभाषा पहले की भाँति एकरेखीय नहीं रह गई है। नेतृत्व अब केवल सत्ता, पद अथवा किसी सामाजिक-राजनीतिक ढाँचे के प्रशासन तक सीमित नहीं, बल्कि मानवता की संपूर्ण चेतना के विकास से जुड़ी एक व्यापक और बहुस्तरीय प्रक्रिया बन चुका है। यही कारण है कि "विश्वमानव"-अर्थात वह मनुष्य, जो स्वयं को किसी एक भूगोल, संस्कृति, परंपरा अथवा जाति-समूह के बजाय संपूर्ण मानव समुदाय का अंग मानकर सोचता है-आज की सबसे बड़ी आवश्यकता के रूप में उभर रहा है।

यही ग्रंथ "विश्वमानव-वर्तमान नेतृत्वकर्ताओं का स्पष्टिकरण" का मूल दार्शनिक आधार है। यह ग्रंथ नेतृत्व को किसी राजनीतिक अथवा सामाजिक पद की स्थूल परिभाषा में नहीं बाँधता, बल्कि नेतृत्व को चेतना की परिपक्वता, सत्य के प्रति निष्ठा, लोककल्याण के प्रति समर्पण और मनुष्यत्व की सार्वभौमिकता से जोड़कर देखता है। आधुनिक काल में नेतृत्व की चुनौती केवल यह नहीं कि कोई राष्ट्र या समुदाय कैसे आगे बढ़े, बल्कि यह भी कि मानवता संपूर्ण रूप से किस दिशा में अग्रसर हो। आज का नेतृत्व केवल नीतियों, कार्यक्रमों और संस्थागत शक्ति-प्रवाह का विषय नहीं, बल्कि मानसिक परिष्कार, नैतिक जागरूकता, वैश्विक उत्तरदायित्व और आध्यात्मिक विवेक का विषय है।

ग्रंथ की प्रमुख दृष्टि इस तथ्य पर केंद्रित है कि वर्तमान नेतृत्वकर्ताओं-चाहे वे किसी भी क्षेत्र में हों-उन पर अब पहले से कहीं अधिक गहरी सामाजिक अपेक्षा है। इन अपेक्षाओं की पूर्ति केवल बाहरी उपलब्धियों से नहीं, बल्कि भीतरी परिपक्वता से होती है। नेतृत्व का वास्तविक मूल्य वहाँ प्रकट होता है, जहाँ व्यक्ति अपनी सीमित भूमिकाओं से ऊपर उठकर **विश्वहित** को प्राथमिकता देता है। जहाँ वह केवल शासन नहीं, बल्कि "पथ-प्रदर्शन" करता है। जहाँ वह केवल निर्णय नहीं, बल्कि "दृष्टि" देता है। और जहाँ वह केवल जनसमूह का प्रतिनिधित्व नहीं, बल्कि मानवता का दायित्व निभाता है।

इस ग्रंथ का एक महत्वपूर्ण पक्ष है-**वर्तमान नेतृत्व-मॉडल का विश्लेषण और उसकी अंतर्निहित सीमाओं का विवेचन।** आधुनिक संरचनाओं में नेतृत्व को अक्सर बाहरी उपलब्धियों, लोकप्रियता अथवा संसाधन-संपन्नता से आँका जाता है, जबकि ग्रंथ यह स्पष्ट करता है कि नेतृत्व की वास्तविकता व्यक्ति के अंतर में छिपी होती है-उसका विवेक, उसकी करुणा, उसकी सत्यनिष्ठा, उसकी निस्वार्थ प्रवृत्ति और उसकी व्यापक दृष्टि ही नेतृत्व की विश्वसनीय नींव बनती है। जब नेतृत्व आंतरिक परिपक्वता से संचालित होता है, तभी वह बाहरी संसार में वास्तविक प्रकाश बनकर उभरता है।

इसके साथ ही यह ग्रंथ यह भी रेखांकित करता है कि नेतृत्व एकाकी नहीं होता। यह किसी एक व्यक्ति का गुण नहीं, बल्कि समय की सामूहिक चेतना का प्रस्फुटन होता है। जिस समाज की चेतना उन्नत होती है, वह अपने नेतृत्व को उन्नत बनाती है; और जब समाज की चेतना भ्रम, भय, विभाजन और स्वार्थ में डूब जाती है, तो वह उसी प्रकार की नेतृत्व-व्यवस्था उत्पन्न करती है। इसलिए नेतृत्व का स्पष्टिकरण केवल नेतृत्वकर्ताओं का विश्लेषण नहीं, बल्कि मानवता की सामूहिक आंतरिक स्थिति का दर्पण भी है।

"विश्वमानव" की संकल्पना इसी बिंदु पर उभरकर आती है। "विश्वमानव" नेतृत्व का लक्ष्य भी है और उसका आधार भी। वह वह मनुष्य है जो सीमाओं के परे जाकर सोचता है- *सीमा देश की नहीं, मन की नहीं, संस्कृति की नहीं-सीमा केवल अहंकार की!*

जब मनुष्य अहंकार की इस सीमा को तोड़ देता है, तब वह लोकहित से आगे "विश्वहित" तक पहुँचता है। वही व्यक्ति विश्वमानव है, वही वास्तविक नेतृत्वकर्ता है, वही भविष्य की सभ्यता का स्थापक है।

यह ग्रंथ पाठक को केवल वर्तमान नेतृत्व-संरचना को समझने में ही नहीं, बल्कि स्वयं अपने भीतर नेतृत्व की संभावना को पहचानने में भी सहायता देता है। यह बताता है कि नेतृत्व एक भूमिका नहीं, बल्कि एक अवस्था है-एक चेतना-स्थिति, जो हर मनुष्य में संभावित है। नेतृत्व तभी स्पष्ट होता है जब मनुष्य अपने भीतर के सत्य से जुड़ता है, और वही सत्य जब व्यापक स्तर पर व्यक्त होता है, तब वह समाज को दिशा देता है। अतः नेतृत्व का स्पष्टिकरण मूलतः आत्मस्पष्टता का ही विस्तार है।

इसके अतिरिक्त यह ग्रंथ इस सत्यों को भी सामने लाता है कि भविष्य जिस प्रकार की मानवीय संरचनाएँ माँग रहा है, उसमें नेतृत्व को आध्यात्मिकता से पृथक नहीं किया जा सकता। यहाँ आध्यात्मिकता का अर्थ किसी धर्मविशेष से जुड़े अनुष्ठानों से नहीं, बल्कि अंतःकरण की पवित्रता, विचारों की वैश्विकता और कर्तव्यबोध की गहनता से है।

वर्तमान युग में वही नेतृत्व स्थायी सिद्ध होगा जो अपनी व्यक्तिगत महत्वाकांक्षाओं से आगे उठकर चेतना के उच्चतम आह्वान को स्वीकार करेगा।

अंततः, यह ग्रंथ एक स्पष्ट संदेश देता है-

"नेतृत्व किसी एक व्यक्ति का गौरव नहीं, मानवता की सामूहिक चेतना का दायित्व है।"

यह भविष्य के उन नेतृत्वकर्ताओं के लिए एक मार्गदर्शक है, जो मनुष्य को विभाजनों से ऊपर उठाकर "विश्वमानव" के रूप में देखना चाहते हैं। यह उन पाठकों के लिए भी एक दर्पण है, जो समझना चाहते हैं कि आधुनिक नेतृत्व की परीक्षा अब केवल उपलब्धियों से नहीं, बल्कि मानवीयता की गहराई से होगी।

इस प्रकार "विश्वमानव-वर्तमान नेतृत्वकर्ताओं का स्पष्टिकरण" केवल एक ग्रंथ नहीं, बल्कि एक **आह्वान**, एक **दिशा**, और एक **चेतना-संदेश** है-जो मानवता को उसके अगले चरण की ओर ले जाने का संकल्प व्यक्त करता है।

✍ ***लव कुश सिंह "विश्वमानव"***

एक शोधक, चिंतक और मार्गदर्शक, जिन्होंने अपना जीवन *मानवता, आत्मा और नव-सृष्टि* के अध्ययन एवं लेखन को समर्पित किया है।

- प्रमुख ग्रंथ: *विश्वशास्त्र*
- दृष्टि: *नव-मनुष्य और नव-संसार का निर्माण*

भाग-1

भारत के स्वतन्त्रता (सन् 1947 ई0) के पूर्व जन्में नेतृत्वकर्ता

01. स्वामी स्वरूपानन्द (2 सितम्बर, 1924 -)
02. श्री अटल बिहारी वाजपेयी (25 दिसम्बर, 1926 -)
03. श्री लाल कृष्ण आडवाणी (8 नवम्बर, 1927 -)
04. डा0 कर्ण सिंह (9 मार्च, 1931 -)
05. श्री वी.एस.नायपाल (17 अगस्त, 1932 -)
06. श्री मुरली मनोहर जोशी (5 जनवरी, 1934 -)
07. श्री केशरी नाथ त्रिपाठी (10 नवम्बर, 1934 -)
08. श्री हामिद अंसारी (1 अप्रैल, 1934 -)
09. श्रीमती प्रतिभा पाटिल (19 दिसम्बर, 1934 -)
10. श्री राम नाइक (16 अप्रैल 1934 -)
11. दलाई लामा (6 जुलाई, 1935 -)
12. स्वामी जयेन्द्र सरस्वती (18 जुलाई, 1935 -)
13. श्री प्रणव मुखर्जी (11 दिसम्बर 1935 -)
14. श्री बी.एल.जोशी (27 मार्च, 1936 -)
15. श्री गिरधर मालवीय (14 नवम्बर 1936 -)
16. श्री कौफी अन्नान (8 अप्रैल, 1938 -)
17. श्रीमती शीला दीक्षित (31 मार्च, 1938 -)
18. श्री अन्ना हजारे (15 जनवरी, 1940 -)
19. श्री सैम पित्रोदा (4 मई 1942 -)
20. श्री यदुनाथ सिंह (6 जुलाई, 1945 -)
21. श्रीमती सोनिया गाँधी (9 दिसम्बर 1946 -)
22. श्री बिल क्लिन्टन (19 अगस्त, 1946 -)

भाग – 09. वर्तमान धार्मिक–राजनैतिक–सामाजिक नेतृत्वकर्ता चक्र मार्ग से
(भारत तथा विश्व के नेतृत्वकर्त्ताओं के चिंतन पर दिये गये वक्तव्य का स्पष्टीकरण)
अ. भारत के स्वतन्त्रता (सन् 1947 ई0) के पूर्व जन्में वर्तमान नेतृत्वकर्ता

01

स्वामी स्वरूपानन्द
(2 सितम्बर, 1924 –)

02

श्री अटल बिहारी वाजपेयी
(25 दिसम्बर, 1926 –)

03

श्री लाल कृष्ण आडवाणी
(8 नवम्बर, 1927 –)

04

डॉ0 कर्ण सिंह
(9 मार्च, 1931 –)

05

श्री वी.एस.नॉयपाल
(17 अगस्त, 1932 –)

06

श्री मुरली मनोहर जोशी
(5 जनवरी, 1934 –)

07

श्री केशरी नाथ त्रिपाठी
(10 नवम्बर, 1934 –)

08

श्री हामिद अंसारी
(1 अप्रैल, 1934 –)

09

श्रीमती प्रतिभा पाटिल
(19 दिसम्बर, 1934 –)

10

श्री राम नाइक
(16 अप्रैल 1934 –)

11

दलाई लामा
(6 जुलाई, 1935 –)

12

स्वामी जयेन्द्र सरस्वती
(18 जुलाई, 1935 –)

13

श्री प्रणव मुखर्जी
(11 दिसम्बर 1935 –)

14

श्री बी.एल.जोशी
(27 मार्च, 1936 –)

15

श्री गिरधर मालवीय
(14 नवम्बर 1936 –)

16

श्री कौफी अन्नान
(8 अप्रैल, 1938 –)

17

श्रीमती शीला दीक्षित
(31 मार्च, 1938 –)

18

श्री अन्ना हजारे
(15 जनवरी, 1940 –)

19

श्री सैम पित्रोदा
(4 मई 1942 –)

20

श्री यदुनाथ सिंह
(6 जुलाई, 1945 –)

21

श्रीमती सोनिया गाँधी
(9 दिसम्बर 1946 –)

22

श्री बिल क्लिन्टन
(19 अगस्त, 1946 –)

23

24

01. स्वामी स्वरूपानन्द
(2 सितम्बर, 1924 -)

परिचय

स्वामी स्वरूपानन्द सरस्वती, आद्य शंकराचार्य द्वारा स्थापित चार मठों पर पीठासीन शंकराचार्यों में से हैं। स्वामी स्वरूपानन्द सरस्वती जी का जन्म ग्राम दीघोरी, जिला सिवनी, मध्य प्रदेश में सन् 1924 में हुआ था। 9 वर्ष की उम्र में वे घर छोड़ कर भारत के पवित्र स्थानों में भ्रमण करने के उपरान्त वे वाराणसी में स्वामी करपात्री (स्वामी हरिहरानन्द), गुरूदेव स्वामी ब्रह्मानन्द सरस्वती के शिष्य के साथ अध्ययन कियें। भारतीय स्वतन्त्रता आन्दोलन 1942 में वे 19 वर्ष की उम्र में स्वतन्त्रता सेनाना बनें। क्रान्तिकारी साधु के रूप में दो बार 9 महीने और 6 महीने के लिए जेल गये। 1950 में गुरूदेव ने उन्हें एक दण्डी स्वामी बनाया। गुरूदेव के 1953 में ब्रह्मलीन होने के बाद स्वामी स्वरूपानन्द, एक नये गुरू कृष्णबोधाश्रम जी महाराज के साथ हो लिये। स्वामी करपात्री जी द्वारा स्थापित "रामराज्य परिषद्" के अध्यक्ष के रूप में स्वामी स्वरूपानन्द जी नियुक्त हुए। श्री कृष्णबोधाश्रम जी के निधन पर ज्योतिर्मठ के शकराचार्य के पद पर स्वामी स्वरूपानन्द जी को स्थापित किया गया। 1982 में स्वामी स्वरूपानन्द को द्वारिका के शंकराचार्य का पद विरासत में मिला।

"हिन्दू धर्म की जो पकड़ थी, वह इस समय कमजोर पड़ गयी है क्योंकि भारतीय स्वतंत्रता आन्दोलन के समय से राजनेताओं का वर्चस्व बढ़ा और उन्होंने धर्म रक्षकों को दबा दिया, जिसके परिणामस्वरूप 163 साल तक शंकराचार्य की पदवी खाली रही। इसलिए आवश्यक है कि शिक्षा के क्षेत्र में धर्म की स्थापना हो। स्वस्थ एवं श्रेष्ठ साहित्य का सृजन हो। महापुरूषों को घूम-घूम कर सनातन धर्म का प्रचार-प्रसार करना चाहिए जिससे लोगों के हृदय में भारतीय धर्म-शास्त्र के प्रति आस्था-विश्वास बढ़े।"

- स्वामी स्वरूपानन्द (द्वारिका पीठाधीश्वर जगद्‌गुरू शंकराचार्य)
साभार - आज, वाराणसी, दि0 10-5-97

"सांई को भगवान कहना शास्त्र और वेद सम्मत नहीं है। इसलिए उनको भगवान, संत और गुरू नहीं माना जा सकता। सनातन धर्म ने देश को एक बनाया है। गंगा ने पूरे देश में एकता का पाठ सिखाया। लोग सांई को अवतार मान रहे हैं, जबकि अवतार उसे माना जाता है जो अपनी इच्छा से शरीर का धारण करते हैं।" (कबीरधाम, कवर्धा, छत्तीसगढ़, में आयोजित धर्म संसद का निर्णय)

- स्वामी स्वरूपानन्द (द्वारिका पीठाधीश्वर जगद्‌गुरू शंकराचार्य एवं संरक्षक, काशी विद्वत परिषद्)

श्री लव कुश सिंह "विश्वमानव" द्वारा स्पष्टीकरण

ईश्वर के मानवीयकरण व मानव के ईश्वरीयकरण के लिए आपके भौतिक शरीर से व्यक्त विश्वात्मा की इच्छा को "विश्वशास्त्र" के रूप में पूर्ण किया जा चुका है। धर्म क्षेत्र से नाम कर्मवेद: प्रथम, अन्तिम तथा पंचम वेद है। जिसमें पुराणों का धर्मनिरपेक्ष और सर्वधर्मसमभाव रूप भी सम्पूर्ण मानव जाति को स्पष्ट दृष्टिगत होगा। परिणामस्वरूप भारतीय धर्म शास्त्रों के प्रति विश्वव्यापी आस्था बढ़ना स्वाभाविक है। साथ ही अनेक सत्य-साहित्यों की रचना के लिए भी मार्ग प्रशस्त कर दिये गये हैं। परिणामस्वरूप सत्य-साहित्यों की रचना की वातावरण भी बनेगा। परन्तु समर्पण वही करायेगा जो अन्तिम सार्वभौम और मूल सत्य-साहित्य होगा। स्वामी जी मेरी दृष्टि में स्वस्थ व श्रेष्ठ शास्त्र-साहित्य का नाम 01.कर्मवेद 02.शब्दवेद 03.सत्यवेद 04.सूक्ष्मवेद 05.दृश्यवेद 06. पूर्णवेद 07.अघोरवेद 08.विश्ववेद 09.ऋृषिवेद 10.मूलवेद 11.शिववेद 12.आत्मवेद 13.अन्तवेद 14.जनवेद 15.स्ववेद

16.लोकवेद 17. कल्किवेद 18.धर्मवेद 19.व्यासवेद 20.सार्वभौमवेद 21.ईशवेद 22.ध्यानवेद 23.प्रेमवेद 24.योगवेद 25.स्वरवेद 26.वाणीवेद 27.ज्ञानवेद 28.युगवेद 29.स्वर्णयुगवेद 30.समर्पणवेद 31.उपासनावेद 32. शववेद 33.मैंवेद 34.अहंवेद 35.तमवेद 36.सत्वेद 37.रजवेद 38.कालवेद 39.कालावेद 40.कालीवेद 41.शक्तिवेद 42.शून्यवेद 43.यथार्थवेद 44.कृष्णवेद सभी प्रथम, अन्तिम तथा पंचम वेद इत्यादि भी गुणों के नाम से अच्छे नाम है।

सत्य से सार्वभौम सत्य-सिद्धान्त तक का मार्ग अवतारों का मार्ग है। सार्वभौम सत्य-सिद्धान्त की अनुभूति ही अवतरण है। इसके अंश अनुभूति को अंश अवतार तथा पूर्ण अनुभूति को पूर्ण अवतार कहते है। ग्रन्थों में अवतारों की कई कोटि बतायी गई है जैसे अंशाशावतार, अंशावतार, आवेशावतार, कलावतार, नित्यावतार, युगावतार इत्यादि, जो भी सार्वभौम सत्य-सिद्धान्त को व्यक्त करता है वे सभी अवतार कहलाते हैं। व्यक्ति से लेकर समाज के सर्वोच्च स्तर तक सार्वभौम सत्य-सिद्धान्त को व्यक्त करने के क्रम में ही विभिन्न कोटि के अवतार स्तरबद्ध होते हैं। अवतार मानव मात्र के लिए ही कर्म करते हैं न कि किसी विशेष मानव समूह या सम्प्रदाय के लिए। अवतार, धर्म, धर्मनिरपेक्ष व सर्वधर्मसमभाव से युक्त अर्थात एकात्म से युक्त होते है। इस प्रकार अवतार से उत्पन्न शास्त्र मानव के लिए होते हैं, न कि किसी विशेष मानव समूह के लिए। उत्प्रेरक, शासक और मार्गदर्शक आत्मा सर्वव्यापी है। इसलिए एकात्म का अर्थ संयुक्त आत्मा या सार्वजनिक आत्मा है। अवतारों के प्रत्यक्ष और प्रेरक दो कार्य विधि हैं। प्रत्यक्ष अवतार वे होते हैं जो स्वयं अपनी शक्ति का प्रत्यक्ष प्रयोग कर समाज का सत्यीकरण करते हैं। यह कार्य विधि समाज में उस समय प्रयोग होता है जब अधर्म का नेतृत्व एक या कुछ मानवों पर केन्द्रित होता है। प्रेरक अवतार वे होते हैं जो स्वयं अपनी शक्ति का अप्रत्यक्ष प्रयोग कर समाज का सत्यीकरण जनता एवं नेतृत्वकर्ता के माध्यम से करते हैं। यह कार्य विधि समाज में उस समय प्रयोग होता है जब समाज में अधर्म का नेतृत्व अनेक मानवों और नेतृत्वकर्ताओं पर केन्द्रित होता है।

इन विधियों में से कुल दस अवतारों में से प्रथम सात (मत्स्य, कूर्म, वाराह, नृसिंह, वामन, परशुराम, राम) अवतारों ने समाज का सत्यीकरण प्रत्यक्ष विधि के प्रयोग द्वारा किया था। आठवें अवतार (श्रीकृष्ण) ने दोनों विधियों प्रत्यक्ष ओर प्रेरक का प्रयोग किया था। नवें (भगवान बुद्ध) और अन्तिम दसवें अवतार की कार्य विधि प्रेरक ही है।

महाविष्णु के 24 अवतारों (1. सनकादि ऋषि (ब्रह्मा के चार पुत्र), 2. नारद, 3. वाराह, 4. मत्स्य, 5. यज्ञ (विष्णु कुछ काल के लिये इंद्र रूप में), 6.नर-नारायण, 7. कपिल, 8. दत्तात्रेय, 9. हयग्रीव, 10. हंस पुराण, 11. पृष्णिगर्भ, 12. ऋषभदेव, 13. पृथु, 14. नृसिंह, 15. कूर्म, 16. धनवंतरी, 17. मोहिनी, 18. वामन, 19. परशुराम, 20. राम, 21. व्यास, 22. कृष्ण, बलराम, 23. गौतम बुद्ध (कई लोग बुद्ध के स्थान पर बलराम को कहते हैं, अन्यथा बलराम शेषनाग के अवतार कहलाते हैं), 24. कल्कि) में एक मात्र शेष 24वाँ तथा प्रमुख 10 अवतारों (1.मत्स्य, 2.कूर्म, 3.वाराह, 4.नृसिंह, 5.वामन, 6.परशुराम, 7.राम, 8.श्रीकृष्ण, 9.बुद्ध और 10.कल्कि) में एक मात्र शेष दसवाँ और अन्तिम कल्कि अवतार, महाअवतार क्यों कहलायेगें इसे समझना आवश्यक है।

सभी अवतार अपने शारीरिक-आर्थिक-मानसिक कर्म द्वारा ही पहचाने जाते हैं। किसी मनुष्य या सिद्ध पुरूष-गुरू के अन्दर इतनी दृष्टि क्षमता किसी भी युग में नहीं रही कि वे देखते ही पहचान लें। प्रत्येक अवतार ने अपना परिचय शारीरिक-आर्थिक-मानसिक कर्म द्वारा स्वंय दिया है।

वह अवतार जो युग के आवश्यकतानुसार युग परिवर्तन के लिए सत्य-सिद्धान्त व्यक्त करता है उसे अंश युगावतार तथा जो काल सहित युग परिवर्तन के लिए अन्तिम सार्वभौम सत्य-सिद्धान्त व्यक्त करता है वह दृश्य पूर्ण महाअवतार कहलाता है।

सनातन अद्वैत दर्शन के अनुसार यह जगत ही ईश्वर का दृश्य रूप है। ऐसे में सभी ईश्वर हैं। सभी ईश्वर के बहुरूप हैं और सभी में प्रकाशित वही ईश्वरीय सत्ता है। सार्वभौम एकात्म की ओर ले जाने वाले सभी प्रक्षेपित मानक चरित्र सनातन हैं जैसे ब्रह्मा परिवार, विष्णु परिवार और महेश परिवार। इस सार्वभौम एकात्म की ओर विचार व्यक्त करने वाला अर्थात उसी का प्रचार-प्रसार व स्थापना करने वाला युगावतार तो नहीं हो सकता लेकिन वह अवतार अवश्य होता है क्योंकि उसने भी उस सार्वभौम सत्य-सिद्धान्त का साक्षात्कार किया है।

आपने कहा कि-"अवतार उसे माना जाता है जो अपनी इच्छा से शरीर का धारण करते हैं" यह मान भी लिया जाये तो कैसे सिद्ध होगा कि अपनी इच्छा से कोई शरीर धारण किया है कि नहीं। इसे सिद्ध करने के लिए स्वामी विवेकानन्द जी के इस वाणी से शायद कुछ सहायता प्राप्त हो सकती है-

"फलानुमेयाः प्रारम्भाः संस्कराः प्राक्तना इव" फल को देखकर ही कार्य का विचार सम्भव है। जैसे कि फल को देखकर पूर्व संस्कार का अनुमान किया जाता है।

- स्वामी विवेकानन्द

"एक विशेष प्रवृत्ति वाला जीवात्मा 'योग्य योग्येन युज्यते' इस नियमानुसार उसी शरीर में जन्म ग्रहण करता है जो उस प्रवृत्ति के प्रकट करने के लिए सबसे उपयुक्त आधार हो। यह पूर्णतया विज्ञान संगत है, क्योंकि विज्ञान कहता है कि प्रवृत्ति या स्वभाव अभ्यास से बनता है और अभ्यास बारम्बार अनुष्ठान का फल है। इस प्रकार एक नवजात बालक की स्वाभाविक प्रवृत्तियों का कारण बताने के लिए पुनः पुनः अनुष्ठित पूर्व कर्मों को मानना आवश्यक हो जाता है और चूंकि वर्तमान जीवन में इस स्वमाव की प्राप्ति नहीं की गयी, इसलिए वह पूर्व जीवन से ही उसे प्राप्त हुआ है।"

- स्वामी विवेकानन्द

"शास्त्र कहते है कि कोई साधक यदि एक जीवन में सफलता प्राप्त करने में असफल होता है तो वह पुनः जन्म लेता है और अपने कार्यों को अधिक सफलता से आगे बढ़ाता है।"

- स्वामी विवेकानन्द

सार्वभौम सत्य-सिद्धान्त का कोई शरीर नहीं होता, वह अपनी इच्छा से जिस शरीर में अवतरित होता है उसे ही अवतार कहते हैं। और इसको ही स्वयं अपनी इच्छा से शरीर धारण करना कहते हैं। उसका स्थिति के अनुसार रूपान्तरण ही उसे अंशाशावतार, अंशावतार, आवेशावतार, कलावतार, नित्यावतार, युगावतार इत्यादि के रूप में व्यक्त करता है।

साई बाबा ने अपने जीवन काल में कुछ ही व्यक्ति के बीच अपने विचार "सबका मालिक एक है" का मंत्र दिया। कुछ व्यक्तियों के लिए व्यक्तिगत प्रमाणित चमत्कृत घटनायें भी हुई होगी। लेकिन इन सबसे उन्हें युगावतार तो नहीं माना जा सकता। संत माना जा सकता है। गुरू भी माना जा सकता है क्योंकि -

भक्त वही, जो भगवान को बेच सके,
चेला वही, जो गुरू से कुछ ले सके,
संत वही, जो समाज को कुछ दे सके,
और
अवतार वही, जो पृथ्वी की आवाज सुन सके।

वर्तमान में सांई बाबा को लोग बेच रहे हैं इसलिए भक्त बहुत हैं क्योंकि सांई बाबा को विभिन्न प्रकार से बेचने पर उन्हें लाभ हो रहा है। उनके चेले हैं क्योंकि वे बाराबर सांई बाबा से प्राप्त कर रहे हैं। सांई बाबा ने समाज को "सबका मालिक एक है" का मंत्र दिया है-ये सभी को जानना, समझना चाहिए। वे युगावतार नहीं हैं इसलिए कि अगर होते तो अवतारों का कार्य ही समाप्त हो गया होता।

स्वामी जी सांई बाबा ने अपने जीवन काल में कोई समाज, सम्प्रदाय, मत नहीं चलाया जिससे समाज बँट रहा हो। समाज को बाँटने वाले जो अलग-अलग रंग के वस्त्र, भोजन विधि, मंत्र, मत बनाकर जातिवाद से भी घातक समाज बना डाले हैं और अपना खेती-बारी अपने भक्तों से करवा रहें है। उनके बारे में सोचें जो आपका धर्म-कर्तव्य है। मेरा तो स्वरूप ही अलग है -

सम्पूर्ण ब्रह्माण्ड देख चुका हूँ,
अक्षय-अनन्त है मेरी हाला।
कण-कण में हूँ-"मैं ही मैं",
क्षयी-ससीम है तेरी प्याला ।

जिस भी पथ-पंथ-ग्रन्थ से गुजरेगा तू,
हो जायेगा, बद्ध -मस्त और मत वाला।
"जय ज्ञान-जय कर्मज्ञान" की आवाज,
सुनाती, मेरी यह अक्षय-अनन्त मधुशाला।

और अब स्थिति तो ये है कि अपने-अपने धर्म शास्त्र-उपनिषद्-पुराण इत्यादि का अध्ययन करें कहीं ऐसा तो नहीं कि-

1. **नये मनवन्तर - 8वें सावर्णि के प्रारम्भ के लिए** "सार्वभौम" गुण से युक्त होकर मनु का आगमन हो चुका है।
2. **नये काल - दृश्य काल के प्रारम्भ के लिए** "सार्वभौम" गुण से युक्त होकर काल का आगमन हो चुका है।
3. **नये युग-स्वर्ण युग के प्रारम्भ के लिए** "सार्वभौम" गुण से युक्त होकर कल्कि अवतार का आगमन हो चुका है।
4. **नये धर्म - विश्वधर्म के प्रारम्भ के लिए** "सार्वभौम" गुण से युक्त होकर धर्म स्थापक का आगमन हो चुका है।
5. **नये शास्त्र - विश्वशास्त्र के प्रारम्भ के लिए** "सार्वभौम" गुण से युक्त होकर व्यास का आगमन हो चुका है।

यदि ऐसा नहीं तो -

1. **तुम्हारे शास्त्रों में दिये वचन और शास्त्र झूठे हो जायेंगे।**
2. **तुम्हारे भविष्यवक्ताओं की भविष्यवाणीयाँ झूठी हो जायेंगी।**
3. **तुम्हारे युग और काल गणना झूठे हो जायेंगे।**
4. **तुम्हारे अवतार-ईशदूत-ईशपुत्र-पुनर्जन्म सिद्धान्त झूठे हो जायेंगे।**
5. **तुम्हारे ईश्वर सम्बन्धी अवधारणा झूठे हो जायेंगे।**

02. श्री अटल बिहारी वाजपेयी
(25 दिसम्बर, 1926 -)

परिचय

उत्तर प्रदेश के आगरा जनपद के प्राचीन स्थान बटेश्वर में 25 दिसम्बर, 1926 को ब्रह्ममुहूर्त में अटल बिहारी वाजपेयी का जन्म हुआ था। पिता पं0 कृष्ण बिहारी मिश्र ग्वालियर में अध्यापन का कार्य करते थे। महात्मा रामचन्द्र वीर द्वारा रचित अमर कृति "विजय पताका" पढ़कर अटल जी के जीवन की दिशा ही बदल गयी। अटल जी की बी0ए0 की शिक्षा ग्वालियर के विक्टोरिया कालेज (वर्तमान में लक्ष्मीबाई कालेज) में हुई। छात्र जीवन से वे राष्ट्रीय स्वयं सेवक संघ के स्वयंसेवक बने और तभी से राष्ट्रीय स्तर की वाद-विवाद प्रतियोगिताओं में भाग लेते रहे। कानपुर के डी.ए.वी. कालेज से राजनीति शास्त्र में प्रथम श्रेणी में एम.ए. की परीक्षा उत्तीर्ण की। फिर एल.एल.बी. की पढ़ाई शुरू की लेकिन उसे बीच में ही विराम देकर संघ कार्य में जुट गये। डा0 श्यामा प्रसाद मुखर्जी और पं0 दीनदयाल उपाध्याय के निर्देशन में राजनीति का पाठ पढ़ा। सम्पादक के रूप में पांचजन्य, राष्ट्रधर्म, दैनिक स्वदेश और वीर अर्जुन का कार्यभार संभाला। वह भारतीय जन संघ की स्थापना करने वाले में से एक हैं और 1968 से 1973 तक वह उसके अध्यक्ष भी रह चुके हैं। 1955 में पहली बार लोकसभा चुनाव लड़े लेकिन सफलता नहीं मिली लेकिन 1957 में बलरामपुर, गोण्डा, उत्तर प्रदेश से जनसंघ के प्रत्याशी के रूप में विजयी होकर लोकसभा पहुँचे। 1957 से 1977 तक (जनता पार्टी की स्थापना तक) जनसंघ के संसदीय दल के नेता रहे। 1968 से 1973 तक वे भारतीय जनसंघ के राष्ट्रीय अध्यक्ष पद पर आसीन रहे। मोरारजी देसाई की सरकार में वह 1977 से 1979 तक विदेश मंत्री रहे और विदेशों में भारत की छवि बनाई। 1980 में जनता पार्टी से असंतुष्ट होकर जनता पार्टी छोड़ दी और भारतीय जनता पार्टी की स्थापना में मदद की। 6 अप्रैल, 1980 में बनी भारतीय जनता पार्टी के अध्यक्ष पद का दायित्व श्री वाजपेयी को सौंपा गया। दो बार राज्यसभा के लिए भी निर्वाचित हुए। लोकतन्त्र के सजग प्रहरी अटल बिहारी वाजपेयी ने 1997 में प्रधानमंत्री के रूप में देश की बागडोर संभाली। 19 अप्रैल, 1998 को पुनः प्रधानमंत्री पद की शपथ ली और उनके नेतृत्व में 13 दलों की गठबन्धन सरकार ने 5 वर्षों में देश ने प्रगति के नये आयाम छुए। सन् 2004 के लोकसभा चुनावों में भाजपा के नेतृत्व वाले राष्ट्रीय लोकतांत्रिक गठबन्धन (एन.डी.ए) ने वाजपेयी के नेतृत्व में चुनाव लड़ा और भारत उदय (इण्डिया शाइनिंग) का नारा दिया। इस चुनाव में किसी भी पार्टी को बहुमत नहीं मिला। ऐसी स्थिति में वामपंथी दलों के समर्थन से कांग्रेस ने भारत की केन्द्रीय सरकार पर कायम होने में सफलता प्राप्त की और भाजपा विपक्ष में बैठने को मजबूर हुई। सम्प्रति वे राजनीति से सन्यास ले चुके हैं।

श्री अटल बिहारी वाजपेयी राजनीतिज्ञ होने के साथ-साथ एक कवि भी हैं। "मेरी इक्यावन कविताएँ" वाजपेयी जी का प्रसिद्ध काव्यसंग्रह है। अटल बिहारी वाजपेयी को काव्य रचनाशीलता एवं रसास्वाद विरासत में मिले हैं। उनके पिता कृष्ण बिहारी वाजपेयी ग्वालियर रियासत में अपने समय के जाने-माने कवि थे। वे ब्रज भाषा और खड़ी बोली में काव्य रचना करते थे। उनकी सर्व प्रथम कविता "ताजमहल" थी। इसमें श्रृंगार, प्रेम प्रसून न चढ़ाकर "एक शहनशाह ने बनावा के हंसी ताजमहल, मोहब्बत करने वालों का उड़ाया है मजाक" की तरह उनका भी ध्यान शोषण पर ही गया। कवि हृदय कभी कविता से वंचित नहीं रह सकता। राजनीति के साथ-साथ समष्टि एवं राष्ट्र के प्रति उनकी व्यक्तिगत संवेदनशीलता प्रकट होती रही। उनके संघर्षमय जीवन, परिवर्तनशील परिस्थितियाँ, राष्ट्रव्यापी आन्दोलन, जेलवास सभी हालातों के प्रभाव एवं अनुभूति ने काव्य में अभिव्यक्ति पायी। उनकी कुछ प्रकाशित रचनाएँ है- मृत्यु या हत्या, अमर बलिदान (लोकसभा में अटल जी के वक्तव्यों का संग्रह), कैदी कविराय की कुण्डलियाँ, संसद में तीन दशक, अमर आग है, कुछ लेख कुछ भाषण, सेक्युलरवाद, राजनीति की रपटीली राहें, बिन्दु-बिन्दु विचार इत्यादि।

अटल जी एक ऐसे नेता हैं जिन्होंने जो देशहित में था वो ही किया। आजीवन अविवाहित रहे। वे एक ओजस्वी एवं पटुवक्ता एवं हिन्दी कवि हैं। परमाणु शक्ति सम्पन्न देशों की सम्भावित नाराजगी से विचलित हुए बिना

उन्होंने अग्नि-दो और परमाणु परीक्षण कर देश की सुरक्षा के लिए दृढ़ कदम भी उठाए। सन् 1998 में पोखरण में भारत का द्वितीय परमाणु परीक्षण किया जिसे अमेरिका की सी.आई.ए. को भनक नहीं लगने दी। अटल सबसे लम्बे समय तक सांसद रहे हैं। अटल ही पहले प्रधानमंत्री हैं जिन्होंने गठबन्धन सरकार को स्थायित्व और सफलता से संचालित किया और वे पहले विदेश मंत्री थे जिन्होंने संयुक्त राष्ट्र संघ में हिन्दी में भाषण देकर भारत को गौरवान्वित किया था। भारत को लेकर उनकी दृष्टि थी- "ऐसा भारत जो भूख और डर से, निरक्षरता और अभाव से मुक्त हो"

"कुछ लोग कहते हैं कि हमारी सरकार भूमण्डलीकरण के खिलाफ है, लेकिन मैं आपको विश्वास दिलाना चाहता हूँ कि मैं गीता के संन्देश को सारे भूमण्डल में प्रसारित करने का हिमायती हूँ।" (दिल्ली के एक सार्वजनिक सभा में)

- श्री अटल विहारी वाजपेयी (पूर्व प्रधानमंत्री, भारत)
साभार - आज, वाराणसी, दि0-11-4-98

श्री लव कुश सिंह "विश्वमानव" द्वारा स्पष्टीकरण

गीता का सन्देश 'समभाव (अद्वैत) में स्थित होकर कर्म करो और परिणाम की इच्छा मुझ (आत्मा) पर छोड़ दो।' जिसे आप सारे भूमण्डल में फैलाना चाहते हैं। वह कर्म वेदान्त के विकास का प्रथम चरण था। जिसे बहुत से धार्मिक संगठन, ज्ञानी जन लगातार सारे भूमण्डल में फैला रहे हैं। गीता का सन्देश व्यष्टि (व्यक्ति) के लिए था। कर्म वेदान्त का अगला चरण स्वामी विवेकानन्द द्वारा वेदान्त की व्यावहारिकता पर जोर था। तथा अन्तिम चरण कर्मवेदान्त का पूर्ण रूप- कर्मवेदः प्रथम, अन्तिम तथा पंचमवेद है। जो कालानुसार व्यष्टि के लिए है। भूमण्डलीकरण 'भूमण्डलीकरण' शब्द से नहीं बल्कि सम्पूर्ण ब्रह्माण्ड में व्याप्त विषय कर्म और ज्ञान आधारित सार्वभौम सत्य-सिद्धान्त या विश्व व्यवस्था का न्यूनतम एवम् अधिकतम साझा कार्यक्रम या विकास दर्शन या निर्माण का आध्यात्मिक न्यूट्रान बम से होगा। वही पूर्ण रूप से विवादमुक्त होगा। वह है-कर्मवेदः प्रथम, अन्तिम तथा पंचमवेद (धर्मयुक्त नाम) अर्थात् विश्वमानक-शून्य श्रृंखला: मन की गुणवत्ता का विश्वमानक (धर्मनिरपेक्ष एवम् सर्वधर्म समभाव नाम) और उसका सन्देश- 'परिणाम के ज्ञान से युक्त एवम् समभाव (अद्वैत) में स्थित होकर कर्म करो और परिणाम की इच्छा मुझ (आत्मा) पर छोड़ दो।' जिसकी घोषणा भारत की ओर से करने पर ही "गीता का सन्देश' विश्वव्यापी रूप से प्रसारित होगा न कि गीता पुस्तक को भेंट करने से। गीता पुस्तक तो अनेक संस्थाओं द्वारा बहुत वर्षों से व्यापारिक माध्यम से फैल ही रही है।

****

"हिन्दुत्व महज धर्म नहीं, जीवन शैली है, आने वाली सदी में हिन्दुत्व ही विश्व को रास्ता दिखाएगा।"

- श्री अटल बिहारी वाजपेयी (पूर्व प्रधानमंत्री, भारत)
साभार - दैनिक जागरण, वाराणसी, दि0 28-9-98

लव कुश सिंह "विश्वमानव" द्वारा स्पष्टीकरण

समस्त विषयों को व्यक्त, मूल्यांकित और वर्गीकृतकर्ता मानव ही है। मानव ने ही मन (व्यक्तिगत सत्य या मत) को व्यक्त किया तथा मानव ने ही मन की चरम विकसित स्थिति-आत्मा (सार्वजनिक सत्य या धर्म या मानक) को व्यक्त करेगा। सत्य भाव जो व्यक्तिगत और सार्वजनिक सत्य का संयुक्त भाव है, जिस मानव सम्प्रदाय के द्वारा आविष्कृत हुआ उन्हें हिन्दू तथा आविष्कृत भाव हिन्दू धर्म के रूप में व्यक्त हुआ। व्यक्तिगत सत्य या मन

या मत से जुड़ना योग है तथा व्यक्तिगत सत्य सहित सार्वजनिक सत्य या आत्मा या सत्य-धर्म-ज्ञान से जुड़ना योगेश्वर है। योगेश्वर, योग का ही चरम विकसित और अन्तिम बाह्य चक्र है। सत्य-धर्म-ज्ञान अर्थात् एकता- शान्ति- स्थिरता- ईश्वर- मानवता- समता- समभाव- अद्वैत- वेदान्त। जो सर्वव्याप्त है, शाश्वत से पीठासीन है। धर्म कोई भी हो उसमें सत्य का होना उसकी शाश्वतता है अन्यथा नश्वरता। धर्म का ही दृश्यरूप जीवन शैली है। व्यक्तिगत सत्य से जुड़ी जीवनशैली भोग है तथा व्यक्तिगत सत्य सहित सार्वजनिक सत्य या आत्मा या सत्य-धर्म-ज्ञान से जुड़ना भोगेश्वर है। भोगेश्वर, योगेश्वर का ही दृश्य रूप है। योगेश्वर व्यक्तिगत सत्य तो भोगेश्वर सार्वजनिक सत्य-सिद्धान्त है, मानक है, अन्त है, उसी योगेश्वर भाव अर्थात सत्य-धर्म- ज्ञान-एकता- स्थिरता- ईश्वर- मानवता- समता-समभाव-अद्वैत- वेदान्त का दृश्य रूप भोगेश्वर भाव अर्थात सिद्धान्त-कर्मज्ञान-कर्मवेद-क्रियाकलापों का विश्वमानक-विकास दर्शन-निर्माण का आध्यात्मिक न्यूट्रान बम-विश्वमानक: शून्य श्रृंखला-मन की गुणवत्ता का विश्वमानक-विश्व व्यवस्था का न्यूनतम एवम् अधिकतम साझा कार्यक्रम-ऐजेन्डा 2012+ -शिक्षा 2012+-विवादमुक्त तन्त्रों पर आधारित संविधान है। सत्य चर्चा का विषय नहीं आत्मासात् का विषय होता है। सत्यभाव जिस प्रकार सर्वव्याप्त है उसी प्रकार सिद्धान्त भी सर्वव्यापी है। सिद्धान्त से ही सिद्धान्त को व्यक्त करने वाला सिद्धान्त को व्यक्त कर रहा है। भोगेश्वर, उपलब्ध संसाधनों का ईश्वरत्व भाव से भोग है। एक सर्वोच्च अन्तिम सार्वभौम सत्य-सिद्धान्त चक्र में सम्पूर्ण को समभाव से समेट लेना जिससे भोगकर्ता और भोग विषय दोनों ही ईश्वरत्व की ओर बढ़े। जब-जब जिस मानव शरीर से ये सिद्धान्त स्तरीय रूप में व्यक्त हुआ वे ही महानता का प्राप्त हुये। यह सत्य है कि 'हिन्दुत्व महज धर्म नहीं, जीवन शैली है' लेकिन इस सम्पूर्ण सत्य में जो भाग अभी पूर्ण रूप से व्यक्त नहीं हुआ है वह है- 'जीवन शैली'। इस श्रृंखला में धर्मज्ञान का अन्त हो चुका है। अब उसके दृश्य रूप कर्मज्ञान के व्यक्त होने का समय चल रहा है। अर्थात् 'सम्पूर्ण जीवन शैली', भोगेश्वर रूप में व्यक्त होने की ओर है। जिसमें गति और और विश्व व्यापी स्थापना की घोषणा करना ही भारत का सत्यरूप और भारत का धर्म है। धर्म वही है जो समस्त ब्रह्माण्ड में व्याप्त है और ब्रह्माण्ड उसे धारण किये हुये है। उसी का आविष्कार करना ऋषियों का कार्य है। वर्तमान रूप में धर्म कोई भी हो लेकिन ब्रह्माण्ड में व्याप्त उसी धर्म को व्यक्ति धारण किये हुये हैं बस उन्हें उनका ज्ञान नहीं है। वह धर्म ही विश्वधर्म के रूप में व्यक्त हुआ है।

****

"जय जवान, जय किसान, जय विज्ञान"

- श्री अटल विहारी वाजपेयी (पूर्व प्रधानमंत्री, भारत)
परमाणु बम परीक्षण 'मई' 98 के बाद भारत के लिए

श्री लव कुश सिंह "विश्वमानव" द्वारा स्पष्टीकरण

"जय जवान, जय किसान, जय विज्ञान" से अभी भारत का पूर्ण रूप व्यक्त नहीं हुआ है। भारत का पूर्ण रूप "जय जवान, जय किसान, जय विज्ञान, जय ज्ञान, जय कर्मज्ञान" है। विवाद और बेरोजगारी के मूल दो कारण है- जय ज्ञान और जय कर्मज्ञान का उपलब्ध न होना। अज्ञान के कारण ही व्यक्ति अपने कर्मों के कारण को व्यक्त और विवाद मुक्त नहीं कर पाता तथा कर्मज्ञान के न होने के कारण ही कार्य कुशलता और योजना निर्माण का ज्ञान शक्तिशाली नहीं जिससे संसाधन होते हुये भी बेरोजगारी और निर्भरता बढ़ रही है। जय ज्ञान और जय कर्मज्ञान के लिए ही भारत अधुरा है और विश्व भूखा है।

****

"अकेले राजशक्ति के सहारे समाजिक बदलाव सम्भव नहीं"

- श्री अटल विहारी वाजपेयी (पूर्व प्रधानमंत्री, भारत)
(30 जून, 1999 को लखनऊ में राष्ट्रीय पुर्ननिर्माण वाहिनी के शुभारम्भ में)

श्री लव कुश सिंह “विश्वमानव” द्वारा स्पष्टीकरण

सतयुग में एक विचित्र स्थिति उत्पन्न हो गयी, हुआ यह कि एक प्रतापी, धर्मपरायण, प्रजावत्सल, सेवाभावी, दानवीर, सौम्य, सरल यानी सर्वगुण सम्पन्न राजा हुआ-बलि। लोग इसके गुण गाने लगे और समाजवादी राज्यवादी होने लगे। राजा बलि का राज्य बहुत अधिक फैल गया। समाजवादियों के समक्ष यानी मानवजाति के समक्ष एक गम्भीर संकट पैदा हो गया कि अगर राज्य की अवधारणा दृढ़ हो गयी तो मनुष्य जाति को सदैव दुःख, दैन्य व दारिद्रय में रहना होगा क्योंकि अपवाद को छोड़कर राजा स्वार्थी होंगे, परमुखपेक्षी व पराश्रित होंगे। अर्थात अकर्मण्य व यथास्थिति वादी होंगे। यह भयंकर स्थिति होगी परन्तु समाजवादी असहाय थे। राजा बलि को मारना संभव न था और उसके रहते समाजवादी विचारधारा का बढ़ना सम्भव न था। ऐसी स्थिति में एक पुरूष की आत्मा अदृश्य प्राकृतिक चेतना द्वारा निर्मित परिस्थितियों में प्राथमिकता से वर्तमान में कार्य करना, में स्थापित हो गयी। वह राजा बलि से थोड़ी सी भूमि समाज या गणराज्य के लिए माँगा। चूँकि राजा सक्षम और निश्चिंत था कि थोड़ी भूमि में समाज या गणराजय स्थापित करने से हमारे राज्य पर कोई प्रभाव नहीं पड़ेगा। इसलिए उस पुरूष को राजा ने थोड़ी भूमि दे दी। जिस पर उस पुरूष ने स्वतन्त्र, सुखी, स्वराज आधारित समाज-गणराज्य स्थापित किया और उसका प्रभाव धीरे-धीरे बढ़ता गया और वह राजा बलि के सुराज्य को भी समाप्त कर दिया और समाज या गणराज्य की स्थापना की गयी। चूंकि यह पुरूष बौना अर्थात् छोटे कद का तथा स्वभाव और ज्ञान में ब्राह्मण गुणों से युक्त था इसलिए कालान्तर में इसे “समाज” शब्द का जन्मदाता वामन अवतार का नाम दिया गया। राजा बलि द्वारा इस अवतार को दी गई भूमि का क्षेत्र ही वर्तमान का उ0प्र0 के मीरजापुर जनपद का चुनार क्षेत्र है। जिस पर इस अवतार के कार्य का प्रथम चरण प्रारम्भ हुआ था जिसके कारण ही चुनार का प्रचीन नाम चरणाद्रिगढ़ था। जहाँ आज भी मूल मानव जाति कूर्मि का बाहुल्य हैं।

महोदय आपके विचार सत्य हैं। राजशक्ति को ये भ्रम है कि वही जनता का कल्याणकर्ता है। जबकि पृथ्वी पर बहुत से ऐसे देश हैं जो राजशक्ति पर कम औद्योगिक व व्यवसायिक घरानों पर अधिक विश्वास रखती हैं। जब तक समाज शक्ति अपने देश-राष्ट्र के प्रति जिम्मेदारी ना निभाये, राजशक्ति केवल एक देश-राष्ट्र के प्रबन्धक के सिवा कुछ नहीं हैं। राजशक्ति को सदैव अपने नागरिक के बौद्धिक शक्ति को बढ़ाने पर अधिक ध्यान देना चाहिए नहीं तो राजशक्ति पर रोजगार देने का बोझ बढ़ता जायेगा और राजशक्ति की क्षमता से बाहर होने पर उससे विश्वास ही हटेगा। प्रत्येक देश के राजशक्ति को चाहिए कि वो अपने देश के प्रति समर्पित नागरिक के निर्माण के लिए शिक्षा पाठ्यक्रम को संविधान का अंग बनाये जिससे एक समान बौद्धिक शक्ति का निर्माण हो और देश-राष्ट्र शक्तिशाली बने।

****

“लोकनायक का सम्पूर्ण जीवन एक प्रयोगशाला था। उन्होंने विचारों से अधिक मूल्यों को महत्व दिया।”

- श्री अटल बिहारी वाजपेयी (पूर्व प्रधानमंत्री, भारत)

श्री लव कुश सिंह “विश्वमानव” द्वारा स्पष्टीकरण

महोदय जिन्हें समाज को कुछ देना होता है वे अपने जीवन को प्रयोगशाला की भाँति ही संचालित करते हैं। और जिन्हें कुछ पाना होता है वे ऐसे प्रयोगशाला से खोजे गये सूत्रों को लाभ उठाने के लिए पकड़ते हैं न कि उनके जीवन शैली को। और जिन्हें समाज को कुछ देना नहीं होता वे आजीवन उसी विषय क्षेत्र में रहकर भी कुछ नहीं दे पाते हैं। और अपने स्वार्थ की पूर्ति करते रहते हैं। विचार तो प्रत्येक व्यक्ति के हो सकते हैं जैसे-

ओसामा बिन लादेन के, जार्ज डब्ल्यू0 बुश के, कोफी अन्नान के, वी0 एस0 नायपाल के और आपके भी, परन्तु किसी के विचार को आतंकवादी, किसी को नोबेल पुरस्कार, किसी को सही कदम तथा किसी को स्त्रीयोचित कह दिया जाता है। क्योंकि निम्नतम स्तर-विध्वंसक विचार से सर्वोच्च स्तर- सकारात्मक, रचनात्मक, समन्वयात्मक के जितना करीब होता है। उसमें उतना ही मूल्य होता है।

03. श्री लाल कृष्ण आडवाणी
(8 नवम्बर, 1927 -)

परिचय

श्री लालकृष्ण आडवाणी का जन्म 8 नवम्बर, 1927 को वर्तमान पाकिस्तान के कराची में हुआ था। उनके पिता श्री के.डी.आडवाणी और माँ ज्ञानी आडवाणी थीं। विभाजन के बाद भारत आ गए आडवाणी ने 25 फरवरी, 1965 को कमला आडवाणी को अपनी अर्धांगिनी बनाया। आडवाणी के दो बच्चे हैं। लालकृष्ण आडवाणी की शुरूआती शिक्षा लाहौर में ही हुई पर बाद में भारत आकर उन्होंने मुम्बई के गवर्नमेन्ट ला कालेज से ला में स्नातक किया। आज वे भारतीय राजनीति में एक बड़ा नाम हैं। गाँधी के बाद वे दूसरे जननायक हैं जिन्होंने हिन्दू आन्दोलन का नेतृत्व किया और पहली बार भारतीय जनता पार्टी (बी.जे.पी) की सरकार बनावाई। लेकिन पिछले कुछ समय से अपनी मौलिकता खोते हुए नजर आ रहे हैं। जिस अक्रामकता के लिए वे जाने जाते थे, उस छवि के ठीक विपरीत आज वो समझौतावादी नजर आते हैं। हिन्दुओं में नई चेतना का सूत्रपात करने वाले आडवाणी में लोग नब्बे के दशक का आडवाणी ढ़ूँढ़ रहे हैं। अपनी बयानबाजी की वजह से उनकी काफी फजीहत हुई। अपनी किताब और ब्लाग से भी वो चर्चा में आए और आलोचना भी हुई। वर्ष 1951 में डा0 श्यामा प्रसाद मुखर्जी ने जनसंघ की स्थापना की, तब से लेकर सन् 1957 तक आडवाणी पार्टी के सचिव रहे। वर्ष 1973 से 1977 तक आडवाणी ने भारतीय जनसंघ के अध्यक्ष का दायित्व सम्भाला। वर्ष 1980 में भारतीय जनता पार्टी की स्थापना के बाद से 1986 तक श्री लाल कृष्ण आडवाणी पार्टी के महासचिव रहे। इसके बाद 1986 से 1991 तक पार्टी के अध्यक्ष पद का उत्तरदायित्व भी उन्होंने सम्भाला। इसी दौरान वर्ष 1990 में राममन्दिर आन्दोलन के दौरान उन्होंने सोमनाथ से अयोध्या के लिए रथयात्रा निकाली। हालांकि आडवाणी को बीच में ही गिरफ्तार कर लिया गया, पर इस यात्रा के बाद आडवाणी का राजनीतिक कद और बड़ा हो गया। 1990 की रथयात्रा ने श्री लाल कृष्ण आडवाणी की लोकप्रियता को चरम पर पहुँचा दिया था। वर्ष 1992 में बाबरी मस्जिद विध्वंश के बाद जिन लोगों को अभियुक्त बनाया गया है उनमें आडवाणी का नाम भी शामिल है। श्री लाल कृष्ण आडवाणी 3 बार भारतीय जनता पार्टी के अध्यक्ष पद पर रह चुके हैं। श्री लाल कृष्ण आडवाणी 4 बार राज्यसभा के और 5 बार लोकसभा के सदस्य रहे। वर्ष 1977 से 1979 तक पहली पहली बार केन्द्रीय सरकार में कैबिनेट मंत्री की हैसियत से श्री लाल कृष्ण आडवाणी ने दायित्व संम्भाला। श्री लाल कृष्ण आडवाणी इस दौरान सूचना प्रसारण मंत्री रहे। श्री लाल कृष्ण आडवाणी ने अभी तक के राजनीतिक जीवन में सत्ता का जो सर्वोच्च पद सम्भाला है वह है- एन.डी.ए. शासनकाल के दौरान उपप्रधानमंत्री का। श्री लाल कृष्ण आडवाणी वर्ष 1999 में एन.डी.ए. की सरकार बनने के बाद अटल बिहारी वाजपेयी के नेतृत्व में केन्द्रीय गृहमंत्री बने और फिर इसी सरकार में उन्हें 29 जून, 2002 को उपप्रधानमंत्री का दायित्व सौंपा गया। भारतीय संसद में एक अच्छे सांसद के रूप में श्री लाल कृष्ण आडवाणी अपनी भूमिका के लिए कभी सराहे गए तो कभी पुरस्कृत किये गये। श्री लाल कृष्ण आडवाणी किताबों, संगीत और सिनेमा में खासी रूचि रखते हैं। श्री लाल कृष्ण आडवाणी, भारतीय जनता पार्टी के वरिष्ठ नेता हैं। भारतीय जनता पार्टी को भारतीय राजनीति में एक प्रमुख पार्टी बनाने में उनका योगदान सर्वोपरि कहा जा सकता है। वे कई बार भा.ज.पा. के राष्ट्रीय अध्यक्ष रह चुके हैं। लाल कृष्ण आडवाणी कभी पार्टी के कर्णधार कहे गए, कभी लौहपुरूष और कभी पार्टी का असली चेहरा। कुल मिलाकर पार्टी के आजतक के इतिहास का अहम अध्याय हैं- लाल कृष्ण आडवाणी।

"शासन में फैले भ्रष्टाचार के खिलाफ छात्र आगे आएं"

- लाल कृष्ण आडवाणी, केन्द्रीय गृह मन्त्री, भारत

श्री लव कुश सिंह "विश्वमानव" द्वारा स्पष्टीकरण

महोदय, मान लिजिए छात्र आगे आ गये, अब वे क्या करेंगे यह भी तो बताएं? आप सरकार में हैं। आपका शासन है। तो भ्रष्टाचार को छात्र कैसे दूर करेंगे? यदि आप छात्र द्वारा भ्रष्टाचारीयों की पिटाई को अपराध से मुक्त रखने की घोषणा भी कर देंगे तो भी भ्रष्टाचार नहीं मिट सकता। कारण, भ्रष्टाचारी के घर भी तो छात्र हैं फिर अपनों के विरुद्ध आवाज उठाने से तो उनका चरित्र ही गिर जायेगा जो आपके श्रीराम के चरित्र के विरुद्ध हो जायेगा। क्योंकि आपके श्रीराम के अनुसार बड़ों का आदर (चाहें वे कैसे भी हों?) करना ही तो धर्म है। हाँ, भ्रष्टाचार मिटाने का यह उपाय है कि- जिस प्रकार आप लोगों ने 18 वर्ष की उम्र को वोट (मत) देने का अधिकार दिया है उसी प्रकार 25 वर्ष के उम्र पर पैत्रिक सम्पत्ति का अधिकार तथा नैतिक उत्थान के लिए पूर्ण ज्ञान - कर्म ज्ञान आधारित विश्वमानक शून्य: मन (मानव संसाधन) की गुणवत्ता का विश्वमानक की शिक्षा सहित 'शिक्षा का सही अर्थ धन अर्जित कर लेना ही नहीं है बल्कि समाज को उचित आवश्यकता प्रदान करना, अन्याय और भ्रष्टाचार के विरुद्ध आवाज उठानी भी है जो अपनत्व की भावना से पूर्णतया मुक्त हो।" का प्रसार करना पड़ेगा। परन्तु क्या आप यह करेंगे, नहीं। क्योंकि यह तो सत्य कार्य हो जायेगा और इससे आपको लगेगा कि यह तो मेरा कार्य हो गया।

****
****

"शिक्षा का स्वदेशी माडल चाहिए" (गुरूकुल कांगड़ी विश्वविद्यालय के दीक्षांत समारोह में)

- लाल कृष्ण आडवाणी, केन्द्रीय गृह मन्त्री, भारत
साभार - दैनिक जागरण, वाराणसी, दि0 8-06-2008

श्री लव कुश सिंह "विश्वमानव" द्वारा स्पष्टीकरण

भारत यदि पूर्णता व विश्व गुरूता की ओर बढ़ना चाहता है तब उसे मात्र कौशल विकास ही नहीं बल्कि राष्ट्रीय बौद्धिक विकास की ओर भी बढ़ना होगा। बौद्धिक विकास, व्यक्ति व राष्ट्र का इस ब्रह्माण्ड के प्रति दायित्व है और उसका लक्ष्य है।

राष्ट्र के पूर्णत्व के लिए पूर्ण शिक्षा निम्नलिखित दो शिक्षा का संयुक्त रूप है-

अ - सामान्यीकरण (Generalisation) शिक्षा - यह शिक्षा व्यक्ति और राष्ट्र का बौद्धिक विकास कराती है जिससे व्यक्ति व राष्ट्रीय सुख में वृद्धि होती है।

ब - विशेषीकरण (Specialisation) शिक्षा - यह शिक्षा व्यक्ति और राष्ट्र का कौशल विकास कराती है जिससे व्यक्ति व राष्ट्रीय उत्पादकता में वृद्धि होती है।

वर्तमान समय में विशेषीकरण की शिक्षा, भारत में चल ही रहा है और वह कोई बहुत बड़ी समस्या भी नहीं है। समस्या है सामान्यीकरण शिक्षा की। व्यक्तियों के विचार से सदैव व्यक्त होता रहा है कि - मैकाले शिक्षा पद्धति बदलनी चाहिए, राष्ट्रीय शिक्षा नीति व पाठ्यक्रम बनना चाहिए। ये तो विचार हैं। पाठ्यक्रम बनेगा कैसे?, कौन बनायेगा? पाठ्यक्रम में पढ़ायेगें क्या? ये समस्या थी। और वह हल की जा चुकी है। जो भारत सरकार के सामने सरकारी-निजी योजनाओं जैसे ट्रांसपोर्ट, डाक, बैंक, बीमा की तरह निजी शिक्षा के रूप में पुनर्निर्माण - सत्य शिक्षा का राष्ट्रीय तीव्र मार्ग द्वारा पहली बार इसके आविष्कारक द्वारा प्रस्तुत है। जो शिक्षा का स्वदेशी माडल है।

मानव एवम् संयुक्त मानव (संगठन, संस्था, ससंद, सरकार इत्यादि) द्वारा उत्पादित उत्पादों का धीरे-धीरे वैश्विक स्तर पर मानकीकरण हो रहा है। ऐसे में संयुक्त राष्ट्र संघ को प्रबन्ध और क्रियाकलाप का वैश्विक स्तर पर मानकीकरण करना चाहिए। जिस प्रकार औद्योगिक क्षेत्र अन्तर्राष्ट्रीय मानकीकरण संगठन (International Standardization Organisation-ISO) द्वारा संयुक्त मन (उद्योग, संस्थान, उत्पाद इत्यादि) को उत्पाद, संस्था, पर्यावरण की गुणवत्ता के लिए ISO प्रमाणपत्र जैसे- ISO-9000, ISO-14000 श्रृंखला इत्यादि प्रदान किये जाते हैं उसी प्रकार संयुक्त राष्ट्र संघ को नये अभिकरण विश्व मानकीकरण संगठन (World Standardization

Organisation-WSO) बनाकर या अन्तर्राष्ट्रीय मानकीकरण संगठन को अपने अधीन लेकर ISO/WSO-0 का प्रमाण पत्र योग्य व्यक्ति और संस्था को देना चाहिए जो गुणवत्ता मानक के अनुरूप हों। भारत को यही कार्य भारतीय मानक ब्यूरो (Bureau of Indiand Standard-BIS) के द्वारा IS-0 श्रृंखला द्वारा करना चाहिए। भारत को यह कार्य राष्ट्रीय शिक्षा प्रणाली (National Education System-NES) व विश्व को यह कार्य विश्व शिक्षा प्रणाली (World Education System-WES) द्वारा करना चाहिए। जब तक यह शिक्षा प्रणाली भारत तथा संयुक्त राष्ट्र संघ द्वारा जनसाधारण को उपलब्ध नहीं हो जाती तब तक यह "पुनर्निर्माण - सत्य शिक्षा का राष्ट्रीय तीव्र मार्ग (RENEW - Real Education National Express Way)" द्वारा उपलब्ध करायी जा रही है।

वैसे तो यह कार्य भारत सरकार को राष्ट्र की एकता, अखण्डता, विकास, साम्प्रदायिक एकता, समन्वय, नागरिकों के ज्ञान की पूर्णता इत्यादि जो कुछ भी राष्ट्रहित में हैं उसके लिए सरकार के संस्थान जैसे- विश्वविद्यालय अनुदान आयोग (यू.जी.सी.), एन.सी.ई.आर.टी, राष्ट्रीय ज्ञान आयोग, राष्ट्रीय नवोन्मेष परिषद्, भारतीय मानक ब्यूरो के माध्यम से "राष्ट्रीय शिक्षा आयोग" बनाकर पूर्ण करना चाहिए जो राष्ट्र के वर्तमान और भविष्य के लिए अतिआवश्यक और नागरिकों का राष्ट्र के प्रति कर्तव्य निर्धारण व परिभाषित करने का मार्ग भी है।

04. डा0 कर्ण सिंह
(9 मार्च, 1931 -)

परिचय -

कर्ण सिंह का जन्म सन् 1931 में हुआ है। वे भारतीय राजनेता, लेखक और कूटनीतिज्ञ हैं। जम्मू और कश्मीर के महाराजा हरि सिंह और महारानी तारा देवी के प्रत्यक्ष उत्तराधिकारी (युवराज) के रूप में जन्में डा0 कर्ण सिंह ने 18 वर्ष की ही उम्र में राजनीतिक जीवन में प्रवेश कर लिया था और वर्ष 1949 में प्रधानमंत्री पं0 जवाहरलाल नेहरू के हस्तक्षेप पर उनके पिता ने उन्हें राजप्रतिनिधि (रीजेंट) नियुक्त कर दिया था। इसके पश्चात् अगले 18 वर्षों के दौरान वे राजप्रतिनिधि, निर्वाचित सदर-ए-रियासत और अन्ततः राज्यपाल के पदों पर रहे। 1967 में डा0 कर्ण सिंह प्रधानमंत्री इन्दिरा गाँधी के नेतृत्व में केन्द्रीय मन्त्रिमण्डल में शामिल किये गये। इसके तुरन्त बाद वे भारतीय राष्ट्रीय कांग्रेस के प्रत्याशी के रूप में जम्मू और कश्मीर के उधमपुर संसदीय क्षेत्र से भारी बहुमत से लोक सभा के सदस्य निर्वाचित हुए। इसी क्षेत्र से वे वर्ष 1971, 1977 और 1980 में पुनः चुने गये। डा0 कर्ण सिंह पर्यटन और नगर विमानन, स्वास्थ्य और परिवार नियोजन, शिक्षा और संस्कृति मंत्री के रूप में कार्य कर चुके हैं। डा0 कर्ण सिंह देशी रजवाड़े के अकेले ऐसे पूर्व शासक थे, जिन्होंने स्वेच्छा से प्रिवीपर्स का त्याग किया। उन्होंने अपनी सारी राशि अपने माता-पिता के नाम पर भारत में मानव सेवा के लिए स्थापित "हरि-तारा धर्मार्थ न्यास" को दे दी। उन्होंने जम्मू के अपने अमर महल (राजभवन) को संग्रहालय एवं पुस्तकालय में परिवर्तित कर दिया। इसमें पहाड़ी लघुचित्रों और आधुनिक भारतीय कला का अमूल्य संग्रह तथा बीस हजार से अधिक पुस्तकों का निजी संग्रह है। डा0 कर्ण सिंह धर्मार्थ न्यास के अन्तर्गत चल रहे 100 से अधिक हिन्दू तीर्थ-स्थलों तथा मन्दिरों सहित जम्मू और कश्मीर के अन्य कई न्यासों का काम-काज देखा जाता है। हाल ही में उन्होंने अन्तर्राष्ट्रीय विज्ञान, संस्कृति और चेतना केन्द्र की स्थापना की है। यह केन्द्र सृजनात्मक दृष्टिकोण से एक महत्वपूर्ण केन्द्र के रूप में उभर रहा है। डा0 कर्ण सिंह ने देहरादून स्थित दून स्कूल से सीनियर कैम्ब्रिज परीक्षा प्रथम श्रेणी के साथ उत्तीर्ण की और इसके बाद जम्मू और कश्मीर विश्वविद्यालय से स्नातक उपाधि प्राप्त की। वे इसी विश्वविद्यालय के कुलाधिपति भी रह चुके हैं। वर्ष 1957 में उन्होंने दिल्ली विश्वविद्यालय से राजनीतिक विज्ञान में एम.ए. उपाधि हासिल की। उन्होंने श्री अरविन्द की राजनीतिक विचारधारा पर शोध प्रबन्ध लिख कर दिल्ली विश्वविद्यालय से डाक्टरेट उपाधि का अलंकरण प्राप्त किया। डा0 कर्ण सिंह कई वर्षों तक जम्मू और कश्मीर विश्वविद्यालय और बनारस हिन्दू विश्वविद्यालय के कुलाधिपति रहे हैं। वे केन्द्रीय संस्कृत बोर्ड अध्यक्ष, भारतीय लेखक संघ, भारतीय राष्ट्र मण्डल सोसायटी और दिल्ली संगीत सोसायटी के सभापति रहें हैं। वे जवाहरलाल नेहरू स्मारक निधि के उपाध्यक्ष, टेम्पल आफ अण्डरस्टेंडिंग (एक अन्तर्राष्ट्रीय अन्तर्विश्वास संगठन) के अध्यक्ष, भारत पर्यावरण और विकास जनायोग के अध्यक्ष, इण्डिया इन्टरनेशनल सेन्टर और विराट हिन्दू समाज के सभापति हैं। उन्हें अनेक मानद उपाधियों और पुरस्कारों से सम्मानित किया गया है। इनमें बनारस हिन्दू विश्वविद्यालय, अलीगढ़ मुस्लिम विश्वविद्यालय और सोका विश्वविद्यालय, टोक्यो से प्राप्त डाक्टरेट की मानद उपाधियाँ उल्लेखनीय हैं। वे कई वर्षों तक भारतीय वन्यजीव बोर्ड के अध्यक्ष और अत्यधिक सफल प्रोजेक्ट टाइगर के अध्यक्ष रहने के कारण उसके आजीवन संरक्षी हैं। उनके महत्वपूर्ण संग्रह "वन मैन्स वर्ल्ड (एक आदमी की दुनिया)" और हिन्दूवाद पर लिखे निबन्धों की काफी सराहना हुई है। उन्होंने अपनी मातृ भाषा डोगरी में कुछ भक्तिपूर्ण गीतों की रचना भी की है। भारतीय सांस्कृतिक परम्परा में अपनी गहन अन्तर्दृष्टी ओर पश्चिमी साहित्य और सभ्यता की विस्तृत जानकारी के कारण वे भारत और विदेशों में एक विशिष्ट विचारक और नेता के रूप में जाने जाते हैं। संयुक्त राज्य अमेरिका में भारतीय राजदूत के रूप में उनका कार्यकाल हालांकि कम ही रहा है, लेकिन इस दौरान उन्हें दोनों ही देशों में व्यापक और अत्यधिक अनुकूल कवरेज मिली।

"विश्व एक परिवार है न कि बाजार। भारतीय मानकों में गुरू-शिष्य परम्परा की अवधारणा को मजबूती देने की जरूरत है। शैक्षणिक संस्थानों में नई चेतना, विचारधारा निकालनी होगी जिससे सामाजिक व राष्ट्रीय उत्थान को बल मिले। शान्ति, मूल्यों की शिक्षा ही आज की आवश्यकता है।

महामना की सोच मानवीय मूल्य के समावेश वाले युवाओं के मस्तिष्क का विकास था, चाहे वह इंजिनियर हो, विज्ञान या शिक्षाविद्। यहाँ के छात्र दुनिया में मानवीय मूल्य के राजदूत बनें ताकि देश में नम्बर एक बना बी.एच.यू. अब दुनिया के लिए आदर्श बने। इस विश्वविद्यालय सरीखा दूसरा कोई उत्कृष्ट संस्थान ही नहीं जहाँ संयुक्त राष्ट्र संघ द्वारा यूनेस्को चेयर फार पीस एंड इंटरकल्चर अंडरस्टैण्डिंग की स्थापना हुई। विश्वविद्यालय का दक्षिणी परिसर मुख्य परिसर की सिर्फ कापी भर नहीं है, बल्कि यह तो भविष्य में" नये विश्वविद्यालय का रूप लेगा"

-डा0 कर्ण सिंह,

साभार - दैनिक जागरण, वाराणसी, दि0 26 दिसम्बर, 2010

श्री लव कुश सिंह "विश्वमानव" द्वारा स्पष्टीकरण

भौतिकवादी समाज विश्व को एक बाजार समझता है लेकिन आध्यात्मवादी समाज विश्व को परिवार समझता है। इस समझ के कारण ही भारत ने "वसुधैव-कुटुम्बकम्", "बहुजन हिताय-बहुजन सुखाय", "विश्वबन्धुत्व", "एकात्म मानवतावाद" जैसे शब्दों का प्रयोग किया है। गुरू-शिष्य परम्परा की अवधारणा-भावना तभी स्वतः स्फूर्त होगी जब शिक्षा पाठ्यक्रम मस्तिष्क को विश्व व्यापक बनाने वाली हो, जिससे ऐसे मनुष्य का निर्माण हो जो सम्पूर्ण ब्रह्माण्ड को अपना स्वरूप समझता हो, और शिक्षा को मात्र रोजगार पाने की सीमा तक न समझता हो। और जब ऐसा होगा तभी शैक्षणिक संस्थानों में नई चेतना, विचारधारा निकलेगी जिससे सामाजिक व राष्ट्रीय उत्थान को बल मिलेगा।

महामना की सोच बहुत व्यापक थी परन्तु संस्थापक के जाने के बाद अक्सर ऐसा होता है कि संस्था अपने मार्ग से भटक जाती है। जहाँ समन्वयात्मक मस्तिष्क का निर्माण करना था वहाँ विशेषीकृत मस्तिष्क का निर्माण प्रारम्भ हो गया। काशी हिन्दू विश्वविद्यालय (बी.एच.यू), देश का नम्बर एक विश्वविद्यालय है इसमें कोई शक नहीं परन्तु जो शोध-आविष्कार इस विश्वविद्यालय को करना था वह माधव विद्या मन्दिर इण्टरमीडिएट कालेज, पुरूषोत्तमपुर, मीरजापुर, उ0प्र0 (दसवीं -1981, 13 वर्ष 6 माह में), प्रभु नारायण राजकीय इण्टर कालेज, रामनगर, वाराणसी, उ0प्र0 (बारहवीं-1983, 15 वर्ष 6 माह में) और हरिश्चन्द्र स्नातकोत्तर महाविद्यालय, वाराणसी, उ0प्र0 (बी.एससी., सन्-1985, 17 वर्ष 6 माह में) के कालेज, के मार्ग से शिक्षित व्यक्ति ने कर डाला।

अब महामना को सच्ची श्रद्धांजली तभी मिलेगी जब विश्वविद्यालय का दक्षिणी परिसर को "सत्यकाशी हिन्दू विश्वविद्यालय (एस.एच.यू)" के रूप में नये विश्वविद्यालय का रूप दिया जाये।

शब्दों के अर्थ "समझ" के अनुसार बदलते रहने से शब्द "आशीर्वाद" के भी अर्थ बदल गये। वर्तमान में "आशीर्वाद" यूँ ही मिल जाते हैं। प्रारम्भ में यह "आशीर्वाद" ऋषि-मुनि-गुरू जन सिर्फ योग्य को ही प्रदान करते थे ताकि उनके शब्द कभी असत्य न हों। और यदि असत्य होने की सम्भावना दिखे तो उसे वे सत्य में परिवर्तित करने के लिए भी हर नीति का प्रयोग करते थे। ऐसे ही गुरू थे- गुरू द्रोणाचार्य। जिन्होंने सर्वश्रेष्ठ धनुर्धर का "आशीर्वाद" अपने शिष्य अर्जुन को दिया था। और वे अपने "आशीर्वाद" को सत्य में परिवर्तित करने के लिए बीच में आ गये एकलव्य का नीति के अन्तर्गत अँगूठा माँगकर अपने "आशीर्वाद" की रक्षा की। यह मात्र एक सन्देश है- शब्द "आशीर्वाद" के सही अर्थ का।

05. श्री वी.एस.नायपाल
(17 अगस्त, 1932 -)

परिचय

विद्याधर सूरजप्रसाद नायपाल का जन्म 17 अगस्त, 1932 को ट्रिनिडाड के चगवानस में हुआ। इनका परिवार नाम नेपाल देश पर आधारित है, अतः नैपाल, "जो नेपाल से हो"। ऐसी धारणा है कि इनके पूर्वज गोरखपुर के भूमिहार ब्राह्मण थे जिन्हें ट्रिनिडाड ले जाया गया इसलिए इस परिवार का नेपाल का छोड़ना, इससे पहले हुआ होगा। ट्रिनिडाड में जन्में भारतीय मूल के साहित्य क्षेत्र से नोबेल पुरस्कार (2001 में) विजेता लेखक हैं। उनकी शिक्षा ट्रिनिडाड और इंग्लैण्ड में हुई। वे दीर्घकाल से ब्रिटेन के निवासी हैं। उनके पिताजी श्रीप्रसाद नायपाल, छोटे भाई शिव नायपाल, भतीजे नील बिसुनदत्त, चचेरे भाई कपिलदेव सभी नामी लेखक रहे हैं। पहले पत्रकार रह चुकीं श्रीमती नादिरा नायपाल उनकी पत्नी हैं। इनके अनुज शिव नायपाल भी बहुत अच्छे लेखक थे। इनका सबसे महान उपन्यास "ए हौस फार मिस्टर बिस्वास" है। नायपाल परिवार और कपिलदेव परिवार ट्रिनिडाड में बहुत प्रभावशाली रहे हैं। विद्याधर सूरजप्रसाद नायपाल को नूतन अंग्रेजी छंद का गुरू कहा जाता है। वे कई साहित्यिक पुरस्कार से सम्मानित किये जा चुके हैं, इनमें जोन लिलवेलीन रीज पुरस्कार (1958), दी सोमरसेट मोगम अवार्ड (1980), दी होवथोरडन पुरस्कार (1964), दी डबलु एच स्मिथ साहित्यिक अवार्ड (1968), दी बुकर पुरस्कार (1971) तथा दी डेविड कोहेन पुरस्कार (1993) ब्रिटीश साहित्य में जीवन पर्यन्त कार्यों के लिए, प्रमुख हैं। विद्याधर सूरजप्रसाद नायपाल को 2008 में दी टाइम्स ने अपनी 50 महान ब्रिटिश साहित्यकारों की सूची में सातवाँ स्थान दिया।

उपन्यास

The Mystic Masseur - (1957) , The Suffrage of Elvira - (1958) , Miguel Street - (1959) , A House for Mr Biswas (1961) , Mr. Stone and the Knights Companion - (1963) , A Flag on the Island - (1967) , The Mimic Men - (1967) , In a Free State - (1971) , Guerillas - (1975) , A Bend in the River (1979) , Finding the Centre - (1984) , The Enigma of Arrival - (1987) , A Way in the World - (1994) , Half a Life - (2001) , Magic Seeds - (2004)

अन्य कृति

The Middle Passage: Impressions of Five Societies - British, French and Dutch in the West Indies and South America (1962) , An Area of Darkness (1964) , The Loss of El Dorado - (1969) , The Overcrowded Barracoon and Other Articles (1972) , India: A Wounded Civilization (1977) , A Congo Diary (1980) , The Return of Eva Perón and the Killings in Trinidad (1980) , Among the Believers: An Islamic Journey (1981) , Finding the Centre (1984) , A Turn in the South (1989) , India: A Million Mutinies Now (1990) , Beyond Belief: Islamic Excursions among the Converted Peoples (1998) , Between Father and Son: Family Letters (1999, edited by Gillon Aitken)

"भारत बौद्धिक विस्फोट के मुहाने पर खड़ा है। हर क्षेत्र में भारतीयों का दखल हो रहा है। वह दिन समय नहीं, जब भारत भी पूरी दुनिया में अपना लोहा मनवाएगा। हालांकि इसका लाभ उठाने के लिए भारत को अतीत की पहेलीयों को सुलझाना होगा।"

-वी. एस. नायपाल (साहित्य के नोबेल पुरस्कार से सम्मानित)
साभार - अमर उजाला, वाराणसी, दि0 31 अक्टूबर 2000

श्री लव कुश सिंह "विश्वमानव" द्वारा स्पष्टीकरण

महोदय, आपकी दूरदृष्टि बिलकुल सत्य है। भारत बौद्धिक विस्फोट और अपने विश्व गुरूता के लिए अपने सभी अतीत के पहेलीयों को सुलझा चुका है। और वह "विश्वधर्म" के लिए "विश्वशास्त्र" के रूप में प्रकाशित है। स्वामी विवेकानन्द जी ने कहा था -

"हिन्दू भावों को अंग्रेजी में व्यक्त करना, फिर शुष्क दर्शन, जटिल पौराणिक कथाएं और अनूठे आश्चर्यजनक मनोविज्ञान से ऐसे धर्म का निर्माण करना, जो सरल, सहज और लोकप्रिय हो और उसके साथ ही उन्नत मस्तिष्क वालों को संतुष्ट कर सके- इस कार्य की कठिनाइयों को वे ही समझ सकते हैं, जिन्होंने इसके लिए प्रयत्न किया हो। अद्वैत के गुढ़ सिद्धान्त में नित्य प्रति के जीवन के लिए कविता का रस और जीवनदायिनी शक्ति उत्पन्न करनी है। अत्यन्त उलझी हुई पौराणिक कथाओं में से जीवन प्रकृत चरित्रों के उदाहरण समूह निकालने हैं और बुद्धि को भ्रम में डालने वाली योगविद्या से अत्यन्त वैज्ञानिक और क्रियात्मक मनोविज्ञान का विकास करना है और इन सब को एक ऐसे रुप में लाना पड़ेगा कि बच्चा-बच्चा इसे समझ सके।"

- स्वामी विवेकानन्द

"यदि कभी कोई सार्वभौमिक धर्म हो सकता है, तो वह ऐसा ही होगा, जो देश या काल से मर्यादित न हो, जो उस अनन्त भगवान के समान ही अनन्त हो, जिस भगवान के सम्बन्ध में वह उपदेश देता है, जिसकी ज्योति श्रीकृष्ण के भक्तों पर और ईसा के प्रेमियों पर, सन्तों पर और पापियों पर समान रूप से प्रकाशित होती हो, जो न तो ब्राह्मणों का हो, न बौद्धों का, न ईसाइयों का और न मुसलमानों का, वरन् इन सभी धर्मों का समष्टिस्वरूप होते हुए भी जिसमें उन्नति का अनन्त पथ खुला रहे, जो इतना व्यापक हो कि अपनी असंख्य प्रसारित बाहुओं द्वारा सृष्टि के प्रत्येक मनुष्य का प्रेमपूर्वक आलिंगन करें।... वह विश्वधर्म ऐसा होगा कि उसमें किसी के प्रति विद्वेष अथवा अत्याचार के लिए स्थान न रहेगा, वह प्रत्येक स्त्री और पुरूष के ईश्वरीय स्वरूप को स्वीकार करेगा और सम्पूर्ण बल मनुष्यमात्र को अपनी सच्ची, ईश्वरीय प्रकृति का साक्षात्कार करने के लिए सहायता देने में ही केन्द्रित रहेगा। हमें दिखलाना है- हिन्दुओं की आध्यामिकता, बौद्धों की जीवदया, ईसाइयों की क्रियाशीलता एवं मुस्लिमों का बन्धुत्व, और ये सब अपने व्यावहारिक जीवन के माध्यम द्वारा। हमने निश्चय किया- हम एक सार्वभौम धर्म का निर्माण करेंगे।"

- स्वामी विवेकानन्द

"हमें ऐसे धर्म की आवश्यकता है, जिससे हम मनुष्य बन सकें। हमें ऐसे सिद्धान्तों की आवश्यकता है, जिससे हम मनुष्य हो सकें। हमें ऐसी सर्वांगसम्पन्न शिक्षा चाहिए, जो हमें मनुष्य बना सके और यह रही सत्य की कसौटी-जो भी तुम्हे शारीरिक, मानसिक और आध्यात्मिक दुर्बलता लाए, उसे जहर की भांति त्याग दो; उसमें जीवन-शक्ति नहीं है, वह कभी सत्य नहीं हो सकता। सत्य तो बलप्रद है, वह पवित्रता स्वरूप है, ज्ञान स्वरूप है। सत्य तो वह है जो शक्ति दे, जो हृदय के अन्धकार को दूर कर दे, जो हृदय में स्फूर्ति भर दें। उसी मूल सत्य की फिर से शिक्षा ग्रहण करनी होगी, जो केवल यहीं से, हमारी इसी मातृभूमि से प्रचारित हुआ था। फिर एक बार भारत को संसार में इसी मूल तत्व का-इसी सत्य का प्रचार करना होगा। ऐसा क्यों है? इसलिए नहीं कि यह सत्य हमारे शास्त्रों में लिखा है वरन् हमारे राष्ट्रीय साहित्य का प्रत्येक विभाग और हमारा राष्ट्रीय जीवन उससे पूर्णतः ओत-प्रोत है। इस धार्मिक सहिष्णुता की तथा इस सहानुभूति की, मातृभाव की महान शिक्षा प्रत्येक बालक, स्त्री, पुरुष, शिक्षित, अशिक्षित सब जाति और वर्ण वाले सीख सकते हैं। तुमको अनेक नामों से पुकारा जाता है, पर तुम एक हो। मैं जिस आत्मतत्व की बात कर रहा हूँ वही जीवन है, शक्तिप्रद है और अत्यन्त अपूर्व है। केवल वेदान्त में ही वह महान तत्व है जिससे सारे संसार की जड़ हिल जायेगी और जड़ विज्ञान के साथ धर्म की एकता सिद्ध होगी।"

- स्वामी विवेकानन्द

यह सनातन धर्म का देश है। देश गिर अवश्य गया है, परन्तु निश्चय फिर उठेगा। और ऐसा उठेगा कि दुनिया देखकर दंग रह जायेगी। (विवेकानन्दजी के संग में, पृष्ठ-159) - **स्वामी विवेकानन्द**

06. श्री मुरली मनोहर जोशी
(5 जनवरी, 1934 -)

परिचय -

डा0 मुरली मनोहर जोशी, भारतीय जनता पार्टी के प्रमुख नेता हैं। राष्ट्रीय जनतान्त्रिक गठबन्धन के शासनकाल में वे भारत के मानव संसाधन विकास मंत्री थे। इनका जन्म 5 जनवरी, 1934 को दिल्ली में हुआ था। उनका पैत्रिक निवास स्थान वर्तमान उत्तराखण्ड के कुमायूँ क्षेत्र में है। उनकी प्राथमिक शिक्षा चांदपुर जिला बिजनौर और अल्मोड़ा में हुई। उन्होंने अपना बी.एससी. मेरठ कालेज और एम.एससी. इलहाबाद विश्वविद्यालय से किये यहाँ उनके एक शिक्षक प्रोफेसर राजेन्द्र सिंह थे जो बाद में राष्ट्रीय स्वयं सेवक संघ के सरसंघचालक बन गये। यहीं से उन्होंने अपनी डाक्टरेट की उपाधि भी अर्जित की। उनका शोधपत्र स्पेक्ट्रोस्कोपी पर था। अपना शोधपत्र हिन्दी भाषा में प्रस्तुत करने वाले वे प्रथम शोधार्थी हैं। अपनी पीएच.डी पूरी करने के बाद वे इलाहाबाद विश्वविद्यालय में भौतिकी में अध्यापन शुरू कर दिये। बाद में वे राष्ट्रीय राजनीति में आ गये।

वे युवा उम्र में ही दिल्ली में राष्ट्रीय स्वयंसेवक संघ के सम्पर्क में आये और 1953-1954 में गाय संरक्षण आन्दोलन में भाग लिये। 1955 में कुंभ, इलाहाबाद के भू-राजस्व आकलन की मांग के किसान आन्दोलन में भाग लिए। भारत के आपातकाल की अवधि 1975-1977 के दौरान आप 26 जून, 1975 से 1977 में लोकसभा चुनाव तक जेल में रहे। आप अल्मोड़ा से जनता दल के उम्मीदवार बनकर लोकसभा सदस्य चुने गये थे और दल के संसदीय महासचिव चुने गये थे। 1980 में जनता दल के सरकार के पतन के बाद गठित भारतीय जनता पार्टी (भाजपा) के पहले महासचिव फिर कोषाध्यक्ष के रूप में भी आपने कार्य किया। भाजपा के महासचिव के रूप में बिहार, बंगाल और पूर्वोत्तर राज्यों के प्रभारी भी थे। जब अटल बिहारी वाजपेयी के नेतृत्व में सरकार बनी तब आप मानव संसाधन विकास मंत्री के रूप में देश की सेवा की। आपको वीर सावरकर, श्री गुरूजी और दीनदयाल उपाध्याय के जीवन और कर्म से प्रभावित हुआ माना जाता है। 1996 में अटल बिहारी वाजपेयी के नेतृत्व में बनी 13 दिनों की सरकार में आप गृहमंत्री भी थे। 2009 के आम चुनाव के भाजपा के घोषणा पत्र तैयार करने वाले बोर्ड के अध्यक्ष के रूप में भी आप नियुक्त थे। 2009 के 15वीं लोकसभा में आप वाराणसी, उत्तर प्रदेश संसदीय क्षेत्र से संसद सदस्य भी है।

"काल का बोध न रखने वाले राष्ट्र का आत्मबोध व दिशाबोध भी समाप्त हो जाता है।"

- श्री मुरली मनोहर जोशी,
साभार - दैनिक जागरण, वाराणसी, दि0 10-7-98

श्री लव कुश सिंह "विश्वमानव" द्वारा स्पष्टीकरण

जब व्यष्टि मन की शान्ति, स्थिरता और एकता अन्तः अदृश्य विषयों पर केन्द्रित होता है तो उसे व्यष्टि अदृश्य काल कहते हैं। जब व्यष्टि मन की शान्ति, स्थिरता और एकता बाह्य दृश्य विषयों पर केन्द्रित होती है तो उसे व्यष्टि दृश्य काल कहते हैं। इसी प्रकार जब अधिकतम व्यष्टि के मन की शान्ति, स्थिरता और एकता अन्तः अदृश्य विषयों पर केन्द्रित होती है तो उसे समष्टि अदृश्य काल कहते हैं और बाह्य दृश्य विषयों पर केन्द्रित होती है तो उसे समष्टि दृश्य काल कहते हैं। अदृश्य काल के लिए अनेक ईश्वर नाम तथा दृश्य काल के लिए एक ईश्वर नाम होते हैं। इस ईश्वर नाम या शब्द का दर्शन ही मानव तथा राष्ट्र को आत्मबोध वा दिशाबोध प्रदान करता है। अदृश्य काल से दृश्य काल में परिवर्तन की सूचना व्यक्तिगत स्तर से सार्वजनिक पत्र मुद्रित कराकर केन्द्रिय सचिवालय, दिल्ली, पी0 टी0 आई0 भवन, दिल्ली, मथुरा व वाराणसी के मन्दिरों व पत्र द्वारा सम्पूर्ण देश में वितरित किये गये थे और समष्टि

स्तर से ब्रह्माण्ड द्वारा दिंनाक -18-11-97 से 22-11-97 (पाँच दिन) खगोल विज्ञान द्वारा प्रमाणित सभी ग्रहों का एक सीध में आना द्वारा सूचित किया जा चुका है। कालानुसार ज्ञान द्वारा मानव को पूर्ण मानव में विकसित न करना मानवाधिकार का स्पष्ट हनन है। यह सत्य है कि काल का बोध न रखे वाले राष्ट्र का का आत्मबोध व दिशाबोध भी समाप्त हो जाता है। परन्तु इस काल की वर्तमान स्थिति से जन साधारण को परिचित कौन करायेगा? सरकार और मानव संसाधन मंत्री तो आप हैं। वेद या ज्ञान या सत्य की बातें सत्य होती हैं परन्तु व्यावहारिक नहीं। मात्र व्यावहारिक सत्य ही आत्मबोध या दिशाबोध दे सकता है।

****

"मैं आवाहन करता हूँ-देश की युवा पीढ़ी का, जो इस महान गौरवशाली देश का नेतृत्व करें और संकीर्णता, भय, आसमानता, असहिष्णुता से ऊपर उठकर राष्ट्र को ज्ञान-विज्ञान के ऐसे धरातल पर स्थापित करे कि लोग कहें यही तो भारत महान है।" (विज्ञापन द्वारा प्रकाशित अपील)

- श्री मुरली मनोहर जोशी

साभार - दैनिक जागरण, वाराणसी, दि0 11-8-98

श्री लव कुश सिंह "विश्वमानव" द्वारा स्पष्टीकरण

देश में युवा हैं जो इस गौरवशाली देश का नेतृत्व बिना किसी पद पर बैठे ही संकीर्णता, भय, असमानता, असहिष्णुता से ऊपर उठकर राष्ट्र को ज्ञान-विज्ञान के ऐसे धरातल पर स्थापित कर सकते हैं, जिससे भारत की महानता सार्वजनिक रूप से सिद्ध हो सकती है। या यूँ कहें कि भारत का वर्तमान रूप राम, कृष्ण, आादि शंकर, स्वामी विवेकान्द, स्वामी दयानन्द, भगत सिंह, रजनीश इत्यादि जैसे युवाओं ने वैचारिक और प्रत्यक्ष क्रान्ति द्वारा ही, अपने जीवन को अन्य जीवन के लोगों से अलग रखकर व्यक्त किया है। और जब भी भारत अपनी महानता को स्थापित करेगा वह युवा के द्वारा ही होगा क्योंकि कोई भी यहाँ जन्म लेकर और पुस्तकों से ज्ञान प्राप्त कर भारत को महानता नहीं दिला सकता क्योंकि फिर इतने बड़े कार्य के लिए एक जीवन तो ज्ञान की खोज में ही निकल जायेगा-फिर कर्म कब होगा? ऐसे युवा जिन्होंने अपने जीवन को बलिदान स्वरूप रखकर भारत को सतत महानता की ओर ले जाने के लिए प्रयत्न किये हैं वे तो सिर्फ कर्म करने आये, ज्ञान तो, उन्हें पूर्वजन्म से ही प्राप्त था। आपने आवाहन किया जो एक अच्छा कदम है लेकिन समस्या है कि कोई युवा आपसे मिलने आये तो आपके पास समय न होगा और उस युवा के चेहरे पर लिखा भी न होगा कि भारत को महानता दिलाने वाला यही युवा है। यदि पत्र दे तो भी वह कुड़ेदान में चला जायेगा लेकिन भारत के कार्यों में यदि भारत के नेतृत्वकर्ता ही साथ न दे तो भी कोई अन्तर नहीं पड़ता। हाँ पत्रों के प्रति निष्क्रियता-आपके निष्क्रियता का प्रमाणपत्र अवश्य बन जाती है। ऐसा ही पत्र आपको आपके आवाहन के जवाव में भेजा गया था।

****

"देश के सभी विद्यालयों में वेद की शिक्षा दी जायेगी"

- श्री मुरली मनोहर जोशी

साभार - आज, वाराणसी, दि0 10/12/98

श्री लव कुश सिंह "विश्वमानव" द्वारा स्पष्टीकरण

सत्य के अनुभूति का साहित्य वेद है। ऋगवेद-ज्ञान से सत्य की ओर, सामवेद-गायन से सत्य की ओर, यजुर्वेद-व्यक्तिगत प्रमाणित अदृश्य कर्म से सत्य की ओर, अथर्ववेद-औषधि से सत्य की ओर और कर्मवेद-सार्वजनिक प्रमाणित दृश्य कर्म से सत्य की ओर जाने का साहित्य है। प्रथम चार वेद में ज्ञान, विज्ञान और व्यक्तिगत

प्रमाणित मानव एवम् प्रकृति के सन्तुलन के लिए कर्मज्ञान हैं। जिस पर आधारित और सत्य की ओर ले जाने वाले अनेकों साहित्य-संहिता, ब्राह्मण, अरण्यक, पुराण, उपनिषद् आदि हैं। इतने साहित्यों के उपरान्त वेदों और उपनिषदों के सत्य के मूलरूप को व्यक्त करता और कर्म की ओर प्रेरित करता साहित्य गीता है। उसके उपरान्त कर्म ज्ञान पर आधारित शुद्ध और अन्तिम सार्वजनिक सत्य-सिद्धान्त का साहित्य कर्मवेदः प्रथम, अन्तिम तथा पंचमवेद अर्थात् विश्वमानक -शून्य श्रृंखला: मन की गुणवत्ता का विश्वमानक है। हजारों वर्षों से समयानुसार आवश्यकतानुसार परिष्कृत होकर व्यक्त हुआ सत्य जो व्यक्ति को सीधे पूर्ण ज्ञान से जोड़ सकता है, वह वेद विद्यालयों में शिक्षा देने योग्य है कि वह जो हजारों वर्ष पूर्व का वेद है जिसकी एक एक ऋचा को समझने में और सत्य की अनुभूति करने में अधिकतम समय लगता है। यह सोचने का विषय है- वर्तमान समय में व्यक्ति इतने अधिक नियम, कानून, समस्या, दायित्व और कर्तव्यों से घिरा है कि वह न्यूनतम समय में अधिकतम प्राप्त करना चाहता है। ऐसे में समयानुसार और आवश्यकतानुसार ही सम्पूर्ण मानव समाज को सर्वाधिक विवादस्पद सत्य-धर्म-ज्ञान से विवादमुक्त करने और कर्मज्ञान-दृश्य कर्मज्ञान को स्थापित करने के लिए कर्मवेद व्यक्त हुआ है। जिसकी शिक्षा आने वाली पीढ़ी और वर्तमान के व्यक्तियों के बीच नेतृत्वकर्ताओं को स्वेच्छा से स्थापित उसी भाँति करना चाहिए जिस प्रकार एक माता-पिता अपने अबोध सन्तान को आवश्यकतानुसार एवम समयानुसार विषयों को उपलब्ध कराते हैं। जिसके प्रति किसी प्रकार का आन्दोलन स्वयं माता-पिता और नेतृत्वकर्ताओं के नैतिकता पर प्रश्न उठा सकता है। इसलिए इसके प्रति आन्दोलन न करना ही मेरा मार्ग है।

****

"प्रधानमंत्री ने भी भारत के कायाकल्प के लिए अंतरनिहित सिद्धांतों को स्पष्ट किया है। उन्होंने हजारों वर्षों से चली आ रही भारतीय परंपराओं से अनुभव हासिल करने वाले विशेषज्ञों, जनता के सुझावों और विपरीत विचारों को ध्यानपूर्वक सुनने का सुझाव दिया है। यदि हमने ऐसा कर दिया तो हम नीतियों और योजनाओं को न सिर्फ विफल होने से बचा लेंगे, बल्कि भविष्य के जोखिमों से भी इन्हें सुरक्षित कर देंगे। इन सबका अर्थ है भविष्य की योजनाओं और विकास के लिए जरूरी बुनियादी बातों को फिर से परिभाषित करना और उन्हें नए रूप में रचना। इसके लिए सोच के एक नए स्तर की जरूरत होती है। यह किस तरह होगा, यह बहुत कुछ आयोग की टीम की रूपरेखा और दृष्टिकोण पर निर्भर करेगा। प्रधानमंत्री ने नीति आयोग की टीम के लिए महत्वपूर्ण दिशानिर्देश तय किए हैं। अब नीति आयोग पर निर्भर करता है कि वह आशाओं के अनुरूप आचरण करे और परिणाम दे। ("अगली सदी की तैयारी" शीर्षक से दैनिक जागरण में प्रकाशित लेख)

- डॉ. मुरली मनोहर जोशी, भाजपा के पूर्व अध्यक्ष और पूर्व केंद्रीय मंत्री

श्री लव कुश सिंह "विश्वमानव" द्वारा स्पष्टीकरण

महोदय, नीति आयोग के लिए एकदम सत्य दृष्टि। "आध्यात्मिक विरासत के आधार पर एक भारत - श्रेष्ठ भारत" का निर्माण इस विचार के बिना नहीं हो सकता। और यह ईश्वर के अवतारों के अधीन है। ये कार्य नौकरी पेशा विद्वानों के वश का है ही नहीं क्योंकि भारत ऐसे लागों से निर्मित नहीं बल्कि ऋषि निर्मित है।

नीति आयोग, भारत सरकार के पास क्या ऐसे अनुभवी व्यक्ति हैं यदि नहीं तो आध्यात्मिक विरासत के आधार पर एक भारत - श्रेष्ठ भारत का सपना छोड़ दें- ये है हमारे "एक" का सृष्टि के प्रारम्भ से अब तक के 10 जन्मों का अनुभव -

मछलियों के स्वभाव जल की धारा के विपरीत दिशा (राधा) में गति करने से ज्ञान (अर्थात राधा का सिद्धान्त) प्रथम अवतार मत्स्य अवतार का गुण था जो अगले अवतार में संचरित हुई। एक सहनशील, शांत, धैर्यवान, लगनशील, दोनों पक्षों के बीच मध्यस्थ की भूमिका वाला गुण सहित प्रथम अवतार के गुण सहित वाला गुण द्वितीय अवतार कूर्म अवतार का गुण था जो अगले अवतार में संचरित हुई। एक मेधावी, सूझ-बुझ, सम्पन्न, पुरूषार्थी, धीर-

गम्भीर, निष्कामी, बलिष्ठ, सक्रिय, शाकाहारी, अहिंसक और समूह प्रेमी, लोगों का मनोबल बढ़ाना, उत्साहित और सक्रिय करने वाला गुण सहित द्वितीय अवतार के समस्त गुण से युक्त वाला गुण तृतीय अवतार वाराह अवतार का गुण था जो अगले अवतार में संचरित हुई। प्रत्यक्ष रूप से एका-एक लक्ष्य को पूर्ण करने वाले गुण सहित तृतीय अवतार के समस्त गुण से युक्त वाला गुण चतुर्थ अवतार नरसिंह अवतार का गुण था जो अगले अवतार में संचरित हुई। भविष्य द्रष्टा, राजा के गुण का प्रयोग करना, थोड़ी सी भूमि पर गणराज्य व्यवस्था की स्थापना व व्यवस्था को जिवित करना, उसके सुख से प्रजा को परिचित कराने वाले गुण सहित चतुर्थ अवतार के समस्त गुण से युक्त गुण पाँचवें अवतार का गुण था जो अगले अवतार में संचरित हुई। गणराज्य व्यवस्था को ब्रह्माण्ड में व्याप्त व्यवस्था सिद्धान्तों को आधार बनाने वाले गुण और व्यवस्था के प्रसार के लिए योग्य व्यक्ति को नियुक्त करने वाले गुण सहित पाँचवें अवतार के समस्त गुण से युक्त वाला गुण छठें अवतार परशुराम का गुण था जो अगले अवतार में संचरित हुई। आदर्श चरित्र के गुण तथा छठें अवतार तक के समस्त गुण को प्रसार करने वाला गुण सातवें अवतार श्रीराम का गुण था जो अगले अवतार में संचरित हुई। आदर्श सामाजिक व्यक्ति चरित्र के गुण, समाज में व्याप्त अनेक मत-मतान्तार व विचारों के समन्वय और एकीकरण से सत्य-विचार के प्रेरक ज्ञान को निकालने वाले गुण सहित सातवें अवतार तक के समस्त गुण आठवें अवतार श्रीकृष्ण का गुण था। जिससे व्यक्ति, व्यक्ति पर विश्वास न कर अपने बुद्धि से स्वयं निर्णय करें और प्रेरणा प्राप्त करता रहे। प्रजा को प्रेरित करने के लिए धर्म, संघ और बुद्धि के शरण में जाने की मूल शिक्षा देना नवें अवतार भगवान बुद्ध का गुण था। आदर्श वैश्विक व्यक्ति चरित्र सहित सभी अवतारों का सम्मिलित गुण व मन निर्माण की प्रक्रिया से निर्मित अन्तिम मन स्वामी विवेकानन्द के मन के गुण मिलकर दसवें अन्तिम अवतार श्री लव कुश सिंह "विश्वमानव" में व्यक्त हुआ।

पुराण पढें और देखें है न, पृथ्वी की समस्या पहले ब्रह्मा के पास जाती है। यदि वह उनसे हल नहीं हो पाती तो अपने उच्च अधिकारी विष्णु के पास फाइल फरवार्ड की जाती है। यदि उनसे भी नहीं हल होती तो मुख्य कार्यालय शिव-शंकर के कार्यालय में भेज दी जाती है। जब सभी अन्धे होते हैं तो काना (एक आँख) वाला शासन करता है। जब सभी काने होते हैं तो दो आँख वाला शासन करता है। जब सभी दो आँख वाले होते हैं तब तीसरे नेत्र वाले का शासन आता है। जबकि सभी शासक अपने समय के अनुसार सर्वश्रेष्ठ ही होते हैं। नीति आयोग दो आँख वालों का समूह है, अब उसे काशी-सत्यकाशी से तीसरे नेत्र का प्रकाश माँगना चाहिए। ससम्मान निवेदन करें या अपनी क्षमता-बौद्धिकता पेश करें।

07. श्री केशरी नाथ त्रिपाठी
(10 नवम्बर, 1934 -)

परिचय

श्री केशरी नाथ त्रिपाठी जी का जन्म 10 नवम्बर, 1934 को इलाहाबाद में हुआ था। आपने बी.ए. और एल.एल.बी. की डिग्री इलाहाबाद विश्वविद्यालय से पूरी कर इलाहाबाद उच्च न्यायालय में वरिष्ठ अधिवक्ता के रूप में कार्य किया। अपने छात्र जीवन में कश्मीर आन्दोलन के लिए आप जेल गये। आप कई साहित्यिक और समाजिक सेवा संगठनों के साथ जुड़े रहे।

इलाहाबाद उच्च न्यायालय बार एशोसिएशन के अध्यक्ष पद पर 1987-1989 तक आप रहें। आप 1977-1980, 1989-1991, 1991-1992, 1993-1995, 1996-2002 और 2002 के उत्तर प्रदेश विधानसभा में सदस्य रहे। 1977-1979 में आप मंत्री संस्थागत वित्त भी रहे। उत्तर प्रदेश विधान सभा के अध्यक्ष पद पर आप 1991-1993, 1997-2002, फिर 14 मई 2002 से 19 मार्च 2004 तक रहें। अध्यक्ष उत्तर प्रदेश शाखा, राष्ट्रमण्डल संसदीय एशोसिएशन के पद पर आप 1991-1993 और 1997 में रहें। 1991, 1992, 1997, 1998, 2000, 2001 में राष्ट्रमण्डल संसदीय संघ के सम्मेलन में आपकी भागीदारी हुई। आप उत्तर प्रदेश हिन्दी संस्थान के कार्यवाहक अध्यक्ष भी रहें। भाजपा के अखिल भारतीय कार्य समिति के सदस्य और उत्तर प्रदेश के पार्टी अध्यक्ष भी रहें।

कानून, शिक्षा, साहित्य और संस्कृति में आपकी रूचि सहित आप एक लेखक व कवि भी हैं। आपके दो काव्य पुस्तके "मनोनुकृति" और "आयुपंख" प्रकाशित हैं। आपने एक "लोक प्रतिनिधित्व अधिनियम, 1951" भी लिखा है। आप बर्लिन, बहामा, टोरंटो, टोक्यो, बीजिंग, बैंकाक, हांगकांग, मारीशस, लंदन, लास एंजिल्स, न्यूयार्क, यूनाइटेड किंगडम, फ्रांस, स्विटजरलैण्ड, जर्मनी, आस्ट्रिया, कनाडा, माल्टा, नेपाल, ग्रीस, नीदालैण्ड, इटली, रूस की विदेश यात्रा कर चुके हैं। आप "उत्तर प्रदेश रत्न", "विश्व भारती सम्मान", "अभिषेक श्री" और "भारत गौरव" से सम्मानित किये जा चुके हैं।

"शिक्षा में दूरदृष्टि होनी चाहिए तथा हमारी शिक्षा नीति और शिक्षा व्यवस्था ऐसी होनी चाहिए जिससे हम भविष्य देख सकें और भविष्य की आवश्यकताओं को प्राप्त कर सकें।"

- श्री केशरीनाथ त्रिपाठी
साभार - आज, वाराणसी, दि0-25-12-98

श्री लव कुश सिंह "विश्वमानव" द्वारा स्पष्टीकरण

बिल्कुल सत्य दृष्टि है परन्तु व्यावहारिक और स्थापना स्तर तक लाने के लिए उसका प्रारूप क्या होगा? उसके विषय क्या होंगे? विवादमुक्त कैसे होगा? उसके प्रारूप की उत्पति किस विवादमुक्त सूत्र से होगी? इन सब का उत्तर ही कर्मवेदः प्रथम, अन्तिम तथा पंचमवेद अर्थात् विश्वमानक -शून्य श्रृंखला: मन की गुणवत्ता का विश्वमानक है और उस पर पर आधारित विवादमुक्त तन्त्रों पर आधारित भारत का संविधान भाग-2 होगा। यह सब नव काल, नव युग, इक्कीसवीं सदी और भविष्य के लिए नव अविष्कृत है। सत्य वाणी सत्य होती है। लेकिन व्यावहारिक सिद्धान्त को कौन प्रस्तुत करेगा? यदि प्रस्तुत हो भी गया तो उसके स्थापना में आपका योगदान क्या होगा?

08. श्री हामिद अंसारी
(1 अप्रैल, 1934 -)

परिचय

श्री मोहम्मद हामिद अंसारी का जन्म 1 अप्रैल, 1934 को पश्चिम बंगाल की राजधानी कोलकाता में हुआ था। हालांकि उनके माता-पिता गाजीपुर, उत्तर प्रदेश से हैं। उनकी शिक्षा-दीक्षा सेंट एडवर्डस हाई स्कूल, शिमला, सेंट जेवियर्स महाविद्यालय, कोलकाता और अलीगढ़ मुस्लिम विश्वविद्यालय में हुई। श्री अंसारी ने अपने कैरियर की शुरूआत भारतीय विदेश सेवा के एक नौकरशाह के रूप में 1961 में की थी, जब उन्हें संयुक्त राष्ट्र संघ में भारत का स्थायी प्रतिनिधि नियुक्त किया गया था। वे आस्ट्रेलिया में भारत के उच्चायुक्त भी रहे। बाद में उन्होंने अफगानिस्तान, संयुक्त अरब अमीरात तथा ईरान में भारत के राजदूत के तौर पर भी काम किया। 1984 में उन्हें पद्मश्री पुरस्कार से भी सम्मानित किया गया। वे मई, 2000 से मार्च, 2004 तक अलीगढ़ मुस्लिम विश्वविद्यालय के उपकुलपति भी रहे। उन्हें गुजरात दंगों के पीड़ितों को मुआवजा दिलाने और सद्भावना के लिए उनकी भूमिका के लिए भी सराहा जाता है। वे भारतीय अल्पसंख्यक आयोग के अध्यक्ष भी रह चुके हैं। वे एक शिक्षाविद् तथा प्रमुख राजनेता हैं। वे 10 अगस्त, 2007 को भारत के 13वें उपराष्ट्रपति चुने गये।

“पिछली सदी में राष्ट्रवाद की अवधारणा काफी प्रबल रही। यह अलग बात है कि सदी के बीच में ही परस्पर अंतर निर्भरता ने विश्वग्राम की चेतना को जन्म दिया। इस चेतना ने राष्ट्रवाद की अवधारणा को काफी हद तक बदल दिया है। आज निरपेक्ष व सम्पूर्ण संप्रभुता का युग समाप्त हो गया है। राजनीतिक प्रभुता को भी विश्व के साथ जोड़ दिया है। आज मामले अन्तर्राष्ट्रीय न्यायालय को सौंपे जा रहे हैं। मानवाधिकारों के नये मानक लागू हो रहे हैं। इन सबसे ऐसा लगता है जैसे राज्यों का विराष्ट्रीकरण हो रहा है। आज समस्याएं राष्ट्रीय सीमाओं के बाहर चली गई है। महामारी, जलवायु परिवर्तन, आर्थिक संकट आदि पूरे विश्व को प्रभावी कर रहा है। इनका हल वैश्विक स्तर पर बातचीत व सहयोग से ही संभव है। इसको देखते हुए हमें राष्ट्रवाद व अन्तर्राष्ट्रीयतावाद के विषय में गंभीरता से विचार करने की जरूरत है। इन स्थितियों को देखते हुए नई सदी में विज्ञान, प्रौद्योगिकी व नवप्रवर्तन राष्ट्र की सम्पन्नता के लिए खासे महत्वपूर्ण साबित होंगे। छात्रों से इस दिशा में प्रयास करने व लीक से हटकर नया सोचने का आह्वान करता हूँ। ” (बी.एच.यू के 93वें दीक्षांत समारोह व कृष्णमूर्ति फाउण्डेशन, वाराणसी में बोलते हुए)

- श्री हामिद अंसारी

साभार - दैनिक जागरण, वाराणसी, दि0 13 मार्च, 2011

श्री लव कुश सिंह “विश्वमानव” द्वारा स्पष्टीकरण

इस पृथ्वी का अब आगे का समय वैश्विक मानक आधारित है जिसमें “विश्वमानक व्यक्ति”, “विश्वमानक शिक्षा”, “विश्वमानक संविधान”, “विश्वमानक प्रबन्ध”, “विश्वमानक क्रियाकलाप”, “विश्वमानक देश”, “विश्वमानक ग्राम”, “विश्वमानक नगर” इत्यादि का है। और सब आविष्कृत किया जा चुका है। जिसका आधार ही लीक से हटकर नयी सोच है। इसलिए ही कहा गया है - “एक आइडिया जो बदल दे पूरी दुनिया, जोश सत्य का और तरक्की के लिए नया और अन्तिम नजरिया”। जो एक मात्र शेष दसवें और अन्तिम अवतार - कल्कि अवतार द्वारा अहिंसक और शान्ति रूप से इसलिए व्यक्त किया गया है क्योंकि वर्तमान समाज में मनुष्य को मानव बुद्धि व विश्व-राष्ट्र के विकास की सभी उम्मीद धर्म गुरूओं और राजनेताओं से ही है। उन्हें ईश्वर और उनके अवतारों की कोई आवश्यकता नहीं है।

"ग्लोबलाईज्ड" दृष्टि ही "दिव्य दृष्टि" है। जिसका मात्र विरोध हो सकता है नकारा नहीं जा सकता, क्योंकि यह प्राकृतिक बल के अधीन है जो मानव से विश्वमानव तक के विकास के लिए अटलनीय है। दृष्टि, अहंकार है, अंधकार है, अपूर्ण मानव है तो दिव्य दृष्टि, सिद्धान्त है, प्रकाश है, पूर्णमानव-विश्वमानव है। तुम मानव की अवस्था से विश्वमानव की अवस्था में आने का प्रयत्न करो न कि विश्वमानव का विरोध। विरोध से तुम्हारी क्षति ही होगी। जिस प्रकार "कृष्ण" नाम है "योगेश्वर" अवस्था है, "गदाधर" नाम है "रामकृष्ण परमहंस" अवस्था है, "सिद्धार्थ" नाम है "बुद्ध" अवस्था है, "नरेन्द्र नाथ दत्त" नाम है "स्वामी विवेकानन्द" अवस्था है, "रजनीश" नाम है "ओशो" अवस्था है। उसी प्रकार व्यक्तियों के नाम, नाम है "भोगेश्वर विश्वमानव" उसकी चरम विकसित, सर्वोच्च और अन्तिम अवस्था है। "दृष्टि" से युक्त होकर विचार व्यक्त करना निरर्थक है, प्रभावहीन है, यहाँ तक की विरोध करने का भी अधिकार नहीं क्योंकि वर्तमान और भविष्य के समय में इसका कोई महत्व नहीं, अर्थ नहीं क्योंकि वह व्यक्तिगत विचार होगा न कि सार्वजनिक संयुक्त विचार। यह सार्वजनिक संयुक्त विचार ही "एकात्म विचार" है और यही वह अन्तिम सत्य है, यहीं "सार्वभौम सत्य-सिद्धान्त" है। यहीं धर्मनिपरपेक्ष और सर्वधर्मसमभाव नाम से विश्वमानक - शून्य श्रृंखला: मन की गुणवत्ता का विश्वमानक तथा धर्म नाम से कर्मवेद: प्रथम, अन्तिम और पंचमवेदीय श्रृंखला है जिसकी शाखाएं सम्पूर्ण ब्रह्माण्ड में व्याप्त है और सम्पूर्ण ब्रह्माण्ड व्यक्त है जिसकी स्थापना चेतना के अन्तिम रुप-दृश्य सत्य चेतना के अधीन है। यहीं "मैं" का दृश्य रुप है। यहीं "विश्व-बन्धुत्व", "वसुधैव-कुटुम्बकम्", "बहुजनहिताय-बहुजनसुखाय", "एकात्म-मानवतावाद", "सर्वेभवन्तु-सुखिनः" की स्थापना का "एकात्म कर्मवाद" आधारित अन्तिम मार्ग है।

युग के अनुसार सत्यीकरण का मार्ग उपलब्ध कराना ईश्वर का कर्तव्य है आश्रितों पर सत्यीकरण का मार्ग प्रभावित करना अभिभावक का कर्तव्य है। और सत्यीकरण के मार्ग के अनुसार जीना आश्रितों का कर्तव्य है जैसा कि हम सभी जानते है कि अभिभावक, आश्रितों के समझने और समर्थन की प्रतिक्षा नहीं करते। अभिभावक यदि किसी विषय को आवश्यक समझते हैं तब केवल शक्ति और शीघ्रता से प्रभावी बनाना अन्तिम मार्ग होता है। विश्व के बच्चों के लिए यह अधिकार है कि पूर्ण ज्ञान के द्वारा पूर्ण मानव अर्थात् विश्वमानव के रुप में बनना। हम सभी विश्व के नागरिक सभी स्तर के अभिभावक जैसे- महासचिव संयुक्त राष्ट्र संघ, राष्ट्रों के राष्ट्रपति- प्रधानमंत्री, धर्म, समाज, राजनीति, उद्योग, शिक्षा, प्रबन्ध, पत्रकारिता इत्यादि द्वारा अन्य समानान्तर आवश्यक लक्ष्य के साथ इसे जीवन का मुख्य और मूल लक्ष्य निर्धारित कर प्रभावी बनाने की आशा करते हैं। क्योंकि लक्ष्य निर्धारण वक्तव्य का सूर्य नये सहस्त्राब्दि के साथ डूब चुका है। और कार्य योजना का सूर्य उग चुका है। इसलिए धरती को स्वर्ग बनाने का अन्तिम मार्ग सिर्फ कर्तव्य है। और रहने वाले सिर्फ सत्य-सिद्धान्त से युक्त संयुक्तमन आधारित मानव है, न कि संयुक्तमन या व्यक्तिगतमन के युक्तमानव।

09. श्रीमती प्रतिभा पाटिल
(19 दिसम्बर, 1934 -)

परिचय

महाराष्ट्र के जलगाँव जिले में 19 दिसम्बर, 1934 को जन्मी प्रतिभा देवी सिंह पाटिल (उपनाम - प्रतिभा ताई) के पिता का नाम श्री नारायण राव था। साड़ी और बड़ी सी बिंदी लगाने वाली यह साधारण पहनावें वाली महिला राजनीति में आने से पहले सामाजिक कार्यकर्ता के रूप में कार्य कर रही थीं। उन्होंने जलगाँव के मूलजी जैठा कालेज से स्नातकोत्तर (एम.ए.) और मुम्बई के गवर्नमेन्ट ला कालेज से कानून की पढ़ाई की। वे टेबल टेनिस की अच्छी खिलाड़ी थीं तथा उन्होंने कई अन्तर्विद्यालयी प्रतियोगिताओं में विजय प्राप्त की। 1962 में वे एम.जे.कालेज में कालेज क्वीन चुनी गयीं। उसी वर्ष उन्होंने एदलाबाद क्षेत्र से विधानसभा के चुनाव में भारतीय राष्ट्रीय कांग्रेस के टिकट पर विजय प्राप्त की। उनका विवाह शिक्षाविद् देवीसिंह रणसिंह शेखावत के साथ 7 जुलाई, 1965 को हुआ। उनकी एक पुत्री तथा एक पुत्र हैं। श्री शेखावत के पूर्वज राजस्थान के सीकर जिले के थे और बाद में जलगाँव महाराष्ट्र जाकर बस गये थे। उन्होंने महिलाओं के कल्याण के लिए कार्य किया और मुम्बई-दिल्ली में कामकाजी महिलाओं के लिए छात्रावास, ग्रामीण युवाओं के लाभ हेतू जलगाँव में इंजिनियरिंग कालेज के अलावा श्रम साधना न्यास की स्थापना की। श्रीमती पाटिल ने महिला विकास महामण्डल, जलगाँव में दृष्टिहीन व्यक्तियों के लिए औद्योगिक प्रशिक्षण विद्यालय और विमुक्त जातियों तथा बंजारा जनजातियों के निर्धन बच्चों के लिए एक स्कूल की स्थापना की। श्रीमती प्रतिभा पाटिल ने अनेक यात्राएँ की है- इन्टरनेशनल काउसिंल आफ सोशल वेलफेयर कान्फ्रेन्स, नैरोबी और पोर्ट रीको में भाग लिया। उन्होंने 1985 में इस सम्मेलन में शिष्टमण्डल के सदस्य के रूप में बुल्गारिया में, महिलाओं की स्थिति पर आस्ट्रिया सम्मेलन में शिष्टमण्डल की अध्यक्ष के रूप में, लंदन में 1988 के दौरान आयोजित राष्ट्रमण्डलीय अधिकारी सम्मेलन में, चीन के बीजिंग शहर में विश्व महिला सम्मेलन में भाग लिया। श्रीमती प्रतिभा पाटिल की विशेष रूचि ग्रामीण अर्थव्यवस्था के विकास और महिलाओं के कल्याण में है। श्रीमती प्रतिभा पाटिल ने जलगाँव जिले में महिला होमगार्ड का आयोजन किया और 1962 में उनकी कमाण्डेन्ट थी। वे राष्ट्रीय शहरी बैंक और ऋण संस्थाओं की उपाध्यक्ष रहीं तथा बीस सूत्रीय कार्यक्रम कार्यान्वयन समिति, महाराष्ट्र की अध्यक्षा थीं। श्रीमती प्रतिभा पाटिल ने अमरावती में दृष्टिहीनों के लिए एक औद्योगिक प्रशिक्षण विद्यालय, निर्धन और जरूरतमन्द महिलाओं के लिए सिलाई कक्षाओं, पिछड़े वर्गों और अन्य पिछड़े वर्गों के बच्चों के लिए नर्सरी स्कूल खोल कर उल्लेखनीय योगदान दिया तथा किसान विज्ञान केन्द्र, अमरावती में किसानों को फसल उगाने की नई एवं वैज्ञानिक तकनीकें सिखाने, संगीत और कम्प्यूटर की कक्षाएँ आयोजित की। श्रीमती प्रतिभा पाटिल ने 27 वर्ष की अवस्था में 1962 में राजनीतिक जीवन का प्रारम्भ कांग्रेस के वरिष्ठ नेता और महाराष्ट्र के भूतपूर्व मुख्यमंत्री यशवंत राव चैहान की देखरेख में प्रारम्भ किया। 1962 से 1985 तक वे पाँच बार विधानसभा की सदस्य रहीं। इस दौरान वर्ष 1967 से 1972 तक वह महाराष्ट्र सरकार में राज्यमंत्री और 1972 से 1978 तक कैबिनेट मंत्री रहीं। इस अवधि में वे सार्वजनिक स्वास्थ्य, निषेध, पर्यटन, आवास और संसदीय कार्य इत्यादि मंत्रालयी कार्य सम्भाला। 1985 में वे राज्यसभा पहुँची और 1986 में राज्यसभा की उप सभापति बनीं। 18 नवम्बर, 1986 से 5 नवम्बर, 1988 तक वे सभापति, राज्यसभा भी रहीं। 1989 से 1990 में वे महाराष्ट्र प्रदेश कांग्रेस की प्रमुख बनीं। उन्हें वर्ष 1991 में दसवीं लोकसभा के लिए निर्वाचित किया गया और उन्होंने 1991 में अध्यक्षा, सदन समिति, लोकसभा के रूप में भी कार्य किया। श्रीमती प्रतिभा पाटिल को 8 नवम्बर, 2004 को राजस्थान का राज्यपाल के रूप में नियुक्त किया गया। उन्होंने भारत के राष्ट्रपति पद के लिए 22 जून, 2007 को राज्यपाल के पद से इस्तीफा दे दिया। वे 13वीं राष्ट्रपति के रूप में स्वतन्त्र भारत के 60 वर्ष के इतिहास में पहली महिला राष्ट्रपति हैं। उन्होंने 25 जुलाई, 2007 को संसद के सेन्ट्रल हाल में राष्ट्रपति पद की शपथ ली।

"विज्ञान व आध्यात्म में काफी समानताएं हैं और दोनों के लिए अनुशासन सबसे ज्यादा जरूरी है। इन दोनों का मानव के विकास में भारी योगदान है। जब तक ये एक साथ मिलकर काम नहीं करेंगे उनका पूरा लाभ हासिल नहीं किया जा सकता। विश्वविद्यालय समाज के लिए उपयोगी अनुसंधान पर जोर दें ताकि उनका लाभ जनता व देश को हो। ज्ञान के लिए शिक्षा अर्जित की जानी चाहिए और देश के युवाओं के विकास के लिए शिक्षा पद्धति में समग्र दृष्टिकोण अपनाया जाना जरूरी है। इसका मकसद युवाओं को बौद्धिक और तकनीकी दृष्टि से सक्षम बनाना होना चाहिए।" (विज्ञान व आध्यात्मिक खोज पर राष्ट्रीय सम्मेलन, नई दिल्ली के उद्घाटन में बोलते हुए)

- श्रीमती प्रतिभा पाटिल
साभार - हिन्दुस्तान, वाराणसी, दि0 13 मार्च, 2011

"भारत पूरी दुनिया को शान्ति की राह दिखाने में सक्षम है। शस्त्र विध्वंशकारी होता है तो शास्त्र पशुता से मानवतावाद की ओर ले जाता है। आज आवश्यकता केवल शिक्षित होने की नहीं बल्कि सुशिक्षित हाने की है। केवल भौतिक विकास को सर्वांगिण विकास नहीं कहा जा सकता। भारत की प्रकृति व यहाँ के ज्ञान के खजाने को ढूढ़ने में पूरी दुनिया लगी है। हमसे दुनियाँ ने बहुत कुछ सिखा है। आज भी उसे शान्ति का रास्ता भारत ही दिखा सकता है।"

- श्रीमती प्रतिभा पाटिल
साभार - दैनिक जागरण, वाराणसी, दि0 2 मार्च, 2015

श्री लव कुश सिंह "विश्वमानव" द्वारा स्पष्टीकरण

स्वामी विवेकानन्द जी की वाणी है-

यदि हम अपने व्यक्तिगत एवं सामूहिक जीवन में वैज्ञानिक चेतना सम्पन्न एवं आध्यात्मिक एक साथ न हो पाए, तो मानवजाति का अर्थपूर्ण अस्तित्व ही संशय का विषय हो जाएगा।

- स्वामी विवेकानन्द

धर्म तात्त्विक (आध्यात्मिक) जगत के सत्यों से उसी प्रकार सम्बन्धित है, जिस प्रकार रसायन शास्त्र तथा दूसरे भौतिक विज्ञान, भौतिक जगत के सत्यों से। रसायन शास्त्र पढ़ने के लिए प्रकृति की पुस्तक पढ़ने की आवश्यकता है। धर्म की शिक्षाप्राप्त करने के लिए तुम्हारी पुस्तक अपनी बुद्धि तथा हृदय है। संत लोग प्रायः भौतिक विज्ञान से अनभिज्ञ ही रहते हैं। क्योंकि वे एक भिन्न पुस्तक अर्थात् आन्तरिक पुस्तक पढ़ा करते हैं; और वैज्ञानिक लोग भी प्रायः धर्म के विषय में अनभिज्ञ ही रहते हैं क्योंकि वे भी भिन्न पुस्तक अर्थात् वाह्य पुस्तक पढ़ने वाले हैं।

- स्वामी विवेकानन्द

विज्ञान एकत्व की खोज के सिवा और कुछ नहीं है। ज्योंही कोई विज्ञान शास्त्र पूर्ण एकता तक पहुँच जायेगा, त्योंहीं उसका आगे बढ़ना रुक जायेगा क्योंकि तब तो वह अपने लक्ष्य को प्राप्त कर चुकेगा। उदाहरणार्थ रसायनशास्त्र यदि एक बार उस एक मूल द्रव्य का पता लगा ले, जिससे वह सब द्रव्य बन सकते हैं तो फिर वह और आगे नहीं बढ़ सकेगा। पदार्थ विज्ञान शास्त्र जब उस एक मूल शक्ति का पता लगा लेगा जिससे अन्य शक्तियां बाहर निकली हैं तब वह पूर्णता पर पहुँच जायेगा। वैसे ही धर्म शास्त्र भी उस समय पूर्णता को प्राप्त हो जायेगा जब वह उस मूल कारण को जान लेगा। जो इस मत्र्यलोक में एक मात्र अमृत स्वरुप है जो इस नित्य परिवर्तनशील जगत का एक मात्र अटल अचल आधार है जो एक मात्र परमात्मा है और अन्य सब आत्माएं जिसके प्रतिबिम्ब स्वरुप हैं। इस प्रकार अनेकेश्वरवाद, द्वैतवाद आदि में से होते हुए इस अद्वैतवाद की प्राप्ति होती है। धर्मशास्त्र इससे आगे नहीं जा सकता। यहीं सारे विज्ञानों का चरम लक्ष्य है।

- स्वामी विवेकानन्द

किसी भाषा के शब्दों से अपने विचार को लिखित रूप से प्रस्तुत करने वाले चरित्र को लेखक कहते हैं। एक लेखक शब्दों को एक सही क्रम में रखकर कुछ अर्थ और समझ को व्यक्त करने वाला कलाकार होता है।

जिस प्रकार लोग आत्मा की महत्ता को न समझकर शरीर को ही महत्व देते हैं उसी प्रकार लोग भले ही पढ़कर ही विकास कर रहें हो परन्तु वे शास्त्राकार लेखक की महत्ता को स्वीकार नहीं करते। जबकि वर्तमान समय में चाहे जिस विषय में हो प्रत्येक विकास कर रहे व्यक्ति के पीछे शास्त्राकार, लेखक, आविष्कारक, दार्शनिक की ही शक्ति है जिस प्रकार शरीर के पीछे आत्मा की शक्ति है। सदैव मानव समाज को एकात्म करने के लिए शास्त्र-साहित्य की रचना करना लेखक का काम रहा है। वही सत्य अर्थों में सभी से अभिनय करवाता है क्योंकि मनुष्य का चरित्र वही है जो उसका विचार है। और सभी विचारों को समाज में फैलाने वाला शास्त्राकार, लेखक ही है।

एक लेखक, शास्त्राकार नहीं हो सकता लेकिन एक शास्त्राकार, लेखक हो सकता है क्योंकि एक लेखक, लेखन की कला को जानता है। यदि उसे शास्त्राकार बनना है तो उसे अपने मन को ऊँचाई को समग्रता, सार्वभौमिकता की ओर ले जाना पड़ेगा। सामान्य रूप में एक लेखक विशेषीकृत विषय का लेखक होता है तो शास्त्राकार समग्रता, सार्वभौमिकता को धारण किया हुआ एकात्मता को विकसित करने के लिए लिखता है। दोनों में अन्तर मात्र मन की ऊँचाई का होता है। एक लेखक नीचे का पायदान है तो शास्त्राकार उसका सर्वोच्च मानक है।

जो लेखक शब्दों का जितना व्यापक कलाकार होगा जिससे समझ विकसित हो वह उतना ही लम्बे समय तक याद किया जाने वाला लेखक बनता है।

आपके विचार पूर्ण सत्य हैं और वो सब आविष्कृत किया जा चुका है।

10. श्री राम नाइक
(16 अप्रैल 1934 -)

परिचय

श्री नाईक का जन्म 16 अप्रैल 1934 को महाराष्ट्र के सांगली में हुआ। विद्यालयीन शिक्षा सांगली जिले के आटपाडी गांव में हुई। पुणे में बृहन् महाराष्ट्र वाणिज्य महाविद्यालय से 1954 में बी.काम. तथा मुंबई में किशनचंद चेलाराम महाविद्यालय से 1958 में एल.एल.बी. की स्नातकोत्तर शिक्षा प्राप्त की। श्री नाईक ने अपना व्यावसायिक जीवन 'अकाउंटैंट जनरल' के कार्यालय में अपर श्रेणी लिपिक के नाते शुरु किया। बाद में उनकी उच्च पदों पर उन्नति हुई और 1969 तक निजी क्षेत्र में कंपनी सचिव तथा प्रबंध सलाहकार के नाते उन्होंने कार्य किया। श्री राम नाईक बचपन से राष्ट्रीय स्वयं सेवक संघ के स्वयंसेवक हैं।

आदरणीय राष्ट्रपति जी ने 14 जुलाई 2014 को श्री राम नाईक को उत्तर प्रदेश के राज्यपाल के तौर पर मनोनीत करने के बाद श्री नाईक ने 22 जुलाई 2014 को लखनऊ में पद ग्रहण किया और 05 अगस्त 2014 को राजस्थान के राज्यपाल के नाते भी मनोनीत करने के बाद श्री राम नाईक ने 08 अगस्त 2014 से 03 सितम्बर 2014 तक राजस्थान के राज्यपाल का अतिरिक्त कार्यभार संभाला। साऊथ इंडियन एज्युकेशन सोसायटी, मुंबई की ओर से 'राष्ट्रीय श्रेष्ठता पुरस्कार' कांची कामकोटी पीठ के जगद्‌गुरु शंकराचार्य पूज्य जयेन्द्र सरस्वती स्वामीगल के हाथों श्री राम नाईक को मुंबई में दिनांक 13 दिसम्बर 2014 को प्रदान किया गया। इसके पूर्व इस पुरस्कार से पूर्व प्रधानमंत्री भारत रत्न श्री अटल बिहारी वाजपेयी, पूर्व राष्ट्रपति स्व. डॉ० शंकर दयाल शर्मा और पूर्व राष्ट्रपति डॉ० ए०पी०जे० अब्दुल कलाम जैसे महानुभावों को अलंकृत किया गया है।

इसके पूर्व श्री अटल बिहारी वाजपेयी के नेतृत्व में गठित मंत्री परिषद में 13 अक्टूबर 1999 से 13 मई 2004 तक श्री राम नाईक पेट्रोलियम एवं प्राकृतिक गैस मंत्री रहे। 1963 में पेट्रोलियम एवं प्राकृतिक गैस मंत्रालय का गठन हुआ। इसके पूर्व 1998 की मंत्री परिषद में श्री नाईक ने रेल (स्वतंत्र प्रभार), गृह, योजना एवं कार्यक्रम कार्यान्वयन और संसदीय कार्य मंत्रालयों में राज्यमंत्री (13 मार्च 1998 से 13 अक्टूबर 1999) के रुप में कामकाज संभाला था। एक साथ इतने महत्वपूर्ण मंत्रालयों की जिम्मेदारी संभालना विशेष माना जाता है। वे भारतीय जनता पार्टी के राष्ट्रीय कार्यकारिणी के सदस्य थे तथा भाजपा शासित राज्य सरकारों के मंत्रियों की कार्यक्षमता बढ़े और गुणवत्ता का संवर्धन हो इसलिए गठित 'सुशासन प्रकोष्ठ' के राष्ट्रीय संयोजक भी थे। 2014 का लोकसभा चुनाव न लड़ने की तथा भविष्य में पार्टी को अपने राजनैतिक अनुभव देने के लिए राजनीति में सक्रिय रहने की घोषणा श्री राम नाईक ने भाजपा के आचार-विचार के प्रेरणाश्रोत तथा एकात्ममानववाद के जनक पंडित दीनदयाल उपाध्याय के जयंती के दिन यानी 25 सितंबर 2013 को पत्रकार सम्मेलन में की। 2014 के लोकसभा चुनाव में उनके उत्तर मुंबई निर्वाचन क्षेत्र से भाजपा उम्मीदवार श्री गोपाल शेट्टी महाराष्ट्र में सबसे अधिक मतों से 6,64,004 और सबसे अधिक मताधिक्य 4,46,582 से जीते। श्री नाईक श्री शेट्टी के चुनाव प्रमुख थे।

पेट्रोलियम मंत्री के रुप में श्री राम नाईक ने अक्टूबर 1999 में पदभार संभाला। उस समय 1 करोड़ 10 लाख ग्राहक घरेलू गैस की प्रतीक्षा-सूची में थे। यह घरेलू गैस की प्रतीक्षा-सूची समाप्त करने के साथ-साथ कुल 3 करोड़ 50 लाख नये गैस कनेक्शन श्री नाईक ने अपने कार्यकाल में जारी करवाए। उसके पूर्व 40 वर्षों में कुल 3.37 करोड़ गैस कनेक्शन दिए गए थे। माँगने पर नया सिलंडर मिलना प्रारंभ हुआ था। इस पृष्ठभूमि पर श्री नाईक की कार्यक्षमता उभर कर सामने आती है। साथ-साथ दुर्गम तथा पहाड़ी इलाकों की जरुरतों को व अल्प आय वाले लोगों को राहत देने के लिए 5 किलो के गैस सिलेंडर भी उनके कार्यकाल में ही जारी किए गये। उस समय 70 प्रतिशत कच्चा तेल (क्रूड ऑइल) आयात किया जाता था। कच्चे तेल के आयात की इस निर्भरता को कम करने के लिए उन्होंने विविध योजनाएं बनाकर उन्हें कार्यरूप देना शुरु किया। उन योजनाओं में से एक महत्वपूर्ण निर्णय अर्थात इथेनॉल का पेट्रोल में 10 प्रतिशत मिश्रण करना है। कारगिल युद्ध में शहीद वीरों की पत्नियों/निकटस्थ

रिश्तेदारों को तेल कंपनियों के माध्यम से पेट्रोल पंप और गैस एजेंसी की डीलरशिप देने की विशेष योजना भी उनके द्वारा ही मंजूर की गई। संसद भवन पर हुए हमले में शहीद कर्मचारियों के परिवारजनों को भी पेट्रोल पंप आवंटित किए। पेट्रोल-डीजल के वाहनों से प्रदूषण कम हो इसलिए दिल्ली और मुंबई में सीएनजी गैस देना प्रारंभ किया। इस समय मुंबई में 1.40 लाख आटो रिक्शा, 53 हजार टैक्सी, 7,500 निजी मोटरकारें तथा 8,400 बस-ट्रक-टेम्पो सीएनजी पर चलते हैं, इसके अलावा रसोई के एलपीजी सिलंडर के बदले अधिक सुरक्षित, उपयोग के लिए आसान और तुलना में सस्ता पाइप गैस शुरु किया। इसका लाभ मुंबई में 7 लाख परिवारों को और 1,900 लघु-उद्योगों को मिल रहा है।

मुंबई वालों की नजर में 'उपनगरीय रेल यात्रियों के मित्र' यह श्री राम नाईक की असली पहचान है। श्री नाईक ने 1964 में 'गोरेगांव प्रवासी संघ' की स्थापना कर उपनगरीय यात्रियों की समस्याओं को सुलझाने का कार्य प्रारंभ किया। बाद में रेल राज्यमंत्री के नाते विश्व के व्यस्ततम मुंबई उपनगरीय रेल के 76 लाख यात्रियों को उन्नत सुविधाएं उपलब्ध करवाने के लिए 'मुंबई रेल विकास निगम' की स्थापना की। मुंबई के उपनगरी यात्रियों को राहत देने की दृष्टि से श्री राम नाईक ने अनेक विषयों की पहल की जैसे कि उपनगरी क्षेत्र का विरार से डहाणू तक विस्तार, 12 डिब्बों की गाड़ियां, संगणीकृत आरक्षण केन्द्र, बोरीवली-विरार चौहरीकरण, कुर्ला-कल्याण छः लाईनें, महिला विशेष गाड़ी आदि। संपूर्ण देश में रेल प्लेटफार्मों पर तथा यात्री गाड़ियों में सिगरेट तथा बीड़ी बेचने पर पाबंदी लगाने का ऐतिहासिक काम भी श्री नाईक द्वारा किया गया। यात्रियों से सुझाव लेकर नई गाड़ियों का नामकरण करने की अनोखी लोकप्रिय पद्धति का प्रारंभ भी श्री राम नाईक ने ही किया। 11 जुलाई 2006 को लोकल गाड़ियों में हुए बम विस्फोट से पीड़ित परिवारों को सहायता पहुंचाने के लिए विशेष प्रयास किए। 16 अप्रैल 2013 से डहाणू-चर्चगेट लोकल सेवा प्रारंभ हुई, जिसके पीछे श्री नाईक के सफल प्रयास रहे हैं। इस निर्णय से पश्चिम रेलवे का उपनगरीय सेवा का क्षेत्र 60 किलोमीटर से 124 किलोमीटर हुआ।

श्री राम नाईक ने महाराष्ट्र के उत्तर मुंबई लोकसभा निर्वाचन क्षेत्र से लगातार पांच बार जीतने का कीर्तिमान बनाया है। इसके पूर्व तीन बार वे महाराष्ट्र विधानसभा में बोरीवली से विधायक भी रहे हैं। तेरहवीं लोकसभा चुनाव में उन्हें 5,17,941 मत प्राप्त हुए जो कि महाराष्ट्र के सभी जीतने वाले सांसदों में सर्वाधिक थे। मुंबई में सफलतापूर्वक लगातार आठ बार चुनाव जीतने का कीर्तिमान स्थापित करने वाले श्री नाईक पहले लोक प्रतिनिधि हैं। जनप्रतिनिधि की जवाबदेही की भूमिका में मतदाताओं को वे प्रतिवर्ष कार्यवृत्त प्रस्तुत करते रहे। राज्यपाल का दायित्व सम्भालने के बाद भी आपने पहले तीन महीनों का कार्यवृत्त 'राजभवन में राम नाईक' 20 अक्टूबर 2014 को प्रस्तुत किया।

श्री राम नाईक संसद की गरिमामय लोक लेखा समिति के 1995-96 में अध्यक्ष थे। लोकसभा में वे भाजपा के मुख्य सचेतक भी रहे। संसदीय रेलवे समन्वय समिति, प्रतिभूमि घोटाला के लिए संयुक्त जांच समिति, महिला सशक्तिकरण को बल प्रदान करने हेतु संसदीय समिति जैसी प्रमुख समितियों में भी उनका महत्वपूर्ण योगदान रहा है, लोकसभा की कार्यवाही को सुचारु चलाने के लिए लोकसभा की सभापति तालिका के भी वे सदस्य रहे हैं।

श्री राम नाईक ने संसद में 'वंदे मातरम' का गान प्रारंभ करवाया। उनके प्रयासों के फलस्वरुप ही अंग्रेजी में 'बॉम्बे ' और हिन्दी में 'बंबई' को उसके असली मराठी नाम 'मुंबई' में परिवर्तित करने में सफलता मिली। संसद सदस्यों को निर्वाचन क्षेत्र के विकास के लिए सांसद निधि की संकल्पना श्री नाईक की ही है। इस राशि को रुपए 1 करोड़ प्रति वर्ष से रुपए 2 करोड़ प्रतिवर्ष कराने का निर्णय भी योजना एवं कार्यक्रम कार्यान्वयन राज्य मंत्री के नाते श्री नाईक ने लिया। अब यह राशि रुपए 5 करोड़ की गयी है। संसद सदस्य के नाते उन्होंने 'स्तनपान को प्रोत्साहन और शिशु खाद्य के विज्ञापनों पर रोक' का 'निजी विधेयक' प्रस्तुत किया। तद्नुसार इस विधेयक को सरकार द्वारा स्वीकृति मिली और बाद में यह अधिनियम बना।

श्री राम नाईक को 1994 में कैंसर की बीमारी हुई परंतु श्री राम नाईक ने उस रोग को भी मात दी, तत्पश्चात् विगत 20 वर्षों में पहले जैसे वे उसी उत्साह और कार्यक्षमता से काम कर रहे हैं। श्री राम नाईक एक विशिष्ट छवि वाले व्यक्ति हैं जो प्रत्येक कार्य में सूक्ष्मता और पारदर्शिता एवं जागरुकता के लिए जाने जाते हैं।

आदरणीय राष्ट्रपति द्वारा उत्तर प्रदेश के राज्यपाल नियुक्त किए जाने की घोषणा के बाद 15 जुलाई 2014 को श्री राम नाईक ने भारतीय जनता पार्टी की प्राथमिक सदस्यता से तथा सभी पदों से इस्तीफा दिया है

"देश विविधता से भरा है। इसमें आस्था ऐसा पहलू है जो एका बनाता है। भले ही बोली भाषा, पहनावा, संस्कृति में भिन्नता हो पर माँ गंगा के प्रति आस्था तो एक जैसी है। इसे विकास से जोड़ने का यह उपयुक्त वक्त है। काशी की इसी धरती पर आदि शंकराचार्य को अद्वैत ज्ञान मिला था। यहाँ के कण-कण में पाण्डित्य व्याप्त है जो हमें संस्कृति की ओर आकर्षित करता है। देश में भले ही विभिन्न राज्यों की अपनी संस्कृति और सम्प्रभुता है मगर काशी, देश के सभी राज्यों को अद्वैत भाव से एकता के साथ लेकर आगे बढ़ती है। देश को एकता के साथ विकास का भाव जगाने के लिए काशी की ओर देखना चाहिए।" (महात्मा गाँधी काशी विद्यापीठ, वाराणसी में भारतीय समाजशास्त्रीय सोसायटी के 40वें अधिवेशन के उद्‌घाटन में)

- श्री राम नाइक, राज्यपाल, उत्तर प्रदेश, भारत
साभार - दैनिक जागरण, 30 नवम्बर, 2014

"रिजर्व बैंक से दस गुना विचार धन दे गये विवेकानन्द" (स्वामी विवेकानन्द के शिकागो वकृतता के 122 वर्षगांठ पर सन् 2015 में अलीगढ़ में)

- श्री राम नाइक, राज्यपाल, उत्तर प्रदेश, भारत

"सोचवीर नहीं, कृतिवीर बनें। जब रामसेतू बन रहा था तब एक गिलहरी भी श्रमदान कर रही थी। क्योंकि वह किनारे बैठकर सोचने की बजाए पूरी ताकत से कृति में जुट गई थी। देशवासीयों को भी इस कथा से प्रेरणा लेनी चाहिए।" (महमूरगंज, वाराणसी के एक अभिनन्दन समारोह में)

- श्री राम नाइक, राज्यपाल, उत्तर प्रदेश, भारत

लव कुश सिंह "विश्वमानव" द्वारा स्पष्टीकरण

काशी, सत्य प्रकाशित करने वाला एक क्षेत्र है। मूलतः जिन महापुरूषों के कारण वाराणसी ने गौरव प्राप्त किया उनमें से अधिकतम, वहाँ के निवासी ही नहीं थे।

रामनगर (वाराणसी की ओर से गंगा उस पार) का महात्म्य महर्षि वेदव्यास के तप स्थलों के रूप में विदित है। त्रिकोण की संरचना में वेदव्यास के स्थान से जितनी दूरी पर दुर्गा मन्दिर है, ठीक उतनी ही दूरी पर बाबा कीनाराम के द्वारा स्थापित वेदव्यास मंदिर है, जो रामनगर किले के अन्दर स्थित है। जिसे साधारण जनता छोटा वेदव्यास के नाम से जानती है। वास्तव में वेदव्यास की यह सबसे प्राचीन मूर्ति है। व्यासजी द्वारा काशी को शाप देने के कारण विश्वेश्वर ने व्यासजी को काशी से निष्कासित कर दिया था। तब व्यासजी लोलार्क मन्दिर के आग्नेय कोण में गंगाजी के पूर्वी तट पर स्थित हुए। इस घटना का उल्लेख काशी खण्ड में इस प्रकार है-

लोलार्कादं अग्निदिग्भागे, स्वर्धुनी पूर्वरोधसि।
स्थितो ह्यद्यापि पश्चेत्सः काशीप्रासाद राजिकाम्।।

- स्कन्दपुराण, काशी खण्ड 96/201

काशीखण्डोक्त लोलार्क कुण्ड से दक्षिण दिशा की ओर टीला-शिखर पर आदि वेदव्यास का स्थान है। काशी खण्ड के प्रमाण से ही यह सिद्ध होता है कि इस परिक्षेत्र में अतिप्राचीन मेला होता था जो अब समाप्तप्राय है

(मघा नक्षत्र युक्ता पूर्णिमा)। माघ महीने में लगने वाला यह मेला वर्तमान में राजकीय व्यवस्था के अभाव से अब समाप्त है। कहा जाता है कि शिव द्वारा वेदव्यास को वरदान था कि काशीवास का पुण्य तभी प्राप्त होगा जब माघ महीने में वेदव्यास का दर्शन किया जाये। इस दर्शन द्वारा एक वर्ष काशीवास का पुण्य प्राप्त होता है। यह मेला मात्र मेला न होकर दूर-दराज के आये लोगों के बीच आध्यात्मिक एवं सांस्कृतिक आदान-प्रदान का एक मंच होता था। किले में स्थित वेदव्यास मंदिर के दर्शन के पश्चात हजारों लोग तालाब में स्नान कर बगीचों व तालाबों के किनारे भोजन कर पुनः वेदव्यास का दर्शन करते थे इस दौरान तालाबों के किनारों पर सैकड़ों दुकानें लगती थीं। जो लोगों की आजीविका तथा राजस्व का एक साधन थे। व्यास काशी क्षेत्र की कुल सीमा करीब 15 किलोमीटर के व्यास में है, जो छोटा मीरजापुर, पटनवाँ, हमीदपुर, जिवनाथपुर, रामनगर से साहुपुरी तक विस्तृत है।

महर्षि वेदव्यास की तपस्थली के रूप में प्रसिद्ध प्राचीन रामनगर घाट के किनारे की एक बस्ती के रूप में था, जहाँ पर शहर का एक धनाढ्य वर्ग जौहरी, सेठ के रूप में रहता था।

ध्यान रहे कि गंगा पार क्षेत्र से ही अन्तिम जीवनदायिनी शास्त्र "विश्वशास्त्र" और "सत्यकाशी क्षेत्र" व्यक्त हुआ है। प्रभु नारायण राजकीय इण्टर कालेज से कक्षा-11 व 12 के अपने शिक्षा ग्रहण के दौरान 2 वर्ष रामनगर में गोलाघाट स्थित स्व.एस.एस.लाल के मकान सं0 1/782 में किराये पर मेरा (लव कुश सिंह "विश्वमानव") रहना हुआ। ध्यान का विषय है-शिव से काशीवासी और काशी है या काशीवासी और काशी से शिव हैं", काशी (वाराणसी) में एक काशी करवट मन्दिर भी है।

प्रधानमंत्री, श्री नरेन्द्र मोदी जी ने काशी का ध्यान केन्द्रित करते हुये अपने विचार को इस प्रकार व्यक्त किये थे - "काशी के राष्ट्र गुरू बने बिना भारत जगत गुरू नहीं बन सकता। देश अतीत की तरह आध्यात्मिक ऊँचाई पर पहुँचेगा तो स्वतः आर्थिक वैभव प्राप्त हो जायेगा। इसी खासियत की वजह से इतिहास में कभी भारत सोने की चिड़िया थी।" परन्तु काशी अभी तक उस जिम्मेदारी को नहीं पूण कर पा रहा। "सत्यकाशी क्षेत्र-व्यास क्षेत्र" जो कभी काशी राज्य का ही अंग हुआ करता था, द्वारा "काशी-सत्यकाशी" के राष्ट्रगुरू बनने की योग्यता प्रस्तुत हो चुकी है।

स्वामी विवेकानन्द जी सत्य रूप में रिजर्व बैंक से दस गुना विचार धन दे गये। और वो 100 से अधिक वर्ष पूर्व ही दे गये। अभी भारत उसे कैश (नगद) में परिवर्तित ही नहीं करा पा रहा है तो भारत को उस विचार धन से क्या लाभ? जबकि स्वामी जी के विचार की अगली किस्त आ गई है और वह कैश (नगद) में परिवर्तित होगी। अगली किस्त अनन्त है और वह इतना है कि जैसे-जैसे खर्च होगा वैसे-वैसे बढ़ता ही जायेगा। क्योंकि वो किस्त इस रूप में है-

शब्द से सृष्टि की ओर...
सृष्टि से शास्त्र की ओर...
शास्त्र से काशी की ओर...
काशी से सत्यकाशी की ओर...
और सत्यकाशी से अनन्त की ओर...
एक अन्तहीन यात्रा...............................

वहीं पूर्व राष्ट्रपति ए.पी.जे, अब्दुल कलाम जी ने कहा था-"नवीनता के द्वारा ही ज्ञान को धन में बदला जा सकता है।" ज्ञान को व्यक्ति के व्यावहारिक जीवन के लिए उपयोगी बनाने और उसके व्यापारीकरण से ही कल्याण होता है। सभी जानते हैं - "जगत एक सपना है, यह जगत असत्य है, ब्रह्म ही सत्य", तो क्या कोई काम न किया जाये?

स्वामी विवेकानन्द जी की वाणी है -

"बहुत से व्यक्तियों के समूह को समष्टि कहते हैं और प्रत्येक व्यक्ति, व्यष्टि कहलाता है आप और मैं दोनों व्यष्टि हैं, समाज समष्टि है आप और मैं- पशु, पक्षी, कीड़ा, कीड़े से भी तुक्ष प्राणी, वृक्ष, लता, पृथ्वी, नक्षत्र और

तारे यह प्रत्येक व्यष्टि है और यह विश्व, समष्टि है जो कि वेदान्त में विराट, हिरण गर्भ या ईश्वर कहलाता है। और पुराणों में ब्रह्मा, विष्णु, देवी इत्यादि। व्यष्टि को व्यक्तिशः स्वतन्त्रता होती है या नहीं, और यदि होती है तो उसका नाम क्या होना चाहिए। व्यष्टि को समष्टि के लिए अपनी इच्छा और सुख का सम्पूर्ण त्याग करना चाहिए या नहीं, वे प्रत्येक समाज के लिए चिरन्तन समस्याएँ हैं सब स्थानों में समाज इन समस्याओं के समाधान में संलग्न रहता है ये बड़ी-बड़ी तरंगों के समान आधुनिक पश्चिमी समाज में हलचल मचा रही हैं जो समाज के अधिपत्य के लिए व्यक्तिगत स्वतन्त्रता का त्याग चाहता है वह सिद्धान्त समाजवाद कहलाता है और जो व्यक्ति के पक्ष का समर्थन करता है वह व्यक्तिवाद कहलाता है।"

(पत्रावली भाग-2, पृष्ठ - 288)

जब रामसेतू बन रहा था तब एक गिलहरी भी श्रमदान कर रही थी क्योंकि गिलहरी को ये पता था कि कौन सा कार्य प्राथमिक है। भारत की स्थिति तो ये है कि पहले गिलहरी ही राम से अपना काम करवायेगी और उसके बाद फुर्र हो जायेगी। भारत, कार्य की स्तरीय प्राथमिकता का विवेक भी खो चुका है। उसे पता ही नहीं कि शारीरिक, आर्थिक और मानसिक कार्य में कौन सा प्राथमिक है, कौन मध्यम और कौन निम्न। समष्टि कार्य के उत्थान के लिए व्यष्टि को अपनी शक्ति लगानी चाहिए। इस ओर कार्य करने को ही बलिदान-त्याग-शहीद होना कहते हैं।

जबकि महर्षि मनु का कहना था - "इस कलयुग में मनुष्यों के लिए एक ही कर्म शेष है आजकल यज्ञ और कठोर तपस्याओं से कोई फल नहीं होता। इस समय दान ही अर्थात एक मात्र कर्म है और दानों में धर्म दान अर्थात आध्यात्मिक ज्ञान का दान ही सर्वश्रेष्ठ है। दूसरा दान है विद्यादान, तीसरा प्राणदान और चौथा अन्न दान। जो धर्म का ज्ञानदान करते हैं वे अनन्त जन्म और मृत्यु के प्रवाह से आत्मा की रक्षा करते है, जो विद्या दान करते हैं वे मनुष्य की आँखें खोलते, उन्हें आध्यात्म ज्ञान का पथ दिखा देते है। दूसरे दान यहाँ तक कि प्राण दान भी उनके निकट तुच्छ है। आध्यात्मिक ज्ञान के विस्तार से मनुष्य जाति की सबसे अधिक सहायता की जा सकती है।"

11. दलाई लामा
(6 जुलाई, 1935 -)

परिचय

दलाई लामा एक मंगोलियाई पदवी है जिसका मतलब होता है-ज्ञान का महासागर। दलाई लामा के वंशज करूणा अवलोकेतेश्वर के बुद्ध के गुणों के साक्षत् रूप माने जाते हैं। बोधिसत्व ऐसे ज्ञानी लोग होते हैं जिन्होंने अपने निर्वाण को टाल दिया हो और मानवता की रक्षा के लिए पुनर्जन्म लेने का निर्णय लिया हो। उन्हें सम्मान से "परमपावन" कहा जाता है। अब तक कुल 14 दलाई लामा हो चुके हैं। जो ये हैं- 1-Gendun Drup (1391-1474), 2- Gendun Gyatso (1475-1542), 3-Sonam Gyatso (1543-1588), 4-Yonten Gyatso (1589-1617), 5-Ngawang Lobsang Gyatso (1617-1682), 6-Tsangyang Gyatso (1683-1706), 7-Kelzang Gyatso (1708-1757), 8-Jamphel Gyatso (1758-1804), 9-Lungtok Gyatso (1805-1815), 10-Tsultrim Gyatso (1816-1837), 11-Khendrup Gyatso (1838-1856), 12-Trinley Gyatso (1857-1875), 13-Thubten Gyatso (1876-1933), 14-Tenzin Gyatso (born 1935)

14वें दलाई लामा तेनजिन ग्यात्सो तिब्बत के आध्यत्मिक गुरू हैं। इनका जन्म 6 जुलाई, 1935 को वर्तमान उत्तर-पूर्वी तिब्बत के ताकस्तेर क्षेत्र में रहने वाले येओमान परिवार में हुआ था। 2 वर्ष की अवस्था में बालक ल्हामो धोण्डुप की पहचान 13 वें दालाई लामा थुबटेन ग्यात्सो के अवतार के रूप में की गई। परमपावन ने अपनी मठवासीय शिक्षा 6 वर्ष की अवस्था में प्रारम्भ की। 23 वर्ष की अवस्था में वर्ष 1959 के वार्षिक मोनलम प्रार्थनाद्ध उत्सव के दौरान उन्होंने जोखांग मन्दिर ल्हासा में अपनी फाइनल परीक्षा दी। उन्होंने यह परीक्षा आनर्स के साथ पास की और उन्हें सर्वोच्च गेषे डिग्री ल्हारम्पा बौद्ध दर्शन में पीएच.डी प्रदान की गई।

वर्ष 1949 में तिब्बत पर चीन के हमले के बाद परमपावन दलाई लामा से कहा गया कि वह पूर्ण राजनीतिक सत्ता अपने हाथ में ले लें। 1954 में वह कई चीनी नेताओं से बातचीत करने के लिए बीजिंग भी गये लेकिन आखिरकार वर्ष 1959 में ल्हासा में चीनी सेनाओं द्वारा तिब्बती राष्ट्रीय आन्दोलन को बेरहमी से कुचले जाने के बाद वह निर्वासन में जाने को मजबूर हो गये। इसके बाद से ही वह उत्तर भारत के शहर धर्मशाला में रह रहे हैं जो केन्द्रिय तिब्बती प्रशासन का मुख्यालय है। तिब्बत पर चीन के हमले के बाद परमपावन दलाई लामा ने संयुक्त राष्ट्र संघ से तिब्बत मुद्दे को सुलझाने की अपील की है। संयुक्त राष्ट्र महासभा द्वारा इस सम्बन्ध में 1959, 1961 और 1965 में तीन प्रस्ताव किए जा चुके हैं।

हर तिब्बती परमपावन दलाई लामा के साथ गहरा व अकथनीय जुड़ाव रखता है। तिब्बतीयों के लिए परमपावन समूचे तिब्बत के भूमि के सौन्दर्य, उसकी नदियों व झीलों की पवित्रता, उसके आकाश की पुनीतता, उसके पर्वतों की दृढ़ता और उसके लोगों की ताकत के प्रतीक हैं। तिब्बत की मुक्ति के लिए अहिंसक संघर्ष जारी रखने हेतू परमपावन दलाई लामा को वर्ष 1989 में नोबेल का शान्ति पुरस्कार प्रदान किया गया। 20 अप्रैल, 1959 के टाइम पत्रिका के मुख पृष्ठ पर थे। उन्होंने लगातार अहिंसा की नीति का समर्थन करना जारी रखा है। यहाँ तक कि अत्यधिक दमन की परिस्थिति में भी। शान्ति, अहिंसा और सचेतन प्राणी की खुशी के लिए काम करना परमपावन दलाई लामा के जीवन का बुनियादी सिंद्धान्त है। वह वैश्विक पर्यावरणीय समस्याओं पर भी चिंता प्रकट करते रहते हैं। परमपावन दलाई लामा ने 52 से अधिक देशों का दौरा किया है और कई प्रमुख देशों के राष्ट्रपतियों, प्रधानमंत्रियों और शासकों से मिले हैं। उन्होंने कई धर्म के प्रमुखों और कई प्रमुख वैज्ञानिकों से मुलाकात की है।

परमपावन के शान्ति सन्देश, अहिंसा, अन्तर्धार्मिक मेलमिलाप, सार्वभौमिक उत्तरदायित्व और करूणा के विचारों को मान्यता के रूप में 1959 से अब तक उनको 60 मानद डाक्टरेट, पुरस्कार, सम्मान आदि प्राप्त हुए हैं। परमपावन ने 50 से अधिक पुस्तकें लिखीं हैं। परमपावन अपने आप को एक साधारण बौद्ध भिक्षु ही मानते हैं।

दुनियाभर में अपनी यात्राओं और व्याख्यानों के दौरान उनका साधारण व करूणामय स्वभाव उनसे मिलने वाले हर व्यक्ति को गहराई तक प्रभावित करता है। उनका सन्देश है- प्यार, करूणा और क्षमाशीलता।

दलाई लामा के सन्देश

1. आज के समय की चुनौति का समाना करने के लिए मनुष्य को सार्वभौमिक उत्तरदायित्व की व्यापक भावना का विकास करना चाहिए। हम सबको यह सीखने की जरूरत है कि हम न केवल अपने लिए कार्य करें बल्कि पूरे मानवता के लाभ के लिए कार्य करें। मानव अस्तित्व की वास्तविक कुंजी सार्वभौमिक उत्तरदायित्व ही है। यह विश्व शान्ति, प्राकृतिक संसाधनों के समवितरण और भविष्य की पीढ़ी के हितों के लिए पर्यावरण की उचित देखभाल का सबसे अच्छा आधार है।

2. मेरा धर्म साधारण है, मेरा धर्म दयालुता है।

3. अपने पर्यावरण की रक्षा हमें उसी तरह से करना चाहिए जैसा कि हम अपने घोड़ों की करते हैं। हम मनुष्य, प्रकृति से ही जन्में हैं इसलिए हमारा प्रकृति के खिलाफ जाने का कोई कारण नहीं बनता। हम प्रकृति से विफर जाते हैं तो हम जिन्दा नहीं रह सकते।

4. एक शरणार्थी के रूप में हम तिब्बती लोग भारत के लोगों के प्रति हमेशा कृतज्ञता महसूस करते हैं, न केवल इसलिए कि भारत ने तिब्बतीयों की इस पीढ़ी को सहायता और शरण दिया है, बल्कि इसलिए भी कई पीढ़ीयों से तिब्बती लोगों ने इस देश से पथ प्रकाश और बुद्धिमता प्राप्त की है। इसलिए हम हमेशा भारत के प्रति आभारी रहते हैं। यदि सांस्कृतिक नजरिये से देखा जाये तो हम भारतीय संस्कृति के अनुयायी हैं।

5. हम चीनी लोगों या चीनी नेताओं के विरूद्ध नहीं हैं आखिर वे भी एक मनुष्य के रूप में हमारे भाई-बहन हैं। यदि उन्हें खुद निर्णय लेने की स्वतन्त्रता होती तो वे खुद को इस प्रकार की विनाशक गतिविधि में नहीं लगाते या ऐसा कोई काम नहीं करते जिससे उनकी बदनामी होती हो। मैं उनके लिए करूणा की भावना रखता हूँ।

"दार्शनिक आधार पर चर्चा करने से ही अलगाव बढ़ता है। जब तक व्यावहारिक रूप में धार्मिकता के आधार पर विचारों का सामंजस्य नहीं स्थापित होगा, तब तक हम ऊपर नहीं उठ सकते। दार्शनिक दृष्टि से धर्म में अन्तर होता है लेकिन धार्मिक दृष्टि से नहीं। नई सदी में कार्यों को संपादित करने वाले आप (नये पीढ़ी से) ही है, पुरानी पीढ़ी आपके पीछे है लेकिन सारा दायित्व आप के ऊपर ही है इसलिए पहले अच्छी तरह से शिक्षा ग्रहण करें।"(वाराणसी यात्रा में)

- दलाईलामा, तिब्बति धर्म गुरू

साभार - अमर उजाला, इलाहाबाद दि0 18-12-1999

श्री लव कुश सिंह "विश्वमानव" द्वारा स्पष्टीकरण

कर्मवेदः प्रथम, अन्तिम तथा पंचमवेदीय श्रृंखला अर्थात् विश्वमानक शून्यः मन की गुणवत्ता का विश्वमानक श्रृंखला व्यावहारिकता पर आधारित ज्ञान-कर्मज्ञान का शास्त्र-साहित्य है। कई जन्मों और लम्बे प्रक्रिया के फलस्वरूप अब धर्म तो विवादमुक्त स्वरूप को प्राप्त कर सांमजस्य स्थापित कर चुका है। अब उसकी स्थापना

के लिए पुरानी पीढ़ी सहयोग करें। आपने आने वाली पीढ़ी को दायित्व सौंपा है और दायित्व पूर्ण भी किया गया परन्तु पुरानी पीढ़ी पीछे नहीं आगे रहना चाहती है। यह जानते हुये, देखते हुये, समझते हुये कि सदा से भारत का कल्याण युवाओं ने ही किया है परन्तु प्रत्येक समय पुरानी पीढ़ी ही निष्क्रीयता और बाधा रूप में खड़ी रहती है। अगर ऐसा नहीं है तो पुरानी पीढ़ी इस नये सार्वभौम सत्य-सिद्धान्त, वेद, व्यवस्था को अपने अहंकार को समाप्त कर स्वीकार करें, स्वागत करें, स्थापित करें, क्योंकि क्रियान्वयन पदों पर पुरानी पीढ़ी ही पीठासीन है। कर्मज्ञान का दान तो प्रारम्भ हो चुका है और यही संसाधन युक्त भारत के तीव्र विकास में बाधक था। नई पीढ़ी तो बहुत कुछ कर सकती है परन्तु वह कैसे करे? युवाओं को मत द्वारा विचार व्यक्त करने का अधिकार तो 18 वर्ष की उम्र में ही दे दिया परन्तु पैतृक सम्पत्ति का अधिकार किस उम्र में प्राप्त होगा? अब कर्मज्ञान प्राप्त होने से प्रत्येक ही संसाधन की आवश्यकता समझेगा। ध्यान रहे कर्मज्ञान से कृष्ण का निर्माण होता है तो परिणाम कौन भुगतेगा?"

****

"पश्चिम जगत ने भौतिक जगत की सुख-सुविधाओं के लिए विश्व को बहुत कुछ दिया है। अब हमारी बारी है। उन्हें इसके एवज में कुछ चुकाने का समय है। हम उन्हें शान्ति व जीवन के लक्ष्य बारे में ज्ञान दें।" (वाराणसी यात्रा में)

- दलाईलामा, तिब्बति धर्म गुरू
साभार - दैनिक जागरण, वाराणसी, दि0 15-01-2011

श्री लव कुश सिंह "विश्वमानव" द्वारा स्पष्टीकरण

पश्चिम जगत बहिर्मुखी है, पूर्वी जगत अन्तर्मुखी है। पश्चिम ने पदार्थ विज्ञान दिया तो पूर्वी जगत ने आध्यात्म विज्ञान दिया। अब दोनों के समन्वय और एकीकरण का समय आ गया है जिससे एक नये विश्व का निर्माण हो। जिसके लिए विश्वधर्म के शास्त्र - विश्वशास्त्र का आविष्कार हो चुका है। जिसका लक्ष्य ही शान्ति, जीवन का लक्ष्य, कर्मज्ञान, मानक आधारित विश्व इत्यादि है।

विश्वशास्त्र की शिक्षा ही सत्य मानक शिक्षा है जो निम्ननिखित पाठ्यक्रम के रूप में छात्रवृत्ति के साथ संचालित है।

1. पूर्ण ज्ञान में प्रमाण पत्र (Certificate in Complete Knowledge-CCK)
2. ईश्वर शास्त्र व व्यापार ज्ञान में प्रमाण पत्र (Certificate in Godics & Business Knowledge-CGBK)
3. अवतार ज्ञान में प्रमाण पत्र (Certificate in Avatar Knowledge-CAK)
4. गुरू ज्ञान में प्रमाण पत्र (Certificate in Guru Knowledge-CGK)
5. संस्थागत धर्म में डिप्लोमा (Diploma in Institutional Religion-DIR)
6. पूर्ण शिक्षा में स्नातक (Bachelor in Complete Education-BCE)
7. पूर्ण शिक्षा में परास्नातक (Master in Complete Education-MCE)

हमेशा यूरोप से सामाजिक तथा एशिया से आध्यात्मिक शक्तियों का उद्भव होता रहा है एवं इन दोनों शक्तियों के विभिन्न प्रकार के सम्मिश्रण से ही जगत का इतिहास बना है। वर्तमान मानवेतिहास का एक और नवीन पृष्ठ धीरे-धीरे विकसित हो रहा है एवं चारो ओर उसी का चिन्ह दिखाई दे रहा है। कितनी ही नवीन योजनाओं का उद्भव तथा नाश होगा, किन्तु योग्यतम वस्तु की प्रतिष्ठा सुनिश्चित है- सत्य और शिव की अपेक्षा योग्यतम वस्तु और हो ही क्या सकती है? (1प 310)

- स्वामी विवेकानन्द

****

"शून्य आत्मसात् करने से बोधिसत्व की प्राप्ति सम्भव" (वाराणसी यात्रा में)

- दलाईलामा, तिब्बति धर्म गुरू

साभार - दैनिक जागरण, वाराणसी, दि0 17-01-2011

श्री लव कुश सिंह "विश्वमानव" द्वारा स्पष्टीकरण

शून्य, आत्मसात् करने से ही बोधिसत्व की प्राप्ति होती है। सत्य है। हमें उस शून्य का अनुभव करना पड़ेगा जहाँ से समस्त ब्रह्माण्ड बहिर्गत है। उस शून्य को आत्मसात् व बोधिसत्व के प्राप्ति से ही निम्न आविष्कार सम्भव हो सका है-

सम्पूर्ण ब्रह्माण्ड में व्याप्त एक ही सत्य-सिद्धान्त द्वारा व्यक्तिगत व संयुक्त मन को एकमुखी कर सर्वोच्च, मूल और अन्तिम स्तर पर स्थापित करने के लिए शून्य पर अन्तिम आविष्कार WS-0 श्रृंखला की निम्नलिखित पाँच शाखाएँ है।

1. डब्ल्यू.एस. (WS)-0: विचार एवम् साहित्य का विश्वमानक
2. डब्ल्यू.एस. (WS)-00: विषय एवम् विशेषज्ञों की परिभाषा का विश्वमानक
3. डब्ल्यू.एस. (WS)-000: ब्रह्माण्ड (सूक्ष्म एवम् स्थूल) के प्रबन्ध और क्रियाकलाप का विश्वमानक
4. डब्ल्यू.एस. (WS)-0000: मानव (सूक्ष्म तथा स्थूल) के प्रबन्ध और क्रियाकलाप का विश्वमानक
5. डब्ल्यू.एस. (WS)-00000: उपासना और उपासना स्थल का विश्वमानक

और पूर्णमानव निर्माण की तकनीकी WCM-TLM-SHYAM.C है।

****

"भारत में आध्यात्मिकता का बोलबाला हजारों सालों से है इसके बावजूद भी यहाँ किसी भी धर्म को छुये बिना नैतिक मूल्यों की शिक्षा धर्मनिरपेक्ष रूप से विकसित हुई है। यह आधुनिक युग में विश्व को भारत की सबसे बड़ी देन है। आज विश्व को ऐसे ही धर्मनिरपेक्ष नैतिक मूल्यों की शिक्षा की सख्त जरूरत है। बीसवीं सदी रक्तपात की सदी थी। 21वीं सदी संवाद की सदी होनी चाहिए। इससे कई समस्यायें अपने आप समाप्त हो जाती है। दुनिया में ऐसे लोगों की संख्या बहुत अधिक है जो किसी धर्म में विश्वास नहीं करते हैं इसलिए यह जरूरी है कि सेक्यूलर इथिक्स (धर्मनिरपेक्ष नैतिकता) को प्रमोट (बढ़ाना) करें जो वास्तविक और प्रैक्टिकल एप्रोच (व्यावहारिक) पर आधारित हो। धार्मिक कर्मकाण्डों के प्रति दिखावे का कोई मतलब नहीं है। आधुनिक शिक्षा व्यवस्था में मानव मूल्यों का अभाव है। यह सिर्फ मस्तिष्क के विकास पर जोर देती है। हृदय की विशालता पर नहीं। करूणा तभी आयेगी जब दिल बड़ा होगा। दुनिया के कई देशों ने इस पर ध्यान दिया है। कई विश्वविद्यालयों में इस पर प्रोजेक्ट चल रहा है।" (सम्पूर्णानन्द संस्कृत विश्वविद्यालय, वाराणसी में "21वीं सदी में शिक्षा" विषय पर बोलते हुये। इस कार्यक्रम में केंन्द्रीय तिब्बती अध्ययन विश्वविद्यालय, सारनाथ, वाराणसी के कुलपति पद्मश्री गेशे नवांग समतेन, पद्मश्री प्रो.रामशंकर त्रिपाठी, महात्मा गाँधी काशी विद्यापीठ, वाराणसी के कुलपति प्रो. अवधराम, दीन दयाल उपाध्याय विश्वविद्यालय, गोरखपुर के पूर्व कुलपति प्रो. वेणी माधव शुक्ल, सम्पूर्णानन्द संस्कृत विश्वविद्यालय, वाराणसी के पूर्व कुलपति प्रो. अभिराज राजेन्द्र मिश्र और वर्तमान कुलपति प्रो. वी.कुटुम्ब शास्त्री, प्रति कुलपति प्रो.नरेन्द्र देव पाण्डेय, प्रो. रमेश कुमार द्विवेदी, प्रो. यदुनाथ दूबे इत्यादि उपस्थित थे।)

- दलाईलामा, तिब्बति धर्म गुरू

साभार - दैनिक जागरण व हिन्दुस्तान, वाराणसी, दि0 18-01-2011

श्री लव कुश सिंह "विश्वमानव" द्वारा स्पष्टीकरण

जब सभी सम्प्रदायों को धर्म मानकर हम एकत्व की खोज करते हैं तब दो भाव उत्पन्न होते हैं। पहला- यह कि सभी धर्मों को समान दृष्टि से देखें तब उस एकत्व का नाम सर्वधर्मसमभाव होता है। दूसरा-यह कि सभी धर्मों को छोड़कर उस एकत्व को देखें तब उसका नाम धर्म निरपेक्ष होता है। जब सभी सम्प्रदायों को सम्प्रदाय की दृष्टि से देखते हैं तब एक ही भाव उत्पन्न होता है और उस एकत्व का नाम धर्म होता है। इन सभी भावों में हम सभी उस एकत्व के ही विभिन्न नामों के कारण विवाद करते हैं अर्थात् सर्वधर्मसमभाव, धर्मनिरपेक्ष एवं धर्म विभिन्न मार्गों से भिन्न-भिन्न नाम के द्वारा उसी एकत्व की अभिव्यक्ति है। दूसरे रुप में हम सभी सामान्य अवस्था में दो विषयों पर नहीं सोचते, पहला- वह जिसे हम जानते नहीं, दूसरा- वह जिसे हम पूर्ण रुप से जान जाते हैं। यदि हम नहीं जानते तो उसे धर्मनिरपेक्ष या सर्वधर्मसमभाव कहते हैं जब जान जाते हैं तो धर्म कहते हैं। इस प्रकार आई0 एस0 ओ0/डब्ल्यू0 एस0- शून्य श्रृंखला उसी एकत्व का धर्मनिरपेक्ष एवं सर्वधर्मसमभाव नाम तथा कर्मवेद: प्रथम, अन्तिम तथा पंचमवेदीय श्रृंखला उसी एकत्व का धर्मयुक्त नाम है तथा इन समस्त कार्यों को सम्पादित करने के लिए जिस शरीर का प्रयोग किया जा रहा है उसका धर्मयुक्त नाम-लव कुश सिंह है तथा धर्मनिरपेक्ष एवं सर्वधर्मसमभाव सहित मन स्तर का नाम विश्वमानव है जब कि मैं (आत्मा) इन सभी नामों से मुक्त है।

आविष्कारक के आविष्कार के उपरान्त आविष्कार विषय का उपयोग ही मानव का कर्तव्य है। विश्वधर्म के अनुसार यह आविष्कार विषय ही सेक्यूलर इथिक्स (धर्मनिरपेक्ष नैतिकता), वास्तविक और प्रैक्टिकल एप्रोच (व्यावहारिक) है। जिस पर ही आधारित है मेरा निम्नलिखित आविष्कार-

सम्पूर्ण ब्रह्माण्ड में व्याप्त एक ही सत्य-सिद्धान्त द्वारा व्यक्तिगत व संयुक्त मन को एकमुखी कर सर्वोच्च, मूल और अन्तिम स्तर पर स्थापित करने के लिए शून्य पर अन्तिम आविष्कार WS-0 श्रृंखला की निम्नलिखित पाँच शाखाएँ है।

1. डब्ल्यू.एस. (WS)-0: विचार एवम् साहित्य का विश्वमानक
2. डब्ल्यू.एस. (WS)-00: विषय एवम् विशेषज्ञों की परिभाषा का विश्वमानक
3. डब्ल्यू.एस. (WS)-000: ब्रह्माण्ड (सूक्ष्म एवम् स्थूल) के प्रबन्ध और क्रियाकलाप का विश्वमानक
4. डब्ल्यू.एस. (WS)-0000: मानव (सूक्ष्म तथा स्थूल) के प्रबन्ध और क्रियाकलाप का विश्वमानक
5. डब्ल्यू.एस. (WS)-00000: उपासना और उपासना स्थल का विश्वमानक

और पूर्णमानव निर्माण की तकनीकी WCM-TLM-SHYAM.C है।

काल प्रवाह में सुसंगत परिवर्तन लाने के लक्ष्य को प्राप्त करना ऐसा आसान कार्य नहीं है जो इने गिने मुट्ठी भर उत्साही लोगों द्वारा चन्द दिनों में किया जा सके। यह कार्य लाखों लोगों के युग-युगान्तर तक किये गये साग्रह एवं निष्ठापूर्ण प्रयास द्वारा ही सम्भव है। इसके लिए हमारी शिक्षा पद्धति को पुनर्गठित करना होगा जिससे मानव के विचारों, आदर्शों एवं कार्यों को नई दिशा प्रदान की जा सके।

- स्वामी विवेकानन्द

12. स्वामी जयेन्द्र सरस्वती
(18 जुलाई, 1935 -)

परिचय

स्वामी जयेन्द्र सरस्वती, आद्य शंकराचार्य द्वारा स्थापित चार मठों पर पीठासीन शंकराचार्यों में से हैं। श्री जयेन्द्र सरस्वती के बचपन का नाम सुब्रमण्यम महादेव अय्यर था उनका जन्म 18 जुलाई, 1935 को हुआ था। श्री चन्द्रशेखरानन्द सरस्वती के द्वारा 22 मार्च, 1954 को वे कांची कामकोटिपीठ के 69वें शंकराचार्य बने और उन्हें जयेन्द्र सरस्वती नाम दिया। वे एक हिन्दू धर्म के अग्रणी नाम हैं। अपने याजकीय कार्यालय और हिन्दू धर्म का गहरा ज्ञान रखने के कारण वे भारत में विशेष रूप से ब्राह्मण वर्गों में विशेष सम्मानित हैं। उनके कार्यकाल में कांची मठ का बहुत विकास हुआ। विशेष रूप से अमेरिका के भारतीय अनिवासीयों के समर्थन से कांची मठ एक सशक्त संगठन हो गया। कांची मठ द्वारा कई स्कूल, नेत्र क्लिनिक और अस्पताल चलाये जाते हैं। चेन्नई और गुवाहाटी में शंकर नेत्रालय और बच्चों के अस्पताल, हिन्दू मिशन अस्पताल, तामिलनाडु अस्पताल इत्यादि भी कांची मठ के संरक्षण में चलते हैं। शंकराचार्‌य द्वारा बार-बार व्यक्त चिंताओं के बाद तमिलनाडु सरकार ने धर्मान्तरण और मन्दिरों में पशु बलि पर प्रतिबन्ध लगाने के लिए कानून बना दिया। राज्य सरकार के अभियोजन पक्ष ने एक मन्दिर प्रबन्धक शंकररमण की हत्या में स्वामी जयेन्द्र सरस्वती पर षडयन्त्र रचने का अरोप भी लगाया। उन्हें 11 नवम्बर, 2004 को गिरफ्तार कर लिया गया। 10 जनवरी 2005 को वे सर्वोच्च न्यायालय से जमानत प्राप्त किये जबकि निचली अदालत ने उनकी जामानत को तीन बार रद्द किया था। 26 अक्टुबर 2005 को उनके मामले को तमिलनाडु से बाहर पाण्डिचेरी स्थानान्तरित कर दिया। जनवरी 2010 में पाया गया कि अभियोजन पक्ष और पुलिस ने शंकराचार्य और उनके शिष्य श्री शंकर विजयेन्द्र सरस्वती को झूठे आरोपों से फँसाया है।

"बौद्धों के अनुरोध पर गौतम बुद्ध के विष्णु अवतार सिद्ध करने सम्बन्धी अवधारणा को आगे न बढ़ने पर सहमति।" (मूलगंध कुटी बिहार, सारनाथ में)

-जगदगुरू शंकराचार्य जयेन्द्र सरस्वमी

साभार - दैनिक जागरण, वाराणसी, दि0 20-01-2000

श्री लव कुश सिंह "विश्वमानव"द्वारा स्पष्टीकरण

जगद्‌गुरू जी, क्या सिद्धान्त को सिद्धान्त से अलग किया जा सकता है? सत्य को सत्य से अलग किया जा सकता है? क्या सिद्वान्त को रोका जा सकता है? क्या सिद्धान्त को रोकना मानव के वश की बात है? यह तो स्वयं ईश्वर या सिद्धान्तों से निर्मित अवतारगण के भी अधिकार में नहीं है। फिर आप तो विष्णु के आँठवे व्यक्तिगत प्रमाणित पूर्णअवतार तथा ईश्वर-शिव-ब्रह्म-आत्मा के अंशावतार श्रीकृष्ण द्वारा व्यक्त गीतोपनिषद् के व्याख्याता आदि शंकराचार्य द्वारा स्थापित भारतीय संस्कृति के रक्षार्थ चार पीठों में से एक के सैकड़ों वर्षों बाद के पीठाधीश्वर हैं। पहले बुद्ध कौन थे यह जाने 'भगवान बुद्ध, व्यक्तिगत प्रमाणित दृश्य काल के व्यष्टि दृश्य काल में अदृश्य सत्य चेतना के अंश से युक्त भगवान विष्णु के नवें अवतार थे। अर्थात् व्यक्तिगत प्रमाणित दृश्य काल के व्यष्टि दृश्य काल में अदृश्य सत्य चेतना से युक्त भगवान विष्णु के पूर्णावतार श्रीकृष्ण के अंशावतार ही भगवान बुद्ध थे। भगवान बुद्ध अपने कार्यों को दार्शनिक आधार इसलिए नहीं दिये क्योंकि दार्शनिक आधार देने पर वह गीतोपनिषद् और श्रीकृष्ण में समाहित हो जाता परिणामस्वरूप श्रीकृष्ण के समय का हिंसक समाज और हिंसा सहित कर्म की ओर बढ़ते भगवान बुद्ध के समय के समाज में अहिंसा आधारित नये मानव समाज की सृष्टि का कार्य असफल हो जाता। व्यक्तिगत प्रमाणित ज्ञान (वेद) से सार्वजनिक प्रमाणित कर्मज्ञान (कर्मवेद) के विकास क्रम में एकात्म ज्ञान (गीतोपनिषद्) श्रीकृष्ण से व्यक्त तथा व्यावहारिकता के लिए बुद्धि या सम्यक (ध्यान) भगवान सिद्धार्थ बुद्ध से व्यक्त हुआ, तभी अन्त में पूर्ण व्यावहारिक एकात्म ज्ञान और एकात्म कर्म सहित एकात्म ध्यान (कर्मवेद) व्यक्त हुआ। इसलिए ऐसे विषयों पर सहमति न व्यक्त करें जो सिद्धान्तः विरूद्ध हो, एकता विरूद्‌ध हो और स्वयं आपको विवश कर देने वाला हो।

13. श्री प्रणव मुखर्जी
(11 दिसम्बर 1935 -)

परिचय

प्रणव कुमार मुखर्जी (जन्म 11 दिसम्बर 1935, पश्चिम बंगाल) वर्तमान में भारत के राष्ट्रपति हैं। वे भारतीय राष्ट्रीय कांग्रेस के वरिष्ठ नेता हैं। नेहरू-गान्धी परिवार से उनके करीबी सम्बन्ध रहे हैं। भारतीय राष्ट्रीय कांग्रेस के नेतृत्व वाले संयुक्त प्रगतिशील गठबंधन ने उन्हें अपना उम्मीदवार घोषित किया। सीधे मुकाबले में उन्होंने अपने प्रतिपक्षी प्रत्याशी पी.ए. संगमा को हराया। उन्होंने 25 जुलाई 2012 को भारत के तेरहवें राष्ट्रपति के रूप में पद और गोपनीयता की शपथ ली।

प्रणव मुखर्जी का जन्म पश्चिम बंगाल के वीरभूम जिले में किरनाहर शहर के निकट स्थित मिराती गाँव के एक ब्राह्मण परिवार में कामदा किंकर मुखर्जी और राजलक्ष्मी मुखर्जी के यहाँ हुआ था। उनके पिता 1920 से कांग्रेस पार्टी में सक्रिय होने के साथ पश्चिम बंगाल विधान परिषद में 1952 से 64 तक सदस्य और वीरभूम (पश्चिम बंगाल) जिला कांग्रेस कमेटी के अध्यक्ष रह चुके थे। उनके पिता एक सम्मानित स्वतन्त्रता सेनानी थे, जिन्होंने ब्रिटिश शासन की खिलाफत के परिणामस्वरूप 10 वर्षों से अधिक जेल की सजा भी काटी थी। प्रणव मुखर्जी ने सूरी (वीरभूम) के सूरी विद्यासागर कॉलेज में शिक्षा पाई, जो उस समय कलकत्ता विश्वविद्यालयसे सम्बद्ध था। प्रणव का विवाह 22 वर्ष की आयु में 13 जुलाई 1957 को शुभ्रा मुखर्जी के साथ हुआ था। उनके दो बेटे और एक बेटी - कुल तीन बच्चे हैं। पढ़ना, बागवानी करना और संगीत सुनना- तीन ही उनके व्यक्तिगत शौक भी हैं। कलकत्ता विश्वविद्यालय से उन्होंने इतिहास और राजनीति विज्ञान में स्नातकोत्तर के साथ साथ कानून की डिग्री हासिल की है। वे एक वकील और कॉलेज प्राध्यापक भी रह चुके हैं। उन्हें मानद डी.लिट उपाधि भी प्राप्त है। उन्होंने पहले एक कॉलेज प्राध्यापक के रूप में और बाद में एक पत्रकार के रूप में अपना कैरियर शुरू किया। वे बाँग्ला प्रकाशन संस्थान देशेर डाक (मातृभूमि की पुकार) में भी काम कर चुके हैं। प्रणव मुखर्जी बंगीय साहित्य परिषद के ट्रस्टी एवं अखिल भारत बंग साहित्य सम्मेलन के अध्यक्ष भी रहे।

उनका संसदीय कैरियर करीब पाँच दशक पुराना है, जो 1969 में कांग्रेस पार्टी के राज्यसभा सदस्य के रूप में (उच्च सदन) से शुरू हुआ था। वे 1975, 1981, 1993 और 1999 में फिर से चुने गये। 1973 में वे औद्योगिक विकास विभाग के केंद्रीय उप मंत्री के रूप में मन्त्रिमण्डल में शामिल हुए। वे सन 1982 से 1984 तक कई कैबिनेट पदों के लिए चुने जाते रहे और और सन् 1984 में भारत के वित्त मंत्री बने। सन 1984 में, यूरोमनी पत्रिका के एक सर्वेक्षण में उनका विश्व के सबसे अच्छे वित्त मंत्री के रूप में मूल्यांकन किया गया। उनका कार्यकाल भारत के अन्तर्राष्ट्रीय मुद्रा कोष (आईएमएफ) के ऋण की 1.1 अरब अमरीकी डॉलर की आखिरी किस्त नहीं अदा कर पाने के लिए उल्लेखनीय रहा। वित्त मंत्री के रूप में प्रणव के कार्यकाल के दौरान डॉ. मनमोहन सिंह भारतीय रिजर्व बैंक के गवर्नर थे। वे इंदिरा गांधी की हत्या के बाद हुए लोकसभा चुनाव के बाद राजीव गांधी की समर्थक मण्डली के षड्यन्त्र के शिकार हुए जिसने इन्हें मन्त्रिमण्डल में शामिल नहीं होने दिया। कुछ समय के लिए उन्हें कांग्रेस पार्टी से निकाल दिया गया। उस दौरान उन्होंने अपने राजनीतिक दल राष्ट्रीय समाजवादी कांग्रेस का गठन किया, लेकिन सन 1989 में राजीव गान्धी के साथ समझौता होने के बाद उन्होंने अपने दल का कांग्रेस पार्टी में विलय कर दिया। उनका राजनीतिक कैरियर उस समय पुनर्जीवित हो उठा, जब पी.वी. नरसिंह राव ने पहले उन्हें योजना आयोग के उपाध्यक्ष के रूप में और बाद में एक केन्द्रीय कैबिनेट मंत्री के तौर पर नियुक्त करने का फैसला किया। उन्होंने राव के मंत्रिमंडल में 1995 से 1996 तक पहली बार विदेश मंत्री के रूप में कार्य किया। 1997 में उन्हें उत्कृष्ट सांसद चुना गया। सन 1985 के बाद से वह कांग्रेस की पश्चिम बंगाल राज्य इकाई के भी अध्यक्ष हैं। सन 2004 में, जब कांग्रेस ने गठबन्धन सरकार के अगुआ के रूप में सरकार बनायी, तो कांग्रेस के प्रधानमन्त्री मनमोहन सिंह सिर्फ एक राज्यसभा सांसद थे। इसलिए जंगीपुर (लोकसभा निर्वाचन क्षेत्र) से पहली बार लोकसभा

चुनाव जीतने वाले प्रणव मुखर्जी को लोकसभा में सदन का नेता बनाया गया। उन्हें रक्षा, वित्त, विदेश विषयक मन्त्रालय, राजस्व, नौवहन, परिवहन, संचार, आर्थिक मामले, वाणिज्य और उद्योग, समेत विभिन्न महत्वपूर्ण मन्त्रालयों के मंत्री होने का गौरव भी हासिल है। वह कांग्रेस संसदीय दल और कांग्रेस विधायक दल के नेता रह चुके हैं, जिसमें देश के सभी कांग्रेस सांसद और विधायक शामिल होते हैं। इसके अतिरिक्त वे लोकसभा में सदन के नेता, बंगाल प्रदेश कांग्रेस पार्टी के अध्यक्ष, कांग्रेस के नेतृत्व वाली सरकार के प्रधानमंत्री मनमोहन सिंह की मंत्रिपरिषद में केन्द्रीय वित्त मंत्री भी रहे। लोकसभा चुनावों से पहले जब प्रधानमन्त्री मनमोहन सिंह ने अपनी बाई-पास सर्जरी कराई, प्रणव दा विदेश मन्त्रालय में केन्द्रीय मंत्री होने के बावजूद राजनैतिक मामलों की कैबिनेट समिति के अध्यक्ष और वित्त मन्त्रालय में केन्द्रीय मंत्री का अतिरिक्त प्रभार लेकर मन्त्रिमण्डल के संचालन में महत्वपूर्ण भूमिका निभाते रहे।

प्रणव मुखर्जी के नाम पर एक बार भारतीय राष्ट्रपति जैसे सम्मानजनक पद के लिए भी विचार किया गया था लेकिन केंद्रीय मंत्रिमण्डल में व्यावहारिक रूप से उनके अपरिहार्य योगदान को देखते हुए उनका नाम हटा लिया गया। मुखर्जी की वर्तमान विरासत में अमेरिकी सरकार के साथ असैनिक परमाणु समझौते पर भारत-अमेरिका के सफलतापूर्वक हस्ताक्षर और परमाणु अप्रसार सन्धि पर दस्तखत नहीं होने के बावजूद असैन्य परमाणु व्यापार में भाग लेने के लिए परमाणु आपूर्तिकर्ता समूह के साथ हुए हस्ताक्षर भी शामिल हैं। सन 2007 में उन्हें भारत के दूसरे सबसे बड़े नागरिक सम्मान पद्म विभूषण से नवाजा गया। मनमोहन सिंह की दूसरी सरकार में मुखर्जी भारत के वित्त मंत्री बने। इस पद पर वे पहले 1980 के दशक में भी काम कर चुके थे।

सम्मान और विशिष्टता

1. न्यूयॉर्क से प्रकाशित पत्रिका, यूरोमनी के एक सर्वेक्षण के अनुसार, वर्ष 1984 में दुनिया के पाँच सर्वोत्तम वित्त मन्त्रियों में से एक प्रणव मुखर्जी भी थे।

2. उन्हें सन् 1997 में सर्वश्रेष्ठ सांसद का अवार्ड मिला।

3. वित्त मन्त्रालय और अन्य आर्थिक मन्त्रालयों में राष्ट्रीय और आन्तरिक रूप से उनके नेतृत्व का लोहा माना गया। वह लम्बे समय के लिए देश की आर्थिक नीतियों को बनाने में महत्वपूर्ण व्यक्ति के रूप में जाने जाते हैं। उनके नेतृत्व में ही भारत ने अन्तर्राष्ट्रीय मुद्रा कोष के ऋण की 1.1 अरब अमेरिकी डॉलर की अन्तिम किस्त नहीं लेने का गौरव अर्जित किया। उन्हें प्रथम दर्जे का मंत्री माना जाता है और सन 1980-1985 के दौरान प्रधानमंत्री की अनुपस्थिति में उन्होंने केन्द्रीय मंत्रीमण्डल की बैठकों की अध्यक्षता की।

4. उन्हें सन् 2008 के दौरान सार्वजनिक मामलों में उनके योगदान के लिए भारत के दूसरे सर्वोच्च नागरिक पुरस्कार पद्म विभूषण से नवाजा गया।

"भारतवासियों के रूप में हमें भूतकाल से सीखना होगा, परन्तु हमारा ध्यान भविष्य पर केन्द्रित होना चाहिए। मेरी राय में शिक्षा वह मंत्र है जो कि भारत में अगला स्वर्ग युग ला सकता है। हमारे प्राचीनतम ग्रन्थों ने समाज के ढांचे को ज्ञान के स्तम्भों पर खड़ा किया गया है। हमारी चुनौती है, ज्ञान को देश के हर एक कोने में पहुँचाकर, इसे एक लोकतांत्रिक ताकत में बदलना। हमारा ध्येय वाक्य स्पष्ट है- ज्ञान के लिए सब और ज्ञान सबके लिए।

मैं एक ऐसे भारत की कल्पना करता हूँ जहाँ उद्देश्य की समानता से सबका कल्याण संचालित हो, जहाँ केन्द्र और राज्य केवल सुशासन की परिकल्पना से संचालित हों, जहाँ लोकतन्त्र का अर्थ केवल पाँच वर्ष में एक बार मत देने का अधिकार न हो, बल्कि जहाँ सदैव नागरिकों के हित में बोलने का अधिकार हो, जहाँ ज्ञान विवेक में

बदल जाये, जहाँ युवा अपनी असाधारण ऊर्जा तथा प्रतिभा को सामूहिक लक्ष्य के लिए प्रयोग करे। अब पूरे विश्व में निरंकुशता समाप्ति पर है, अब उन क्षेत्रों में लोकतन्त्र फिर से पनप रहा है जिन क्षेत्रों को पहले इसके लिए अनुपयुक्त माना जाता था, ऐसे समय में भारत आधुनिकता का माडल बनकर उभरा है।

जैसा कि स्वामी विवेकानन्द ने अपने सुप्रसिद्ध रूपक में कहा था कि- भारत का उदय होगा, शरीर की ताकत से नहीं, बल्कि मन की ताकत से, विध्वंस के ध्वज से नहीं, बल्कि शांति और प्रेम के ध्वज से। अच्छाई की सारी शक्तियों को इकट्ठा करें। यह न सोचें कि मेरा रंग क्या है- हरा, नीला अथवा लाल, बल्कि सभी रंगों को मिला लें और सफेद रंग की उस प्रखर चमक को पैदा करें, जो प्यार का रंग है।" **(प्रथम भाषण का संक्षिप्त अंश)**

- श्री प्रणव मुखर्जी, राष्ट्रपति, भारत

साभार - दैनिक जागरण, 26 जुलाई, 2012

श्री लव कुश सिंह "विश्वमानव" द्वारा स्पष्टीकरण

भारत के स्वतन्त्रता के अनेक दशकों बाद प्रथम नागरिक के ये शब्द, मात्र केवल शब्द नहीं बल्कि भारत के उस अन्तिम और सर्वोच्च ऊँचाई के मार्ग का मूल सिद्धान्त, बीज, मन्त्र और नींव है। आपके इन शब्दों को अक्षरशः एक आम नागरिक अपने देश के प्रति कर्तव्य को समझते हुये पूर्ण कर चुका है और वह अनेक दिशाओं से प्रमाण प्राप्त करते हुये "विश्वशास्त्र" के रूप में व्यक्त है। अपने देश को मानक लोकतन्त्र के रूप में करने के जो सिद्धान्त हैं वे कुछ ही पृष्ठों के हैं परन्तु अपने उद्देश्य से बहुत दूर निकल गये तथाकथित बौद्धिक भारतीय नागरिक और उनके नेतृत्वकर्ताओं के विभिन्न प्रकार के रंग से रंगे मन को एक सफेद रंग में लाने के प्रमाणों से "विश्वशास्त्र" लगभग 1700 पृष्ठों का बन गया। इन 1700 पृष्ठों में मनुष्य जाति के इस सृष्टि पर अन्तिम समय तक रहने तक के लिए ज्ञान संकलित कर दिया गया है जिसे भारत के महा-विभूषित, महा-मण्डित संत, महात्मा इत्यादि असम्भव ही समझते रहे हैं। इसलिए ही "विश्वशास्त्र" के साथ उसके गुण की पंक्ति (Tag Line) "द नॉलेज आफ फाइनल नॉलेज" लगा हुआ है साथ ही शास्त्र के अन्त में ये भी लिखा है-"सभी सार्वेच्च विचार और सर्वोच्च कर्म मेरी ओर ही आते हैं" और ये चुनौति भी है उन महा-विभूषित, महा-मण्डित संत, महात्मा इत्यादि के लिए जो भीड़ इकट्ठा कर भारत को विश्वगुरू बनाने का सपना दिखाते हैं, कि इससे कम पृष्ठों में अपनी प्रमाणिकता प्रस्तुत करें। आज वो हैं भीड़ है, कल जब वो नहीं रहेंगे तब ये भीड़ अनाथ हो जायेगी और सपना तोड़ा जा चुका होगा। वे एक बार फिर ठगे जा चुके होंगे। उनका विश्वास उठ चुका होगा। फिर जब वो सत्य रूप में आयेगा तो उस पर कौन विश्वास करेगा क्योंकि भीड़ में बौद्धिकता नहीं होती। केवल अपने लोगों को बताने की बात होती है कि मैं भी गया था। क्या देखा, क्या सुना, कुछ पता नहीं।

भारत में अनेक अपराधिक और घोटाले की फाइल में "विश्वशास्त्र" से अधिक पृष्ठ होते हैं या यूँ कहे कि "विश्वशास्त्र" में निम्नलिखित के अनुसार ही पृष्ठ हैं-

01. कक्षा 8 तक की शिक्षा प्राप्त करने तक सभी विषयों को मिलाकर जिनते पृष्ठ पढ़ा जाता है, विश्वशास्त्र उससे छोटा है।
02. उच्च शिक्षा के किसी भी एक विषय के पाठ्य पुस्तक से विश्वशास्त्र छोटा है।
03. विश्वविद्यालय में किसी विषय पर किये गये 5 शोध-पत्रों से विश्वशास्त्र छोटा है।
04. किसी भी प्रतियोगी परीक्षा के लिए पढ़े गये पुस्तकों से विश्वशास्त्र छोटा है।
05. 5 उपन्यासों के कुल पृष्ठ से विश्वशास्त्र छोटा है।
06. किसी सबसे अधिक पढ़े जाने वाले हिन्दी समाचार पत्र के मात्र 15 दिनों के समाचार पत्र से विश्वशास्त्र छोटा है।
07. एक क्रिकेट टेस्ट मैच के दौरान क्रिकेट के सम्बन्ध में दूरदर्शन के चैनल पर किये गये कमेन्ट्री व वार्ता से निकले वाक्यों से विश्वशास्त्र छोटा है।
08. 10 फिल्मों के पटकथा से विश्वशास्त्र छोटा है।

09. किसी एक घोटाले के जाँच पर तैयार किये गये रिपोर्ट से विश्वशास्त्र छोटा है।
10. 4 औरतों को बिना किसी मुद्दे पर चर्चा के बात करने के लिए 1 सप्ताह एक साथ रखने पर निकले वार्ता से विश्वशास्त्र छोटा है।
11. एक सास-बहू या किसी दूरदर्शन धारावाहिक को देखने में जितना समय लगेगा, उससे कम समय में विश्वशास्त्र पढ़ा जा सकता है।
12. एक लड़की जिसका एक लड़का मित्र (व्वाय फ्रेण्ड) हो, मोबाइल पर बात करने के लिए स्वतन्त्र कर दिया जाय तो वह 5 दिन में जितना बात करेगी, उसके मूल्य और निकले साहित्य से विश्वशास्त्र छोटा है।

और "विश्वशास्त्र" की सारांश में उपयोग

01. निरक्षर के लिए इस शास्त्र का मूल्य शून्य है, साक्षर के लिए यह उपयोगी है, पशु-प्रवृत्तियों के लिए यह विश्वशास्त्र गोवर्धन पर्वत है, योगियों के लिए यह अँगुली पर उठाने योग्य है, धनिकों के लिए यह व्यर्थ है, नई पीढ़ीयों के लिए यह भविष्य निर्माता है, नेतृत्वकर्ताओं के लिए यह नेतृत्व की कला है, ज्ञान पिपासुओं के लिए यह मार्गदर्शक और उपलब्धि है।
02. काशी क्षेत्र का विश्वशास्त्र सत्य रूप है, उसकी संस्कृति है, उसका प्रतिनिधि शास्त्र है और उसका गौरव है।
03. भारत के लिए विश्वशास्त्र भारतीयता है तथा मानवता का चरम विकसित बिन्दु है। राष्ट्र के लिए राष्ट्रीयता है।
04. युग के लिए यह युग-परिवर्तक है, व्यवस्था के लिए यह व्यवस्था-सत्यीकरण है।
05. लोकतन्त्र के लिए यह पुष्टिकारक है, संविधान के लिए यह मार्गदर्शक है, विभिन्न शास्त्रों के बीच विश्वशास्त्र ही गुरू है और आत्मतत्व का दृश्य रूप है।

और हमारे इस ग्रह पृथ्वी के देश भारत में हजारों विश्वविद्यालय, लाखों विद्यालय-महाविद्यालय, लाखों प्रोफेसर-लेक्चरर इत्यादि शिक्षा क्षेत्र से हैं। भारत के "पुनर्निर्माण व आध्यात्मिक एवं दार्शनिक विरासत के आधार एक भारत-श्रेष्ठ भारत का निर्माण" के लिए प्रस्तुत प्रथम और अन्तिम प्रारूप "विश्वशास्त्र" के 1700 पृष्ठों पर निर्णय कितने दिनों में आयेगा, इससे ही निर्धारित होगा भारत की बौद्धिकता का कालानुसार योग्यता कि वो भूतकाल में हैं या वर्तमान में या भविष्य के लिए तुरन्त कार्यवाही करने को तैयार है।

स्वामी विवेकानन्द जी ने कहा था कि - "जीवन में मेरी सर्वोच्च अभिलाषा यह है कि ऐसा चक्र प्रर्वतन कर दूँ जो कि उच्च एवम् श्रेष्ठ विचारों को सब के द्वार-द्वार पर पहुँचा दे। फिर स्त्री-पुरूष को अपने भाग्य का निर्माण स्वंय करने दो। हमारे पूर्वजों ने तथा अन्य देशों ने जीवन के महत्वपूर्ण प्रश्नों पर क्या विचार किया है यह सर्वसाधारण को जानने दो। विशेषकर उन्हें देखने दो कि और लोग क्या कर रहे हैं। फिर उन्हें अपना निर्णय करने दो। रासायनिक द्रव्य इकट्ठे कर दो और प्रकृति के नियमानुसार वे किसी विशेष आकार धारण कर लेंगे-परिश्रम करो, अटल रहो। 'धर्म को बिना हानि पहुँचाये जनता की उन्नति'-इसे अपना आदर्श वाक्य बना लो।"

और इस कार्य को सम्पन्न करने के लिए पुनर्निर्माण - सत्य शिक्षा का राष्ट्रीय तीव्र मार्ग (RENEW - Real Education National Express Way) की योजना "सत्य मानक शिक्षा" को सबके द्वारा पर पहुँचाने के लिए बनाई गई है। जो भारतीय आध्यात्म एवं दर्शन आधारित स्वदेशी विपणन प्रणाली 3-एफ (3-F: Fuel-Fire-Fuel) से युक्त है अर्थात इसमें शामिल होने वाले व्यक्ति/संस्था को शिक्षा के साथ-साथ, छात्रवृत्ति और रायल्टी या सहायता निश्चित रूप से प्राप्त होती है।

****

1. आध्यात्मिक एवं दार्शनिक विरासत के आधार पर साकार होगा एक भारत-श्रेष्ठ भारत का सपना।
2. सोशल मीडिया का प्रयोग कर सरकार को बेहतर बनाने की कोशिश।
3. सबका साथ, सबका विकास।
4. 100 नये माडल शहर बसाना।

5. 5T - ट्रेडिशन (Tradition), ट्रेड (Trade), टूरिज्म (Tourism), टेक्नालाजी (Technology), और टैलेन्ट (Talent) का मंत्र।

- श्री प्रणव मुखर्जी, राष्ट्रपति, भारत
(भारत के 16वीं लोकसभा के संसद के संयुक्त सत्र को सम्बोधित करते हुये सोमवार, 9 जून 2014 ई0)

श्री लव कुश सिंह "विश्वमानव" द्वारा स्पष्टीकरण

इस ब्रह्माण्ड में प्रत्येक वस्तु एक निश्चित उद्देश्य के लिए अपनी प्रकृति के साथ व्यक्त है। इस प्रकार ईश्वर, अवतार और मनुष्यों के लिए उनकी अपनी शक्ति सीमा निर्धारित है। स्वयं से अलग दूसरे की शक्ति सीमा के लिए वह इच्छा-विचार तो व्यक्त कर सकता है परन्तु उसे कर पाना असम्भव होता है।

आपके द्वारा भारत के 16वीं लोकसभा के संसद के संयुक्त सत्र को सम्बोधन में बोले गये

1. आध्यात्मिक एवं दार्शनिक विरासत के आधार पर साकार होगा एक भारत-श्रेष्ठ भारत का सपना, अवतारों के शक्ति सीमा का कार्य है। यह किसी भी मनुष्य द्वारा पूर्ण नहीं किया जा सकता। चाहे हजारों देश के सर्वोच्च अधिकार युक्त नेतृत्वकर्ता क्यों न आयें-जायें परन्तु बिना अवतार के अवतरण के यह कार्य पूर्ण करना असम्भव है।

2. सोशल मीडिया का प्रयोग कर सरकार को बेहतर बनाने की कोशिश, ये सरकार के ही इच्छा शक्ति पर ही निर्भर है।

3. सबका साथ, सबका विकास, आशिंक रूप से सरकार कर सकती है लेकिन पूर्ण रूप से अवतार के द्वारा व्यक्त तन्त्र-प्रणाली ही कर सकता है।

4. 100 नये माडल शहर बसाना, ये सरकार के ही इच्छा शक्ति पर निर्भर है। आध्यात्म जगत में जैसे ही कोई आविष्कार होता है वह व्यापार बन जाता है जो आविष्कारक के जीवन, ज्ञान और कर्म से जुड़ा होता है। पुनः आविष्कारक के जीवन, ज्ञान और कर्म पर आधारित अन्य आविष्कार भी होने लगते हैं। जैसे - श्रीराम, श्रीकृष्ण, शिव-शंकर, बुद्ध, माँ वैष्णों देवी, सांई बाबा, विश्व के तमाम धर्म संस्थापकों के जीवन, ज्ञान व कर्म पर अनेकों व्यापार विकसित हो गये हैं। भारतीय आध्यात्म और दर्शन जगत ऐसे उदाहरणों से भरा हुआ है। उसी प्रकार मेरे जीवन से जुड़ा वाराणसी-विन्ध्याचल-शिवद्वार-सोनभद्र के बीच का क्षेत्र हैं जो सत्यकाशी: पंचम, अन्तिम और सप्तम काशी के रूप में व्यक्त हुआ है। इस क्षेत्र के बीच नया माडल शहर सत्यकाशी के नाम से बसाना है। यह 5T का सर्वोच्च उदाहरण है।

5. 5T - ट्रेडिशन (Tradition), ट्रेड (Trade), टूरिज्म (Tourism), टेक्नालाजी (Technology) और टैलेन्ट (Talent) का मंत्र, ये विकास व लक्ष्य प्राप्ति के कार्य के लिए मार्गदर्शक बिन्दु है जिस पर आधारित होकर सरकार भी काम कर सकती है और अन्य नीजी संगठन भी। नीजी क्षेत्र में प्रयोग का मेरा यह कार्य सर्वोच्च उदाहरण है।

****

"क्या आर्थिक विकास ही विकास है? आज विकास का जो स्वरूप दिख रहा है, इसका वीभत्स परिणाम भी ग्लोबल वार्मिंग, ग्लेशियर का पिघलना, मौसम मे बदलाव आदि के रूप में सामने दिख रहा है। हमें यह देखना होगा कि विकास की इस राह में हमने क्या खोया और क्या पाया। समाज शास्त्री विमर्श कर यह राह सुझायें जिससे विकास, विविधता व लोकतंन्त्र और मजबूत बनें। विकास वह है जो समाज के अन्तिम व्यक्ति को भी लाभान्वित करे। भारत में एकता का भाव, व्यक्ति का मान होना चाहिए क्योंकि इसमें ही देश का सम्मान निहित है। समाज के लोग आगे आयें और सरकारों पर दबाव बनायें। विविधता भारत की संस्कृति की थाती है। भारत की यह संस्कृति 5000 वर्ष से अधिक पुरानी व जीवन्त है। काशी ज्योति का शहर है क्योंकि यहाँ बाबा का ज्योतिर्लिंग है। यह ज्ञान व एकता की ज्योति है। इसके प्रकाश से यह शहर ही नहीं, बल्कि पूरा देश आलोकित हो रहा है। यह

शहर ज्ञान की असीम पूँजी लिए देश को अपनी ओर बुला रहा है।" **(महात्मा गाँधी काशी विद्यापीठ, वाराणसी में भारतीय समाजशास्त्रीय सोसायटी के 40वें अधिवेशन के उद्घाटन में)**

- श्री प्रणव मुखर्जी, राष्ट्रपति, भारत
साभार - दैनिक जागरण, 30 नवम्बर, 2014

श्री लव कुश सिंह "विश्वमानव" द्वारा स्पष्टीकरण

स्वामी विवेकानन्द जी ने कहा था -"जितने दिनों से जगत है उतने दिनों से मन का अभाव- उस एक विश्वमन का अभाव कभी नहीं हुआ। प्रत्येक मानव, प्रत्येक प्राणी उस विश्वमन से ही निर्मित हो रहा है क्योंकि वह सदा ही वर्तमान है। और उन सब के निर्माण के लिए आदान-प्रदान कर रहा है।" (धर्म विज्ञान, रामकृष्ण मिशन, पृष्ठ-27)

जिस प्रकार विश्वमन, सभी मनों को निर्मित और प्रभावित कर रहा है उसी प्रकार सभी मन भी विश्वमन को प्रभावित कर रहे हैं। इसलिए पहले सभी मनों का शान्ति, एकता, स्थिरता प्रदान करने की जरूरत है। फिर अपने आप विश्वमन भी शान्ति, एकता, स्थिरता को प्राप्त हो जायेगा परिणामस्वरूप प्रकृति द्वारा की जा रही उठा-पटक भी सामान्य में परिवर्तित हो जायेगी।

ज्ञान, समान्यीकरण को कहते हैं जो ग्लोबल (वैश्विक) दृष्टि से आती है। आजकल शोध किसी विशेष बिन्दु-शीर्षक पर विशेषीकृत होकर होते हैं जो शोध की कला सीखा देते हैं और शोध परिणाम निरर्थक देते हैं। शोध से डिग्री और सेमिनार में शोध-पत्र पढ़ने से अतिरिक्त योग्यता प्राप्त होती है जो नौकरी पाने में सहायक होती है। नौकरी मिला काम समाप्त। काम समाप्त फिर मनुष्य धन बनाना और पीढ़ी बढ़ाने में व्यस्त। इसलिए समाजशास्त्रीयों से कोई हल नहीं मिल सकता और ना मिला। जब लक्ष्य ही नहीं पता तो अधिक विचार-विमर्श का परिणाम शून्य ही होता है। उनका काम अकेले पूर्ण कर दिया हूँ और उनके लिए सरकार पर दबाब बनाने का काम छोड़ दिया हूँ।

वाराणसी जिसे काशी कहा जाता है वह मोक्षदायिनी काशी है। यहाँ 12 ज्योतिर्लिंगों में से एक विश्वेश्वर ज्योतिर्लिंग है जो सार्वभौम एकत्व और आदि योगी शिव-शंकर का प्रतीक है। यहाँ जन्म लेने वाला प्रत्येक मनुष्य जन्म-जात ज्ञानी होता है। उसे जन्म से ही ज्ञात होता है कि यह जगत् एक सपना और झूठा है। यह जगत् सत्य नहीं है इसलिए यहाँ के लोग काम नहीं करना चाहते। सीधी बात है जब सब छोड़कर जाना ही है तो बहुत काम करने से कोई अर्थ नहीं निकलता। जिस असीम ज्ञान को लेकर काशी अपनी ओर देश को बुला रहा है वह जीवनदायिनी सत्यकाशी से व्यक्त हुआ है। वाराणसी से ज्ञान निकलना बन्द हो गया है क्योंकि विश्वेश्वर ने व्यास को काशी से निष्कासित कर दिया था इस घटना का उल्लेख काशी खण्ड में इस प्रकार है-

लोलार्कादं अग्निदिग्भागे, स्वर्घुनी पूर्वरोधसि।
स्थितो ह्यद्यापि पश्चेत्सः काशीप्रासाद राजिकाम्।।

- स्कन्दपुराण, काशी खण्ड 96/201

व्यास जी काशी के गंगा उस पार आ गये। जो अब जीवनदायिनी सत्यकाशी है और "विश्वशास्त्र" को व्यक्त करने वाला क्षेत्र है, इस योग्यता के कारण वह तेरहवाँ और अन्तिम भोगेश्वर ज्योतिर्लिंग की स्थापना का अधिकार रखता है।

****

"तैयार करें मूल्यों और उम्मीदों पर आधारित ब्लूप्रिन्ट" **(विडिओ कान्फ्रेसिंग से छात्रों और शिक्षकों को सन्देश - राष्ट्र निर्माण का आह्वानं)**

- श्री प्रणव मुखर्जी, राष्ट्रपति, भारत

साभार - दैनिक जागरण, 20 जनवरी, 2016

"शिक्षा पद्धति में बदलाव की जरूरत। ऐसी शिक्षा की जरूरत है जो समर्पित, विश्वसनीय और आत्म विश्वास से लवरेज युवा तैयार करे। शिक्षा ऐसी होनी चाहिए जो न केवल काबिल पेशेवर दे बल्कि वो समाज व देश के प्रति जुड़ाव भी महसूस करे।" **(स्वामी राम हिमालयन विश्वविद्यालय के पहले दिक्षांत समारोह में बोलते हुएं)**

- श्री प्रणव मुखर्जी, राष्ट्रपति, भारत

श्री लव कुश सिंह "विश्वमानव" द्वारा स्पष्टीकरण

स्कूल-कालेजों के जाल से शिक्षा के व्यापार का विकास होता है न कि शिक्षा का। शिक्षा का विकास तो शिक्षा पाठ्यक्रम पर निर्भर होता है जिससे शिक्षक और शिक्षार्थी दोनों निर्मित होते हैं। जब तक पूर्ण शिक्षा पाठ्यक्रम का निर्माण नहीं होता, शिक्षा का विकास नहीं हो सकता लेकिन शिक्षा के व्यापार का विकास होता रहेगा।

आपने विडिओ कान्फ्रेसिंग से छात्रों और शिक्षकों को सन्देश से राष्ट्र निर्माण का आह्वान कर उन्हें एक लक्ष्य - मूल्यों और उम्मीदों पर आधारित ब्लूप्रिन्ट तैयार करने का दिया। जो राष्ट्र को मुख्य धारा में लाने के लिए मार्ग है। परन्तु आप-हम और सभी उसी छात्र जीवन से यहाँ तक पहुँचे हैं। उस छात्र जीवन की सोच में जिन्हें कुछ कर दिखाना होता है उनके मन-हृदय में सिर्फ एक हल्की सी ज्योति जलती रहती है - "मुझे कुछ कर दिखाना है"। इस ज्योति का ध्यान, इस ज्योति से योग, इस ज्योति की रक्षा, इस ज्योति के प्रकाश को विकसित करने का प्रयास जो अपने जीवन से बढ़कर करता है, वही कुछ कर पाता है। और प्रकट होता है आप और हम जैसा बनकर। जिसे अन्य लोग सिर्फ एक वाक्य में कहकर समाप्त कर देते हैं - "सब किस्मत की बात है"।

जिनके छात्र जीवन में सिर्फ यही सोच हो कि एक नौकरी मिल जाये, माता-पिता से दूर एक घर हो और हम और हमारे दो बस, उनसे राष्ट्र निर्माण के लिए ब्लू प्रिण्ट की उम्मीद ही व्यर्थ है। और यदि नौकरी शिक्षा क्षेत्र में मिल गई तो एक ही विषय को अपने सेवा निवृत्ति के उम्र तक दोहराते हुए बुद्धिबद्ध हो गये। और नौकरी मिल ही गई है तो और जानने की जरूरत ही क्या है। आखिर वर्तमान सामय के अर्थ में ज्ञान का चरम लक्ष्य और उसकी प्रमाणिकता धन ही तो है।

इतिहास गवाह है इस संसार का विकास और मनुष्यता को पूर्णता की ओर ले जाने का काम डिग्रीधारीयों के द्वारा कभी भी सम्पन्न नहीं हुआ है। ये कार्य वही करते हैं जो समय-समय पर सार्वभौम सत्य-सिद्धान्त का अनुभव कर समाज में प्रसारित करते रहे हैं। और फिर वही घटना घटित हुई है। उस पर आधारित राष्ट्र निर्माण का प्रथम और अन्तिम ब्लू प्रिन्ट "विश्वशास्त्र" के रूप में प्रकाशित है।

प्रस्तुत विश्वशास्त्र का मूल उद्देश्य एक पुस्तक के माध्यम से पूर्ण ज्ञान उपलब्ध कराना है जिससे उस पूर्ण ज्ञान के लिए वर्तमान और हमारे आने वाली पीढ़ी को एक आदर्श नागरिक के लिए बिखरे हुए न्यूनतम ज्ञान के संकलन करने के लिए समय-शक्ति खर्च न करना पड़े। समय के साथ बढ़ते हुए क्रमिक ज्ञान का संगठित रूप और कम में ही उन्हें अधिकतम प्राप्त हो, यही मेरे जीवन का उन्हें उपहार है। मुझे जिसके लिए कष्ट हुआ, वो किसी को ना हो इसलिए उसे हल करना मेरे जीवन का उद्देश्य बन गया।

विश्वशास्त्र द्वारा अनेक नये विषय की दिशा प्राप्त हुई है जो भारत खोज रहा था। इन दिशाओं से ही "आध्यात्मिक एवं दार्शनिक विरासत के आधार पर एक भारत-श्रेष्ठ भारत निर्माण", मन (मानव संसाधन) का विश्वमानक, पूर्ण मानव निर्माण की तकनीकी, हिन्दू देवी-देवता मनुष्यों के लिए मानक चरित्र, सम्पूर्ण विश्व के मानवों व संस्था के कर्म शक्ति की एकमुखी करने के लिए सार्वभौम सत्य-सिद्धान्त आधारित एक प्रबन्ध और क्रियाकलाप, एक जीवन शैली इत्यादि प्राप्त होगा। भारत सरकार को वर्तमान करने के लिए इन आविष्कारों की योग्यता के

आधार पर मैं (लव कुश सिंह "विश्वमानव"), स्वयं को भारत सरकार के सर्वोच्च नागरिक सम्मान "भारत रत्न" के योग्य पाता हूँ क्योंकि ऐसे ही कार्यों के लिए ही ये सम्मान बना है। और इसे मेरे जीते-जी पहचानने की आवश्यकता है। शरीर त्याग के उपरान्त ऐसे सम्मान की कोई उपयोगिता नहीं है। भारत में इतने विद्वान हैं कि इस पर निर्णय लेने और आविष्कार की पुष्टि में अधिक समय नहीं लगेगा क्योंकि आविष्कारों की पुष्टि के लिए व्यापक आधार पहले से ही इसमें विद्यमान है। "रत्न" उसे कहते हैं जिसका अपना व्यक्तिगत विलक्षण गुण-धर्म हो और वह गुण-धर्म उसके न रहने पर भी प्रेरक हो। पद पर पीठासीन व्यक्तित्व का गुण-धर्म मिश्रित होता है, वह उसके स्वयं की उपलब्धि नहीं रह जाती। भारत के रत्न वही हो सकते हैं जो स्वतन्त्र भारत में संवैधानिक पद पर न रहते हुये अपने विलक्षण गुण-धर्म द्वारा भारत को कुछ दिये हों और उनके न रहने पर भी भारतीय नागरिक प्रेरणा प्राप्त करता हो। इस क्रम में "भारत रत्न" का अगला दावेदार मैं हूँ और नहीं तो क्यों? इतना ही नहीं नोबेल पुरस्कार के साहित्य और शान्ति के संयुक्त पुरस्कार के लिए भी योग्य है जो भारत के लिए गर्व का विषय है।

14. श्री बी.एल.जोशी
(27 मार्च, 1936 -)

परिचय

बनवारीलाल जोशी का जन्म 27 मार्च, 1936 को राजस्थान नागौर में छोटी खाटू नामक ग्राम में हुआ था। इन्होंने अपना स्नातक कोलकाता के स्काटिश चर्च कालेज से किया। उसके उपरान्त विश्वविद्यालय विधि महाविद्यालय, कोलकाता से विधि में स्नातक हुए। बनवारी लाल जोशी जी भारत के कई राज्यों- दिल्ली, उत्तराखण्ड, मेघालय, उत्तर प्रदेश के उपराज्यपाल एवं राज्यपाल के पद को सुशोभित करते रहें है। आप एक दूरदर्शी व चिंतक के रूप में जाने जाते हैं।

वे 1957 में आई.पी.एस. के साथ अपने कैरियर को शुरू किये। वह इन्टरपोल, जालसाजी, नारकोटिक्स, औद्योगिक सुरक्षा, संयुक्त राष्ट्र सुधारात्मक कार्य, अपराध जैसे विभिन्न क्षेत्रों में खुफिया ब्यूरो के लिए काम किये। वह लाल बहादुर शास्त्री और इन्दिरा गाँधी के साथ, बाद में पी.एम.ओ. में 4 वर्ष काम किये। इस्लामाबाद और लन्दन में भारत के उच्चायोगों में प्रथम सचिव और वाशिंगटन डी.सी. में भारत के दूतावास में प्रमुख के रूप में विदेश मंत्रालय के लिए कार्य किये।

"विश्वविद्यालयों में सिर्फ परीक्षाओं में ही नहीं, शोध कार्यों में भी नकल का बोलबाला है, कोई भी विश्वविद्यालय ऐसा नहीं जिसके किसी शोध को अन्तर्राष्ट्रीय तो क्या, राष्ट्रीय स्तर पर भी मान्यता मिली हो।" (लखनऊ में आयोजित 21 राज्य विश्वविद्यालयों व अन्य के कुलपतियों के सम्मेलन में)

-श्री बी.एल. जोशी

साभार - दैनिक जागरण, वाराणसी, दि0 10 नवम्बर 2010

"विश्वविद्यालय को कुलपतियों और शिक्षकों को शिक्षा का स्तर और उन्नत करना चाहिए। एक बार अपना दिल टटोलना चाहिए कि क्या वाकई उनकी शिक्षा स्तरीय है। हर साल सैकड़ों शोधार्थियों को पीएच.डी की उपाधि दी जा रही है, लेकिन उनमें से कितने नोबेल स्तर के हैं। साल में एक-दो शोध तो नोबेल स्तर के हों।"(रूहेलखण्ड विश्वविद्यालय, बरेली, उ0प्र0, के दीक्षांत समारोह में)

-श्री बी.एल. जोशी, राज्यपाल, उ0प्र0, भारत

साभार - अमर उजाला, लखनऊ, दि0 21 नवम्बर 2012

श्री लव कुश सिंह "विश्वमानव" द्वारा स्पष्टीकरण

जैसी प्रजा, वैसा राजा। जैसा शिक्षक, वैसा शिक्षार्थी। जैसा पाठ्यक्रम, वैसा शिक्षक और शिक्षार्थी। विश्वविद्यालय अब शोध नहीं कराते बल्कि शोध की विधि बताते हैं क्योंकि मानसिक विस्तार न होने से शोध के विषय भी समाप्त हो चुके हैं। विश्वविद्यालय में हो रहे शोध मात्र शोध की कला सीखाने की संस्था है न कि ऐसे विषय पर शोध सिखाने की कला जिससे सामाजिक, राष्ट्रीय व वैश्विक विकास को नई दिशा प्राप्त हो जाये। "विश्वशास्त्र" अनेक ऐसे शोध विषयों की ओर दिशाबोध भी कराता है जो मनुष्यता के विकास में आने वाले समय के लिए अतिआवश्यक है। पीएच.डी. की डिग्रीयां अवश्य गर्व करने योग्य हैं। परन्तु यह केवल स्वयं के लिए रोजगार पाने के साधन के सिवाय कुछ नहीं है और वह भी संघर्ष से। जबकि डिग्रीधारीयों का समाज को नई दिशा देने का भी कर्तव्य होना चाहिए। आखिरकार डिग्रीधारी और सामज व देश के नेतृत्वकर्ता यह कार्य नहीं करेंगे तो क्या उनसे उम्मीद की जाय जो दो वक्त की रोटी के संघर्ष के लिए चिंतित रहते है? आखिरकार सार्वजनिक मंचों से डिग्रीधारी किसको यह बताना चाहते हैं कि ऐसा होना चाहिए या वैसा होना चाहिए?

निम्नलिखित विषय स्वतः स्फूर्त प्रेरणा द्वारा एक नोबेल स्तर का शोध ही है क्योंकि मानव समाज का बौद्धिक विकास रूक सा गया था- सम्पूर्ण ब्रह्माण्ड में व्याप्त एक ही सत्य-सिद्धान्त द्वारा व्यक्तिगत व संयुक्त मन को एकमुखी कर सर्वोच्च, मूल और अन्तिम स्तर पर स्थापित करने के लिए शून्य पर अन्तिम आविष्कार WS-0 श्रृंखला की निम्नलिखित पाँच शाखाएँ है।

1. डब्ल्यू.एस. (WS)-0: विचार एवम् साहित्य का विश्वमानक
2. डब्ल्यू.एस. (WS)-00: विषय एवम् विशेषज्ञों की परिभाषा का विश्वमानक
3. डब्ल्यू.एस. (WS)-000: ब्रह्माण्ड (सूक्ष्म एवम् स्थूल) के प्रबन्ध और क्रियाकलाप का विश्वमानक
4. डब्ल्यू.एस. (WS)-0000: मानव (सूक्ष्म तथा स्थूल) के प्रबन्ध और क्रियाकलाप का विश्वमानक
5. डब्ल्यू.एस. (WS)-00000: उपासना और उपासना स्थल का विश्वमानक

और पूर्णमानव निर्माण की तकनीकी WCM-TLM-SHYAM.C है।

15. श्री गिरधर मालवीय
(14 नवम्बर 1936 -)

परिचय

श्री गिरिधर मालवीय का जन्म इलाहाबाद में 14 नवम्बर 1936 को हुआ था। आप काशी हिन्दू विश्वविद्यालय के संस्थापक महामना पं. मदन मोहन मालवीय के पौत्र है। आपकी प्राथमिक शिक्षा केन्द्रीय विद्यालय, बी.एच.यू. एवं बेसेंन्ट थियोसोफिकल स्कूल से तथा उच्च शिक्षा एम.ए. (राजनीतिक विज्ञान) और एल.एल.बी काशी हिन्दू विश्वविद्यालय से पूर्ण हुई। आपका शौक यात्रा, सांस्कृतिक और आध्यात्मिक गतिविधियों में रहा है। आप इलाहाबाद उच्च न्यायालय से सेवानिवृत्त न्यायाधीश हैं।

"वैदिक काल से भारत के ज्ञान-विज्ञान एवं सत्य-अहिंसा के सिद्धान्तों का पूरा विश्व लोहा मानता आ रहा है। वर्तमान में उच्च कोटि के डाक्टर, इंजिनियर और सूचना विज्ञान के विशेषज्ञ पूरे विश्व में अपनी प्रतिभा के दम पर छाये हुये हैं। आर्थिक महाशक्ति के रूप में भारत की पहचान बन रही है। इन्हीं खूबियों के बूते भारत और सनातन धर्म फिर से विश्व गुरू की पदवी हासिल करेगा।" (गाँधी विद्या संस्थान, वाराणसी में)

-गिरधर मालवीय
साभार - दैनिक जागरण, वाराणसी, दि0 26 दिसम्बर, 2010

श्री लव कुश सिंह "विश्वमानव" द्वारा स्पष्टीकरण

निश्चित रूप से वर्तमान में उच्च कोटि के डाक्टर, इंजिनियर और सूचना विज्ञान के विशेषज्ञ पूरे विश्व में अपनी प्रतिभा के दम पर छाये हुये हैं। आर्थिक महाशक्ति के रूप में भारत की पहचान बन रही है। अब इन खूबियों को वैश्विक मानव के रूप में स्थापित करने का वक्त आ गया है जिससे भारत और सनातन धर्म फिर से विश्व गुरू की पदवी हासिल कर सके।

कर्म के शारीरिक, आर्थिक व मानसिक क्षेत्र में "विश्वशास्त्र" मानसिक कर्म का सर्वोच्च और अन्तिम कृति है। भविष्य में यह विश्व-राष्ट्र शास्त्र साहित्य और एक विश्व-राष्ट्र-ईश्वर का स्थान ग्रहण कर ले तो कोई आश्चर्य की बात नहीं होगी। इस "विश्वशास्त्र" की भाषा शैली मस्तिष्क को व्यापक करते हुये क्रियात्मक और व्यक्ति सहित विश्व के धारण करने योग्य ही नहीं बल्कि हम उसमें ही जीवन जी रहें हैं ऐसा अनुभव कराने वाली है। न कि मात्र भूतकाल व वर्तमान का स्पष्टीकरण व व्याख्या कर केवल पुस्तक लिख देने की खुजलाहट दूर करने वाली है। वर्तमान और भविष्य के एकीकृत विश्व के स्थापना स्तर तक के लिए कार्य योजना का इसमें स्पष्ट झलक है। "विश्वशास्त्र" मानने वाली बात पर कम बल्कि जानने और ऐसी सम्भावनाओं पर अधिक केन्द्रित है जो सम्भव है और बोधगम्य है। शास्त्र द्वारा शब्दों की रक्षा और उसका बखूबी से प्रयोग बेमिसाल है। ज्ञान को विज्ञान की शैली में प्रस्तुत करने की विशेष शैली प्रयुक्त है। मन पर कार्य करते हुये, इतने अधिक मनस्तरों को यह स्पर्श करता है जिसको निर्धारित कर पाना असम्भव है। और जीवनदायिनी शास्त्र के रूप में योग्य है।

"विश्वशास्त्र" इस स्थिति तक योग्यता रखता है कि वैश्विक सामाजिक-सांस्कृतिक-साहित्यिक एकीकरण सहित विश्व एकता-शान्ति-स्थिरता-विकास के लिए जो भी कार्य योजना हो उसे देश व संयुक्त राष्ट्र संघ अपने शासकीय कानून के अनुसार आसानी से प्राप्त कर सकता है। और ऐसे आविष्कारकर्ता को इन सबसे सम्बन्धित विभिन्न पुरस्कारों, सम्मानों व उपाधियों से बिना विलम्ब किये सुशोभित किया जाना चाहिए। यदि यथार्थ रूप से देखा जाये तो विश्व का सर्वोच्च पुरस्कार-नोबेल पुरस्कार के शान्ति व साहित्य क्षेत्र के पूर्ण रूप से यह योग्य है। साथ ही भारत देश के भारत रत्न से किसी भी मायने में कम नहीं है।

16. श्री कौफी अन्नान
(8 अप्रैल, 1938 -)

परिचय

कोफी अन्नान, एक घाना निवासी राजनयिक जो 7वें संयुक्त राष्ट्र संघ के महासचिव के रूप में 1 जनवरी 1997 से 31 दिसम्बर 2006 तक सेवा किये हैं। अन्नान और संयुक्त राष्ट्र संघ को 2001 में संयुक्त रूप से शान्ति का नोबेल पुरस्कार प्रदान किया गया था। यह पुरस्कार उन्हें ग्लोबल एड्स और मानव स्वास्थ्य के लिए फण्ड बनाने के कार्य के लिए दिया गया था।

कोफी अन्नान का जन्म 8 अप्रैल, 1938 को कुमासी, गोल्ड कोस्ट, घाना के ईसाई धर्म में पैदा हुये थे। वे एक बहन के साथ जुड़वा पैदा हुये थे। घानानियन परम्परा में बच्चों के नाम जिस दिन वे पैदा होते है, के अनुसार रखे जाते हैं। कोफी का नाम शुक्रवार से सम्बन्ध रखता है। 1870 के दशक में स्थापित म्फैन्ट्सीपीम मेथोडिस्ट बोर्डिंग स्कूल, केप कोस्ट में 1954 से 1957 में शिक्षा ग्रहण किये। 1957 में उन्होंने इस स्कूल से स्नातक की उपाधि प्राप्त की। 1958 में घाना ने ब्रिटेन से स्वतन्त्रता प्राप्त की। अन्नान ने कुमासी कालेज से अर्थशास्त्र का अध्ययन किया। उन्होंने 1961 में फोर्ड फाउण्डेशन का अनुदान प्राप्त कर सेंट पाल, मिनेसोटा, संयुक्त राज्य अमेरिका के मैनक्लेस्टर कालेज में प्रवेश लिया। सन् 1961-62 में वे अन्तर्राष्ट्रीय और विकास अध्ययन संस्थान, जिनेवा, स्विटजरलैण्ड से अन्तर्राष्ट्रीय सम्बन्ध में डिग्री प्राप्त की। कुछ समय कार्य अनुभव के पश्चात् वे स्लोअन फैलो प्रोग्राम द्वारा एम.आई.टी. प्रबन्धन स्कूल, स्लोअन से मास्टर आफ साइंस की डिग्री प्राप्त की। अन्नान धारा प्रवाह अंग्रेजी, फ्रेंच, क्रु और अन्य अफ्रीकी भाषा बोलते हैं।

संयुक्त राष्ट्र संघ के महासचिव पद पर नियुक्त होने के पूर्व वे घाना और संयुक्त राष्ट्र के अनेक महत्वपूर्ण पदों पर कार्य कर चुके हैं। अन्नान अनेक अन्तर्राष्ट्रीय पुरस्करों से सम्मानित हो चुके हैं।

‘भारत, संयुक्त राष्ट्र संघ के पुनर्गठन में अपना योगदान दें।

- कौफी अन्नान, मार्च ‘97 में

श्री लव कुश सिंह “विश्वमानव” द्वारा स्पष्टीकरण

भारत, संयुक्त राष्ट्र संघ के पुर्नगठन और उसके उद्देश्य की प्राप्ति के लिए अन्तिम रूप से यह सलाह देता है कि विश्व-राष्ट्रीय-जन ऐजेण्डा-साहित्य-2012+ को विश्व ऐजेण्डा-2012+ के रूप में मान्यता दिलाने के लिए सदस्य देशों के समक्ष प्रस्तुत करें तथा पूर्ण सहमति के लिए प्रयत्न करें। अन्तर्राष्ट्रीय मानकीकरण संगठन (आई0 एस0 ओ0) को विश्व मानकीकरण संगठन (डब्ल्यू0 एस0 ओ0) के रूप में परिवर्तित कर अपने एक अभिकरण के रूप में स्वीकार करें जिस प्रकार विश्व व्यापार संगठन, यूनीसेफ, यूनेस्को, इत्यादि अभिकरण हैं। विश्वमानक शून्य श्रृखंला को डब्ल्यू. एस. ओ. शून्य श्रृंखला के रूप में स्थापना के लिए प्रत्येक देशों के लिए अनिवार्य करें। विश्व स्तर का मानव संसाधन निर्माण के लिए विश्व शिक्षा-प्रणाली बनाकर सभी देशों के लिए अनिवार्य करें। ये सभी रास्ते वैधानिक और लोकतान्त्रिक मार्ग से है तथा विश्व शान्ति, एकता स्थिरता, विकास और सुरक्षा के लिए अन्तिम मार्ग है। सम्पूर्ण मानव समाज अपने अस्तित्व के अन्तिम क्षणों तक चाहे क्यों न प्रयत्न कर ले, विश्वमानक - शून्य श्रृंखलाः मन की गुणवत्ता का विश्वमानक का विश्वव्यापी स्थापना ही विश्व शान्ति, एकता, स्थिरता, विकास और रक्षा का प्रथम एवम् अन्तिम मार्ग है। जिसे प्रस्तुत करना भारत का दायित्व तथा विश्वव्यापी स्थापना संयुक्त राष्ट्र संघ का कर्तव्य है। तभी भारत तथा संयुक्त राष्ट्र संघ अपने अपने उद्देश्यों को प्राप्त कर सकता है। जिसके लिए एक अधुरा है तो दूसरा भूखा है। जिसके सम्बन्ध में ही आपको तथा भारत में स्थित दूतावास के द्वारा सभी देशों को दिनांक 12-06-2000 को पत्र प्रेषित किया गया था।

“.......... लेकिन भूमण्डलीय क्रिया का प्रारम्भ कहीं निर्मित हो चुका है और यदि संयुक्त राष्ट्र संघ में नहीं तो कहाँ? .... मैं जानता हूँ स्वयं की एक घोषणा कम महत्व रखती है। परन्तु दृढ़ प्रतिज्ञा युक्त एक घोषणा और यथार्थ लक्ष्य, सभी राष्ट्रों के नेताओं द्वारा निश्चित रुप से स्वीकारने योग्य, अपने सत्ताधारी की कुशलता का निर्णय के लिए एक पैमाने के रुप में विश्व के व्यक्तियों के लिए अति महत्व का हो सकता है। .... और मैं आशा करता हूँ कि यह कैसे हुआ? देखने के लिए सम्पूर्ण विश्व पीछे होगा।”

-श्री कोफी अन्नान

(लव कुश सिंह “विश्वमानव” द्वारा 6 जून, 2000 को पंजीकृत डाक द्वारा श्री कोफी अन्नान को प्रेषित पत्र पर प्रतिक्रिया व्यक्त करते हुए 5-7 सितम्बर, 2000 को आयोजित विश्व शान्ति सहस्त्राब्दि सम्मेलन, न्यूयार्क के वक्तव्य का अंश, जो “द टाइम्स आफ इण्डिया”, नई दिल्ली, 7 सितम्बर’ 2000 को प्रकाशित हुआ था।)

लव कुश सिंह “विश्वमानव” द्वारा स्पष्टीकरण

प्रकाशित खुशमय तीसरी सहस्त्राब्दि के साथ यह एक सर्वोच्च समाचार है कि नयी सहस्त्राब्दि केवल बीते सहस्त्राब्दियों की तरह एक सहस्त्राब्दि नहीं है। यह प्रकाशित और विश्व के लिए नये अध्याय के प्रारम्भ का सहस्त्राब्रदि है। केवल वक्तव्यों द्वारा लक्ष्य निर्धारण का नहीं बल्कि स्वर्गीकरण के लिए असिमीत भूमण्डलीय मनुष्य और सर्वोच्च अभिभावक संयुक्त राष्ट्र संघ सहित सभी स्तर के अभिभावक के कर्तव्य के साथ कार्य योजना पर आधारित। क्योंकि दूसरी सहस्त्राब्दि के अन्त तक विश्व की आवश्यकता, जो किसी के द्वारा प्रतिनिधित्व नहीं हुई उसे विवादमुक्त और सफलतापूर्वक प्रस्तुत किया जा चुका है। जबकि विभिन्न विषयों जैसे- विज्ञान, धर्म, आध्यात्म, समाज, राज्य, राजनिति, अन्तर्राष्ट्रीय सम्बन्ध, परिवार, व्यक्ति, विभिन्न संगठनों के क्रियाकलाप, प्राकृतिक, ब्रह्माण्डीय, देश, संयुक्त राष्ट्र संघ इत्यादि की स्थिति और परिणाम सार्वजनिक प्रमाणित दृश्य रुप में थे।

विज्ञान के सर्वोच्च आविष्कार के आधार पर अब यह विवाद मुक्त हो चुका है कि मन केवल व्यक्ति, समाज, और राज्य को ही नहीं प्रभावित करता बल्कि यह प्रकृति और ब्रह्माण्ड को भी प्रभावित करता है। केन्द्रीयकृत और ध्यानीकृत मन विभिन्न शारीरिक सामाजिक और राज्य के असमान्यताओं के उपचार का अन्तिम मार्ग है। स्थायी स्थिरता, विकास, शान्ति, एकता, समर्पण और सुरक्षा के लिए प्रत्येक राज्य के शासन प्रणाली के लिए आवश्यक है कि राज्य अपने उद्देश्य के लिए नागरिकों का निर्माण करें। और यह निर्धारित हो चुका है कि क्रमबद्ध स्वस्थ मानव पीढ़ी के लिए विश्व की सुरक्षा आवश्यक है। इसलिए विश्व मानव के निर्माण की आवश्यकता है, लेकिन ऐसा नहीं है और विभिन्न अनियन्त्रित समस्या जैसे- जनसंख्या, रोग, प्रदूषण, आतंकवाद, भ्रष्टाचार, विकेन्द्रीकृत मानव शक्ति एवं कर्म इत्यादि लगातार बढ़ रहे है। जबकि अन्तरिक्ष और ब्रह्माण्ड के क्षेत्र में मानव का व्यापक विकास अभी शेष है। दूसरी तरफ लाभकारी भूमण्डलीकरण विशेषीकृत मन के निर्माण के कारण विरोध और नासमझी से संघर्ष कर रहा है। और यह असम्भव है कि विभिन्न विषयों के प्रति जागरण समस्याओं का हल उपलब्ध करायेगा।

मानक के विकास के इतिहास में उत्पादों के मानकीकरण के बाद वर्तमान में मानव, प्रक्रिया और पर्यावरण का मानकीकरण तथा स्थापना आई0 एस0 ओ0-9000 एवं आई0 एस0 ओ0-14000 श्रृंखला के द्वारा मानकीकरण के क्षेत्र में बढ़ रहा है। लेकिन इस बढ़ते हुए श्रृंखला में मनुष्य की आवश्यकता (जो मानव और मानवता के लिए आवश्यक है) का आधार “मानव संसाधन का मानकीकरण” है क्योंकि मनुष्य सभी (जीव और नीर्जीव) निर्माण और उसका नियन्त्रणकर्ता है। मानव संसाधन के मानकीकरण के बाद सभी विषय आसानी से लक्ष्य अर्थात् विश्व स्तरीय गुणवत्ता की ओर बढ़ जायेगी क्योंकि मानव संसाधन के मानक में सभी तन्त्रों के मूल सिद्धान्त का समावेश होगा।

वर्तमान समय में शब्द -“निर्माण” भूमण्डलीय रुप से परिचित हो चुका है इसलिए हमें अपना लक्ष्य मनुष्य के निर्माण के लिए निर्धारित करना चाहिए। और दूसरी तरफ विवादमुक्त, दृश्य, प्रकाशित तथा वर्तमान

सरकारी प्रक्रिया के अनुसार मानक प्रक्रिया उपलब्ध है। जैसा कि हम सभी जानते हैं कि मानक हमेशा सत्य का सार्वजनिक प्रमाणित विषय होता है न कि विचारों का व्यक्तिगत प्रमाणित विषय। अर्थात् प्रस्तुत मानक विभिन्न विषयों जैसे- आध्यात्म, विज्ञान, तकनीकी, समाजिक, नीतिक, सैद्धान्तिक, राजनीतिक इत्यादि के व्यापक समर्थन के साथ होगा। "उपयोग के लिए तैयार" तथा "प्रक्रिया के लिए तैयार" के आधार पर प्रस्तुत मानव के विश्व स्तरीय निर्माण विधि को प्राप्त करने के लिए मानव निर्माण तकनीकी WCM-TLM-SHYAM.C (World Class Manufactuing–Total Life Maintenance- Satya, Heart, Yoga, Ashram, Meditation.Conceousness) प्रणाली आविष्कृत है जिसमें सम्पूर्ण तन्त्र सहभागिता (Total System Involvement-TSI) है और विश्वमानक शून्य: मन की गुणवत्ता का विश्वमानक श्रृंखला (WS-0: World Standard of Mind Series) समाहित है। जो और कुछ नहीं, यह विश्व मानव निर्माण प्रक्रिया की तकनीकी और मानव संसाधन की गुणवत्ता का विश्व मानक है। जैसे- औद्योगिक क्षेत्र में इन्स्टीच्यूट आफ प्लान्ट मेन्टीनेन्स, जापान द्वारा उत्पादों के विश्वस्तरीय निर्माण विधि को प्राप्त करने के लिए उत्पाद निर्माण तकनीकी डब्ल्यू0 सी0 एम0-टी0 पी0 एम0-5 एस(WCM-TPM-5S (World Class Manufacturing-Total Productive Maintenance-Siri (छँटाई), Seton (सुव्यवस्थित), Sesso (स्वच्छता), Siketsu (अच्छास्तर), Shituke (अनुशासन) प्रणाली संचालित है। जिसमें सम्पूर्ण कर्मचारी सहभागिता (Total Employees Involvement) है। का प्रयोग उद्योगों में विश्व स्तरीय निर्माण प्रक्रिया के लिए होता है। और आई.एस.ओ.-9000 (ISO-9000) तथा आई.एस.ओ.-14000 (ISO-14000) है।

युग के अनुसार सत्यीकरण का मार्ग उपलब्ध कराना ईश्वर का कर्तव्य है आश्रितों पर सत्यीकरण का मार्ग प्रभावित करना अभिभावक का कर्तव्य है। और सत्यीकरण के मार्ग के अनुसार जीना आश्रितों का कर्तव्य है जैसा कि हम सभी जानते है कि अभिभावक, आश्रितों के समझने और समर्थन की प्रतिक्षा नहीं करते। अभिभावक यदि किसी विषय को आवश्यक समझते हैं तब केवल शक्ति और शीघ्रता से प्रभावी बनाना अन्तिम मार्ग होता है। विश्व के बच्चों के लिए यह अधिकार है कि पूर्ण ज्ञान के द्वारा पूर्ण मानव अर्थात् विश्वमानव के रुप में बनना। हम सभी विश्व के नागरिक सभी स्तर के अभिभावक जैसे- महासचिव संयुक्त राष्ट्र संघ, राष्ट्रों के राष्ट्रपति- प्रधानमंत्री, धर्म, समाज, राजनीति, उद्योग, शिक्षा, प्रबन्ध, पत्रकारिता इत्यादि द्वारा अन्य समानान्तर आवश्यक लक्ष्य के साथ इसे जीवन का मुख्य और मूल लक्ष्य निर्धारित कर प्रभावी बनाने की आशा करते हैं। क्योंकि लक्ष्य निर्धारण वक्तव्य का सूर्य नये सहस्त्राब्दि के साथ डूब चुका है। और कार्य योजना का सूर्य उग चुका है। इसलिए धरती को स्वर्ग बनाने का अन्तिम मार्ग सिर्फ कर्तव्य है। और रहने वाले सिर्फ सत्य-सिद्धान्त से युक्त संयुक्तमन आधारित मानव है, न कि संयुक्तमन या व्यक्तिगतमन के युक्तमानव।

दो या दो से अधिक माध्यमों से उत्पादित एक ही उत्पाद के गुणता के मापांकन के लिए मानक ही एक मात्र उपाय है। सतत् विकास के क्रम में मानकों का निर्धारण अतिआवश्यक कार्य है। उत्पादों के मानक के अलावा सबसे जरुरी यह है कि मानव संसाधन की गुणता का मानक निर्धारित हो क्योंकि राष्ट्र के आधुनिकीकरण के लिए प्रत्येक व्यक्ति के मन को भी आधुनिक अर्थात् वैश्विक-ब्रह्माण्डीय करना पड़ेगा। तभी मनुष्यता के पूर्ण उपयोग के साथ मनुष्य द्वारा मनुष्य के सही उपयोग का मार्ग प्रशस्त होगा। उत्कृष्ट उत्पादों के लक्ष्य के साथ हमारा लक्ष्य उत्कृष्ट मनुष्य के उत्पादन से भी होना चाहिए जिससे हम लगातार विकास के विरुद्ध नकारात्मक मनुष्यों की संख्या कम कर सकें। भूमण्डलीकरण सिर्फ आर्थिक क्षेत्र में कर देने से समस्या हल नहीं होती क्योंकि यदि मनुष्य के मन का भूमण्डलीकरण हम नहीं करते तो इसके लाभों को हम नहीं समझ सकते। आर्थिक संसाधनों में सबसे बड़ा संसाधन मनुष्य ही है। मनुष्य का भूमण्डलीकरण तभी हो सकता है जब मन के विश्वमानक का निर्धारण हो। ऐसा होने पर हम सभी को मनुष्यों की गुणता के मापांकन का पैमाना प्राप्त कर लेंगे, साथ ही स्वयं व्यक्ति भी अपना मापांकन भी कर सकेगा। जो विश्व मानव समाज के लिए सर्वाधिक महत्व का विषय होगा। विश्वमानक शून्य श्रृंखला मन का विश्व मानक है जिसका निर्धारण व प्रकाशन हो चुका है जो यह निश्चित करता है कि समाज इस स्तर का हो चुका है या इस स्तर का होना चाहिए। यदि यह सार्वभौम सत्य-सिद्धान्त आधारित होगा तो निश्चित ही अन्तिम मानक होगा।

17. श्रीमती शीला दीक्षित
(31 मार्च, 1938 -)

परिचय

श्रीमती शीला दीक्षित का जन्म 31 मार्च, 1938 को हुआ था। इन्होंने अपनी शिक्षा दिल्ली के कान्वेंट आफ जीसस एण्ड मैरी स्कूल से ली। बाद में स्नातक और कला स्नातकोत्तर की शिक्षा मिराण्डा हाउस कालेज से ली। इनका विवाह प्रसिद्ध स्वतन्त्रता सेनानी तथा पूर्व राज्यपाल व केन्द्रीय मन्त्रिमण्डल में रहे, श्री उमा शंकर दीक्षित के परिवार में हुआ। इनके पति स्व0 श्री विनोद दीक्षित भारतीय प्रशासनिक सेवा के सदस्य थे। इनकी दो सन्तानें - एक पुत्र व एक पुत्री हैं। इन्हें राजनीति में प्रशासन व संसदीय कार्यों का अच्छा अनुभव है। इन्होंने केन्द्रीय सरकार में 1986 से 1989 तक मंत्री पद भी ग्रहण किया था। पहले ये, संसदीय कार्यों की राज्य मंत्री रही, तथा बाद में, प्रधानमंत्री कार्यालय में राज्य मंत्री रहीं। 1984-1989 में इन्होंने कन्नौज, उत्तर प्रदेश लोकसभा का प्रतिनिधित्व किया था। संसद सदस्य के कार्यकाल में, इन्होंने लोकसभा की एस्टीमेट समिति के साथ कार्य किया। इन्होंने भारतीय स्वतन्त्रता की 40वीं वर्षगाँठ की कार्यान्वयन समिति की अध्यक्षता भी की थी। दिल्ली प्रदेश कांग्रेस समिति की अध्यक्ष के पद पर 1998 में कांग्रेस को दिल्ली में अभूतपूर्व विजय दिलायीं। इन्होंने महिला उत्थान के लिए अथक प्रयास किये हैं। इनका महिलाओं को समाज में बराबरी का स्तर दिलाने के अभियानों में अच्छा नेतृत्व रहा है। इन्होंने संयुक्त राष्ट्र संघ की महिला स्तर समिति में भारत का प्रतिनिधित्व भी पाँच वर्षों 1984-1989 तक किया। इन्होंने उत्तर प्रदेश में अपने 82 साथियों के साथ अगस्त 1990 में 23 दिनों की जेल यात्रा की थी, जब वे महिलाओं पर समाज के अत्याचारों के विरोध में उठ खड़ी हुईं थी व प्रदर्शन किये थे। इससे भड़के हुए लाखों राज्य के नागरिक इस अभियान से जुड़े व जेलें भरीं। 1970 में वे यंग विमन्स एशोसिएसन की अध्यक्षा भी रहीं, जिसके दौरान, इन्होंने दिल्ली में दो बड़े महिला छात्रावास खुलवाये। आप इन्दिरा गाँधी ट्रस्ट की सचिव भी हैं। यही ट्रस्ट अन्तर्राष्ट्रीय स्तर पर शान्ति, निशस्त्रीकरण एवं विकास के लिए इन्दिरा गाँधी पुरस्कार देता है व विश्वव्यापी विषयों पर सम्मेलन आयोजित करता है। इनके संरक्षण में ही इस ट्रस्ट ने एक पर्यावरण केन्द्र भी खोला है। श्रीमती शीला दीक्षित, हस्तकला व ग्रामीण कलाकारों व कारीगरों के उत्थान में विशेष रूचि लेतीं है। ग्रामीण रंगशाला च नाट्यशालाओं का विकास, इनका विशेष कार्य रहा है। 1978 से 1984 के बीच, कपड़ा निर्यातक संघ के कार्यपालक सचिव पद पर, इन्होंने तैयार कपड़ा निर्यात को एक ऊँचे स्तर पर पहुँचाया है। ये धर्म-निरपेक्षता पर सदा अडिग रहीं हैं। सदा ही साम्प्रदायिक ताकतों का प्रत्येक स्तर से विरोध किया है। इनका मानना है कि भारत में यदि जनतन्त्र को जीवित रखना है तो सही व्यवहार व सत्यता के मानदण्डों का पालन करना जीवन का एक अभिन्न अंग होना चाहिए। श्रीमती शीला दीक्षित, भारत के राष्ट्रीय राजधानी क्षेत्र दिल्ली राज्य की मुख्यमंत्री हैं। इनको 17 दिसम्बर, 2008 में लगातार तीसरी बार दिल्ली विधान सभा के लिए चुना गया था। यह दिल्ली की दूसरी महिला मुख्यमंत्री हैं ।

"विश्व का कोई भी धर्म तभी आगे बढ़ता है जब वह अपने आप में नवीनता लाता है। सनातन धर्म नया बातों को अपने आप में पचाने की क्षमता रखता है"

-श्रीमती शीला दीक्षित

साभार - सन्मार्ग, वाराणसी, दि0 11 अगस्त 2002

श्री लव कुश सिंह "विश्वमानव" द्वारा स्पष्टीकरण

कोई भी उत्पाद तभी तक बाजार में टिका रह सकता है और लोगों द्वारा उपयोग में लाया जाता रह सकता है जब उसमें सदैव अच्छा जोड़ने का उसके निर्माता द्वारा प्रयत्न किया जाता रहे। यह जितना किसी उत्पाद जैसे कार, बाइक, मोबाइल, साइकिल, कम्प्यूटर इत्यादि के सम्बन्ध में सत्य है ठीक उतना ही धर्म के सम्बन्ध में भी है। सनातन धर्म सार्वभौम सत्य-सिद्धान्त पर आधारित है। इसकी अनुभूति करते हुये सदैव इसमें नवीनता लाने का प्रयत्न किया जाता रहा है। इसलिए यह अन्तिम रूप में "विश्वधर्म" के रूप में व्यक्त हुआ है। जो धर्म या निर्माता अपने धर्म या उत्पाद में नवीनता नहीं लाता वह इतिहास बन जाता है या म्यूजियम में रखा जाने वाली वस्तु बन जाती है।

वर्तमान समय में धर्म में फिर नवीनता आ गई है जिसके सम्बन्ध में स्वामी विवेकानन्द जी ने कहा था -

मेरी नीति है- प्राचीन आचार्यों के उपदेशों का अनुसरण करना। मैंने उनके कार्य का अध्ययन किया है, और जिस प्रणाली से उन्होंने कार्य किया, उसके आविष्कार करने का मुझे सौभाग्य मिला। वे सब महान समाज संस्थापक थे। बल पवित्रता और जीवन शक्ति के वे अद्भुत आधार थे। उन्होंने सब से अद्भुत कार्य किया-समाज में बल, पवित्रता और जीवन शक्ति संचारित की। हमें भी सबसे अद्भुत कार्य करना है। आज अवस्था कुछ बदल गयी है, इसलिए कार्य-प्रणाली में कुछ थोड़ा-सा परिवर्तन करना होगा; बस इतना ही, इससे अधिक कुछ नहीं। (मेरी समर नीति-पृ0-27)

- स्वामी विवेकानन्द

हमें देखना है कि किस प्रकार यह वेदान्त हमारे दैनिक जीवन में, नागरिक जीवन में, ग्राम्य जीवन में, राष्ट्रीय जीवन में और प्रत्येक राष्ट्र के घरेलू जीवन में परिणत किया जा सकता है। कारण, यदि धर्म मनुष्य को जहाँ भी और जिस स्थिति में भी है, सहायता नहीं दे सकता, तो उसकी उपयोगिता अधिक नहीं - तब वह केवल कुछ विशिष्ट व्यक्तियों के लिए कोरा सिद्धान्त हो कर रह जायेगा। (व्यावहारीक जीवन में वेदान्त, पृष्ठ-11)

- स्वामी विवेकानन्द

सभी कालों में प्राचीन रितियों को नये ढंग में परिवर्तित करने से ही उन्नति हुई है। भारत में प्रचीन युग में भी धर्म प्रचारकों ने इसी प्रकार काम किया था। केवल बुद्ध देव के धर्म ने ही प्राचीन रिति और नीतियों का विध्वंस किया था भारत से उसके निर्मूल हो जाने का यहीं कारण है। (संग में, पृष्ठ-19)

- स्वामी विवेकानन्द

यह सनातन धर्म का देश है। देश गिर अवश्य गया है, परन्तु निश्चय फिर उठेगा। और ऐसा उठेगा कि दुनिया देखकर दंग रह जायेगी।

(विवेकानन्दजी के संग में, पृष्ठ-159)

18. श्री अन्ना हजारे
(15 जनवरी, 1940 -)

परिचय

किसन बाबूराव हजारे, भारत के प्रसिद्ध गांधीवादी समाजिक कार्यकर्ता हैं। अधिकांश लोग उन्हें "अण्णा हजारे" के नाम से जानते हैं। अन्ना हजारे को 1990 में सरकार ने "पद्मश्री" सम्मान से नवाजा था। सन् 1992 में उन्हें "पद्मभूषण" से सम्मानित किया गया था। सूचना के अधिकार के लिए कार्य करने वाले में वे प्रमुख थें। साफ-सुथरी छवि वाले हजारे भ्रष्टाचार के विरूद्ध संघर्ष करने के लिए प्रसिद्ध हैं। जन लोकपाल विधेयक पारित कराने के लिए उन्होंने आमरण अनशन आरम्भ किया जिसे अपार समर्थन मिला। जिससे घबराकर सरकार को उनकी मांगे मानने को विवश हुई।

15 जनवरी, 1940 को महाराष्ट्र के अहमद नगर के भिंगर कस्बे में जन्में अन्ना का बचपन बहुत गरीबी में गुजरा। पिता मजदूर थे। दादा फौज में थे। दादा की पोस्टिंग भिंगनगर मे थी। अन्ना के पुरखों का गांव अहमद नगर जिले में ही स्थित रालेगन सिद्धि में था। दादा की मौत के 7 वर्ष बाद अन्ना का परिवार रालेगन आ गया। अन्ना के 6 भाई हैं। परिवार में तंगी का आलम देखकर अन्ना की बुआ उन्हें मुम्बई ले गईं। वहां उन्होंने 7वीं तक पढ़ाई की। परिवार पर कष्टों का बोझ देखकर वह दादर स्टेशन के बाहर फूल बेचनेवाले की दुकान में 40 रूपये की पगार में काम करने लगे। इसके बाद उन्होंने फूलों की अपनी दुकान खोल ली और अपने दो भाइयों को भी रालेगन से बुला लिया।

छठें दशक के आसपास वह फौज में शामिल हो गये। उनकी पहली पोस्टिंग बतौर ड्राइवर पंजाब में हुई। यहीं पाकिस्तानी हमले में वह मौत को धता बताकर बचे थे। इसी दौरान नई दिल्ली रेलवे स्टेशन से उन्होंने विवेकानन्द की एक बुकलेट "काल टु दि युथ फार नेशन" खरीदी और उसको पढ़ने के बाद उन्होंने अपनी जिन्दगी समाज को समर्पित कर दी। उन्होंने गाँधी और विनोबा को भी पढ़ा। 1970 में उन्होंने आजीवन अविवाहित रहने का संकल्प किया। मुम्बई पोस्टिंग के दौरान वह अपने गांव रालेगन आते-जाते रहे। चट्टान पर बैठकर गांव को सुधारने की बात सोचते रहते।

जम्मू पोस्टिंग के दौरान 15 वर्ष फौज में पूरे होने पर 1975 में उन्होंने स्वेच्छा से सेवा निवृति लेकर गांव में आकर डट गये। उन्होंने शराब में डूबे अपने पथरीले गांव रालेगन सिद्धि को दुनिया के समाने एक माडल बनाकर पेश किया। रामराज के दर्शन करने हैं तो उसे देखा जा सकता है। पहले इस गांव में बिजली और पानी की जबरदस्त किल्लत थी। हजारे ने गांव वालों को नहर बनाने और गड्ढे खेदकर बारिश का पानी इकट्ठा करने के लिए प्रेरित किया। उनके कहने पर गांव में जगह-जगह पेड़ लगाये गये। गांव में सौर ऊर्जा और गोबर गैस के जरिये बिजली की सप्लाई भी मिली। उन्होंने गांव की तस्वीर ही बदल दी। उन्होंने अपनी जमीन बच्चों के हास्टल के लिए दान कर दी। आज उनकी पेंशन का सारा पैसा गांव के विकास में खर्च होता है। वह गांव के मन्दिर में रहते हैं और हास्टल में रहने वाले बच्चों के लिए बनने वाला खाना ही खाते हैं। आज गांव का हर आदमी आत्मनिर्भर है। आस-पास पड़ोस के गांवों के लिए भी यहाँ से चारा, दूध आदि जाता है। गांव में एक तरह का राम राज स्थापित कर दिया है। इस काम के लिए भारत सरकार ने उन्हें पद्मभूषण से भी सम्मानित किया। उन्होंने गाँधी जी की सोच को पूरी मजबूती से उठाया कि- बलशाली भारत के लिए गांवों को अपने पैरों पर खड़ा करना होगा। उनके अनुसार- विकास का लाभ समान रूप से वितरित न हो पाने के कारण है- गांवों के केन्द्र में न रखना, व्यक्ति निर्माण से ग्राम निर्माण और तब स्वाभाविक ही देश निर्माण के मंत्र को उन्होंने हकीकत में उतार कर दिखाया। और एक गांव से आरम्भ उनका अभियान आज 85 गांवों तक सफलतापूर्वक जारी है। व्यक्ति निर्माण के लिए मूलमंत्र देते हुए उन्होंने युवाओं में उत्तम चरित्र, शुद्ध आचार-विचार, निष्कलंक जीवन व त्याग की भावना विकसित करने व निर्भयता को

आत्मसात् कर आम आदमी की सेवा को आदर्श के रूप में स्वीकार करने का आह्वान किया। अब वह अपने दल-बल के साथ देश में राम राज की स्थापना की मुहिम "भ्रष्टाचार रहित भारत" में निकले हैं।

गाँधी की विरासत उनकी थाथी है। कद-काठी में वह साधारण ही हैं। सिर पर गाँधी टोपी और बदन पर खादी है। आँखों पर मोटा चश्मा है, लेकिन उनको दूर तक दिखता है। इरादे फौलादी और अटल हैं। उन्हें छोटा गाँधी भी कहा जा सकता है। अन्ना आजकल भ्रष्टाचार के खिलाफ मुहिम चला रहे हैं। पहले वह महाराष्ट्र सरकार के 5 मन्त्रियों की बलि ले चुके हैं। प्रधानमंत्री ने अन्ना से इस बारे में बातचीत की है। आश्वासन भी दिया है लेकिन अन्ना तो अन्ना हैं। कहा है कि ठोस कुछ नहीं हुआ तो वह दिल्ली को हिला देंगे। अन्ना ने आज तक जो सोचा है, उसे कर दिखाया है। अन्ना की राष्ट्रीय स्तर पर भ्रष्टाचार के धुर विरोधी सामाजिक कार्यकर्ता के तौर पर पहचान 1995 में बनी थी जब उन्होंने शिवसेना-बी.जे.पी की सरकार के कुछ भ्रष्ट मन्त्रियों को हटाए जाने की मांग को लेकर भूख हड़ताल पर बैठे थे। अन्ना 2003 में कांग्रेस और एन.सी.पी सरकार के 4 भ्रष्ट मन्त्रियों के खिलाफ भूख हड़ताल पर बैठ गये। हजारे का विरोध काम आया और सरकार को झुकना पड़ा। इसके बाद हजारे की लोकप्रियता में तेजी से इजाफा हुआ।

मंगलवार, 5 अप्रैल, 2011 को महात्मा गाँधी के समाधि स्थल राजघाट जाकर उन्हें श्रद्धांजलि देने के बाद हजारे ने जंतर-मंतर, नई दिल्ली पर अपना अनशन शुरू किया। इस दिन अन्ना का पूरा गांव भी भूखा था। अन्ना के गांव में नारे गूँज रहे थे- "अन्ना हजारे आँधी है, देश का दूसरा गाँधी है।" अनशन पर बैठने से पहले हजारे ने कहा- "यह दूसरा सत्याग्रह है।" सख्त लोकपाल विधेयक के लिए वरिष्ठ सामाजिक कार्यकर्ता अन्ना हजारे का आमरण अनशन दूसरे दिन बुधवार को भी जारी रहा। देशभर में भ्रष्टाचार के खिलाफ आन्दोलन को मिल रहे समर्थन के बीच जाने-माने गाँधीवादी हजारे ने कहा है कि सरकार भ्रष्टाचार रोकने को लेकर गम्भीर नहीं है। उन्होंने कहा कि राजनेताओं पर अब विश्वास नहीं किया जा सकता। इस बीच भारतीय जनता पार्टी (बी.जे.पी) और जनता दल (यूनाइटेड) ने हजारे के अनशन को अपना समर्थन दिया जबकि कांग्रेस ने हजारे के उपवास को "असामयिक" करार दिया है। हजारे समर्थक लोकपाल विधेयक के समर्थन में राष्ट्रध्वज और तख्तियों के साथ राजघाट और जंतर-मंतर पर एकत्रित थे। हजारे के समर्थन में सूचना का अधिकार (आर.टी.आई) कार्यकर्ता अरविन्द केजरीवाल, स्वामी अग्निवेश, मैगसेसे पुरस्कार विजेता किरन बेदी, संदीप पाण्डेय सहित अन्य लोग शामिल हुए।

अन्ना हजारे चाहते हैं कि- सरकार जन लोकपाल बिल तुरंत लाए, लोकपाल की सिफारिशें अनिवार्य तौर पर लागू हों और लोकपाल को जजों, सांसदों, विधायकों आदि पर भी मुकदमा चलाने का अधिकार हो। लेकिन सरकार इन खास मुद्दों पर बहस और चर्चा की जरूरत मान रही है। अन्ना चाहते हैं कि- ऐसा कानून बने जिसके तहत भ्रष्ट राजनेताओं और अधिकारियों को तय समय सीमा के भीतर आसानी से दण्डित किया जा सके। साथ ही अन्ना चाहते हैं कि जो कमेटी इस बिल पर काम करे उसमें आधे लोग गैर राजनीतिज्ञ हों। अभी सरकार जो बिल तैयार कर रही है, उसमें भ्रष्ट नेताओं और अफसरों के बच निकलने के चोर रास्ते और लम्बा खिंचने की तमाम सम्भावनाएं हैं।

पत्रकारों से बातचीत में हजारे ने पुनः आमरण अनशन पर बैठने की घोषणा की थी। उन्होंने कहा था- उन्हें इस बात से काफी दुःख हुआ कि प्रधानमंत्री ने जन लोकपाल बिल का मसौदा तैयार करने वाली संयुक्त समिति में वरिष्ठ मंत्रियों के साथ समाज के जाने माने लोगों को शामिल करने के उनके प्रस्ताव को खारिज कर दिया। इसलिए पूर्व में की गई घोषणा के अनुसार मैं आमरण अनशन पर बैठूँगा। यदि इस दौरान मेरी जिन्दगी भी कुर्बान हो जाए तो मुझे इसका अफसोस नहीं होगा। मेरा जीवन राष्ट्र को समर्पित है। हजारे ने कहा कि रिटायर्ड न्यायमूर्ति संतोष हेगड़े, वकील प्रशांत भूषण और स्वामी अग्निवेश जैसे जाने माने लोगों के विचारों को सरकार ने महत्वपूर्ण नहीं समझा।

"भ्रष्टाचार मिटाने के लिए जनलोकपाल लागू करवाना है।"

- अन्ना हजारे

श्री लव कुश सिंह "विश्वमानव" द्वारा स्पष्टीकरण

किसी भी अवतार-महापुरूष इत्यादि का सार्वभौम सत्य ज्ञान एक हो सकता है परन्तु उसके स्थापना की कला उस अवतार-महापुरूष इत्यादि के समय की समाजिक व शासनिक व्यवस्था के अनुसार अलग-अलग होती है, जो पुनः दुबारा प्रयोग में नहीं लायी जा सकती। वर्तमान तक ऐसा कोई उदाहरण नहीं मिलता जिससे यह सिद्ध होता हो कि उस अवतार-महापुरूष इत्यादि की कला को दुबारा प्रयोग कर कुछ सकारात्मक किया गया हो। इस सम्बन्ध में आचार्य रजनीश "ओशो" जी की वाणी है-

"एक तरह का सिद्ध एक ही बार होता है, दोबारा नहीं होता। क्योकि जो सिद्ध हो गया, फिर नही लौटता। गया फिर वापस नहीं आता। एक ही बार तुम उसकी झलक पाते हो- बुद्ध की, महावीर की, क्राइस्ट ही, मुहम्मद की, एक ही बार झलक पाते हो, फिर गये सो गये। फिर विराट में लीन हो गये। फिर दोबारा उनके जैसा आदमी नहीं होगा, नहीं हो सकता। मगर बहुत लोग नकलची होंगे। उनको तुम साधु कहते हो। उन नकलीची का बड़ा सम्मान है। क्योंकि वे तुम्हारे शास्त्र के अनुसार मालूम पड़ते हैं। जब भी सिद्ध आयेगा सब अस्त व्यस्त कर देगा सिद्ध आता ही है क्रान्ति की तरह ! प्रत्येक सिद्ध बगावत लेकर आता है, एक क्रान्ति का संदेश लेकर आता है एक आग की तरह आता है- एक तुफान रोशनी का! लेकिन जो अँधेरे में पड़े है। उनकी आँखे अगर एकदम से उतनी रोशनी न झेल सके और नाराज हो जाय तो कुछ आश्चर्य नहीं।"

एक सत्य कानून को लागू करवाने के लिए आपका संघर्ष सराहनीय था। परन्तु समय के अनुसार अब अनशन और हिसंक क्रान्ति जैसा मार्ग अब अ-प्रभावकारी और अ-मान्य है। अब यदि विचार अच्छे हों तो वह विचार करने के उपरान्त स्वंय ही लागू हो जायेगी। दौर आत्मीय बल का है और समाज के लिए अच्छा ही करना नेतृत्व की विवशता है।

आज के 20 वर्ष पहले जब धीरे-धीरे कम्प्यूटर ने समाज में प्रवेश करना शुरू किया था तो तमाम कर्मचारी संघ ने इसे बेरोजगारी बढ़ाने वाला बताया था। बेरोजगारी तकनीकी से नहीं बढ़ती बल्कि तकनीकी के अनुसार स्वयं को योग्य न बना पाने के कारण बढ़ती है। यदि केवल कम्प्यूटर को ही जीवन से हटा दिया जाय तो समस्या इतनी बढ़ जायेगी कि इतनी बड़ी जनसंख्या के सुविधाओं को नियंत्रित करना नामुमकिन हो जायेगा। उस समय जब धीरे-धीरे कम्प्यूटर ने समाज में प्रवेश करना शुरू किया था तो शायद मनुष्य के प्रकृति को परिवर्तित करने में इसका कितना बड़ा योगदान हो जायेगा, किसी ने भी ना सोचा होगा। सभी नैतिकता कानून से ही नियंत्रित नहीं हो पाते, बहुत सी अनैतिकता तकनीकी द्वारा रोक दिये जाते हैं और मनुष्य विवश हो जाता है- नैतिक बनने के लिए।

कानून पे कानून, बनाते-बनाते तो भारत का संविधान विश्व का सबसे बड़ा संविधान बन गया लेकिन नागरिक अभी भी नैतिकता युक्त नहीं हो पा रहे। इसका स्पष्ट संकेत यह है कि नागरिकों के मन-मस्तिष्क में गलत चिप्स या साफ्टवेयर चल रहा है। इसलिए साफ्टवेयर या विचार को आधुनिक बनाना मूल कार्य होना चाहिए।

बुद्धा कृष्ण-कृष्ण भाग-2 और अन्तिम की कुछ पक्तियाँ हैं -

सखी, मेरे बाल रूप को, मेरे युवा रूप को, मेरे प्रेम रूप को, मेरे गीता उपदेश को यह संसार समझने लगा है। मैं सिर्फ अपना बचा शेष कार्य पूर्ण करने आया हूँ। "नव मनुष्य और सृष्टि निर्माण", जिसमें अब न तो पाण्डवों की आवश्यकता है न ही कौरवों की। अब तो न पाण्डव हैं न ही कौरव हैं, वे तो पिछले समय में ही मुक्त हो चुके। अब तो पाण्डव व कौरव एक ही शरीर में विद्यमान हैं। जिस किसी को देखो वह कुछ समय पाण्डव रूप में दिखता है तो अगले समय में वही कौरव रूप में दिखने लगता है। फिर वही पाण्डव रूप में दिखने लगता है। सब कुछ विवशता वश एकीकरण की ओर बढ़ रहा है। अब युद्ध कहाँ, अब तो उस एकीकरण के मार्ग को दिखाना मात्र मेरा शेष कार्य हैं। और इस कार्य में मैं बिल्कुल अकेला, निःसंग, न कोई मेरे लिए जीवन की कामना करने वाला, न ही कोई मेरी मृत्यु की कामना करने वाला, न ही मुझसे मिलने की चेष्टा करने वाला, न ही मुझसे कुछ सुनने वाला, न मुझे कुछ सुनाने वाला और न ही गोपीयाँ हैं। दर असल मैं मृत ही पैदा ही हुआ था, एक मरा हुआ जीवित मनुष्य,

यही मेरा इस जीवन का रूप था। और मेरे इस जीवन को संसार बुढ़े कृष्ण के रूप में याद करेगा जो मुझ परमात्मा के पूर्ण कार्य का भाग दो होगा, जिसे लोगों ने देख व जान नहीं पाया था। आज मैं बहुत कुछ बताना चाहता हूँ सखी क्योंकि तुम्हारे सिवा मुझे कौन सुनता ही था और कौन समझता ही था, और कौन विश्वास ही करता था। - मैं बोलता जा रहा था।

तात्पर्य यह है कि आपके साख का उपयोग करने के लिए लोग आपके साथ आये और प्राप्त संसाधन और अपनी आधुनिक बदलती प्रकृति के अनुसार स्वयं का मार्ग निर्धारित कर आगे बढ़े, आपके संघर्ष और उद्देश्य को वहीं छोड़ दिये। फिर भी आप एक अच्छे इन्सान, अच्छे उद्देश्य लेकर जीवन जीये हैं। इसमें कोई शक नहीं इसलिए ही आप "विश्वशास्त्र" में स्थान पा सकें।

ध्यान रहे स्थिर तारे अर्थात स्थिर या निर्धारित प्रकृति पर निशाना या योजना बनाया जाता है गतिशील और परिवर्तनशील प्रकृति पर नहीं। महाभारत तभी हो सका जब स्थिर या निर्धारित प्रकृति के व्यक्ति थे जिन्हें पुरूष कहते हैं। गतिशील और परिवर्तनशील को तो प्रकृति या नारी कहते हैं। गतिशील और परिवर्तनशील, नर या नारी हो उसे नारी ही कहते हैं और स्थिर या निर्धारित, नर या नारी हो उसे पुरूष ही कहते हैं।

जब गतिशील और परिवर्तनशील ही नर या नारी हो गये हो तो यह कहना ही पड़ेगा कि - (बुड्ढा कृष्ण-कृष्ण भाग-2 से) सखी, तुम्हारे उत्तर से अब यह स्पष्ट हो चुका है कि तुम अब पूर्ण हो चुकी हो। अब तुममें और मुझमें कोई अन्तर नहीं है। तुममें, मैं और मुझमें, तुम। आदि में, मैं और अन्त में भी, मैं। और अब, सभी में, मैं और मुझमें, सभी। सखी, व्यक्ति, समाज, राज्य की आवश्यकताओं को देखो, भविष्यवक्ताओं की भविष्यवाणीयों को देखो, ये सब मुझे पुकार रही हैं। ग्रहों के चालों, सूर्य व चन्द्र ग्रहण को देखो, ये सब मेरी उपस्थिति को बता रही हैं।

मैं आया था, मैंने अपना कार्य पूर्ण किया मैं जा भी रहा हूँ, तुमसे एकाकार होकर। मैं मुक्त था, मैं मुक्त हूँ, मैं मुक्त ही रहूँगा। आओ सखी चलें। यह पूर्ण पुरूष और पूर्ण प्रकृति का महामिलन है। मैं ही योगेश्वर हूँ, मैं ही भोगेश्वर हूँ। आदि में योगेश्वर हूँ और अन्त में भोगेश्वर हूँ। मैं प्रकृति को नियंत्रित कर व्यक्तिगत प्रमाणित अदृश्य रूप से विकसित होकर सार्वजनिक प्रमाणित दृश्य जगत में व्यक्त होता हूँ। अब ईश्वर भी अपने कर्तव्य से मुक्त है और प्रकृति भी। जो ईश्वर है वही प्रकृति है। जो प्रकृति है वही ईश्वर है। दोनों एक-दूसरे के अदृश्य और दृश्य रूप हैं। प्रत्येक में दोनों विद्यमान हैं। यही अर्धनारीश्वर है।

एक मात्र मैं ही पुरूष हूँ। अकेला चलो रे।

19. श्री सैम पित्रोदा
(4 मई 1942 -)

परिचय

तितलागढ़, उड़ीसा, भारत में 4 मई 1942 को जन्मे सत्यनारायण गंगाराम पित्रोदा, लोकप्रिय नाम "सैम पित्रोदा" के रूप में जाने जाते हैं। जो एक आविष्कारक, उद्यमी, और नीतिनिर्माता हैं। उन्होंने गुजरात में वल्लभ विद्यानगर से अपनी स्कूली शिक्षा पूरी की और वडोदरा में महाराजा सयाजीराव विश्वविद्यालय से भौतिकी और इलेक्ट्रॉनिक्स में अपने परास्नातक पूरा किया. भौतिकी में अपने परास्नातक पूरा करने के बाद वह अमेरिका के गये और इलिनोइस विश्वविद्यालय, शिकागो में प्रौद्योगिकी संस्थान से इलेक्ट्रिकल इंजीनियरिंग में परास्नातक डिग्री प्राप्त की।

भारतीय सूचना क्रांति के अग्रदूत माने जाने वाले सैम पित्रोदा का पूरा नाम सत्यनारायण गंगाराम पित्रोदा है। चार मई 1942 को उड़ीसा के तितलागढ़ में जन्मे पित्रोदा एक भारतीय अविष्कारक, कारोबारी और नीति निर्माता हैं।

वर्तमान में पित्रोदा भारतीय प्रधानमंत्री के जन सूचना संरचना और नवप्रवर्तन सलाहकार हैं। प्रधानमंत्री के सलाहकार के रूप में उनकी भूमिका विभिन्न क्षेत्रों में नागरिकों को मिलनेवाली सुविधाओं को प्रभावी बनाना और नवप्रवर्तन के लिए रोडमैप तैयार करना है। पित्रोदा राष्ट्रीय नवप्रवर्तन परिषद के चेयरमैन भी हैं।

साल 2005 से 2009 तक सैम पित्रोदा भारतीय ज्ञान आयोग के चेयरमैन थे। इस उच्च स्तरीय सलाहकार परिषद का गठन देश में ज्ञान आधारित संस्थाओं और उनके आधारभूत ढांचे को बेहतर बनाने के लिए परामर्श देने के लिए किया गया था।

भारतीय ज्ञान आयोग के चेयरमैन की हैसियत से काम करते हुए पित्रोदा ने 27 क्षेत्रों में सुधार के लिए करीब 300 सुझाव दिए थे।

भौतिकी में स्नातकोत्तर करने के बाद इलेक्ट्रोनिक्स में मास्टर की डिग्री हासिल करने के लिए पित्रोदा शिकागो के इलिनॉय इंस्टीट्यूट ऑफ टेक्नोलॉजी गए। साठ और सत्तर के दशक में पित्रोदा दूरसंचार और कंप्यूटिंग के क्षेत्र में तकनीक विकसित करने की दिशा में काम करते रहे। पित्रोदा के नाम सौ से भी अधिक पेटेंट हैं। साल 1984 में भारत के तत्कालीन प्रधानमंत्री राजीव गांधी ने पित्रोदा को भारत आकर अपनी सेवाएं देने का न्योता दिया। भारत लौटने के बाद उन्होंने दूरसंचार के क्षेत्र में स्वायत्त रूप से अनुसंधान और विकास के लिए सी-डॉट यानि सेंटर फॉर डेवलपमेंट ऑफ टेलिमैटिक्स की स्थापना की। उसके बाद प्रधानमंत्री राजीव गांधी के सलाहकार की हैसियत के उन्होंने घरेलू और विदेशी दूरसंचार नीति को दिशा देने का काम किया।

1990 के दशक में पित्रोदा एक बार फिर अपने कारोबारी हित साधने के लिए अमरीका चले गए और लंबे समय तक वहां तकनीकी अनुसंधान का काम करते रहे। 2004 में जब संयुक्त प्रगतिशील गठबंधन की सरकार सत्ता में आई तो प्रधानमंत्री मनमोहन सिंह ने सैम पित्रोदा को फिर भारत आने का न्योता दिया और उन्हें भारतीय ज्ञान आयोग का चेयरमैन बनाया गया। राष्ट्रीय और अन्तर्राष्ट्रीय स्तर पर कई पुरस्कारों से सम्मानित पित्रोदा को विज्ञान और इंजीनियरिंग के क्षेत्र में उनके योगदान के लिए 2009 में पद्मभूषण से नवाजा गया। 1992 में पित्रोदा संयुक्त राष्ट्र में भी सलाहकार रहे। पिछले साल उत्तर प्रदेश में हुए विधानसभा चुनाव में कांग्रेस ने सैम पित्रोदा को ओबीसी पोस्टर ब्वाय के रूप में उतार कर नया चुनावी समीकरण बनाने की कोशिश की थी।

"शिक्षा का नया माडल विकसित करना होगा। पिछले 25 वर्षों से हम अमीर लोगों की समस्या सुलझा रहे हैं। अब हमें गरीबों की समस्या सुलझानें का नैतिक दायित्व निभाना चाहिए। देश में 25 वर्ष से कम उम्र के 55 करोड़ लोग हैं। हमें सोचना होगा कि हम उन्हें नौकरी और प्रशिक्षण कैसे देंगे। भौतिकी, रसायन, गणित जैसे

पारम्परिक विषयों को पढ़ने का युग समाप्त हो गया। अब तो हमें रचनात्मकता, समन्वय, लीडरशिप, ग्लोबल तथा प्रोफेशनल विषयों को पढ़ने तथा सूचना तकनीक के जरिए पढ़ाई पर ध्यान केन्द्रित करने की जरूरत है। हमारे देश में जो अध्यापक हैं, वे शोध नहीं करते और जो शोध करते हैं वे पढ़ाते नहीं। हमें पूरी सोच को बदलनी है।"

- सैम पित्रोदा, अध्यक्ष, राष्ट्रीय नवोन्मेष परिषद्
(प्रधानमंत्री के सूचना तकनीकी सलाहकार व राष्ट्रीय ज्ञान आयोग के पूर्व अध्यक्ष)
27 नवम्बर, 2011, हिन्दुस्तान, वाराणसी संस्करण

श्री लव कुश सिंह "विश्वमानव" द्वारा स्पष्टीकरण

छात्रों की विवशता है कि उनके शिक्षा बोर्ड व विश्वविद्यालय जो पाठ्यक्रम तैयार करेंगे वहीं पढ़ना है और छात्रों की यह प्रकृति भी है कि वही पढ़ना है जिसकी परीक्षा ली जाती हो। जिसकी परीक्षा न हो क्या वह पढ़ने योग्य नहीं है? बहुत बड़ा प्रश्न उठता है। तब तो समाचार पत्र, पत्रिका, उपन्यास इत्यादि जो पाठ्यक्रम के नहीं हैं उन्हें नहीं पढ़ना चाहिए। शिक्षा बोर्ड व विश्वविद्यालय तो एक विशेष पाठ्यक्रम के लिए ही विशेष समय में परीक्षा लेते हैं परन्तु ये जिन्दगी तो जीवन भर परीक्षा हर समय लेती रहती है तो क्या जीवन का पाठ्यक्रम पढ़ना अनिवार्य नहीं है? परन्तु यह पाठ्यक्रम मिलेगा कहाँ? निश्चित रूप से ये पाठ्यक्रम अब से पहले उपलब्ध नहीं था लेकिन इस संघनित (Compact) होती दुनिया में ज्ञान को भी संघनित (Compact) कर पाठ्यक्रम बना दिया गया है। इस पाठ्यक्रम का नाम है - "सत्य मानक शिक्षा" और आप तक पहुँचाने के कार्यक्रम का नाम है - "पुनर्निर्माण-सत्य शिक्षा का राष्ट्रीय तीव्र मार्ग (RENEW - Real Education National Express Way)"। यह वही पाठ्यक्रम है जो मैकाले शिक्षा पाठ्यक्रम (वर्तमान शिक्षा) से मिलकर पूर्णता को प्राप्त होगा। इस पाठ्यक्रम का विषय वस्तु जड़ अर्थात सिद्धान्त सूत्र आधारित है न कि तनों-पत्तों अर्थात व्याख्या-कथा आधारित। जिसे एक उदाहरण से समझा जा सकता है- मैकेनिक जो मोटर बाईडिंग करता है यदि वह केवल इतना ही जानता हो कि कौन सा तार कहाँ जुड़ेगा जिससे मोटर कार्य करना प्रारम्भ कर दें, तो ऐसा मैकेनिक विभिन्न शक्ति के मोटर का आविष्कार नहीं कर सकता जबकि विभिन्न शक्ति के मोटर का आविष्कार केवल वही कर सकता है जो मोटर के मूल सिद्धान्त को जानता हो। ऐसी ही शिक्षा के सम्बन्ध में स्वामी विवेकानन्द जी ने कहा था - "अनात्मज्ञ पुरूषों की बुद्धि एकदेशदर्शिनी (Single Dimensional) होती है। आत्मज्ञ पुरूषों की बुद्धि सर्वग्रासिनी (Multi Dimensional) होती है। आत्मप्रकाश होने से, देखोगे कि दर्शन, विज्ञान सब तुम्हारे अधीन हो जायेगे।"

शिक्षा क्षेत्र का यह दुर्भाग्य है कि जीवन से जुड़ा इतना महत्वपूर्ण विषय "व्यापार", को हम एक अनिवार्य विषय के रूप में पाठ्यक्रम में शामिल नहीं कर सकें। इसकी कमी का अनुभव उस समय होता है जब कोई विद्यार्थी 10वीं या 12वीं तक की शिक्षा के उपरान्त किसी कारणवश, आगे की शिक्षा ग्रहण नहीं कर पाता। फिर उस विद्यार्थी द्वारा पढ़े गये विज्ञान व गणित के वे कठिन सूत्र उसके जीवन में अनुपयोगी लगने लगते है। यदि वहीं वह व्यापार के ज्ञान से युक्त होता तो शायद वह जीवकोपार्जन का कोई मार्ग सुगमता से खोजने में सक्षम होता।

आध्यात्म और विज्ञान ने मानव सभ्यता के विकास में अब कम से इतना विकास तो कर ही चुका है कि अब हमें मन के एकीकरण के लिए कार्य करना चाहिए। और उस मन पर कार्य करने का ही परिणाम है -

सम्पूर्ण ब्रह्माण्ड में व्याप्त एक ही सत्य-सिद्धान्त द्वारा व्यक्तिगत व संयुक्त मन को एकमुखी कर सर्वोच्च, मूल और अन्तिम स्तर पर स्थापित करने के लिए शून्य पर अन्तिम आविष्कार WS-0 श्रृंखला की निम्नलिखित पाँच शाखाएँ है।

1. डब्ल्यू.एस. (WS)-0: विचार एवम् साहित्य का विश्वमानक
2. डब्ल्यू.एस. (WS)-00: विषय एवम् विशेषज्ञों की परिभाषा का विश्वमानक
3. डब्ल्यू.एस. (WS)-000: ब्रह्माण्ड (सूक्ष्म एवम् स्थूल) के प्रबन्ध और क्रियाकलाप का विश्वमानक
4. डब्ल्यू.एस. (WS)-0000: मानव (सूक्ष्म तथा स्थूल) के प्रबन्ध और क्रियाकलाप का विश्वमानक

5. डब्ल्यू.एस. (WS)-00000: उपासना और उपासना स्थल का विश्वमानक
और पूर्णमानव निर्माण की तकनीकी WCM-TLM-SHYAM.C है।

जो शिक्षा का नया माडल है। गरीबों की समस्या सुलझानें का नैतिक दायित्व है। देश में 25 वर्ष से कम उम्र के 55 करोड़ लोगों के लिए पुनर्निर्माण जैसी योजना हैं। उन्हें नौकरी और प्रशिक्षण की व्यवस्था है। रचनात्मकता, समन्वय, लीडरशिप, ग्लोबल तथा प्रोफेशनल विषयों को पढ़ने तथा सूचना तकनीक के जरिए पढ़ाई पर ध्यान केन्द्रित करने से युक्त है। हमारे देश में जो अध्यापक हैं, वे शोध नहीं करते और जो शोध करते हैं वे पढ़ाते नहीं, इसलिए शिक्षार्थी को ही शोध पत्र (विश्वशास्त्र) पढ़ाया जाय क्योंकि शिक्षक पढ़ने से तो रहे क्योंकि समान्यतः धन के आने की सुनिश्चितता के बाद लोग पढ़ना छोड़ देते हैं, यही नहीं कोशिश तो यह भी रहती है कि पढ़ाना भी न पड़े और उन्हें सेवा से हटाया भी नहीं जा सकता।

शिक्षा (वर्तमान अर्थ में) प्राप्त करने के बाद या तो शिक्षा-कौशल के अनुसार कार्य को आजीविका बनाते हैं या जो पढ़े हैं उसे ही पढ़ाओ वाले व्यापार में लग जाते हैं। अब बेरोजगारों को इस दुनिया में परिवर्तन लाने वाले राष्ट्र निर्माण के व्यापार से जोड़ना पड़ेगा। इससे उन्हें रोजगार भी मिलेगा और राष्ट्र निर्माण का श्रेय भी। वे शान से कह सकेंगे - "हम सत्य ज्ञान का व्यापार करते हैं। हम राष्ट्र निर्माण का व्यापार करते हैं। हम समाज को सहायता प्रदान करने का व्यापार करते हैं। हम, लोगों को आत्मनिर्भर बनाने का व्यापार करते हैं और वहाँ करते हैं जिस क्षेत्र, जिला, मण्डल, प्रदेश व देश के निवासी हैं। जहाँ हमारे भाई-बन्धु, रिश्तेदार, दोस्त इत्यादि रहते हैं।"

स्वामी विवेकान्द जी ने कहा था - सुधारकों से मैं कहूंगा कि मैं स्वयं उनसे कहीं बढ़कर सुधारक हूँ। वे लोग इधर-उधर थोड़ा सुधार करना चाहते हैं- और मैं चाहता हूँ आमूल सुधार। हम लोगों का मतभेद है केवल सुधार की प्रणाली में। उनकी प्रणाली विनाशात्मक है और मेरी संघटनात्मक। मैं सुधार में विश्वास नहीं करता, मैं विश्वास करता हूँ स्वाभाविक उन्नति में।

स्वाभाविक उन्नति तभी होती है जब संसाधन उपलब्ध हो। कार-मोटरसाइकिल घर में पहले से रहता है तो स्वाभाविक रूप से कम उम्र में ही घर के लोग चलाना सिख जाते हैं इसलिए सुधार का वो महान शास्त्र - "विश्वशास्त्र" पहले संसाधन के रूप में प्रत्येक घर में उपलब्ध हो। जो "आध्यात्मिक एवं दार्शनिक विरासत के आधार पर एक भारत - श्रेष्ठ भारत" निर्माण का अन्तिम शास्त्र है। फिर 25 वर्ष से कम उम्र के 55 करोड़ लोग अपने आप आत्मनिर्भर हो जायेंगे।

वैसे तो यह कार्य भारत सरकार को राष्ट्र की एकता, अखण्डता, विकास, साम्प्रदायिक एकता, समन्वय, नागरिकों के ज्ञान की पूर्णता इत्यादि जो कुछ भी राष्ट्रहित में हैं उसके लिए सरकार के संस्थान जैसे- विश्वविद्यालय अनुदान आयोग (यू.जी.सी.), एन.सी.ई.आर.टी, राष्ट्रीय ज्ञान आयोग, राष्ट्रीय नवोन्मेष परिषद्, भारतीय मानक ब्यूरो के माध्यम से "राष्ट्रीय शिक्षा आयोग" बनाकर पूर्ण करना चाहिए जो राष्ट्र के वर्तमान और भविष्य के लिए अतिआवश्यक और नागरिकों का राष्ट्र के प्रति कर्तव्य निर्धारण व परिभाषित करने का मार्ग भी है। भारत को यह कार्य राष्ट्रीय शिक्षा प्रणाली (National Education System-NES) व विश्व को यह कार्य विश्व शिक्षा प्रणाली (World Education System-WES) द्वारा करना चाहिए। जब तक यह शिक्षा प्रणाली भारत तथा संयुक्त राष्ट्र संघ द्वारा जनसाधारण को उपलब्ध नहीं हो जाती तब तक यह "पुनर्निर्माण" द्वारा उपलब्ध करायी जा रही है।

20. श्री यदुनाथ सिंह
(6 जुलाई, 1945 -)

परिचय

सत्यकाशी क्षेत्र के चुनार क्षेत्र (जिला मीरजापुर, उत्तर प्रदेश) के ग्राम-नियामतपुर कलाँ में 6 जुलाई, 1945 को जन्में श्री यदुनाथ सिंह, एक क्रान्तिकारी, चिन्तक, जन समर्थक और जनप्रिय नेता के रूप में जाने जाते हैं। इनके पिता का नाम श्री सहदेव सिंह व माता का नाम श्रीमती दुलेसरा देवी था।

काशी हिन्दू विश्वविद्यालय से सम्बद्ध कमच्छा स्थित सेन्ट्रल हिन्दू स्कूल से उस समय संचालित प्री यूनिवर्सिटी कोर्स (पी.यू.सी) करने के उपरान्त आप विश्वविद्यालय में केमिकल इंजिनियरिंग में प्रवेश लिए। छात्र राजनीति व जन समस्याओं से द्रवित होकर आप राजनीति में प्रवेश लिये जिसका प्रभाव आपके शिक्षा पर भी पड़ा और आप इंजिनियरिंग की डिग्री पूर्ण नहीं कर पाये। आप उत्तर प्रदेश के चुनार विधान सभा क्षेत्र से चार बार 1980, 1985, 1989, 1991 में विधायक चुने गये। आप राजनीति के दौरान कभी भी राज्य समर्थक नहीं रहे बल्कि सदैव जन समर्थक ही रहें और जन समस्याओं को सदैव प्राथमिकता में रखते हुए राज्य को विवश करते रहे। आपका दुर्भाग्य था कि आप जब भी विधायक रहे, आपकी पार्टी की सरकार नहीं रही और आप ऐसे दौर में विधायक रहे जब विधायक निधि जैसी कोई योजना लागू नहीं थी फलस्वरूप आप सरकारी सहायता के द्वारा क्षेत्र के भौतिक विकास में योगदान विवशतापूर्वक नहीं दे पाये।

आप चुनार क्षेत्र में चुनाव के दौरान जनता के अतिलोकप्रिय नेता के रूप में अपने समय में स्थापित थे। इसका प्रत्यक्ष दर्शन जनता ने स्वयं उस रैली को देखकर अनुभव किया जो 10 किलोमीटर से भी लम्बी भीड़ भरी थी। क्षेत्र के व्यक्ति, समाज और क्षेत्र का सूक्ष्म अध्ययन आपके पास गहराई से था जिसके कारण ही आपने "तू जमाना बदल" और क्षेत्र को सत्यकाशी क्षेत्र के रूप में स्थापित करने का वक्तव्य दिया।

"तू जमाना बदल"

- यदुनाथ सिंह, पूर्व विधायक, चुनार क्षेत्र

"रामनगर (वाराणसी) से विन्ध्याचल (मीरजापुर) तक का क्षेत्र पुराणों में वर्णित सत्यकाशी का क्षेत्र है।"

- यदुनाथ सिंह, पूर्व विधायक, चुनार क्षेत्र
साभार - राष्ट्रीय सहारा, लखनऊ, दि0 17 जून, 1998)

"वर्तमान समय में देश स्तर पर व्यवस्था परिवर्तन की चर्चा बहुत अधिक हो रही है। इसमें मेरे विचार से सर्वप्रथम आरक्षण के मापदण्ड पर पुनः विचार करने का समय आ गया है। देश के स्वतन्त्रता के समय जातिगत आरक्षण की आवश्यकता थी और वह सीमित समय के लिए ही लागू किया गया था परन्तु राजनीतिक लाभ के कारणों से वह वर्तमान तक लागू है। हम समाज से मनुवादी व्यवस्था को समाप्त करने की बात करते हैं परन्तु एक तरफ आज समाज इससे धीरे-धीरे मुक्त हो रहा है और दूसरी तरफ संविधान ही इसका समर्थक बनता जा रहा है। ऐसी स्थिति में आरक्षण व्यवस्था का मापदण्ड जाति आधारित से शारीरिक, आर्थिक और मानसिक आधारित कर देनी चाहिए जो धर्मनिरपेक्ष और सर्वधर्मसमभाव भी है और लोकतन्त्र का धर्म भी धर्मनिरपेक्ष और सर्वधर्मसमभाव है।

मेरे विचार में व्यवस्था परिवर्तन का दूसरा आधार युवाओं को अधिकतम अधिकार से युक्त करने पर विचार करने का समय आ गया है। देश में 18 वर्ष के उम्र पर वोट देने का अधिकार तथा विवाह का उम्र लड़कों के लिए 21 वर्ष तथा लड़कियों के लिए 18 वर्ष तो कर दिया गया है परन्तु उन्हें पैतृक सम्पत्ति सम्बन्धी अधिकार अभी तक नहीं दिया गया है। इसलिए उत्तराधिकार सम्बन्धी अधिनियम की भी आवश्यकता आ गयी है। जिसमें यह

प्राविधान हो कि 25 वर्ष की अवस्था में उसे पैतृक सम्पत्ति अर्थात दादा की सम्पत्ति जिसमें पिता की अर्जित सम्पत्ति शामिल न रहें, उसके अधिकार में हो जाये।

किसी भी विचार पर किया गया आदान-प्रदान ही व्यापार होता है और यह जितनी गति से होता है उतनी ही गति से व्यापार, विकास और विनाश होता है। देश के विकास के लिए धन के आदान-प्रदान को तेज करना पड़ेगा और ऐसे सभी बिन्दुओं का पहचान करना होगा जो धन के आदान-प्रदान में बाधा डालती है। इसलिए कालेधन का मुद्दा अहम मुद्दा है। ऐसे प्राविधान की आवश्यकता है कि जिससे यह धन देश के विकास में लगे।

विभिन्न प्रकार के अनेकों साहित्यों से भरे इस संसार में यह भी एक समस्या है कि हम किस साहित्य को पढ़े जिससे हमें ज्ञान की दृष्टि शीघ्रता से प्राप्त हो जाये। विश्वशास्त्र इस समस्या को हल करते हुए एक ही संगठित पुस्तक के रूप में उपलब्ध हो चुका है। यह इस सत्यकाशी क्षेत्र की एक महान और ऐतिहासिक उपलब्धि है जिसके कारण यह क्षेत्र सदैव याद किया जायेगा।"

- यदुनाथ सिंह, पूर्व विधायक, चुनार क्षेत्र

लव कुश सिंह "विश्वमानव" द्वारा स्पष्टीकरण

विधायक जी, जब शब्द वायुमण्डल में व्यक्त हो जाते हैं तो वह बीज के रूप में पड़े रहते हैं और योग्य वातावरण पाते ही वह उग आते हैं। आपका "तू जमाना बदल" और "सत्यकाशी" के सत्य विचार को पूर्ण करने के लिए "विश्वशास्त्र" व्यक्त कर दिया गया है। जिस प्रकार आपके द्वारा कहा गया शब्द योग्य वातावरण पाकर जन्म लिया उसी प्रकार इस जमाने को बदलने और सत्यकाशी के विश्वव्यापी स्थापना के लिए "विश्वशास्त्र" के द्वारा व्यक्त विचार भी योग्य वातावरण पाकर अवश्य जन्म लेगा क्योंकि विचार कभी मरता नहीं, शरीर मरता है शास्त्र नहीं। हम आप शरीर धारी हैं, शरीर छूट जायेगा परन्तु यह शास्त्र अन्य पुस्तक व शास्त्रों की भाँति धरती पर उस समय तक रहेगा जब तक मनुष्य नाम का जीव रहेगा। इसलिए संतुष्ट हो जाइये। आपके ही गाँव से यह कार्य सम्पन्न हो गया है और अब यह गाँव इतिहास में सदा के लिए अमर हो गया है जिसके आकाश में सितारे के रूप में आप और मैं सदा चमकते रहेंगे। रही प्रसार की बात तो इस युग में इलेक्ट्रानिक डिजीटल मीडिया भी सशक्त हो गयी है। घर बैठे ही बैठे सभी मीडिया व संसार के इस प्रकार के कार्य करने वालों तक पहुँच जायेगा।

21. श्रीमती सोनिया गाँधी
(9 दिसम्बर 1946 -)

परिचय

सोनिया गाँधी (एन्टोनिया मैनो) का जन्म वैनेतो, इटली के क्षेत्र में विसेन्जा से 20 किलोमीटर दूर स्थित एक छोटे से गाँव लूसियाना में हुआ था। उनके पिता स्टेफिनो मायनो एक भवन निर्माण ठेकेदार थे और भूतपूर्व फासिस्ट सिपाही थे जिनका निधन 1983 में हुआ। उनकी माता पाओलो मायनों हैं। उनकी दो बहनें हैं। उनका बचपन टूरिन, इटली से 8 किलोमीटर दूर स्थित ओर्बसानों में व्यतीत हुआ। 1964 में वे कैम्ब्रिज विश्वविद्यालय में बेल शैक्षणिक निधि के भाषा विद्यालय में अंग्रेजी भाषा का अध्ययन करने गई। जहाँ उनकी मुलाकात राजीव गाँधी से हुई, जो कि उस समय ट्रिनटी विद्यालय, कैम्ब्रिज में पढ़ते थे। 1968 में दोनों का विवाह हुआ जिसके बाद वे राजीव गाँधी की माता, इन्दिरा गाँधी के साथ भारत में रहने लगीं। राजीव गाँधी के साथ विवाह होने के काफी समय बाद उन्होंने 1983 में भारतीय नागरिकता स्वीकार की। उनकी दो सन्तानें हैं- पुत्र राहुल गाँधी (जन्म 19 जून, 1970) और पुत्री प्रियंका गाँधी (जन्म 12 जनवरी, 1972) जिनका विवाह राबर्ट वड्रा से हुआ है।

पति राजीव गाँधी की 21 मई, 1991 में हत्या के पश्चात् कांग्रेस के वरिष्ठ नेताओं ने सोनिया से पूछे बिना उन्हें कांग्रेस का अध्यक्ष बनाये जाने की घोषणा कर दी परन्तु सोनिया ने उसे स्वीकार नहीं किया और राजनीति और राजनीतिज्ञों के प्रति अपनी घृणा और अविश्वास को इन शब्दों में व्यक्त किया कि - "मैं अपने बच्चों को भीख माँगते देख लूँगी, परन्तु मैं राजनीति में कदम नहीं रखूँगी" काफी समय तक राजनीति में कदम न रख कर उन्होंने अपने बेटे और बेटी का पालन पोषण करने पर ध्यान केन्द्रित किया। उधर पी.वी.नरसिंहाराव के कमजोर प्रधानमंत्रित्व काल के कारण 1996 का आम चुनाव कांग्रेस हार गई और उसके बाद सीताराम केसरी के कांग्रेस के कमजोर अध्यक्ष होने के कारण कांग्रेस का समर्थन कम होता जा रहा था जिससे कांग्रेस के नेताओं ने फिर से नेहरू-गाँधी परिवार के किसी सदस्य की आवश्यकता अनुभव की। उनके दबाव में सोनिया गाँधी ने 1997 में कोलकाता के प्लेनरी सेशन में कांग्रेस की प्राथमिक सदस्यता ग्रहण की और उसके 62 दिनों के अन्दर 1998 में वो कांग्रेस की अध्यक्ष चुनी गई। उन्होंने सरकार बनाने की असफल कोशिश भी की। राजनीति में कदम रखने के बाद उनका विदेश में जन्म हूए होने का मुद्दा उठाया गया। उनकी कमजोर हिन्दी को भी मुद्दा बनाया गया। उन पर परिवारवाद का भी आरोप लगा लेकिन कांग्रेसीयों ने उनका साथ नहीं छोड़ा और इन मुद्दों को नकारते रहे। सोनिया गाँधी अक्टुबर 1999 में बेल्लारी, कर्नाटक से और साथ ही अपने दिवंगत पति के निर्वाचन क्षेत्र अमेठी, उत्तर प्रदेश से लोकसभा के लिए चुनाव लड़ी और करीब 3 लाख वोटों की विशाल बढ़त से विजयी हुँयीं । 1999 में 13वीं लोकसभा में वे विपक्ष की नेता चुनी गयीं। 2004 के चुनाव से पूर्व आम राय ये बनाई गई थी कि अटल बिहारी वाजपेयी ही प्रधानमंत्री बनेंगे पर सोनिया ने देश भर में खूब प्रचार किया और सबको चौंका देने वाले नतीजों में यू.पी.ए. को अनपेक्षित 200 से ज्यादा सीटें मिली। सोनिया गाँधी स्वयं रायबरेली, उत्तर प्रदेश से सांसद चुनी गईं। वामपंथी दलों ने भारतीय जनता पार्टी को सत्ता से बाहर रखने के लिए कांग्रेस और सहयोगी दलों की सरकार का समर्थन करने का फैसला किया जिससे कांग्रेस ओर उनके सहयोगी दलों का स्पष्ट बहुमत पूरा हुआ। 16 मई 2004 को सोनिया गाँधी 16 दलीय गठबंधन की नेता चुनी गईं जो वामपंथी दलों के सहयोग से सरकार बनाता जिसकी प्रधानमंत्री सोनिया गाँधी बनती। सबको अपेक्षा थी कि सोनिया गाँधी ही प्रधानमंत्री बनेगी और सबने उनका समर्थन किया, परन्तु एन.डी.ए. के नेताओं ने सानिया गाँधी के विदेशी मूल पर आक्षेप लगाए और कुछ सुषमा स्वराज और उमा भारती जैसी जानी मानी नेताओं ने ऐसी घोषणा कर दी कि यदि सोनिया गाँधी प्रधानमंत्री बनी तो वो अपना सिर मुड़वा लेगी और भूमि पर ही सोयेंगी। ऐसा माना जाता है कि तत्कालीन राष्ट्रपति श्री अबुल कलाम ने भी उन्हें प्रधानमंत्री बनाने से मना किया था। तब 18 मई को मनमोहन सिंह को अपना उम्मीदवार बताया और पार्टी को उनका समर्थन करने का अनुरोध किया और प्रचारित किया कि सोनिया गाँधी ने स्वेच्छा से प्रधानमंत्री नहीं बनने की

घोषणा की है। कांग्रेसियों ने इसका खूब विरोध किया और उनसे इस फैसले को बदलने का अनुरोध किया पर उन्होंने कहा कि प्रधानमंत्री बनना उनका लक्ष्य कभी नहीं था। सब नेताओं ने मनमोहन सिंह का समर्थन किया और वे प्रधानमंत्री बने, पर सोनिया गाँधी को दल तथा गठबंधन का अध्यक्ष चुना गया। राष्ट्रीय सलाहकार समिति का अध्यक्ष होने के कारण सोनिया गाँधी पर लाभ के पद पर होने के साथ लोकसभा का सदस्य होने का आक्षेप लगा जिसके फलस्वरूप 23 मार्च 2006 को उन्होंने राष्ट्रीय सलाहकार समिति के अध्यक्ष पद और लोकसभा की सदस्यता दोनों से त्यागपत्र दे दिया। मई 2006 में वे रायबरेली, उत्तर प्रदेश से पुनः सांसद चुनी गईं और उन्होंने अपने समीपस्थ प्रतिद्वन्दी को 4 लाख से अधिक वोटों से हराया। 2009 के लोकसभा चुनाव में उन्होंने फिर यू.पी.ए. के लिए देश की जनता से वोट माँगा। एक बार फिर यू.पी.ए. ने जीत हासिल की और सोनिया यू.पी.ए. की अध्यक्ष चुनी गईं। महात्मा गाँधी की वर्षगांठ के दिन 2 अक्टुबर 2007 को सोनिया गाँधी ने संयुक्त राष्ट्र संघ को सम्बोधित किया और वे वर्तमान में भी भारतीय राजनीति में सक्रिय भूमिका निभा रहीं हैं।

"शिक्षा के भारतीयकरण, राष्ट्रीयकरण और आध्यात्मिकता से जोड़े जाने का प्रस्ताव है, उसका क्या अर्थ है? क्या पिछले पचास वर्षों से लागू शिक्षा प्रणाली गैर भारतीय, विदेशी थी जिसमे भारत की भूत और वर्तमान वास्तविकताएं नहीं थीं?" (अटल विहारी वाजपेयी को लिखे पत्र में)

-श्रीमती सोनिया गांधी,
साभार - आज, वाराणसी, दि0-23-10-98

श्री लव कुश सिंह "विश्वमानव" द्वारा स्पष्टीकरण

"हम अपनी योजनाओं को सक्रिय रुप से क्रियान्वित करें, इसके लिए मानकों का होना अत्यन्त आवश्यक है तथा यह जरुरी है कि मानकों के निर्धारण व पालन हेतु प्रयत्नशील रहें।"

-पं0 जवाहर लाल नेहरु
भारतीय मानक ब्यूरो त्रैमासिकी-"मानक दूत", वर्ष-19, अंक-1, 1999 से साभार)

"राष्ट्र के आधुनिकीकरण के लिए मानकीकरण एवं गुणता नियन्त्रण अनिवार्य है। ये उत्पाद को उसकी सामग्री और मानवीय साधनों के पूर्ण उपभोग में सहायता करते हैं उपभोक्ता का बचाव करते हैं और आंतरिक व्यवहार तथा निर्यात का स्तर ऊँचा उठाते हैं। इस प्रकार से ये आर्थिक विकास में भागीदार बनते हैं।"

-श्रीमती इन्दिरा गाँधी
(भारतीय मानक ब्यूरो त्रैमासिकी-"मानक दूत", वर्ष-19, अंक-1, 1999 से साभार)

"यह समय की माँग है कि जीवन के सभी क्षेत्रों में गुणता के प्रति राष्ट्रीय प्रतिबद्धता हो। हमारी संतुष्टि किसी भी प्रकार के उत्पादन से नहीं अपितु हमारे द्वारा उत्पादित उत्कृष्ट वस्तुओं और दी जाने वाली उत्कृष्ट सेवाओं से हो।"

-श्री राजीव गाँधी
भारतीय मानक ब्यूरो त्रैमासिकी-"मानक दूत", वर्ष-20, अंक-1-2, 2000 से साभार)

"किसी भी समाज का मानकीकरण पद्धति, इसे सृजित करने वाले समाज से न तो बेहतर होगी और न ही बदतर। इसकी प्रथमिकताएं, समाज के लक्ष्य हैं और इसके मूल्य समाज के मूल्य हैं।"

-डब्ल्यू0.टी.कैबेनो.
(भारतीय मानक ब्यूरो त्रैमासिकी-"मानक दूत", वर्ष-20, अंक-1-2, 2000 से साभार)

"..........लेकिन भूमण्डलीय क्रिया का प्रारम्भ कहीं निर्मित हो चुका है और यदि संयुक्त राष्ट्र संघ में नहीं तो कहाँ? ....मैं जानता हूँ स्वयं की एक घोषणा कम महत्व रखती है। परन्तु दृढ़ प्रतिज्ञा युक्त एक घोषणा और यथार्थ लक्ष्य, सभी राष्ट्रों के नेताओं द्वारा निश्चित रुप से स्वीकारने योग्य, अपने सत्ताधारी की कुशलता का निर्णय के लिए एक पैमाने के रुप में विश्व के व्यक्तियों के लिए अति महत्व का हो सकता है। ....और मैं आशा करता हूँ कि यह कैसे हुआ? देखने के लिए सम्पूर्ण विश्व पीछे होगा।"

-श्री कोफी अन्नान

शिक्षा की सत्य प्रणाली ज्ञान-विज्ञान-तकनीकी आधारित होती है। व्यक्तिगत प्रमाणित अदृश्य काल में यह ज्ञान-कर्मज्ञान-अदृश्य कर्मज्ञान-अदृश्य विज्ञान-अदृश्य तकनीकी पर आधारित तथा सार्वजनिक प्रमाणित दृश्य काल में यह ज्ञान-कर्मज्ञान-दृश्य कर्मज्ञान-दृश्य विज्ञान-दृश्य तकनीकी पर आधारित होती है। वर्तमान शिक्षा प्रणाली कालानुसार नहीं है। वर्तमान समय की शिक्षा प्रणाली केवल दृश्य विज्ञान-दृश्य तकनीकी पर आधारित है जो ज्ञान-कर्म ज्ञान-दृश्य कर्मज्ञान के बिना अधुरी है। शिक्षा के भारतीयकरण, राष्ट्रीयकरण और आध्यात्मिकता से जोड़े जाने के प्रस्ताव का अर्थ शिक्षा में ज्ञान-कर्मज्ञान-दृश्य कर्मज्ञान को सम्मिलित करना है। जो मानव एवम् प्रकृति का सत्य हैं और सत्य किसी सम्प्रदाय का नहीं बल्कि सर्वव्यापी सत्य है। कोई भी इसकी अनुभूति करें या न करे, यदि शिक्षा में यह सर्वव्यापी सत्य नहीं तो वह गैर भारतीय ही होगी या यूँ कहें कि गैर मानवीय होगी। पिछले पचास वर्षों से लागू शिक्षा प्रणाली गैर भारतीय ही है जिसमें भारत की भूत और वर्तमान की वास्तविकताएं तो हैं परन्तु भविष्य की आवश्यकताएं नहीं है। इक्कीसवीं सदी और उसके उपरान्त की शिक्षा प्रणाली सत्य चेतना अर्थात भूत काल का अनुभव, भविष्य की आवश्यकतानुसार वर्तमान में कार्य करने पर आधारित होगी, न कि प्राकृतिक चेतना अर्थात् भूत काल का अनुभव के अनुसार वर्तमान में कार्य करना पर।

दो या दो से अधिक माध्यमों से उत्पादित एक ही उत्पाद के गुणता के मापांकन के लिए मानक ही एक मात्र उपाय है। सतत् विकास के क्रम में मानकों का निर्धारण अतिआवश्यक कार्य है। उत्पादों के मानक के अलावा सबसे जरुरी यह है कि मानव संसाधन की गुणता का मानक निर्धारित हो क्योंकि राष्ट्र के आधुनिकीकरण के लिए प्रत्येक व्यक्ति के मन को भी आधुनिक अर्थात् वैश्विक-ब्रह्माण्डीय करना पड़ेगा। तभी मनुष्यता के पूर्ण उपयोग के साथ मनुष्य द्वारा मनुष्य के सही उपयोग का मार्ग प्रशस्त होगा। उत्कृष्ट उत्पादों के लक्ष्य के साथ हमारा लक्ष्य उत्कृष्ट मनुष्य के उत्पादन से भी होना चाहिए जिससे हम लगातार विकास के विरुद्ध नकारात्मक मनुष्यों की संख्या कम कर सकें। भूमण्डलीकरण सिर्फ आर्थिक क्षेत्र में कर देने से समस्या हल नहीं होती क्योंकि यदि मनुष्य के मन का भूमण्डलीकरण हम नहीं करते तो इसके लाभों को हम नहीं समझ सकते। आर्थिक संसाधनों में सबसे बड़ा संसाधन मनुष्य ही है। मनुष्य का भूमण्डलीकरण तभी हो सकता है जब मन के विश्व मानक का निर्धारण हो। ऐसा होने पर हम सभी को मनुष्यों की गुणता के मापांकन का पैमाना प्राप्त कर लेंगे, साथ ही स्वयं व्यक्ति भी अपना मापांकन भी कर सकेगा। जो विश्व मानव समाज के लिए सर्वाधिक महत्व का विषय होगा। विश्व मानक शून्य श्रृंखला मन का विश्व मानक है जिसका निर्धारण व प्रकाशन हो चुका है जो यह निश्चित करता है कि समाज इस स्तर का हो चुका है या इस स्तर का होना चाहिए। यदि यह सार्वभौम सत्य-सिद्धान्त आधारित होगा तो निश्चित ही अन्तिम मानक होगा।

भारतीय आध्यात्म-दर्शन-संस्कृति के लिए यह एक नयी और आधुनिक सूक्ष्म दृष्टि ही है कि मानव समाज के एकीकरण के लिए सदैव अपने विचार-सिद्धान्त से मानकीकरण करना ही भारतीय आध्यात्म-दर्शन-संस्कृति का मूल उद्देश्य रहा है जबकि समाज के मानव उसे न अपनाकर मानकीकरण के आविष्कारक और उनके जीवन की ओर बढ़ गये। इतना ही नहीं आविष्कार के आधार पर अनेक आविष्कार भी करते चले गये परिणास्वरूप मानव समाज मानकीकरण के मूल उद्देश्य से इतना दूर आ चुका है कि इस मूल उद्देश्य को स्वीकारना भी उन्हें गलत लगेगा जबकि इस उद्देश्य के बिना उनका पूर्णता की ओर बढ़ना असम्भव भी है और अन्तिम मार्ग भी है।

एक तरफ भारतीय आध्यात्म.दर्शन.संस्कृति की मानकीकरण की संस्कृति है। दूसरी तरफ पं0 जवाहर लाल नेहरू, श्रीमती इन्दिरा गांधी, राजीव गांधी इत्यादि के निर्धारित लक्ष्यों के वक्तव्य। तीसरी तरफ दोनों के लक्ष्य को पूरा करता ये आविष्कार-और ये राजनितिक मुद्दों का एक संकेत भी है।

सम्पूर्ण ब्रह्माण्ड में व्याप्त एक ही सत्य-सिद्धान्त द्वारा व्यक्तिगत व संयुक्त मन को एकमुखी कर सर्वोच्च, मूल और अन्तिम स्तर पर स्थापित करने के लिए शून्य पर अन्तिम आविष्कार WS-0 श्रृंखला की निम्नलिखित पाँच शाखाएँ है।

1. डब्ल्यू.एस. (WS)-0: विचार एवम् साहित्य का विश्वमानक
2. डब्ल्यू.एस. (WS)-00: विषय एवम् विशेषज्ञों की परिभाषा का विश्वमानक
3. डब्ल्यू.एस. (WS)-000: ब्रह्माण्ड (सूक्ष्म एवम् स्थूल) के प्रबन्ध और क्रियाकलाप का विश्वमानक
4. डब्ल्यू.एस. (WS)-0000: मानव (सूक्ष्म तथा स्थूल) के प्रबन्ध और क्रियाकलाप का विश्वमानक
5. डब्ल्यू.एस. (WS)-00000: उपासना और उपासना स्थल का विश्वमानक

और पूर्णमानव निर्माण की तकनीकी WCM-TLM-SHYAM.C है।

22. श्री बिल क्लिन्टन
(19 अगस्त, 1946 -)

परिचय

विलियम जेफरसन क्लिंटन, अमेरिका के 21वें राष्ट्रपति थे। उनका कार्यकाल 1993 से 2001 तक था। थियोडोर रूजवेल्ट और जान एफ केनेडी के बाद वे अमेरिका के तीसरे सबसे युवा राष्ट्रपति थे। वे न्यूयार्क से कनिष्ठ अमेरिकी सेनेटर और समाजिक कार्यकर्ता तथा 2008 के राष्ट्रपति चुनाव की प्रत्याशी हिलेरी क्लिंटन के पति हैं।

क्लिंटन के जन्म से पूर्व ही उनके पिता बी.होप आर्क की मृत्यु हो गई थी। उनका नाम विलियम जेफरसन ब्लीथ था लेकिन उनकी माँ के पुनर्विवाह के उपरान्त सौतेले पिता के उपनाम को उनके नाम में लगाया गया। 1968 में जार्जटाउन विश्वविद्यालय से स्नातक होने के बाद वे आक्सफोर्ड में 1968-70 तक एक रोह्डस स्कालर और येल विश्वविद्यालय से 1973 में कानून की डिग्री प्राप्त किये। फिर वे अपने गृहराज्य में लौट आए जहाँ वे एक वकील और कानून के प्रोफेसर के रूप में 1974 से 1976 तक कार्य किये। वे 1974 में अमेरिकी प्रतिनिधि सभा के लिए एक असफल डेमोक्रेटिक उम्मीदवार थे। 1975 में वे हिलेरी रोढम क्लिंटन से उन्होंने विवाह किया। 1976 में वे अर्कसास के अटार्नी जनरल चुने गये फिर 1978 में वे वहीं के देश के सबसे कम उम्र के गवर्नर बनें जबकि 1980 में पुनः सत्तारूढ़ होने में असफल रहे। पुनः वे 1982 में गवर्नर बने गये और बाद के दो चुनावों तक भी बने रहे। वे आमतौर पर एक उदारवादी डेमोक्रेट के रूप में जाने जाते हैं। वे 1900-1991 तक मध्यमार्गी डेमोक्रेटिक परिषद् का नेतृत्व किये। 1992 में जब वे राष्ट्रपति के प्रारम्भिक चुनाव में डेमोक्रेटिक पार्टी के प्रत्याशी थे, प्रतिद्वन्दी सीनेटर अल गोर द्वारा उनके चरित्र और नीजी जीवन के बारे में प्रश्न उठाया गया था। परन्तु वे फिर भी द्वितीय विश्व युद्ध और शीत युद्ध के बाद जन्म लेने वाले पहले राष्ट्रपति बनें।

"विश्व को लोकतन्त्र, भारत का उपहार; ज्ञान और सूचना आधारित सहयोग; भारत और अमेरिका मिलकर विश्व को नई दिशा दे सकता है; भारत यदि शून्य और दशमलव न दिया होता तो कम्प्यूटर चिप्स बनाना असम्भव होता; प्रत्येक देश कहता है हम महान हैं परन्तु कैसे? यह सिद्ध करना एक चुनौती है। इत्यादि।"(भारत यात्रा पर दि0 20-24 मार्च' 2000 के समय वक्तव्य)

-श्री विल क्लिन्टन, राष्ट्रपति, संयुक्त राज्य अमेरिका

श्री लव कुश सिंह "विश्वमानव" द्वारा स्पष्टीकरण

महोदय, 11 सितम्बर' 1893 में आपके संयुक्त राज्य अमेरिका के शिकागो शहर में आयोजित विश्व धर्म संसद को सम्बोधित करते हुए भारत का युवा सन्यासी स्वामी विवेकानन्द ने अमेरिकावासीयों को 'मेरे अमेरिकी भाईयों और बहनों' कहा था तथा 'विश्व बन्धुत्व' का सन्देश आपके संयुक्त राज्य और युरोपिय देशों में लगातार 3 वर्षों तक देता रहा। भारत भाव प्रधान देश है तथा आपका देश योजना प्रधान देश है। इसलिए प्रथमतया भाव से आघात करते हुए स्वामी जी ने 'अमेरिकी भाईयों और बहनों' कहा था, फिर योजना 'विश्व बन्धुत्व' का सन्देश दिया था। विश्व-बन्धुत्व एक सत्य-योजना है। जो अब विश्व की विवशता बन गयी है। आप भारत की यात्रा में भाव की प्रधानता को स्वयं अनुभव किये होंगे। यहाँ भाव पहले चलता है योजना और क्रियान्वयन बाद में जबकि आपके यहाँ इसके विपरीत कार्य होता है। यहाँ सीधे योजना और कार्य पर बात करने से कोई महत्व नहीं देता चाहे वह उसके हित का अन्तिम मार्ग ही क्यों न हो। भाव से मिलकर यहाँ दूसरे का गला भी काटा जा सकता है और काटा भी जा रहा है। यही कारण है कि यहाँ का गरीब समाज सदा गरीब ही बना रहता है। और योजना प्रधान व्यक्ति भोग करता है। निश्चय ही स्वामी विवेकानन्द का प्रयत्न सफल रहा है तभी आपके अन्दर का व्यक्तित्व भाव प्रधान बन पाया है जिसे भारतवासीयों ने सार्वजनिक प्रमाणित रुप से देखा और अनुभव किया है। हमारे धर्म साहित्य में एकात्म कथा

को पुराण कहते हैं उसमें एकात्म ज्ञान और एकात्म वाणी समाहित एकात्म कर्म और एकात्म प्रेम के प्रक्षेपण को भगवान विष्णु कहते हैं जो सृष्टि के पालनकर्ता कहे जाते हैं। जिसमें से हमारा देश एकात्म प्रेम की तथा आपका देश एकात्म कर्म की प्राथमिकता वाला बन चुका है। इसलिए सम्पूर्ण विश्व को नई दिशा और उसका पालनकर्ता बनने के लिए दोनों देशों का मिलना अतिआवश्यक ही नहीं विवशता भी है क्योंकि एक दूसरे के बिना हम अधुरे हैं। भारत में कुछ ऐसे संकीर्ण विचार वाले नेतृत्वकर्ता हैं जो भारत को सिर्फ भारत की सीमा तक ही देखते हैं और अपने अस्तित्व व महत्व को बनाये रखने के लिए उसी प्रकार के मानवों का निर्माण कर प्राकृतिक बल के विरुद्ध उसी भाँति मूर्खता पूर्ण कार्य करते हैं जिस प्रकार तेज आंधी को शरीर से रोक लेने का प्रयत्न।

अनेक मत, सम्प्रदाय और धर्मों को साथ लेकर वर्षों से भारत विश्व के सबसे बड़े लोकतंत्र को सफलतापूर्वक बिना लोक या गण या जन के सत्य रुप को व्यक्त किये, बनाये हुए हैं। यह विश्व के समक्ष एक उदाहरण ही है। भारत का लोकतन्त्र विश्व का ही लोकतन्त्र है तथा भारत का संसद, विश्व संसद ही है। क्योंकि अन्य देश एक मत-सम्प्रदाय-धर्म को लेकर लोकतन्त्र नहीं चला पा रहे हैं यहाँ तो अनेक धर्म हैं और समभाव से हैं।

शाश्वत से भारत ने शून्य से अधिक कर्म ही नहीं किया। क्योंकि भारत अन्तर्मुखी आविष्कारक है। वह सम्पूर्ण आविष्कार सर्वप्रथम मन पर करता है। स्वामी विवेकानन्द ने अद्वैत-वेदान्त को मानव जीवन में उपयोगिता के लिए अन्तिम मार्ग बताया, वह भी तो शून्य अर्थात् मन पर ही आविष्कार का परिणाम था। निश्चय ही यदि भारत ने यदि शून्य और दशमलव का आविष्कार न किया होता तो कम्प्यूटर चिप्स बनाना असम्भव होता। पुनः मन पर ही आविष्कार का परिणाम है-विश्वमानक शून्य: मन की गुणवत्ता का विश्वमानक श्रृंखला, जो वर्तमान में आविष्कृत कर प्रस्तुत किया गया है। जिसके बिना अन्तर्राष्ट्रीय स्तर का मानव निर्माण ही असम्भव है। यही लोक या जन या गण का सत्य रुप है। यहीं आदर्श वैश्विक मानव का सत्य रुप है। जिससे पूर्ण स्वस्थ लोकतन्त्र, स्वस्थ समाज, स्वस्थ उद्योग की प्राप्ति होगी। इसी से विश्व-बन्धुत्व की स्थापना होगी। इसी से विश्व शिक्षा प्रणाली विकसित होगी। इसी से विश्व संविधान निर्मित होगा। इसी से संयुक्त राष्ट्र संघ अपने उद्देश्य को सफलता पूर्वक प्राप्त करेगा। इसी से 21 वीं सदी और भविष्य का विश्व प्रबन्ध संचालित होगा। इसी से मानव को पूर्ण ज्ञान का अधिकार प्राप्त होगा। यही परमाणु निरस्त्रीकरण का मूल सिद्धान्त है। भारत को अपनी महानता सिद्ध करना चुनौती नहीं है, वह तो सदा से ही महान है। पुनः विश्व का सर्वोच्च और अन्तिम आविष्कार विश्वमानक शून्य श्रृंखला को प्रस्तुत कर अपनी महानता को सिद्ध कर दिखाया है। बिल गेट्स के माइक्रोसाफ्ट आरेटिंग सिस्टम साफ्टवेयर से कम्प्यूटर चलता है। भारत के विश्वमानक शून्य श्रृंखला से मानव चलेगा। बात वर्तमान की है परन्तु हो सकता है स्वामी जी के विश्व बन्धुत्व की भाँति यह 100 वर्ष बाद समझ में आये। अपने ज्ञान और सूचना आधारित सहयोग की बात की है। विश्वमानक शून्य श्रृंखला से बढ़कर ज्ञान का सहयोग और क्या हो सकता है? इस सहयोग से भारत और अमेरिका मिलकर विश्व को नई दिशा सिर्फ दे ही नहीं सकते वरन् यहीं विवशतावश करना भी पड़ेगा। मनुष्य अब अन्तरिक्ष में उर्जा खर्च कर रहा है। निश्चय ही उसे पृथ्वी के विवाद को समाप्त कर सम्पूर्ण शक्ति को विश्वस्तरीय केन्द्रीत कर अन्तरिक्ष की ओर ही लगाना चाहिए। जिससे मानव स्वयं अपनी कृति को देख आश्चर्यचकित हो जाये जिस प्रकार स्वयं ईश्वर अपनी कृति को देखकर आश्चर्य में हैं और सभी मार्ग प्रशस्त हैं। भाव भी है। योजना भी है। कर्म भी है। विश्वमानक शून्य श्रृंखला भी है। फिर देर क्यों? और कहिए- "वाहे गुरु की फतह!"

भाग-2

भारत के स्वतन्त्रता (सन् 1947 ई0) के बाद जन्में नेतृत्वकर्ता

01. भारतीय संविधान
02. भारतीय संसद
03. भारतीय सर्वोच्च न्यायालय
04. भारतीय शिक्षा प्रणाली
05. भारतीय विपणन प्रणाली
06. भारतीय मीडिया (चौथा स्तम्भ - पत्रकारिता)
07. सहस्त्राब्दि विश्व शान्ति सम्मेलन
08. श्री फर्दिनो इनासियो रिबेलो (31 जुलाई 1949 -)
09. श्री नरेन्द्र मोदी (17 सितम्बर 1950 -)
10. श्री राज नाथ सिंह (10 जुलाई, 1951 -)
11. श्री बराक ओबामा (4 अगस्त, 1961 -)
12. बाबा रामदेव (25 दिसम्बर, 1965 -)
13. अमर उजाला फाउण्डेशन प्रस्तुति “संवाद”

भाग – 08. वर्तमान धार्मिक–राजनैतिक–सामाजिक नेतृत्वकर्ता चक्र मार्ग से
(भारत तथा विश्व के नेतृत्वकर्त्ताओं के चिंतन पर दिये गये वक्तव्य का स्पष्टीकरण)
ब. भारत के स्वतन्त्रता (सन् 1947 ई0) के बाद जन्में वर्तमान नेतृत्वकर्ता

01

भारतीय संविधान

02

भारतीय संसद

03

भारतीय सर्वोच्च न्यायालय

04

भारतीय शिक्षा प्रणाली

05

भारतीय विपणन प्रणाली

06

भारतीय मीडिया
(चौथा स्तम्भ – पत्रकारिता)

07

सहस्त्राब्दि
विश्व शान्ति सम्मेलन

08

श्री फर्दिनो इनासियो रिबेलो
(31 जुलाई 1949 –)

09

श्री नरेन्द्र मोदी
(17 सितम्बर 1950 –)

10

श्री राज नाथ सिंह
(10 जुलाई, 1951 –)

11

श्री बराक ओबामा
(4 अगस्त, 1961 –)

12

बाबा रामदेव
(25 दिसम्बर, 1965 –)

13

AMAR UJALA
FOUNDATION
अमर उजाला फाउण्डेशन
प्रस्तुति
"संवाद"

14

15

16

पहले विभिन्न वर्तमान धार्मिक – राजनैतिक – सामाजिक नेतृत्वकर्ता
और
अब अन्त में मैं

01. भारतीय संविधान

श्री लव कुश सिंह "विश्वमानव" द्वारा स्पष्टीकरण

सत्य से सार्वभौम सत्य-सिद्धान्त तक का मार्ग अवतारों का मार्ग है। सार्वभौम सत्य-सिद्धान्त की अनुभूति ही अवतरण है। इसके अंश अनुभूति को अंश अवतार तथा पूर्ण अनुभूति को पूर्ण अवतार कहते हैं। अवतार मानव मात्र के लिए ही कर्म करते हैं न कि किसी विशेष मानव समूह या सम्प्रदाय के लिए। अवतार, धर्म, धर्मनिरपेक्ष व सर्वधर्मसमभाव से युक्त अर्थात एकात्म से युक्त होते हैं। इस प्रकार अवतार से उत्पन्न शास्त्र मानव के लिए होते हैं, न कि किसी विशेष मानव समूह के लिए। उत्प्रेरक, शासक और मार्गदर्शक आत्मा सर्वव्यापी है। इसलिए एकात्म का अर्थ संयुक्त आत्मा या सार्वजनिक आत्मा है। जब एकात्म का अर्थ संयुक्त आत्मा समझा जाता है तब वह समाज कहलाता है। जब एकात्म का अर्थ व्यक्तिगत आत्मा समझा जाता है तब व्यक्ति कहलाता है। अवतार, संयुक्त आत्मा का साकार रुप होता है जबकि व्यक्ति व्यक्तिगत आत्मा का साकार रुप होता है। शासन प्रणाली में समाज का समर्थक दैवी प्रवृत्ति तथा शासन व्यवस्था प्रजातन्त्र या लोकतन्त्र या स्वतन्त्र या मानवतन्त्र या समाजतन्त्र या जनतन्त्र या बहुतन्त्र या स्वराज कहलाता है और क्षेत्र गणराज्य कहलाता है। ऐसी व्यवस्था सुराज कहलाती है। शासन प्रणाली में व्यक्ति का समर्थक असुरी प्रवृत्ति तथा शासन व्यवस्था राज्यतन्त्र या राजतन्त्र या एकतन्त्र कहलाता है और क्षेत्र राज्य कहलाता है ऐसी व्यवस्था कुराज कहलाती है। सनातन से ही दैवी और असुरी प्रवृत्तियों अर्थात् दोनों तन्त्रों के बीच अपने-अपने अधिपत्य के लिए संघर्ष होता रहा है। जब-जब समाज में एकतन्त्रात्मक या राजतन्त्रात्मक अधिपत्य होता है तब-तब मानवता या समाज समर्थक अवतारों के द्वारा गणराज्य की स्थापना की जाती है। या यूँ कहें गणतन्त्र या गणराज्य की स्थापना ही अवतार का मूल उद्देश्य अर्थात् लक्ष्य होता है शेष सभी साधन अर्थात् मार्ग ।

अवतारों के प्रत्यक्ष और प्रेरक दो कार्य विधि हैं। प्रत्यक्ष अवतार वे होते हैं जो स्वयं अपनी शक्ति का प्रत्यक्ष प्रयोग कर समाज का सत्यीकरण करते हैं। यह कार्य विधि समाज में उस समय प्रयोग होता है जब अधर्म का नेतृत्व एक या कुछ मानवों पर केन्द्रित होता है। प्रेरक अवतार वे होते हैं जो स्वयं अपनी शक्ति का अप्रत्यक्ष प्रयोग कर समाज का सत्यीकरण जनता एवं नेतृत्वकर्ता के माध्यम से करते हैं। यह कार्य विधि समाज में उस समय प्रयोग होता है जब समाज में अधर्म का नेतृत्व अनेक मानवों और नेतृत्वकर्ताओं पर केन्द्रित होता है।

इन विधियों में से कुल मुख्य दस अवतारों में से प्रथम सात (मत्स्य, कूर्म, वाराह, नृसिंह, वामन, परशुराम, राम) अवतारों ने समाज का सत्यीकरण प्रत्यक्ष विधि के प्रयोग द्वारा किया था। आठवें अवतार (श्रीकृष्ण) ने दोनों विधियों प्रत्यक्ष ओर प्रेरक का प्रयोग किया था। नवें (भगवान बुद्ध) और अन्तिम दसवें अवतार की कार्य विधि प्रेरक ही है।

जल-प्लावन (जहाँ जल है वहाँ थल और जहाँ थल है वहाँ जल) के समय मछली से मार्ग दर्शन (मछली के गतीशीलता से सिद्धान्त प्राप्त कर) पाकर मानव की रक्षा करने वाला ईश्वर (सार्वभौम सत्य-सिद्धान्त) का पहला अंशावतार मत्स्यावतार के बाद मानव का पुनः विकास प्रारम्भ हुआ। दूसरे कूर्मावतार (कछुए के गुण का सिद्धान्त), तीसरे- वाराह अवतार (सुअर के गुण का सिद्धान्त), चौथे- नृसिंह (सिंह के गुण का सिद्धान्त), तथा पाँचवे वामन अवतार (ब्राह्मण के गुण का सिद्धान्त) तक एक ही साकार शासक और मार्गदर्शक राजा हुआ करते थे और जब-जब वे राज्य समर्थक या उसे बढ़ावा देने वाले इत्यादि असुरी गुणों से युक्त हुए उन्हें दूसरे से पाँचवें अंशावतार ने साकार रुप में कालानुसार भिन्न-भिन्न मार्गों से गुणों का प्रयोग कर गणराज्य का अधिपत्य स्थापित किया।

ईश्वर (सार्वभौम सत्य-सिद्धान्त) के छठें अंश अवतार परशुराम के समय तक मानव जाति का विकास इतना हो गया था कि अलग-अलग राज्यों के अनेक साकार शासक और मार्गदर्शक राजा हो गये थे उनमें से जो भी राज्य समर्थक असुरी गुणों से युक्त थे उन सबको परशुराम ने साकार रुप में वध कर डाला। परन्तु बार-बार वध की

समस्या का स्थाई हल निकालने के लिए उन्होंने राज्य और गणराज्य की मिश्रित व्यवस्था द्वारा एक व्यवस्था दी जो आगे चलकर "परशुराम परम्परा" कहलायी। व्यवस्था निम्न प्रकार थी-

1. प्रकृति में व्याप्त तीन गुण- सत्व, रज और तम के प्रधानता के अनुसार मनुष्य का चार वर्णों में निर्धारण। सत्व गुण प्रधान - ब्राह्मण, रज गुण प्रधान-क्षत्रिय, रज एवं तम गुण प्रधान-वैश्य, तम गुण प्रधान-शूद्र।
2. गणराज्य का शासक राजा होगा जो क्षत्रिय होगा जैसे-ब्रह्माण्डीय गणराज्य में प्रकृति जो रज गुण अर्थात् कर्म अर्थात् शक्ति प्रधान है।
3. गणराज्य में राज्य सभा होगी जिसके अनेक सदस्य होंगे जैसे-ब्रह्माण्डीय गणराज्य में प्रकृति के सत्व, रज एवं तम गुणों से युक्त विभिन्न वस्तु हैं।
4. राजा का निर्णय राज्यसभा का ही निर्णय है जैसे-ब्रह्माण्डीय गणराज्य में प्रकृति का निर्णय वहीं है जो सत्व, रज एवं तम गुणों का सम्मिलित निर्णय होता है।
5. राजा का चुनाव जनता करे क्योंकि वह अपने गणराज्य में सर्वव्यापी और जनता का सम्मिलित रुप है जैसे-ब्रह्माण्डीय गणराज्य में प्रकृति सर्वव्यापी है और वह सत्व, रज एवं तम गुणों का सम्मिलित रुप है।
6. राजा और उसकी सभा राज्यवादी न हो इसलिए उस पर नियन्त्रण के लिए सत्व गुण प्रधान ब्राह्मण का नियन्त्रण होगा जैसे- ब्रह्माण्डीय गणराज्य में प्रकृति पर नियन्त्रण के लिए सत्व गुण प्रधान आत्मा का नियन्त्रण होता है।

ईश्वर (सार्वभौम सत्य-सिद्धान्त) के सातवें अंश अवतार श्रीराम द्वारा इसी परशुराम परम्परा का ही प्रसार और स्थापना हुआ था।

ईश्वर (सार्वभौम सत्य-सिद्धान्त) के आठवें अवतार श्रीकृष्ण के समय तक स्थिति यह हो गयी थी राजा पर नियन्त्रण के लिए नियुक्त ब्राह्मण भी समाज और धर्म की व्याख्या करने में असमर्थ हो गये। क्योंकि अनेक धर्म साहित्यों, मत-मतान्तर, वर्ण, जातियों में समाज विभाजित होने से व्यक्ति संकीर्ण और दिग्भ्रमित हो गया था और राज्य समर्थकों की संख्या अधिक हो गयी थी परिणामस्वरुप मात्र एक ही रास्ता बचा था- नवमानव सृष्टि। इसके लिए उन्होंने सम्पूर्ण धर्म-साहित्यों और मत-मतान्तरों के एकीकरण के लिए आत्मा के सर्वव्यापी व्यक्तिगत प्रमाणित निराकार स्वरुप का उपदेश "गीता" व्यक्त किये और गणराज्य का उदाहरण द्वारिका नगर का निर्माण कर किये। उनकी गणराज्य व्यवस्था उनके जीवन काल में ही नष्ट हो गयी परन्तु "गीता" आज भी प्रेरक बनीं हुई है।

ईश्वर (सार्वभौम सत्य-सिद्धान्त) के नवें अवतार भगवान बुद्ध के समय पुनः राज्य एकतन्त्रात्मक होकर हिंसात्मक हो गया परिणामस्वरुप बुद्ध ने अहिंसा के उपदेश के साथ व्यक्तियों को धर्म, बुद्धि और संघ के शरण में जाने की शिक्षा दी। संघ की शिक्षा गणराज्य की शिक्षा थी। धर्म की शिक्षा आत्मा की शिक्षा थी। बुद्धि की शिक्षा, प्रबन्ध और संचालन की शिक्षा थी जो प्रजा के माध्यम से प्रेरणा द्वारा गणराज्य के निर्माण की प्रेरणा थी।

ईश्वर (सार्वभौम सत्य-सिद्धान्त) के दसवें और अन्तिम अवतार के समय तक राज्य और समाज स्वतः ही प्राकृतिक बल के अधीन कर्म करते-करते सिद्धान्त प्राप्त करते हुए पूर्ण गणराज्य की ओर बढ़ रहा था परिणामस्वरुप गणराज्य का रुप होते हुए भी गणराज्य सिर्फ राज्य था और एकतन्त्रात्मक अर्थात् व्यक्ति समर्थक तथा समाज समर्थक दोनों की ओर विवशतावश बढ़ रहा था।

भारत में निम्लिखित रुप व्यक्त हो चुका था।

1. ग्राम, विकास खण्ड, नगर, जनपद, प्रदेश और देश स्तर पर गणराज्य और गणसंघ का रुप।
2. सिर्फ ग्राम व नगर स्तर पर राजा (ग्राम व नगर पंचायत अध्यक्ष) का चुनाव सीधे जनता द्वारा।
3. गणराज्य को संचालित करने के लिए संचालक का निराकार रुप- संविधान।
4. गणराज्य के तन्त्रों को संचालित करने के लिए तन्त्र और क्रियाकलाप का निराकार रुप-नियम और कानून।
5. राजा पर नियन्त्रण के लिए ब्राह्मण का साकार रुप- राष्ट्रपति, राज्यपाल, जिलाधिकारी इत्यादि।

विश्व स्तर पर निम्नलिखित रुप व्यक्त हो चुका था।

1. गणराज्यों के संघ के रुप में संयुक्त राष्ट्र संघ का रुप।
2. संघ के संचालन के लिए संचालक और संचालक का निराकार रुप- संविधान।

3. संघ के तन्त्रों को संचालित करने के लिए तन्त्र और क्रियाकलाप का निराकार रुप- नियम और कानून।
4. संघ पर नियन्त्रण के लिए ब्राह्मण का साकार रुप-पाँच वीटो पावर।
5. प्रस्ताव पर निर्णय के लिए सदस्यों की सभा।
6. नेतृत्व के लिए राजा- महासचिव।

जिस प्रकार आठवें अवतार द्वारा व्यक्त आत्मा के निराकार रुप "गीता" के प्रसार के कारण आत्मीय प्राकृतिक बल सक्रिय होकर गणराज्य के रुप को विवशतावश समाज की ओर बढ़ा रहा था उसी प्रकार अन्तिम अवतार द्वारा निम्नलिखित शेष समष्टि कार्य पूर्ण कर प्रस्तुत कर देने मात्र से ही विवशतावश उसके अधिपत्य की स्थापना हो जाना है।

1. गणराज्य या लोकतन्त्र के सत्य रुप- गणराज्य या लोकतन्त्र के स्वरुप का अन्तर्राष्ट्रीय/ विश्व मानक।
2. राजा और सभा सहित गणराज्य पर नियन्त्रण के लिए साकार ब्राह्मण का निराकार रुप- मन का अन्तर्राष्ट्रीय/ विश्व मानक।
3. गणराज्य के प्रबन्ध का सत्य रुप- प्रबन्ध का अन्तर्राष्ट्रीय/ विश्व मानक।
4. गणराज्य के संचालन के लिए संचालक का निराकार रुप- संविधान के स्वरुप का अन्तर्राष्ट्रीय/ विश्व मानक।
5. साकार ब्राह्मण निर्माण के लिए शिक्षा का स्वरुप- शिक्षा पाठ्यक्रम का अन्तर्राष्ट्रीय/ विश्व मानक।

इस समष्टि कार्य द्वारा ही काल व युग परिवर्तन होगा न कि सिर्फ चिल्लाने से कि "सतयुग आयेगा", "सतयुग आयेगा" से। यह समष्टि कार्य जिस शरीर से सम्पन्न होगा वही अन्तिम अवतार के रूप में व्यक्त होगा। धर्म में स्थित वह अवतार चाहे जिस सम्प्रदाय (वर्तमान अर्थ में धर्म) का होगा उसका मूल लक्ष्य यही शेष समष्टि कार्य होगा और स्थापना का माध्यम उसके सम्प्रदाय की परम्परा व संस्कृति होगी।

जिस प्रकार केन्द्र में संविधान संसद है, प्रदेश में संविधान विधान सभा है उसी प्रकार ग्राम नगर में भी संविधान होना चाहिए जिस प्रकार केन्द्र और प्रदेश के न्यायालय और पुलिस व्यवस्था है उसी प्रकार ग्राम नगर के भी होने चाहिए कहने का अर्थ ये है कि जिस प्रकार की व्यवस्थायें केन्द्र और प्रदेश की अपनी हैं उसी प्रकार की व्यवस्था छोटे रुप में ग्राम नगर की भी होनी चाहिए। संघ (राज्य) या महासंघ (केन्द्र) से सम्बन्ध सिर्फ उस गणराज्य से होता है प्रत्येक नागरिक से नहीं संघ या महासंघ का कार्य मात्र अपने गणराज्यों में आपसी समन्वय व सन्तुलन करना होता है उस पर शासन करना नहीं तभी तो सच्चे अर्थों में गणराज्य व्यवस्था या स्वराज-सुराज व्यवस्था कहलायेगी। यही राष्ट्रपिता महात्मा गाँधी की प्रसिद्ध युक्ति "भारत ग्राम (नगर) गणराज्यों का संघ हो" और "राम राज्य" का सत्य अर्थ है।

किसी देश का संविधान, उस देश के स्वाभिमान का शास्त्र तब तक नहीं हो सकता जब तक उस देश की मूल भावना का शिक्षा पाठ्यक्रम उसका अंग न हो। इस प्रकार भारत देश का संविधान भारत देश का शास्त्र नहीं है। संविधान को भारत का शास्त्र बनाने के लिए भारत की मूल भावना के अनुरूप नागरिक निर्माण के शिक्षा पाठ्यक्रम को संविधान के अंग के रूप में शामिल करना होगा। जबकि राष्ट्रीय संविधान और राष्ट्रीय शास्त्र के लिए हमें विश्व के स्तर पर देखना होगा क्योंकि देश तो अनेक हैं राष्ट्र केवल एक विश्व है, यह धरती है, यह पृथ्वी है। भारत को विश्व गुरू बनने का अन्तिम रास्ता यह है कि वह अपने संविधान को वैश्विक स्तर पर विचार कर उसमें विश्व शिक्षा पाठ्यक्रम को शामिल करे। यह कार्य उसी दिशा की ओर एक पहल है, एक मार्ग है और उस उम्मीद का एक हल है। राष्ट्रीयता की परिभाषा व नागरिक कर्तव्य के निर्धारण का मार्ग है। जिस पर विचार करने का मार्ग खुला हुआ है।

02. भारतीय संसद

"द्वितीय स्वतन्त्रता संग्राम शुरू करने का संसद में सर्वसम्मति से आहवान"

स्वतन्त्रता के 50 वर्ष पूर्ण होने पर संसद का निर्णय
साभार-दैनिक जागरण, वाराणसी, दि0 31-8-97

श्री लव कुश सिंह "विश्वमानव" द्वारा स्पष्टीकरण

जिसका निर्णय संसद में सर्वसम्मति से लिया गया, जो साधारण जनता, शहीद एवम् जीवित स्वतन्त्रता संग्राम सेनानियों की आत्मा की आवाज है। जो संयुक्त राष्ट्र संघ के महासचिव, भारत के राष्ट्रपति, राजनितिक दलों एवम् बुद्धिजीवि वर्ग का आवश्यक कर्म है और जनता तथा वर्तमान एवं भविष्य की पीढ़ी का भविष्य है। जिसे युवाओं को कर्म के साथ प्रारम्भ करना है। नवयुवकों और वृद्धों को समर्थन के साथ आना है। प्रौढ़ों को कर्म एवम् ज्ञान के साथ आना है। महिलाओं को समानता के लिए आत्मसात् कर शक्ति रूप में व्यक्त होना है। जो भारत तथा विश्व का भविष्य है। यह वही कार्य है, जो द्वितीय और अन्तिम स्वतन्त्रता संग्राम-आध्यात्मिक स्वन्त्रता संग्राम के रूप में व्यक्त हुआ है। जब व्यक्ति एवम् देश के शरीर को स्वतंत्र करना था अर्थात प्रथम स्वतन्त्रता संग्राम था। तब देश भक्तों की आवश्यकता थी। अब जब द्वितीय स्वतन्त्रता संग्राम का अवसर है तब देश भक्त (भारत भक्त) सहित राष्ट्र भक्त (विश्व भक्त) की आवश्यकता है। क्योंकि देशभक्त की भावना में दूसरे देश के प्रति अपनत्व नहीं आ पाती। दूसरे देश के प्रति अपनत्व की भावना तभी आ सकती है जब वह राष्ट्र भक्त हो। प्रकृति अविष्कृत राष्ट्र एक विश्व है। जिसमें मानव अविष्कृत राष्ट्र-देश समाहित हैं। यह प्रश्न हो सकता है कि पूर्ण ज्ञान या पूर्ण स्वतन्त्रता के बाद समाज और लोकतंत्र बिखर नहीं जायेगा? ऐसा कदापि नहीं होगा बल्कि वह स्वस्थ हो जायेगा क्योंकि व्यक्ति समाज और लोकतंत्र का देश काल मुक्त ज्ञान एवम् कर्मज्ञान सभी में समान हो जायेगा और देश काल बद्ध ज्ञान एवम् कर्मज्ञान से युक्त होकर अपने अधिकार क्षेत्र में ही वे कार्य करेंगे। वर्तमान समय के तरह नहीं कि जो कर्म व्यक्ति को स्वयं कर लेने चाहिए उसे भी वे नेताओं पर छोड़े रहते है। प्रथम स्वतंत्रता संग्राम से प्राप्त स्वतन्त्रता के उपरान्त भारत के संविधान का निर्माण हुआ जो सुरक्षा, कर्मफल एवम् पश्चिमी भाव आधारित संविधान है। अब द्वितीय एवम् पूर्ण स्वतंत्रता के उपरान्त भारतीय संविधान का विश्व संविधान में परिवर्तित करना हो तो शान्ति, कर्म-कारण एवम् भारतीय भाव आधारित संविधान का निर्माण करना होगा जो एकात्मकर्मवाद पर आधारित होना चाहिए न कि एकात्मवाद (एकात्म संस्कृति) पर आधारित।

विश्व के सबसे बड़े लोकतन्त्र के संसद को मैं याद दिलाना चाहता हूँ कि अगस्त, 1997 में संसद ने "द्वितीय स्वतन्त्रता संग्राम शुरू करने का संसद में सर्वसम्मति से आह्वान" (दैनिक जागरण, वाराणसी, दि0 31-8-97) किया था। लोकतन्त्र की मर्यादा और विश्व के समक्ष अपनी सवश्रेष्ठता सहित उसकी स्वस्थता व पूर्णता के लिए मैं संसद के समक्ष उसके निर्णय के अनुरूप कुछ लक्ष्य रख कर आह्वान करता हूँ कि संसद नागरिक, देश व विश्व के लिए उसे पूर्ण कर अपने कर्तव्य को निभाये।

1. जिस प्रकार भारत में एक राष्ट्रीय ध्वज (तिरंगा), एक राष्ट्रीय पक्षी (भारतीय मोर), एक राष्ट्रीय पुष्प (कमल), एक राष्ट्रीय पेड़ (भारतीय बरगद), एक राष्ट्रीय गान (जन गण मन), एक राष्ट्रीय नदी (गंगा), एक राष्ट्रीय प्रतीक (सारनाथ स्थित अशोक स्तम्भ का सिंह), एक राष्ट्रीय पंचांग (शक संवत पर आधारित), एक राष्ट्रीय पशु (बाघ), एक राष्ट्रीय गीत (वन्दे मातरम्), एक राष्ट्रीय फल (आम), एक राष्ट्रीय खेल (हाकी), एक राष्ट्रीय मुद्रा चिन्ह, एक संविधान है उसी प्रकार एक राष्ट्रीय शास्त्र भी भारत को आवश्यकता है। जिससे नागरिक अपने व्यक्तिगत धर्म शास्त्र को मानते हुये भी राष्ट्रधर्म को भी जान सके। जो लोकतन्त्र का धर्मनिरपेक्ष-सर्वधर्मसमभाव शास्त्र भी होगा।

2. पिछले 65 वर्षों से अकेले रह रहे हमारे राष्ट्रपिता महात्मा गाँधी को एक राष्ट्रपुत्र भी चाहिए जिसके स्वामी विवेकानन्द पूर्णतः योग्य हैं। जिससे नागरिक उनके धर्मनिरपेक्ष-सर्वधर्मसमभाव विचार व जीवन से प्रेरणा प्राप्त कर सकें ।

3. "शिक्षा के अधिकार अधिनियम" के बाद अब "पूर्ण शिक्षा का अधिकार अधिनियम" बनना चाहिए। पूर्ण शिक्षा पाठ्यक्रम बनने से पूर्ण मानव का निर्माण प्रारम्भ होगा फलस्वरूप देश सहित विश्व के विकास और उसके प्रति समर्पित नागरिक प्राप्त होने लगेंगे जो कर्तव्य आधारित नागरिक होंगे।

4. यह प्रश्न उठाना चाहिए कि देश, व्यक्ति व संस्था किस प्रकार के नागरिक का निर्माण करना चाहते हैं और उसका मानक क्या हैं? यह सभी संस्थानों से पूछा जाना चाहिए।

5. यह प्रश्न उठाना चाहिए कि ऐसा कौन सा सार्वजनिक प्रमाणित सत्य-सिद्धान्त है जो पूर्णतया विवादमुक्त है जिससे सभी तन्त्रों को विवादमुक्त कर उसका सत्यीकरण किया जा सके।

6. यह प्रश्न उठना चाहिए कि गणराज्य का सत्य रूप क्या है? जिससे हम सबसे बड़े लोकतन्त्र को पूर्णता प्रदान करते हुये विश्व को एक मानक लोकतन्त्र दे सकें।

7. मन या मानव संसाधन का विश्व मानक निर्धारण के लिए प्रक्रिया प्रारम्भ करना आवश्यक है जिससे राष्ट्र को मानक मानव संसाधन प्राप्त हो।

उपरोक्त लक्ष्यों के लिए मैं भारत के संसद का आह्वान करता हूँ कि कम से कम समस्याओं से घिरते विश्व को अपनी सकारात्मक सोच से परिचय कराये।

03. भारतीय सर्वोच्च न्यायालय

"भारत के प्रत्येक नागरिक का यह कर्तव्य है कि वह भारत की संविधान की धारा 51 (ए) के अन्तर्गत बिना किसी जाति, वंश या मजहब के भेदभाव के गीता में दिये गये धर्म का पालन करें।" (एक जनहित याचिका पर उच्च न्यायालय, इलाहाबाद का फैसला)

-माननीय न्यायमूर्ति श्री एस.एन. श्रीवास्तव, इलाहाबाद, उ0प्र0, भारत
साभार - दी हिन्दू, चेन्नई, दि0 12 सितम्बर 2007

श्री लव कुश सिंह "विश्वमानव" द्वारा स्पष्टीकरण

गीता जिस कालक्रम में व्यक्त हुई थी उस समय वह मानव मात्र के लिए ही थी। वह आज भी मानव मात्र के लिए ही है। जिन्हें अपना बौद्धिक विकास करना हो, उन सब के लिए है। परन्तु कालान्तर में अन्य धर्म (सम्प्रदाय) आने के बाद गीता को किसी एक धर्म (सम्प्रदाय) का माना जाने लगा। यह उसी प्रकार हो गया जैसे कि आम की लकड़ी का अन्य वस्तु जैसे- खाट, चौकी, कुर्सी इत्यादि बन जाने के बाद उसका नाम खाट, चौकी, कुर्सी इत्यादि हो जाता है, आम की लकड़ी गायब हो जाती है। जो लोग गीता को पढ़ते हैं उन्हें उसका लाभ समझ में आता है परन्तु सार्वजनिक रूप से उसे स्वीकार करने पर उन्हें अपने धर्म-सम्प्रदाय-मत इत्यादि पर आघात समझ में आता है।

निश्चित ही गीता शास्त्र है परन्तु पूर्ण शास्त्र नहीं। गीता में सत्य-ज्ञान है परन्तु कर्म-ज्ञान नहीं। गीता में सार्वभौम सत्य है परन्तु सार्वभौम सत्य-सिद्धान्त नहीं। गीता में प्रकृति की व्याख्या है परन्तु ब्रह्माण्ड की व्याख्या नहीं। गीता व्यक्ति (व्यक्तिगत मन) की पूर्णता का शास्त्र है परन्तु समष्टि (संयुक्त मन) की पूर्णता का शास्त्र नहीं। गीता में ज्ञान की परिभाषा है परन्तु ध्यान की परिभाषा नहीं। गीता व्यक्तिगत प्रमाणित है परन्तु सार्वजनिक प्रमाणित नहीं। गीता व्यक्ति को कैसे चलना चाहिए यह आंशिक रुप से बताती है परन्तु व्यक्ति सहित सम्पूर्ण राष्ट्र को पूर्ण रुप से कैसे चलना चाहिए यह नहीं बताती। गीता ज्ञान व सिद्धान्त का बीज शास्त्र है न कि वृक्ष शास्त्र। गीता में योग है परन्तु ध्यान व चेतना नहीं। गीता में दर्शन है परन्तु विकास दर्शन नहीं। गीता में ईश्वर की व्याख्या है परन्तु अवतार की व्याख्या नहीं। गीता चेला बनाने में उपयोगी है परन्तु गुरू बनाने में नहीं। गीता अर्जुन बनाने में उपयोगी है परन्तु कृष्ण बनाने में नहीं।

आपका फैसला सही था परन्तु गीता के व्यक्तिगत प्रमाणित होने के कारण वह विरोध का शिकार हो गया। "विश्वशास्त्र" के साथ ऐसा नहीं हो पायेगा क्योंकि यह गीता समाहित सार्वजनिक प्रमाणित शास्त्र है। जो इसे स्वीकार-आत्मसात् नहीं करेगा वह स्वयं ही ज्ञान-बौद्धिकता के इस युग में पीछे होकर विलीन हो जायेगा। विश्वशास्त्र, समष्टि धर्म शास्त्र है। व्यक्ति अपने व्यष्टि धर्म शास्त्र को भी जीये और एक वैश्विक नागरिक होने के कारण विश्वशास्त्र को भी जीये, तभी उन्नति कर पायेंगे।

जिस प्रकार मानवी शरीर एक व्यक्ति है और उसका प्रत्येक सूक्ष्म भाग जिसे हम "कोश" कहते हैं एक अंश है। उसी प्रकार सारे व्यक्तियों का समष्टि ईश्वर है, यद्यपि वह स्वयं भी एक व्यक्ति है। समष्टि ही ईश्वर है, व्यष्टि या अंश जीव है। इसलिए ईश्वर का अस्तित्व जीवों के अस्तित्व पर निर्भर है जैसे कि शरीर का उसके सूक्ष्म भाग पर और सूक्ष्म भाग का शरीर पर। इस प्रकार जीव और ईश्वर परस्परावलम्बी हैं। जब तक एक का अस्तित्व है तब तक दूसरे का भी रहेगा। और हमारी इस पृथ्वी को छोड़कर अन्य सब उँचे लोकों में शुभ की मात्रा अशुभ से अधिक होती है। इसलिए वह समष्टि स्वरुप ईश्वर शिवस्वरुप, सर्वशक्तिमान और सर्वज्ञ कहा जा सकता है। ये गुण प्रत्यक्ष प्रतीत होते हैं। ईश्वर से सम्बद्ध होने के कारण उन्हें प्रमाण करने के लिए तर्क की आवश्यकता नहीं होती। ब्रह्म इन दोनों से परे है और वह कोई विशिष्ट अवस्था नहीं है वह एक ऐसी वस्तु है जो अनेकों की समष्टि से नहीं बनी है। वह

एक ऐसी सत्ता है जो सूक्ष्मातित-सूक्ष्म से लेकर ईश्वर तक सब में व्याप्त है और उसके बिना किसी का अस्तित्व नहीं हो सकता सभी का अस्तित्व उसी सत्ता या ब्रह्म का प्रकाश मात्र है। जब मैं सोचता हूँ "मैं ब्रह्म हूँ" तब मेरा यथार्थ अस्तित्व होता है ऐसा ही सबके बारे में है विश्व की प्रत्येक वस्तु स्वरुपतः वही सत्ता है

- स्वामी विवेकानन्द

****

"मुसलमानों के लिए कुरान और क्रिश्चियनों के लिए बाइबिल है। हर मजहब अपना अपना धर्म शास्त्र रखता है। इसलिए यह हम कैसे कह सकते हैं कि गीता सम्पूर्ण राष्ट्र के लिए है।" (एक जनहित याचिका पर उच्च न्यायालय, इलाहाबाद का फैसला)

- श्री एच.आर. भारद्वाज
साभार - दी हिन्दू, चेन्नई, दि0 12 सितम्बर 2007

श्री लव कुश सिंह "विश्वमानव" द्वारा स्पष्टीकरण

वैसे तो गीता किसी मजहब के लिए व्यक्त नहीं की गई थी, वो मानव मात्र के ज्ञान-बौद्धिक विकास के लिए व्यक्त हुई थी। चलिए मान भी लिया जाये कि मुसलमानों के लिए कुरान, क्रिश्चियनों के लिए बाइबिल और हिन्दूओं के लिए गीता इत्यादि हैं। अर्थात ये सब धर्मशास्त्र किसी अलग-अलग मानव समूह के लिए हैं। तो फिर सम्पूर्ण राष्ट्र के लिए कौन सा है या अभी उपलब्ध नहीं हुआ है। लेकिन अब सम्पूर्ण राष्ट्र के लिए "विश्वशास्त्र" व्यक्त हो चुका है। जो राजतन्त्र में नहीं लोकतन्त्र में आविष्कृत है। खान-पान, पहनावा, पूजा-पद्धति पर आधारित नहीं बल्कि सम्पूर्ण ब्रह्माण्ड में व्याप्त सार्वभौम सत्य-सिद्धान्त व कर्मज्ञान पर आधारित है। जिसकी उपयोगिता है-

वर्तमान समय के भारत तथा विश्व की इच्छा शान्ति का बहुआयामी विचार-अन्तरिक्ष, पाताल, पृथ्वी और सारे चराचर जगत में एकात्म भाव उत्पन्न कर अभय का साम्राज्य पैदा करना और समस्याओं के हल में इसकी मूल उपयोगिता है। साथ ही विश्व में एक धर्म- विश्वधर्म-सार्वभौम धर्म, एक शिक्षा-विश्व शिक्षा, एक न्याय व्यवस्था, एक अर्थव्यवस्था, एक संविधान, एक शास्त्र स्थापित करने में है। भारत के लिए यह अधिक लाभकारी है क्योंकि यहाँ सांस्कृतिक विविधता है। जिससे सभी धर्म-संस्कृति को सम्मान देते हुए एक सूत्र में बाँधने के लिए सर्वमान्य धर्म उपलब्ध हो जायेगा। साथ ही संविधान, शिक्षा व शिक्षा प्रणाली व विषय आधारित विवाद को उसके सत्य-सैद्धान्तिक स्वरूप से हमेशा के लिए समाप्त किया जा सकता है। साथ ही पूर्ण मानव निर्माण की तकनीकी से संकीर्ण मानसिकता से व्यक्ति को उठाकर व्यापक मानसिकता युक्त व्यक्ति में स्थापित किये जाने में आविष्कार की उपयोगिता है। जिससे विध्वंसक मानव का उत्पादन दर कम हो सके। ऐसा न होने पर नकारात्मक मानसिकता के मानवों का विकास तेजी से बढ़ता जायेगा और मनुष्यता की शक्ति उन्हीं को रोकने में खर्च हो जायेगी। यह आविष्कार सार्वभौम लोक या गण या या जन या स्व का निराकार रूप है इसलिए इसकी उपयोगिता स्वस्थ समाज, स्वस्थ लोकतन्त्र, स्वस्थ उद्योग तथा व्यवस्था के सत्यीकरण और स्वराज की प्राप्ति में है अर्थात मानव संसाधन की गुणवत्ता का विश्वमानक की प्राप्ति और ब्रह्माण्ड की सटीक व्याख्या में है। मनुष्य किसी भी पेशे में हो लेकिन उसके मन का भूमण्डलीयकरण, एकीकरण, सत्यीकरण, ब्रह्माण्डीयकरण करने में इसकी उपयोगिता है जिससे मानव शक्ति सहित संस्थागत और शासन शक्ति को एक कर्मज्ञान से युक्त कर ब्रह्माण्डीय विकास में एकमुखी किया जा सके।

इस पर आपके क्या विचार हैं?

यदि कभी कोई सार्वभौमिक धर्म हो सकता है, तो वह ऐसा ही होगा, जो देश या काल से मर्यादित न हो, जो उस अनन्त भगवान के समान ही अनन्त हो, जिस भगवान के सम्बन्ध में वह उपदेश देता है, जिसकी ज्योति श्रीकृष्ण के भक्तों पर और ईसा के प्रेमियों पर, सन्तों पर और पापियों पर समान रूप से प्रकाशित होती हो, जो न तो ब्राह्मणों का हो, न बौद्धों का, न ईसाइयों का और न मुसलमानों का, वरन् इन सभी धर्मों का समष्टिस्वरूप होते

हुए भी जिसमें उन्नति का अनन्त पथ खुला रहे, जो इतना व्यापक हो कि अपनी असंख्य प्रसारित बाहूओं द्वारा सृष्टि के प्रत्येक मनुष्य का प्रेमपूर्वक आलिंगन करें।... वह विश्वधर्म ऐसा होगा कि उसमें किसी के प्रति विद्वेष अथवा अत्याचार के लिए स्थान न रहेगा, वह प्रत्येक स्त्री और पुरूष के ईश्वरीय स्वरूप को स्वीकार करेगा और सम्पूर्ण बल मनुष्यमात्र को अपनी सच्ची, ईश्वरीय प्रकृति का साक्षात्कार करने के लिए सहायता देने में ही केन्द्रित रहेगा।

- स्वामी विवेकानन्द

ईसाई को हिन्दू अथवा बौद्ध नहीं होना पड़ेगा, और न हिन्दू या बौद्ध को ईसाई ही, परन्तु प्रत्येक धर्म दूसरे धर्मों के सारभाग को आत्मसात् करके पुष्टिलाभ करेगा और अपने वैशिष्ट्य की रक्षा करते हुए अपनी निजी प्रकृति के अनुसार वृद्धि को प्राप्त होगा। यदि इस सर्वधर्म परिषद् ने जगत् के समक्ष कुछ प्रमाणित किया है तो वह यह कि उसने यह सिद्ध कर दिखाया है कि शुद्धता, पवित्रता और दयाशीलता किसी सम्प्रदाय-विशेष की सम्पत्ति नहीं है तथा प्रत्येक धर्म ने श्रेष्ठ एवं अतिशय उन्नत-चरित्र स्त्री पुरूषों को जन्म दिया है। अब इन प्रत्यक्ष प्रमाणों के बावजुद भी यदि कोई ऐसा स्वप्न देखे कि अन्यान्य सारे धर्म नष्ट हो जायेंगे और केवल उसका धर्म ही अपना सर्वश्रेष्ठता के कारण जीवित रहेगा, तो उस पर मैं अपने हृदय के अन्तस्थल से दया करता हूँ और उसे स्पष्ट शब्दों में बतलाये देता हूँ कि वह दिन दूर नहीं हैं, जब उस-जैसे लोगों के अड़ंगों के बावजूद भी प्रत्येक धर्म की पताका पर यह स्वर्णाक्षरों में लिखा रहेगा-'सहयोग, न कि विरोध', पर-भाव-ग्रहण न कि पर-भाव-विनाश, 'समन्वय और शान्ति, न कि मतभेद और कलह'! **- स्वामी विवेकानन्द**

****

"भगवान शिव, हनुमान, दुर्गा ब्रह्माण्ड की अलौकिक शक्तियाँ। ये देवी-देवता किसी पंथ से जुड़े नहीं हैं। इसलिए इनके पूजन और मन्दिर के रखरखाव का खर्च, धार्मिक कृत्य नहीं।"

-आयकर अपीलीय न्यायाधिकरण (ट्रिब्यूनल), नागपुर, भारत

श्री लव कुश सिंह "विश्वमानव" द्वारा स्पष्टीकरण

"धार्मिक कृत्य", जनता के शारीरिक-आर्थिक-मानसिक विकास से सम्बन्धित कार्य कहा जाता है। हिन्दू देवी-देवताओं का प्रक्षेपण ब्रह्माण्डीय सत्य-सिद्धान्त के अनुसार मानक चरित्र के रूप में मानव कल्याण के लिए उनके मस्तिष्क के विकास और मार्गदर्शन के लिए महर्षि व्यास द्वारा किया गया है। जब मानव कल्याण की बात आती है तो वह किसी भी पंथ से नहीं जुड़ सकता जैसे सूर्य सबको प्रकाश-ऊर्जा देता है, वर्षा द्वारा जल सभी को प्राप्त होता है इत्यादि, इसलिए सूर्य या जल देवता को किसी पंथ से नहीं जोड़ा जा सकता। यह सत्य है कि किसी भी उपासना स्थल के देवी-देवता के पूजन और उपासना स्थल के रखरखाव का खर्च किसी भी स्थिति में धार्मिक कृत्य नहीं हो सकता। हाँ ऐसे स्थल के द्वारा जनता के शारीरिक-आर्थिक-मानसिक विकास से सम्बन्धित कार्य, धार्मिक कृत्य के अन्तर्गत आ सकता है। जिस प्रकार किसी उद्योग के रखरखाव में आया खर्च, खर्च होता है और उसके द्वारा उत्पादित वस्तु, उसका कृत्य उत्पाद होता है। उसी प्रकार उपासना स्थल के रखरखाव का खर्च, खर्च है और उसके द्वारा उत्पादित वस्तु अर्थात जन कल्याण कार्य, उसका कृत्य धर्मिक कृत्य होता है।

****

"गीता धर्मिक ग्रन्थ नहीं, जीवन दर्शन है जिससे नागरिकता का प्रशिक्षण मिलता है। गीता से न्यायायिक नियंत्रण और सामाजिक सौहार्द का सन्देश भी हासिल होता है।"

-मध्य प्रदेश हाई कोर्ट, भारत

साभार - दैनिक जागरण, वाराणसी, दि0 29 जनवरी, 2012

श्री लव कुश सिंह "विश्वमानव" द्वारा स्पष्टीकरण

"सार्वभौम सत्य-सिद्धान्त" अर्थात ब्रह्माण्डीय नियम, किसी भी पंथ से नहीं जुड़ सकता जैसे सूर्य सबको प्रकाश-ऊर्जा देता है, वर्षा द्वारा जल सभी को प्राप्त होता है। नागरिकता का प्रशिक्षण, जीवन दर्शन, समाजिक समरसता, समभाव इत्यादि जो मनुष्यता और मानवता के विकास के विषय है, वे सब क्या मनुष्य को नहीं चाहिए? क्या किसी देश और उसके नागरिकों को नहीं चाहिए? और यदि चाहिए तो वह "गीता" में पहले से ही उपलब्ध है तो "गीता" का क्या दोष? "गीता" जब अवतरित की गई थी तब कितने वर्तमान अर्थों के धर्म समाज में थें, यह भी जानना आवश्यक होगा। तभी यह जान पायेंगे कि "गीता" किसी पंथ से सम्बन्धित है या मानव जाति से सम्बन्धित है। यह "सार्वभौम सत्य-सिद्धान्त" अर्थात ब्रह्माण्डीय नियम से सम्बन्धित है या मानव निर्मित नियम से सम्बन्धित है। वर्तमान अर्थों के धर्म जो एक पंथ है उनकी पहचान एक पद्धति के रूप में होती है जिसमें एक उपासना स्थल, एक खान-पान, एक वेश-भूषा, एक धार्मिक पुस्तक इत्यादि होते हैं। "गीता" इन सबसे मुक्त होकर केवल मस्तिष्क के विकास और चिन्तनशील बनाती है न कि उपासना स्थल, खान-पान, वेश-भूषा इत्यादि की स्थापना करती है।

इसी क्रम में मूल बीज "गीता" का वृक्ष शास्त्र "विश्वशास्त्र" है जो सिर्फ "ज्ञान-कर्मज्ञान" की बात करती है और यह व्यष्टि (व्यक्तिगत मन) और समष्टि (संयुक्त मन) दोनों के लिए उपलब्ध है। अब यदि कोई यह कहे कि यह "गीता" आधारित है और यह हिन्दू धर्म का है तो उस व्यक्ति और देश को ज्ञान-कर्मज्ञान न अपनाने से हानि किसकी होगी? "सार्वभौम सत्य-सिद्धान्त" अर्थात ब्रह्माण्डीय नियम के आविष्कारक ऋषिगण सम्पूर्ण ब्रह्माण्ड के कल्याण और एकत्व के लिए कार्य करते थे, न कि एक अलग पंथ और समूह बनाने के लिए। मनुष्य का अपना एक अलग प्रकार का अंहकार होता है, उसे एक नियम बनाकर एक समूह को मोहरे की भाँति संचालित करने में उसके अंहकार को संतुष्टि प्राप्त होती है और उस अपने नियम से "सार्वभौम सत्य-सिद्धान्त" अर्थात ब्रह्माण्डीय नियम को ही नकारने लगता है जिससे वह स्वयं भी संचालित रहता है और उसी से अन्त में वह मिटा दिया जाता है। सभी धर्म शास्त्र राजतन्त्र में आविष्कृत व्यष्टि धर्म शास्त्र हैं। लोकतन्त्र में आविष्कृत प्रथम और अन्तिम व्यष्टि सहित समष्टि धर्म शास्त्र "विश्वशास्त्र" है।

****

"हिन्दुत्व पर व्यापक व्याख्या शुरू" (20 वर्ष से लंबित मामला)

-सुप्रीम कोर्ट, भारत

श्री लव कुश सिंह "विश्वमानव" द्वारा स्पष्टीकरण

हिन्दुत्व पर बहस करने से कुछ नहीं प्राप्त होगा। बहस से कुछ हल नहीं निकलता, केवल मनोरंजन होता है। दूरदर्शन के अनके चैनलों पर हमेशा बहस होता है। सीधे-सीधे निम्नलिखित कुछ प्रश्न उठाकर समाज के बौद्धिक शक्ति से उत्तर माँग लिजिए। वह उत्तर ही हिन्दुत्व पर बहस का हल होगा-

1. जिस प्रकार भारत में एक राष्ट्रीय ध्वज (तिरंगा), एक राष्ट्रीय पक्षी (भारतीय मोर), एक राष्ट्रीय पुष्प (कमल), एक राष्ट्रीय पेड़ (भारतीय बरगद), एक राष्ट्रीय गान (जन गण मन), एक राष्ट्रीय नदी (गंगा), एक राष्ट्रीय प्रतीक (सारनाथ स्थित अशोक स्तम्भ का सिंह), एक राष्ट्रीय पंचांग (शक संवत पर आधारित), एक राष्ट्रीय पशु (बाघ), एक राष्ट्रीय गीत (वन्दे मातरम), एक राष्ट्रीय फल (आम), एक राष्ट्रीय खेल (हाकी), एक राष्ट्रीय मुद्रा चिन्ह, एक संविधान है उसी प्रकार एक राष्ट्रीय शास्त्र भी भारत को आवश्यकता है। जिससे नागरिक अपने व्यक्तिगत धर्म शास्त्र को मानते हुये भी राष्ट्रधर्म को भी जान सके। जो लोकतन्त्र का धर्मनिरपेक्ष-सर्वधर्मसमभाव शास्त्र भी होगा। इसके लिए संरकार व समाज प्रयत्न करें।

2. क्या राष्ट्रपुत्र के रूप में स्वामी विवेकानन्द को मान्यता दे दी जाय?

3. "शिक्षा के अधिकार अधिनियम" के बाद अब "पूर्ण शिक्षा का अधिकार अधिनियम" बनना चाहिए। पूर्ण शिक्षा पाठ्यक्रम किस प्रकार बनाया जाय और उसका स्वरूप क्या होगा?

4. देश, व्यक्ति व संस्था किस प्रकार के नागरिक का निर्माण करना चाहते हैं और उसका मानक क्या हैं?

5. ऐसा कौन सा सार्वजनिक प्रमाणित सत्य-सिद्धान्त है जो पूर्णतया विवादमुक्त है जिससे सभी तन्त्रों को विवादमुक्त कर उसका सत्यीकरण किया जा सके?

6. गणराज्य का सत्य रूप क्या है? जिससे हम सबसे बड़े लोकतन्त्र को पूर्णता प्रदान करते हुये विश्व को एक मानक लोकतन्त्र दे सकें?

7. मन या मानव संसाधन का विश्व मानक निर्धारण करना आवश्यक है वह कैसे निर्मित हो?

उपरोक्त कार्य संवैधानिक विकास व लोकतन्त्र की पूर्णता का ही कदम है।

04. भारतीय शिक्षा प्रणाली

श्री लव कुश सिंह "विश्वमानव" द्वारा स्पष्टीकरण

स्कूल-कालेजों के जाल से शिक्षा के व्यापार का विकास होता है न कि शिक्षा का। शिक्षा का विकास तो शिक्षा पाठ्यक्रम पर निर्भर होता है जिससे शिक्षक और शिक्षार्थी दोनों निर्मित होते हैं। जब तक पूर्ण शिक्षा पाठ्यक्रम का निर्माण नहीं होता, शिक्षा का विकास नहीं हो सकता लेकिन शिक्षा के व्यापार का विकास होता रहेगा।

छात्रों की विवशता है कि उनके शिक्षा बोर्ड व विश्वविद्यालय जो पाठ्यक्रम तैयार करेंगे वही पढ़ना है और छात्रों की यह प्रकृति भी है कि वही पढ़ना है जिसकी परीक्षा ली जाती हो। जिसकी परीक्षा न हो क्या वह पढ़ने योग्य नहीं है? बहुत बड़ा प्रश्न उठता है। तब तो समाचार पत्र, पत्रिका, उपन्यास इत्यादि जो पाठ्यक्रम के नहीं हैं उन्हें नहीं पढ़ना चाहिए। शिक्षा बोर्ड व विश्वविद्यालय तो एक विशेष पाठ्यक्रम के लिए ही विशेष समय में परीक्षा लेते हैं परन्तु ये जिन्दगी तो जीवन भर परीक्षा हर समय लेती रहती है तो क्या जीवन का पाठ्यक्रम पढ़ना अनिवार्य नहीं है? परन्तु यह पाठ्यक्रम मिलेगा कहाँ? निश्चित रूप से ये पाठ्यक्रम अब से पहले उपलब्ध नहीं था लेकिन इस संघनित (Compact) होती दुनिया में ज्ञान को भी संघनित (Compact) कर पाठ्यक्रम बना दिया गया है। इस पाठ्यक्रम का नाम है - "सत्य मानक शिक्षा" और आप तक पहुँचाने के कार्यक्रम का नाम है - "पुनर्निर्माण-सत्य शिक्षा का राष्ट्रीय तीव्र मार्ग (RENEW - Real Education National Express Way)"। यह वही पाठ्यक्रम है जो मैकाले शिक्षा पाठ्यक्रम (वर्तमान शिक्षा) से मिलकर पूर्णता को प्राप्त होगा। इस पाठ्यक्रम का विषय वस्तु जड़ अर्थात सिद्धान्त सूत्र आधारित है न कि तनों-पत्तों अर्थात व्याख्या-कथा आधारित। जिसे एक उदाहरण से समझा जा सकता है- मैकेनिक जो मोटर बाईडिंग करता है यदि वह केवल इतना ही जानता हो कि कौन सा तार कहाँ जुड़ेगा जिससे मोटर कार्य करना प्रारम्भ कर दें, तो ऐसा मैकेनिक विभिन्न शक्ति के मोटर का आविष्कार नहीं कर सकता जबकि विभिन्न शक्ति के मोटर का आविष्कार केवल वही कर सकता है जो मोटर के मूल सिद्धान्त को जानता हो। ऐसी ही शिक्षा के सम्बन्ध में स्वामी विवेकानन्द जी ने कहा था - "अनात्मज्ञ पुरूषों की बुद्धि एकदेशदर्शिनी (Single Dimensional) होती है। आत्मज्ञ पुरूषों की बुद्धि सर्वग्रासिनी (Multi Dimensional) होती है। आत्मप्रकाश होने से, देखोगे कि दर्शन, विज्ञान सब तुम्हारे अधीन हो जायेगे।"

शिक्षा क्षेत्र का यह दुर्भाग्य है कि जीवन से जुड़ा इतना महत्वपूर्ण विषय "व्यापार", को हम एक अनिवार्य विषय के रूप में पाठ्यक्रम में शामिल नहीं कर सकें। इसकी कमी का अनुभव उस समय होता है जब कोई विद्यार्थी 10वीं या 12वीं तक की शिक्षा के उपरान्त किसी कारणवश, आगे की शिक्षा ग्रहण नहीं कर पाता। फिर उस विद्यार्थी द्वारा पढ़े गये विज्ञान व गणित के वे कठिन सूत्र उसके जीवन में अनुपयोगी लगने लगते है। यदि वहीं वह व्यापार के ज्ञान से युक्त होता तो शायद वह जीवकोपार्जन का कोई मार्ग सुगमता से खोजने में सक्षम होता।

आध्यात्म और विज्ञान ने मानव सभ्यता के विकास में अब कम से इतना विकास तो कर ही चुका है कि अब हमें मन के एकीकरण के लिए कार्य करना चाहिए। और उस मन पर कार्य करने का ही परिणाम है -

सम्पूर्ण ब्रह्माण्ड में व्याप्त एक ही सत्य-सिद्धान्त द्वारा व्यक्तिगत व संयुक्त मन को एकमुखी कर सर्वोच्च, मूल और अन्तिम स्तर पर स्थापित करने के लिए शून्य पर अन्तिम आविष्कार WS-0 श्रृंखला की निम्नलिखित पाँच शाखाएँ है।

1. डब्ल्यू.एस. (WS)-0: विचार एवम् साहित्य का विश्वमानक
2. डब्ल्यू.एस. (WS)-00: विषय एवम् विशेषज्ञों की परिभाषा का विश्वमानक
3. डब्ल्यू.एस. (WS)-000: ब्रह्माण्ड (सूक्ष्म एवम् स्थूल) के प्रबन्ध और क्रियाकलाप का विश्वमानक
4. डब्ल्यू.एस. (WS)-0000: मानव (सूक्ष्म तथा स्थूल) के प्रबन्ध और क्रियाकलाप का विश्वमानक

5. डब्ल्यू.एस. (WS)-00000: उपासना और उपासना स्थल का विश्वमानक

और पूर्णमानव निर्माण की तकनीकी WCM-TLM-SHYAM.C है।

जो शिक्षा का नया माडल है। गरीबों की समस्या सुलझानें का नैतिक दायित्व है। देश में 25 वर्ष से कम उम्र के 55 करोड़ लोगों के लिए पुननिर्माण जैसी योजना हैं। उन्हें नौकरी और प्रशिक्षण की व्यवस्था है। रचनात्मकता, समन्वय, लीडरशिप, ग्लोबल तथा प्रोफेशनल विषयों को पढ़ने तथा सूचना तकनीक के जरिए पढ़ाई पर ध्यान केन्द्रित करने से युक्त है। हमारे देश में जो अध्यापक हैं, वे शोध नहीं करते और जो शोध करते हैं वे पढ़ाते नहीं, इसलिए शिक्षार्थी को ही शोध पत्र (विश्वशास्त्र) पढ़ाया जाय क्योंकि शिक्षक पढ़ने से तो रहे क्योंकि समान्यतः धन के आने की सुनिश्चितता के बाद लोग पढ़ना छोड़ देते हैं, यही नहीं कोशिश तो यह भी रहती है कि पढ़ाना भी न पड़े और उन्हें सेवा से हटाया भी नहीं जा सकता।

शिक्षा (वर्तमान अर्थ में) प्राप्त करने के बाद या तो शिक्षा-कौशल के अनुसार कार्य को आजीविका बनाते हैं या जो पढ़े हैं उसे ही पढ़ाओ वाले व्यापार में लग जाते हैं। अब बेरोजगारों को इस दुनिया में परिवर्तन लाने वाले राष्ट्र निर्माण के व्यापार से जोड़ना पड़ेगा। इससे उन्हें रोजगार भी मिलेगा और राष्ट्र निर्माण का श्रेय भी। वे शान से कह सकेंगे - "हम सत्य ज्ञान का व्यापार करते हैं। हम राष्ट्र निर्माण का व्यापार करते हैं। हम समाज को सहायता प्रदान करने का व्यापार करते हैं। हम, लोगों को आत्मनिर्भर बनाने का व्यापार करते हैं और वहाँ करते हैं जिस क्षेत्र, जिला, मण्डल, प्रदेश व देश के निवासी हैं। जहाँ हमारे भाई-बन्धु, रिश्तेदार, दोस्त इत्यादि रहते हैं।"

स्वामी विवेकान्द जी ने कहा था - सुधारकों से मैं कहूंगा कि मैं स्वयं उनसे कहीं बढ़कर सुधारक हूँ। वे लोग इधर-उधर थोड़ा सुधार करना चाहते हैं- और मैं चाहता हूँ आमूल सुधार। हम लोगों का मतभेद है केवल सुधार की प्रणाली में। उनकी प्रणाली विनाशात्मक है और मेरी संघटनात्मक। मैं सुधार में विश्वास नहीं करता, मैं विश्वास करता हूँ स्वाभाविक उन्नति में।

स्वाभाविक उन्नति तभी होती है जब संसाधन उपलब्ध हो। कार-मोटरसाइकिल घर में पहले से रहता है तो स्वाभाविक रूप से कम उम्र में ही घर के लोग चलाना सिख जाते हैं इसलिए सुधार का वो महान शास्त्र - "विश्वशास्त्र" पहले संसाधन के रूप में प्रत्येक घर में उपलब्ध हो। जो "आध्यात्मिक एवं दार्शनिक विरासत के आधार पर एक भारत - श्रेष्ठ भारत" निर्माण का अन्तिम शास्त्र है। फिर 25 वर्ष से कम उम्र के 55 करोड़ लोग अपने आप आत्मनिर्भर हो जायेंगे।

वैसे तो यह कार्य भारत सरकार को राष्ट्र की एकता, अखण्डता, विकास, साम्प्रदायिक एकता, समन्वय, नागरिकों के ज्ञान की पूर्णता इत्यादि जो कुछ भी राष्ट्रहित में हैं उसके लिए सरकार के संस्थान जैसे- विश्वविद्यालय अनुदान आयोग (यू.जी.सी.), एन.सी.ई.आर.टी, राष्ट्रीय ज्ञान आयोग, राष्ट्रीय नवोन्मेष परिषद्, भारतीय मानक ब्यूरो के माध्यम से "राष्ट्रीय शिक्षा आयोग" बनाकर पूर्ण करना चाहिए जो राष्ट्र के वर्तमान और भविष्य के लिए अतिआवश्यक और नागरिकों का राष्ट्र के प्रति कर्तव्य निर्धारण व परिभाषित करने का मार्ग भी है। भारत को यह कार्य राष्ट्रीय शिक्षा प्रणाली (National Education System-NES) व विश्व को यह कार्य विश्व शिक्षा प्रणाली (World Education System-WES) द्वारा करना चाहिए। जब तक यह शिक्षा प्रणाली भारत तथा संयुक्त राष्ट्र संघ द्वारा जनसाधारण को उपलब्ध नहीं हो जाती तब तक यह "पुनर्निर्माण" द्वारा उपलब्ध करायी जा रही है।

एक पूर्ण मानव निर्माण प्रक्रिया में शिक्षा पाठ्यक्रम के स्वरूप का विश्वमानक निम्नवत् है। जो किसी विशेष देश-काल-पात्र पर निर्भर नही करता अर्थात् यह प्रत्येक देशों और व्यक्तियों के लिए शिक्षा का स्वरूप है। जिससे ब्रह्माण्डीय, वैश्विक और व्यक्तिगत संतुलन, स्थिरता, एकता, प्रबन्ध, विकास, शान्ति और सुरक्षा निर्धारित होती है।

1. प्राइमरी शिक्षा (कक्षा - 5 तक) - भाषा ज्ञान आधारित:- क्षेत्रीय, देश, विश्व और विज्ञान की भाषा का ज्ञान, सामान्य विज्ञान, सामान्य ज्ञान, चित्र कला।

2. जूनियर हाई स्कूल (कक्षा - 6 से 8 तक) - समाज ज्ञान आधारित:- क्षेत्रीय, देश, विश्व और विज्ञान की भाषा का ज्ञान, सामान्य विज्ञान, सामान्य ज्ञान, चित्र कला का विस्तार, खेल, संगीत, कृषि, समाज विज्ञान।

3. हाई स्कूल (कक्षा - 9 से 10 तक) - सामान्यीकृत ज्ञान आधारित:- ज्ञान-कर्मज्ञान समाहित WCM-TLM-SHYAM.C प्रणाली अर्थात शिक्षा पाठ्यक्रम का विश्व मानक, कालानुसार विज्ञान, तकनीकी, व्यापारीक व प्रबन्धकीय ज्ञान की शिक्षा।

4. इण्टरमीडिएट (कक्षा - 11 से 12 तक) - विशेषीकृत ज्ञान आधारित:- कौशल विकास की शिक्षा।

5. उच्च शिक्षा - इच्छानुसार विशेष क्षेत्र आधारित

05. भारतीय विपणन प्रणाली

श्री लव कुश सिंह "विश्वमानव" द्वारा स्पष्टीकरण

कुल मिलाकर उपभोक्ता जो कहीं किसी और माध्यम से धन अर्जित करता है उसके उस धन को लेने के लिए किये गये सारे प्रपंच विपणन के अन्तर्गत आते हैं। यदि उपभोक्ता के पास धन नहीं तो ये सारे प्रपंच बेकार सिद्ध हो जाते हैं उसके लिए फाइनेन्स (आसान किस्तों में धन चुकाने की व्यवस्था), खरीदे और दूसरे को खरीद करायें वाली प्रणाली भी विपणन के प्रपंच में से ही है।

विश्व में शायद किसी भी देश में सरकार द्वारा निश्चित की गई विपणन प्रणाली लागू नहीं हैं। सरकार को केवल विभिन्न प्रकार के करों (Taxes) से मतलब होता है। निर्माता अपने उत्पाद को चाहे जिस विधि/प्रणाली से बेचे। बस मल्टीलेवेल मार्केटिंग के लिए कुछ दिशा निर्देश भारत में समय-समय पर निर्धारित होते रहते हैं।

चेस्टस्टन ने कहा था, "ब्रह्माण्डीय दर्शन मनुष्य के अनुरूप बैठने के लिए नहीं, बल्कि ब्रह्माण्ड के अनुरूप बैठने के लिए रचा गया है। मनुष्य के पास ठीक उसी तरह अपना एक नीजी धर्म नहीं हो सकता, जिस तरह उसके पास एक निजी सूर्य और एक चंद्रमा नहीं हो सकता।" अर्थात मनुष्य, मनुष्य के साथ व्यापार करने के लिए अनेक प्रकार की प्रणाली का विकास तो कर सकता है परन्तु वह एक मानक प्रणाली नहीं हो सकती। मानक प्रणाली वही हो सकती है जो ब्रह्माण्डीय दर्शन अर्थात सार्वभौम सत्य-सिद्धान्त के अनुरूप होगा। वह प्रणाली कल्याणकारी- लाभकारी और सरल होगी। ब्रह्माण्ड एक व्यापार क्षेत्र अर्थात व्यापार केन्द्र है। सर्वव्यापी सार्वभौम आत्मा (ईश्वर-सार्वभौम सत्य-सिद्धान्त) की उपस्थिति में सर्वत्र व्यापार चल रहा है। जहाँ भी, कुछ भी आदान-प्रदान हो रहा हो, वह सब व्यापार के ही अधीन है। किसी विचार पर आधारित होकर आदान-प्रदान का नेतृत्वकर्ता व्यापारी और आदान-प्रदान में शामिल होने वाला ग्राहक होता है। प्रत्येक व्यक्ति ही व्यापारी है और वही दूसरे के लिए ग्राहक भी है। यदि व्यक्ति आपस में आदान-प्रदान कर व्यापार कर रहें हैं तो इस संसार-ब्रह्माण्ड में ईश्वर का व्यापार चल रहा है और सभी वस्तुएँ उनके उत्पाद है। उन सब वस्तुओं का आदान-प्रदान हो रहा है जिसके व्यापारी स्वयं ईश्वर हैं। ये सनातन सिद्धान्त है। जिस प्रकार मानव नियंत्रित व्यापार का मालिक मानव (कम्पनी, फर्म इत्यादि) होता है उसी प्रकार ईश्वर नियंत्रित व्यापार का मालिक ईश्वर स्वयं हैं। दोनों ही स्थितियों के अपने-अपने नियम द्वारा व्यापार संचालित हैं।

ईश्वर संचालित व्यापार की प्रणाली की विशेषताओं को जानने से ही एक मानक प्रणाली बन सकती है जो कल्याणकारी-लाभकारी और सरल हो।

"कल्कि" अवतार के सम्बन्ध में कहा गया है कि उसका कोई गुरू नहीं होगा, वह स्वयं से प्रकाशित स्वयंभू होगा जिसके बारे में में कहा गया है कि

"ऋषि-वत्स, देवता इन्द्र, छन्द गायत्री। अहमिद्धि पितुष्परि मेधा मृतस्य जग्रभ। अहं सूर्य इवाजिनि।।"

अथर्ववेद, काण्ड 20, सूक्त 115, मंत्र 1

अर्थात "मैं परम पिता परमात्मा से सत्य ज्ञान की विधि को धारण करता हूँ और मैं तेजस्वी सूर्य के समान प्रकट हुआ हूँ।" जबकि सबसे प्राचीन वंश स्वायंभुव मनु के पुत्र उत्तानपाद शाखा में ब्रह्मा के 10 मानस पुत्रों में से मन से मरीचि व पत्नी कला के पुत्र कश्यप व पत्नी अदिति के पुत्र आदित्य (सूर्य) की चौथी पत्नी छाया से दो पुत्रों में से एक 8वें मनु - सावर्णि मनु होंगे जिनसे ही वर्तमान मनवन्तर 7वें वैवस्वत मनु की समाप्ति होगी। ध्यान रहे कि 8वें मनु - सावर्णि मनु, सूर्य पुत्र हैं। अर्थात कल्कि अवतार और 8वें मनु - सावर्णि मनु दोनों, दो नहीं बल्कि एक ही हैं और सूर्य पुत्र हैं। इसलिए सूर्य सिद्धान्त पर ही भारतीय आध्यात्म एवं दर्शन आधारित स्वदेशी विपणन प्रणाली का नामकरण 3-एफ (3-F: Fuel-Fire-Fuel) रखा गया है। अर्थात ऐसा सिद्धान्त जिसके नीचे ईंधन (Fuel) हो बीच में

अग्नि (Fuel) हो फिर उसके उपर ईंधन (Fuel) हो, तो वो आग कब बुझेगी? ईंधन के कारण आग जल रहा है, आग के कारण ईंधन मिल रहा हो तो वो आग कब बुझेगी? जलने से ही ईंधन बन रहा हो तो वो आग कब बुझेगी?

3-एफ (3-F: Fuel-Fire-Fuel) विपणन प्रणाली, चूँकि भारतीय आध्यात्म एवं दर्शन आधारित स्वदेशी विपणन प्रणाली और एक सत्य मानक विपणन प्रणाली है इसलिए भारत के जो भी नेतृत्वकर्ता ये चाहते हों कि भारत को सोने की चिड़िया बनायेंगे और आध्यात्मिक और दार्शनिक विरासत के आधार पर एक भारत - श्रेष्ठ भारत का निर्माण करेंगे, उन्हें उत्पाद के ऐसे क्षेत्र में जो मनुष्य के लिए उपयोग करना मजबूरी हो, उस क्षेत्र के विपणन कम्पनी/संगठन को इस प्रणाली का संचालन अनिवार्य कर देना चाहिए और अन्य क्षेत्र में विपणन स्वैच्छिक रूप से चलते रहने देना चाहिए। अनिवार्य करने के क्षेत्र ये हो सकते हैं जैसे - शिक्षा क्षेत्र, दैनिक उपभोग के वस्तु क्षेत्र।

3-एफ (3-F: Fuel-Fire-Fuel) विपणन प्रणाली से दैनिक उपभोग के वस्तु क्षेत्र के विपणन कम्पनी के विपणन खर्च में बहुत अधिक कमी आ जायेगी, साथ ही उपभोक्ता स्वयं ही उत्पाद को खरीदने के लिए स्वयं आने लगेंगे। उन्हें उत्पाद बेचने के अनेक प्रकार के प्रपंच से मुक्ति मिल जायेगी। क्योंकि अभी तक उपभोक्ता धन लाभ कहीं और से अर्जित करता था और उत्पाद कहीं और से खरीदता था लेकिन 3-एफ (3-F: Fuel-Fire-Fuel) विपणन प्रणाली से उसे उत्पाद खरीदने से भी धन लाभ होने लगेगा। परिणामस्वरूप उपभोक्ता की क्रय शक्ति बढ़ जायेगी और यह सभी के लिए लाभदायक होगा और तब एक नया ज्ञान सूत्र जन्म लेगा "खर्च के लिए धन नहीं, अब धन लाभ के लिए खर्च"

3-एफ (3-F: Fuel-Fire-Fuel) विपणन प्रणाली से शिक्षा क्षेत्र के विपणन कम्पनी और सरकार के खर्च में बहुत अधिक कमी आ जायेगी, साथ ही शिक्षार्थी स्वयं आने लगेंगे। उन्हें अनेक प्रकार के अनुदान/छात्रवृत्ति देने से मुक्ति मिल जायेगी। क्योंकि अभी तक शिक्षार्थी के अभिभावक धन लाभ कहीं और से अर्जित करते थे और मँहगी होती शिक्षा के लिए भुगतान कहीं और करते थे, लेकिन 3-एफ (3-F: Fuel-Fire-Fuel) विपणन प्रणाली से उन्हें शिक्षा से भी धन लाभ होने लगेगा। परिणामस्वरूप शिक्षा से रूचि बढ़ जायेगी और यह सभी के लिए लाभदायक होगा और तब एक नया ज्ञान सूत्र जन्म लेगा "शिक्षा के लिए धन नहीं, अब धन लाभ के लिए शिक्षा"

3-एफ (3-F: Fuel-Fire-Fuel) विपणन प्रणाली के लागू किये बिना भारत को सोने की चिड़िया बनाना और आध्यात्मिक और दार्शनिक विरासत के आधार पर एक भारत - श्रेष्ठ भारत का निर्माण एक सपना है जो कहने से नहीं बल्कि उस प्रणाली को अपनाने से पूरा हो सकता है।

3-एफ (3-F: Fuel-Fire-Fuel) विपणन प्रणाली का विस्तृत विवरण "विश्वशास्त्र" अध्याय-4 में उपलब्ध है।

06. भारतीय मीडिया (चौथा स्तम्भ - पत्रकारिता)

"अपने उद्देश्य और शक्ति के कारण मीडिया को 'फोर्थ स्टेट' नहीं बल्कि 'फर्स्ट स्टेट' का दर्जा मिलना चाहिए हालांकि कुछ वर्षों से मीडिया की भूमिका न्यूज सप्लायर की हो गयी है। मीडिया का सशक्त तंत्र, लोकतंत्र के तीनों अंगों की आलोचना करने में समर्थ है। और उनको सही दिशा में कार्य करने पर जोर देता है। लेकिन विचार और आलोचना के लिए स्वतंत्र होने का मतलब यह नहीं है कि समाज को प्रभावित करने वाली महत्वपूर्ण घटनाओं की पहले ही इच्छानुसार अभिव्यक्ति की जाय। दरअसल मीडिया की भूमिका रचनात्मक विपक्ष की तरह होनी चाहिए। जो बातें प्रशंसा के योग्य हो उन्हें अहमियत दी जाए। बुरी बात को कहने से हिचकने की जरुरत नहीं है हालांकि दुर्भाग्य से आज ऐसा नहीं हो रहा है।" (पत्रकारिता विभाग, बी0 एच0 यू0 में बोलते हुए)

-न्यायमूर्ति परशुराम वी0 सावंत, अध्यक्ष प्रेस काउंसिल आफ इण्डिया
साभार - अमर उजाला, इलाहाबाद दि0 22-02-2000

श्री लव कुश सिंह "विश्वमानव" द्वारा स्पष्टीकरण

निश्चित रुप से मीडिया अपने उद्देश्य और शक्ति के कारण फोर्थ स्टेट नहीं बल्कि फर्स्ट स्टेट है परन्तु यह किसी सर्टिफिकेट द्वारा प्राप्त नहीं होता। यह स्वयं मीडिया अपने उद्देश्य को प्राप्त करने के लिए शक्ति का प्रदर्शन कर प्राप्त कर सकती है। मीडिया लोकतन्त्र के तीनों अंगों को शक्ति तो अवश्य प्रदान करता है किन्तु वर्तमान में यह तीनों अंगों की गुलाम ही है। मीडिया का वास्तविक स्वरुप लोकतन्त्र में लोक की भूमिका है और जहाँ भी लोक प्रतिनिधित्व करता विचार व्यक्त हो रहा हो वहाँ शीघ्रता शीघ्र सक्रिय हो जाना चाहिए। लोकतन्त्र के तीनों अंगों की अस्वस्थता को तो मीडिया व्यक्त कर देती है परन्तु मीडिया की अस्वस्थता को कौन व्यक्त करेगा? मीडिया की अस्वस्थता को वही व्यक्त कर सकता है जो लोक या जन या गण का वास्तविक रुप हो जिसके बिना लोकतन्त्र, लोकतन्त्र न हो। भारत, भारत न हो। विश्व, विश्व न हो। और उस पर भी मीडिया निष्क्रिय रहे। 'स्वामी विवेकानन्द का पुनर्जन्म', 'कर्मवेदः प्रथम, अन्तिम तथा पंचमवेद का आविष्कार', 'विश्वमानक - शून्य: मन की गुणवत्ता का विश्वमानक का आविष्कार', 'विश्व राजनीतिक पार्टी संघ का प्रारूप', 'विश्वशास्त्र-साहित्य की रचना', 'विश्व- राष्ट्रीय-जन-ऐजेण्डा-साहित्य-2012+ का प्रस्तुतीकरण', 'ईश्वर का अन्तिम अवतरण' इत्यादि विषय मीडिया के लिए समाचार और लोकतन्त्र के स्वस्थता के निर्माण में उसकी सशक्त भागीदारी ही तो है। परन्तु क्या मीडिया अपना धर्म निभा पायेगी? 21 वीं सदी और भविष्य की मीडिया तो सार्वभौम सत्य-सैद्धान्तिक रचनात्मक आधारित मीडिया होगी। बिना इसको प्राप्त किये मीडिया फर्स्ट स्टेट क्या फोर्थ स्टेट के भी योग्य नहीं।

****

"अक्सर मीडिया जनविरोधी भूमिका अदा कर रहा है इसकी तीन नजीरें देता हूँ। पहली, यह अक्सर लोगों का ध्यान वास्तविक समस्याओं से हटा देती है, जो कि आर्थिक है। लोग बेरोजगारी, मँहगाई और स्वास्थ्य संबंधी समस्याओं से जूझ रहे हैं। ये लोग इस समस्यओं से ध्यान हटाकर फिल्मी सितारों, फैशन परेड और क्रिकेट का मुजाहिरा करते हैं। लगता है जैसे लोगों की यहीं समसस्याएँ हैं। मीडिया में आम कार्यशैली काफी निम्न है और मीडिया के ज्यादातर लोगों के बारे में मेरी खराब राय है। मैं नहीं समझता कि उन्हें आर्थिक सिद्धान्तों, राजनीतिशास्त्र, साहित्य या दर्शन के बारे में काफी कुछ जानकारी होगी। मैं नहीं समझता कि उन्होंने इन सबका अध्ययन किया होगा। मुझे यह कहने में अफसोस है कि मीडिया के ज्यादातर लोगों के विवेक का स्तर काफी निम्न है।" (एक टी.वी चैनल के इण्टरव्यू में)

- मार्कंडेय काटजू, (सेवा निवृत्त न्यायाधीश) अध्यक्ष, भारतीय प्रेस परिषद्

श्री लव कुश सिंह "विश्वमानव" द्वारा स्पष्टीकरण

बिल्कुल सत्य कहा आपने। जिसे हम लोग वर्तमान में मीडिया कहते हैं और लोकतन्त्र का सबसे सशक्त माध्यम समझते हैं वह एक घटना और सूचना का व्यापारिक संगठन है। इसकी शक्ति है पढ़ने, सुनने और देखने वाले लोग, और उसके आधार पर मिलने वाले विज्ञापन की राशि। ये हुआ सफेद रूप में। काले रूप में कौन सा समाचार प्रसारित करें और कौन सा दबा दें, इसके लिए मिलने वाली गुप्त धन। जिसके लिए सफेदपोश ब्लैक मेलिंग व्यवसाय कहना उचित होगा। मीडिया एक प्लेटफार्म है जहाँ या तो रिक्त कागज है या रिक्त प्रसारण समय। इसमें कुछ छापना है या कुछ दिखाना है। ये विवशता है। तो भारत के मनोरंजन प्रधान समाज के व्यक्ति के लिए मनोरंजन की प्राथमिकता है। शेष बचा विज्ञापन, इससे धन प्राप्त होता है इसलिए ये तो आवश्यक ही है। उसके बाद आता है ऐसी घटनाएँ जो कानून के दायरे में आ चुकी है अर्थात पुलिस-प्रशासन तक पहुँच चुकी है जिससे कथानक प्रमाणिकता के साथ वही जो वहाँ लिखित है। हकीकत चाहे जो भी हो। उसके बाद प्रिंट मीडिया के लिए उनके क्षेत्र में हुये कुछ कार्यक्रम का समाचार। जितने बड़े लोगों का कार्यक्रम उतना स्थान। शेष कुछ राष्ट्रीय और अन्तर्राष्ट्रीय समाचार। संपादकीय विचार और कुछ वैचारिक लेख। इलेक्ट्रानिक मीडिया में किसी मुद्दे पर बहस का कार्यक्रम प्रसारण समय को बड़े ही आसानी से कुछ भी हल निकाले बिना खर्च कर देता है।

मीडियाकर्मी, एक बच्चे या बच्चों के साथ अधिकतम समय तक शिक्षण कार्य कर चुके प्राथमिक शिक्षक की भाँति होते हैं। जिनके पास प्रश्न ही प्रश्न होते हैं परन्तु प्रश्न क्यों किये, इसका उन्हें कुछ पता नहीं होता। प्रश्न के बाद उत्तर मिला। फिर प्रश्न भी गायब और उत्तर भी गायब क्योंकि ये तो जिनके लिए हुआ था अर्थात दर्शक के लिए वहाँ पहुँचा दिया गया। कुल मिलाकर मीडिया एक दर्पण की भाँति कार्य करती है जिसका अपना चरित्र सिर्फ एक ही है - "जो हो रहा है उसे दिखा देना"। इसके लिए वातावरण का निर्माण भी वे लोग स्वयं ही कर लेते हैं। ताकि दिखाने वाला कार्यक्रम चलता रहे। अब केवल दिखाने वाला ही कार्यक्रम करना हो तो वहाँ विवेक और अनेक प्रकार के शास्त्रों के ज्ञान रखने की योग्यता की आवश्यकता ही क्या है? अगर योग्यता हो भी तो उसके प्रदर्शन की आवश्यकता उस पद के कार्यानुसार नहीं है। व्यक्तिगत जीवन में वे करते होंगे। मजे की बात तो यह है कि मीडिया, स्वयं ये कहता है कि आज मीडिया अपने उद्देश्य से भटक गया है और उसे भी प्रमुखता से दिखा देता है। अब ज्ञानी ही जब जान-बूझ कर गलत करने लगे तो उसे कौन सही करेगा?

हमारे बचपन में स्कूल में एक कार्यक्रम होता था "डिबेट" जिसका हिन्दी अर्थ है- "वाद-विवाद या बहस"। इसमें किसी मुद्दे पर पक्ष (समर्थन) और विपक्ष (विरोध) में बोलना होता था। कार्यक्रम के पहले और बाद में यह ज्ञात है कि क्या गलत है और क्या सही है लेकिन कार्यक्रम में अभिनय करना है। हल क्या निकलता है- "कुछ नहीं"। केवल देखने-सुनने वालों का मानसिक व्यायाम। रचनात्मकता होती नहीं इसलिए हल का सवाल ही नहीं, वहाँ तो केवल योजनाबद्ध तरीके से पक्ष (समर्थन) और विपक्ष (विरोध) में बोलना है। इस कला का प्रयोग भारत के समाचार चैनलों पर खुब हो रहा है। मेरे दृष्टि में अपना समय व्यर्थ करने का इससे बड़ा कोई कार्यक्रम नहीं हो सकता। लेकिन उनका काम है दिखाना हमारा काम है बच के निकल जाना। उदाहरणस्वरूप "फोर्थ अम्पायर" देखकर क्या किया जा सकता है? जो क्रिकेट, हो जाने के बाद दुबारा देखा ही नहीं जाता और अधिकतम लोगों द्वारा खेला नहीं जाता, वो अधिकतम लोगों के लिए मार्गदर्शक और प्रेरणादायी कैसे हो सकता है? लेकिन एक व्यावसायिक खेल है। अधिकतम के बीच रूचि बनाये रखना आवश्यक है।

संसार का कोई भी व्यक्ति यदि वह सपना देखे कि - "आध्यात्मिक एवं दार्शनिक विरासत के आधार पर एक भारत - श्रेष्ठ भारत का निर्माण होना चाहिए", उसके लिए भारत के ऋषियों द्वारा सभी कुछ शास्त्रों में पहले से ही विद्यमान है। इसका अर्थ ये है कि मीडिया के लिए भी होगा। और वह यह है कि- मानक मीडिया मैन के रूप में भारतीय शास्त्र में "ब्राह्मण ऋषि नारद" प्रक्षेपित हैं। इनका काम है तीनों लोकों (अर्थात सभी स्थान) पर उपस्थिति, यहाँ की सूचना वहाँ, वहाँ कि सूचना यहाँ, एकात्म और रचनात्मक करने के लिए उचित मार्गदर्शन, जनता (पृथ्वी) की आवाज देवता तक, और देवता की आवाज त्रिदेव तक। असुरों/राक्षसों की भी आवाज उठाना और उनका भी

मार्गदर्शन करना। जीवन, ब्राह्मण रूप में दिखाया गया है अर्थात न्यूनतम आवश्यकता, एकात्म ज्ञान का प्रचार-प्रसार और रचनात्मक मार्गदर्शन।

ये "न्यूनतम आवश्यकता, एकात्म ज्ञान का प्रचार-प्रसार और रचनात्मक मार्गदर्शन" ही वो योग्यता है जो नारद को मीडिया का मानक बनाता है अन्यथा उनका चरित्र "चुगलखोर और ब्लैकमेलर" का चरित्र हो जायेगा। मीडिया को मानक मीडिया बनने के लिए "न्यूनतम आवश्यकता, एकात्म ज्ञान का प्रचार-प्रसार और रचनात्मक मार्गदर्शन" को अपना धर्म-कर्तव्य समझना चाहिए। ये ही उसका मूल उद्देश्य होना चाहिए, शेष व्यवस्था चलाने के लिए युगानुसार संसाधन की प्राप्ति तो आवश्यक होता ही है। "रचनात्मक पत्रकारिता" ही समय की माँग है और वही उसके क्षेत्र में सर्वश्रेष्ठता की कुँजी है।

07. सहस्त्राब्दि विश्व शान्ति सम्मेलन

"विश्व में एक धर्म, एक भाषा, एक वेश भूषा, एक खान पान, एक रहन-सहन पद्धति, एक शिक्षा पद्धति, एक कोर्ट, एक न्याय व्यवस्था, एक अर्थ व्यवस्था लागू की जाय"

-धार्मिक नेताओं के सहस्त्राब्दि विश्व शान्ति सम्मेलन का परिणाम

श्री लव कुश सिंह "विश्वमानव" द्वारा स्पष्टीकरण

सन् 1893 के विश्व धर्म संसद में विचार व्यक्त करने वाले स्वामी विवेकानन्द ने समय-समय पर कहा था-

1. जो व्यक्ति कहता है, इस जगत् का अस्तित्व है, किन्तु ईश्वर नहीं है, वह निर्बोध है, क्योंकि यदि जगत् हो, तो जगत् का एक कारण रहेगा और उसक कारण का नाम ही ईश्वर है। कार्य रहने पर ही उसका कारण है, यह जानना होगा। जब यह जगत् अन्तर्हित होगा, तब ईश्वर भी अन्तर्हित होंगे। जब आप ईश्वर के सहित अपना एकत्व अनुभव करेंगे, तब आपके पक्ष में यह जगत् फिर नहीं रहेगा। जिसे हम इस क्षण जगत् के रूप में देख रहे हैं, वही हमारे सम्मुख ईश्वर के रूप में प्रतिभासित होगा, एवं जिनको एक दिन हम बहिर्देश में अवस्थित समझते थे, वे ही हमारी आत्मा के अन्तरात्मा रूप में प्रतीत होंगे।- 'तत्वमसि'- वही तुम हो।

2. एक ही सूर्य विविध जल बिन्दुओं में प्रतिबिम्बित होकर नाना रूप दिखा रहा है। लाख-लाख जलकणों में लाख-लाख सूर्य का प्रतिबिम्ब पड़ा है तथा प्रत्येक जल कण में ही सूर्य की सम्पूर्ण प्रतिमूर्ति विद्यमान है; किन्तु सूर्य वास्तव में एक है। इन सब जीवगण के सम्बन्ध में भी यही बात है-वे उसी एक अनन्त पुरुष के प्रतिबिम्ब मात्र है। स्वप्न कदापि सत्य के बिना रह नहीं सकता, और वह सत्य-वही एक अनन्त सत्ता है। शरीर, मन अथवा आत्मा भाव में मानने पर आप स्वप्न मात्र हैं, किन्तु आपका यथार्थ स्वरूप अखण्ड सच्चिदानन्द है। - अद्वैतवादी यही कहते है। यह सब जन्म, पुनर्जन्म, यह आना-जाना यह सब उस स्वप्न का अंशभाग है। आप अनन्त स्वरूप है। आप फिर कहाँ जायेंगे? आत्मा कभी उत्पन्न नहीं होती, कभी मरेगी भी नहीं, आत्मा के किसी काल में माता-पिता, शत्रु-मित्र कुछ भी नहीं हैं; क्योंकि आत्मा अखण्ड सच्चिदानंद स्वरूप है। जिस व्यक्ति ने इसका साक्षात्कार किया है उसने ही मुक्तिलाभ किया है, वह इस स्वप्न को भंग करके उसके बाहर चला गया है, उसने अपना यथार्थ स्वरूप जाना है। अद्वैत वेदान्त का यही उपदेश है।

3. सत्य के दो अंग है। पहला जो साधारण मानवों को पांचेन्द्रियग्राह्य एवम् उसमें उपस्थापित अनुमान द्वारा गृहीत है और दूसरा-जिसका इन्द्रियातीत सूक्ष्म योगज शक्ति के द्वारा ग्रहण होता है। प्रथम उपाय के द्वारा संकलित ज्ञान को "विज्ञान" कहते है, तथा द्वितीय प्रकार के संकलित ज्ञान को "वेद" संज्ञा दी है। वेद नामक अनादि अनन्त अलौकिक ज्ञानराशि सदा विद्यमान है। स्वंय सृष्टिकर्ता उसकी सहायता से इस जगत के सृष्टि-स्थिति-प्रलय कार्य सम्पन्न कर रहे हैं। जिन पुरूषों में उस इन्द्रियातीत शक्ति का आविर्भाव है, उन्हें ऋषि कहते है और उस शक्ति के द्वारा जिस अलौकिक सत्य की खोज उन्होंने उपलब्धि की है, उसे "वेद" कहते हैं। इस ऋषित्व तथा वेद द्दष्टत्व को प्राप्त करना ही यथार्थ धर्मानुभूति है। साधक के जीवन में जब तक उसका उन्मेष नहीं होता तब तक "धर्म" केवल कहने भर की बात है एवम् समझना चाहिए कि उसने धर्मराज्य के प्रथम सोपान पर भी पैर नहीं रखा है। समस्त देश-काल-पात्र को व्याप्त कर वेद का शासन है अर्थात वेद का प्रभाव किसी देश, काल या पात्र विशेष द्वारा सीमित नहीं हैं। सार्वजनिन धर्म का व्याख्याता एक मात्र "वेद" ही है।

4. विज्ञान एकत्व की खोज के सिवा और कुछ नहीं है। ज्योंही कोई विज्ञान शास्त्र पूर्ण एकता तक पहुँच जायेगा, त्योंहीं उसका आगे बढ़ना रुक जायेगा क्योंकि तब तो वह अपने लक्ष्य को प्राप्त कर चुकेगा। उदाहरणार्थ रसायनशास्त्र यदि एक बार उस एक मूल द्रव्य का पता लगा ले, जिससे वह सब द्रव्य बन सकते हैं तो फिर वह और आगे नहीं बढ़ सकेगा। पदार्थ विज्ञान शास्त्र जब उस एक मूल शक्ति का पता लगा लेगा जिससे अन्य शक्तियां बाहर निकली हैं तब वह पूर्णता पर पहुँच जायेगा। वैसे ही धर्म शास्त्र भी उस समय पूर्णता को प्राप्त हो जायेगा जब वह उस मूल कारण को जान लेगा। जो इस मत्र्यलोक में एक मात्र अमृत स्वरुप है जो इस नित्य परिवर्तनशील जगत का एक मात्र अटल अचल आधार है जो एक मात्र परमात्मा है और अन्य सब आत्माएं जिसके प्रतिबिम्ब स्वरुप हैं। इस प्रकार अनेकेश्वरवाद, द्वैतवाद आदि में से होते हुए इस अद्वैतवाद की प्राप्ति होती है। धर्मशास्त्र इससे आगे नहीं जा सकता। यही सारे विज्ञानों का चरम लक्ष्य है।

5. यह समझना होगा कि धर्म के सम्बन्ध में अधिक और कुछ जानने को नहीं, सभी कुछ जाना जा चुका है। जगत के सभी धर्म में, आप देखियेगा कि उस धर्म में अवलम्बनकारी सदैव कहते हैं, हमारे भीतर एक एकत्व है अतएव ईश्वर के सहित आत्मा के एकत्व ज्ञान की अपेक्षा और अधिक उन्नति नहीं हो सकती। ज्ञान का अर्थ इस एकत्व का आविष्कार ही है। यदि हम पूर्ण एकत्व का आविष्कार कर सकें तो उससे अधिक उन्नति फिर नहीं हो सकती।

6. हमें देखना है कि किस प्रकार यह वेदान्त हमारे दैनिक जीवन में, नागरिक जीवन में, ग्राम्य जीवन में, राष्ट्रीय जीवन में और प्रत्येक राष्ट्र के घरेलू जीवन में परिणत किया जा सकता है। कारण, यदि धर्म मनुष्य को जहाँ भी और जिस स्थिति में भी है, सहायता नहीं दे सकता, तो उसकी उपयोगिता अधिक नहीं - तब वह केवल कुछ विशिष्ट व्यक्तियों के लिए कोरा सिद्धान्त हो कर रह जायेगा।

7. हम मनुष्य जाति को उस स्थान पर पहुँचाना चाहते हैं, जहाँ न वेद है, न बाइबिल है, न कुरान है परन्तु वेद, बाइबिल और कुरान के समन्वय से ही ऐसा हो सकता है। मनुष्य जाति को यह शिक्षा देनी चाहिए कि सब धर्म उस धर्म के, उस एकमेवाद्वितीय के भिन्न-भिन्न रुप हैं, इसलिए प्रत्येक व्यक्ति उन धर्मों में से अपना मनोनुकूल मार्ग चुन सकता है।

8. यदि कभी कोई सार्वभौमिक धर्म हो सकता है, तो वह ऐसा ही होगा, जो देश या काल से मर्यादित न हो, जो उस अनन्त भगवान के समान ही अनन्त हो, जिस भगवान के सम्बन्ध में वह उपदेश देता है, जिसकी ज्योति श्रीकृष्ण के भक्तों पर और ईसा के प्रेमियों पर, सन्तों पर और पापियों पर समान रूप से प्रकाशित होती हो, जो न तो ब्राह्मणों का हो, न बौद्धों का, न ईसाइयों का और न मुसलमानों का, वरन् इन सभी धर्मों का समष्टिस्वरूप होते हुए भी जिसमें उन्नति का अनन्त पथ खुला रहे, जो इतना व्यापक हो कि अपनी असंख्य प्रसारित बाहुओं द्वारा सृष्टि के प्रत्येक मनुष्य का प्रेमपूर्वक आलिंगन करें।... वह विश्वधर्म ऐसा होगा कि उसमें किसी के प्रति विद्वेष अथवा अत्याचार के लिए स्थान न रहेगा, वह प्रत्येक स्त्री और पुरूष के ईश्वरीय स्वरूप को स्वीकार करेगा और सम्पूर्ण बल मनुष्यमात्र को अपनी सच्ची, ईश्वरीय प्रकृति का साक्षात्कार करने के लिए सहायता देने में ही केन्द्रित रहेगा।

9. ईसाई को हिन्दू अथवा बौद्ध नहीं होना पड़ेगा, और न हिन्दू या बौद्ध को ईसाई ही, परन्तु प्रत्येक धर्म दूसरे धर्मों के सारभाग को आत्मसात् करके पुष्टिलाभ करेगा और अपने वैशिष्ट्य की रक्षा करते हुए अपनी निजी

प्रकृति के अनुसार वृद्धि को प्राप्त होगा। यदि इस सर्वधर्म परिषद् ने जगत् के समक्ष कुछ प्रमाणित किया है तो वह यह कि उसने यह सिद्ध कर दिखाया है कि शुद्धता, पवित्रता और दयाशीलता किसी सम्प्रदाय-विशेष की सम्पत्ति नहीं है तथा प्रत्येक धर्म ने श्रेष्ठ एवं अतिशय उन्नत-चरित्र स्त्री पुरूषों को जन्म दिया है। अब इन प्रत्यक्ष प्रमाणों के बावजुद भी यदि कोई ऐसा स्वप्न देखे कि अन्यान्य सारे धर्म नष्ट हो जायेंगे और केवल उसका धर्म ही अपना सर्वश्रेष्ठता के कारण जीवित रहेगा, तो उस पर मैं अपने हृदय के अन्तस्थल से दया करता हूँ और उसे स्पष्ट शब्दों में बतलाये देता हूँ कि वह दिन दूर नहीं हैं, जब उस-जैसे लोगों के अड़ंगों के बावजूद भी प्रत्येक धर्म की पताका पर यह स्वर्णाक्षरों में लिखा रहेगा-'सहयोग, न कि विरोध', पर-भाव-ग्रहण न कि पर-भाव-विनाश, 'समन्वय और शान्ति, न कि मतभेद और कलह'!

10. एक मात्र वेदान्त ही समाज तन्त्रवाद की युक्तिसंगत दार्शनिक भित्ति होने लायक है। मानव समाज की उन्नति चाहने वाले व्यक्तिगण, कम से कम उनके परिचालक गण, यह समझने का प्रयत्न कर रहे हैं कि उनके धन साम्य एवं समान अधिकार पर आधारित मतवादों की एक आध्यात्मिक भित्ति रहना संगत है, और एक मात्र वेदान्त ही यह भित्ति होने के योग्य है। सामाजिक, राजनीतिक एवं आध्यात्मिक, सभी क्षेत्रो में यथार्थ संगत स्थापित करने का केवल एक सूत्र विद्यमान है, और वह सूत्र- केवल इतना जान लेना कि मैं और मेरा भाई एक हैं। सब देशों में, सभी युगो में, सभी जातियों के लिए यह महान सत्य समान रूप से लागू है।

11. हिन्दू भावों को अंग्रेजी में व्यक्त करना, फिर शुष्क दर्शन, जटिल पौराणिक कथाएं और अनूठे आश्चर्यजनक मनोविज्ञान से ऐसे धर्म का निर्माण करना, जो सरल, सहज और लोकप्रिय हो और उसके साथ ही उन्नत मस्तिष्क वालों को संतुष्ट कर सके- इस कार्य की कठिनाइयों को वे ही समझ सकते हैं, जिन्होंने इसके लिए प्रयत्न किया हो। अद्वैत के गुढ़ सिद्धान्त में नित्य प्रति के जीवन के लिए कविता का रस और जीवनदायिनी शक्ति उत्पन्न करनी है। अत्यन्त उलझी हुई पौराणिक कथाओं में से जीवन प्रकृत चरित्रों के उदाहरण समूह निकालने हैं और बुद्धि को भ्रम में डालने वाली योगविद्या से अत्यन्त वैज्ञानिक और क्रियात्मक मनोविज्ञान का विकास करना है और इन सब को एक ऐसे रुप में लाना पड़ेगा कि बच्चा-बच्चा इसे समझ सके।

12. अब व्यावहारिक जीवन में उसके प्रयोग का समय आया है। अब और 'रहस्य' बनाये रखने से नहीं चलेगा। अब और वह हिमालय की गुहाओं में, वन-अरण्यों में साधु-सन्यासियों के पास न रहेगा, लोगों के दैनन्दिन जीवन में उसको कार्यन्वित करना होगा। राजा के महल में, साधु-सन्यासी की गुफा में, मजदूर की झोपड़ी में, सर्वत्र सब अवस्थाओं में- यहाँ तक कि राह के भिखारी द्वारा भी - वह कार्य में लाया जा सकता है।

13. हमें ऐसे धर्म की आवश्यकता है, जिससे हम मनुष्य बन सकें। हमें ऐसे सिद्धान्तों की आवश्यकता है, जिससे हम मनुष्य हो सकें। हमें ऐसी सर्वांगसम्पन्न शिक्षा चाहिए, जो हमें मनुष्य बना सके और यह रही सत्य की कसौटी-जो भी तुम्हे शारीरिक, मानसिक और आध्यात्मिक दुर्बलता लाए, उसे जहर की भांति त्याग दो; उसमें जीवन-शक्ति नहीं है, वह कभी सत्य नहीं हो सकता। सत्य तो बलप्रद है, वह पवित्रता स्वरूप है, ज्ञान स्वरूप है। सत्य तो वह है जो शक्ति दे, जो हृदय के अन्धकार को दूर कर दे, जो हृदय में स्फूर्ति भर दें। (मेरी समर नीति-पृ0-36)

14. हमें दिखलाना है- हिन्दुओं की आध्यामिकता, बौद्धों की जीवदया, ईसाइयों की क्रियाशीलता एवं मुस्लिमों का बन्धुत्व, और ये सब अपने व्यावहारिक जीवन के माध्यम द्वारा। हमने निश्चय किया- हम एक सार्वभौम धर्म का निर्माण करेंगे।

स्वामी विवेकानन्द के उपरोक्त विचार को व्यक्त किये लगभग 125 वर्ष हो गये और "सहस्त्राब्दि विश्व शान्ति सम्मेलन-2000" को लगभग 20 वर्ष, परिणाम कुछ भी नहीं। प्रायः ऐसे सम्मेलन लक्ष्य निर्धारित करने के लिए होते हैं उसे कैसे प्राप्त किया जाना है उसके लिए नहीं। हिन्दू धर्म के रामायण की शिक्षा आपसी सम्बन्धों में एक-दूसरे को महान बताते हुये परिस्थितियों के अनुसार कर्म करने की शिक्षा दी गयी है जिससे अन्य सभी लोग स्वयं ही अपने लोगों को महान समझने लगते हैं। ऐसे सम्मेलन इससे आगे नहीं जा पाते।

"सहस्त्राब्दि विश्व शान्ति सम्मेलन-2000" के ये विचार "विश्व में एक धर्म, एक भाषा, एक वेश-भूषा, एक खान-पान, एक रहन-सहन पद्धति, एक शिक्षा पद्धति, एक कोर्ट, एक न्याय व्यवस्था, एक अर्थ व्यवस्था लागू की जाय।" में से कुछ तो सम्भव है लेकिन कुछ असम्भव। जो असम्भव है वह एक मानक के रूप में निर्धारित तो हो सकता है परन्तु वह थोपा नहीं जा सकता जैसे एक वेश-भूषा, एक खान-पान। विश्व में एक धर्म और एक धर्मशास्त्र के रूप में विश्वधर्म और उसका धर्मशास्त्र - विश्वशास्त्र उपलब्ध हो चुका है। जिसके आधार पर एक रहन-सहन पद्धति और एक शिक्षा पद्धति भी उपलब्ध है। एक कोर्ट, एक न्याय व्यवस्था, एक अर्थ व्यवस्था लागू करना सरकारों का काम है।

सार्वभौम धर्म, जिसके बारे में स्वामी विवेकानन्द जी ने कहा था उसके ये भी नाम हैं- विश्व धर्म/वेदान्त धर्म/अद्वैत धर्म/एकता धर्म/लोकतन्त्र धर्म/समष्टि धर्म/प्राकृतिक धर्म/सत्य धर्म/संयुक्तमन धर्म/ईश्वर धर्म/हिन्दू धर्म/सार्वजनिक धर्म/दृश्य धर्म/मानव धर्म/धर्मनिरपेक्ष धर्म - जो पूर्ववर्ती सभी धर्मों व मतों का समन्वय व एकीकरण करते हुये निराकार आधारित लोकतंत्र व्यवस्था का वृक्ष शास्त्र विश्व-नागरिक धर्म का धर्मयुक्त धर्मशास्त्र-कर्मवेदः प्रथम, अन्तिम तथा पंचम वेदीय श्रृंखला विश्व-राज्य धर्म का धर्मनिपेक्ष धर्मशास्त्र- विश्वमानक शून्य-मन की गुणवत्ता का विश्वमानक श्रृंखला, आदर्श मानक सामाजिक व्यक्ति चरित्र समाहित आदर्श मानक वैश्विक व्यक्ति चरित्र अर्थात सार्वजनिक प्रमाणित आदर्श मानक वैश्विक व्यक्ति चरित्र और पूर्ण मानव निर्माण की तकनीकी के प्रस्तुतीकरण के साथ है।

विश्वशास्त्र के सार्वभौम सत्य-सिद्धान्त के आधार पर 1. शासन प्रणाली का विश्वमानक, 2. संचालक का विश्वमानक, 3. गणराज्य या लोकतन्त्र के स्वरूप का विश्वमानक, 4. संविधान के स्वरूप का विश्वमानक, 5. शिक्षा व शिक्षा पाठ्यक्रम के स्वरूप का विश्वमानक, 6. विपणन प्रणाली का विश्वमानक भी व्यक्त कर दिया गया है।

पूर्ण मानव निर्माण की तकनीकी - WCM-TLM-SHYAM.C (World Class Manufacturing-Total Life Maintenance-Satya, Heart, Yog, Ashram, Meditation.Conceousness) में मनुष्य के निर्माण की मूल आवश्यकता समाहित है। और उसके जागरण की आवश्यकता है। अभी केवल विश्व योग (Yog) दिवस का ही निर्धारण हुआ है। विश्व सत्य (Satya) दिवस, विश्व भाव (Heart) दिवस, विश्व आश्रम (Ashram) दिवस, विश्व ध्यान (Meditation) दिवस और विश्व चेतना (Conceousness) दिवस का भी निर्धारण होना चाहिए।

सबसे महत्वपूर्ण तो विश्वमन दिवस (World Mind Day) घोषित किया जाना चाहिए जो मेरे विश्वमन से युक्त लव कुश सिंह "विश्वमानव" के जन्म दिवस (16 अक्टुबर) से अच्छा दिन कोई नहीं हो सकता। यह सन्तुलित दिनांक है। अक्टुबर के 15 दिन एक तरफ और दूसरे 15 दिन एक तरफ। और विश्व के अधिकतम दिवस भी इसी माह में हैं जैसे विश्व प्रौढ़ दिवस एवं विश्व संगीत दिवस (1 अक्टुबर), महात्मा गांधी के जन्म दिवस पर अन्तर्राष्ट्रीय अहिंसा दिवस (2 अक्टुबर), विश्व प्राकृतिक दिवस (3 अक्टुबर), विश्व आवास दिवस एवं विश्व पशु कल्याण दिवस (4 अक्टुबर), विश्व पारिस्थितिक दिवस (अक्टुबर), विश्व शिक्षक दिवस (5 अक्टुबर), विश्व प्राणी दिवस (6 अक्टुबर), विश्व डाक दिवस (9 अक्टुबर), विश्व मानसिक स्वास्थ्य दिवस (10 अक्टुबर), विश्व मानक दिवस (14 अक्टुबर), विश्व खाद्य दिवस (16 अक्टुबर), विश्व मितव्ययिता दिवस (28 अक्टुबर)।

08. श्री फर्दिनो इनासियो रिबेलो
(31 जुलाई 1949 -)

परिचय -

श्री फर्दिनों इनासियो रिबैलो का जन्म 31 जुलाई 1949 को हुआ था। गवर्नमेण्ट कालेज, मुम्बई से आपने एल.एल.बी. की परीक्षा उतीर्ण की और 30 जुलाई 1973 को एक अधिवक्ता के रूप में प्रवेश किया। न्यायायिक आयुक्त के न्यायालय, पणजी, गोवा में 1973 से 1982 तक कार्य किये। फिर 1982 से संवैधानिक स्व सरकार मामलों सेवा में मुम्बई के पणजी पीठ पर कार्य किये। सालगोन्सर ला कालेज में 1975 से 1977 तक कानून में एक अंशकालिन व्याख्याता के रूप में काम किये। 1994 से 1996 तक गोवा उच्च न्यायालय बार एसोसिएशन के अध्यक्ष रहे। दिसम्बर 1995 में वरिष्ठ अधिवक्ता के रूप में पीठासीन हैं। 15 अप्रैल 1996 से 2 वर्ष के प्रभावी अवधि के लिए मुम्बई उच्च न्यायालय के अतिरिक्त न्यायाधीश के रूप में नियुक्त। अप्रैल 1998 से स्थायी न्यायाधीश नियुक्त। 26 जून 2010 को इलाहाबाद उच्च न्यायालय के मुख्य न्यायाधीश के रूप में शपथ ग्रहण किये और 30 जुलाई 2011 को सेवानिवृत्त हो गये।

“दुनिया भर के न्यायाधीशों को भारत से विश्व शान्ति का संदेश लेकर अपने देश जाना चाहिए तथा भारतीय संविधान के अनुच्छेद 51 में शान्ति, सुरक्षा, सह-अस्तित्व तथा आपसी भाईचारे के लिए जो व्यवस्था की गयी है, उसे अपनाना चाहिए। भारतीय संविधान का यह अनूठा अनुच्छेद अन्तर्राष्ट्रीय शान्ति की भावना को बढ़ावा देती है। अनुच्छेद 51 दुनिया को नयी दिशा देने में सक्षम है। इतिहास गवाह है कि भारतीय दर्शन सदैव मानव जाति को शान्ति, सहयोग, सौहार्द तथा सत्य-अहिंसा का मार्ग दिखाता आया है।” (लखनऊ में सी.एम.एस द्वारा संविधान के अनुच्छेद 51 पर आयोजित विश्व के मुख्य न्यायाधीशों व न्यायविदों के तीन दिवसीय 11वें अन्तर्राष्ट्रीय सम्मेलन के उद्घाटन समारोह में)

-श्री फर्दिनो इनासियो रिबैलो
साभार - दैनिक जागरण, वाराणसी, दि0 12 दिसम्बर, 2010

श्री लव कुश सिंह “विश्वमानव” द्वारा स्पष्टीकरण

भारतीय संविधान के धारा-51(ए) के अन्तर्गत नागरिक का मौलिक कर्तव्य के अनुसार -

01. संविधान के प्रति प्रतिबद्धता, इसके आदर्शों, धाराओं, राष्ट्रीय ध्वज व राष्ट्रीय गान का आदर करना।
02. स्वतंत्रता के लिए संघर्ष हेतू प्रेरित करने वाले सुआदर्शों का अनुकरण करना व उन्हें चिरस्थायी बनाना।
03. भारत की सर्वोच्चता, एकता और अखण्डता की रक्षा करना तथा समर्थन करना।
04. जब भी आवश्यकता पड़े देश की रक्षा करना व राष्ट्रीय सेवाओं हेतू समर्पित होना।
05. समाज में भाई-चारें की भावना का विस्तार करना, मातृत्व भाव, धार्मिक, भाषायिक, क्षेत्रीय विभिन्नताओं में एकता कायम करना तथा नारी सम्मान आदि का ध्यान देना।
06. अपने मिश्रित संस्कृति का मूल्यांकन करना उसको स्थायित्व देना और इसकी परम्परा को कायम रखना।
07. प्राकृतिक सम्पदा की रक्षा करना जिसमें जलवायु, जंगल, झील, नदियां, जंगली जीवों व समस्त जीवों के प्रति दया का भाव सम्मिलित है।
08. वैज्ञानिक भावना को प्रोत्साहित करना, मानवीय भावनाओं के स्वरूप की परख करते रहना।
09. जन सम्पत्ति की सुरक्षा करना और हिंसा आदि का परित्याग करना।

10. व्यक्तिगत, सामूहिक गतिविधियों के प्रत्येक क्षेत्र में सर्वोच्चता हासिल करना, जिससे राष्ट्र सतत उत्थान, प्रयत्न व प्राप्ति की ओर अग्रसर होता रहे।

11. जो कि माता-पिता या अभिभावक हो, वे अपने 6 साल से 14 साल के बच्चों को शिक्षा या अन्य ऐसे सुअवसरों का लाभ उन्हें मुहैया करावें।

आध्यात्मिक एवं पदार्थिक वैज्ञानिक सत्य पर आधारित मूल सार्वभौम सत्य-सिद्धान्त तथा उसके व्यापकता अर्थात् बहुरुप के उदाहरण सहित स्थापना की नीति को प्रस्तुत करना जो मेरा धर्म था उसे पूर्ण किया गया। अब भारत देश के हाथों में गेंद है कि वह कब इसका प्रयोग सार्वजनिक प्रमाणित काल में भारत को विश्वगुरु और विश्व नेतृत्व सहित विश्व शान्ति-एकता-स्थिरता-विकास-सुरक्षा-प्रबन्ध के लिए प्रयोग करता है। भारत में इसका मूल लाभ- बेरोजगारी समाप्त करने में है क्योंकि संसाधनों के होते हुए भी कर्मज्ञान के अभाव में बेरोजगारी बढ़ रही है। कर्मज्ञान के अभाव में शिक्षा निर्भरता को बढ़ा रही है। तन्त्रों की वास्तविक स्थिति, भारत का विश्वव्यापी वैचारिक पहचान, सुदृढ़ अर्थशक्ति का निर्माण, रुपये का मूल्य बढ़ना, स्वस्थ लोकतन्त्र, स्वस्थ समाज, स्वस्थ उद्योग, पूर्ण मानव का निर्माण इसके अलग लाभ हैं। सार्वभौम सत्य-सिद्धान्त के प्रस्तुतीकरण के उपरान्त अब मेरी आवश्यकता नहीं रही क्योंकि भारत सहित विश्व में इतने तैयार बुद्धि शक्ति युक्त मानव है कि इस सार्वभौम सत्य-सिद्धान्त के आधार पर इसके शाखाओं को विकसित करते हुए कार्य को सम्पन्न कर सकते हैं। प्रस्तुत सार्वभौम सत्य-सिद्धान्त और व्याख्या में किसी भी प्रकार का उचित संशोधन स्वागत योग्य होगा। हमारा लक्ष्य सार्वजनिक प्रमाणित मार्ग द्वारा रचनात्मक, सकारात्मक, समन्वयात्मक स्वरुप को विकसित करना है यह सार्वजनिक कार्य है जो सार्वजनिक बुद्धि शक्ति द्वारा ही पूर्ण विकसित होगा। मात्र किसी एक भ्रम से सम्पूर्ण स्वरुप गलत सिद्ध नहीं हो सकता और न ही किसी भ्रम की किसी के द्वारा पाने में मुझे कोई कष्ट है। जो स्वरुप उपलब्ध नहीं था, जिसकी आवश्यकता थी, जिसकी विवशता थी, जो मानवता था उसे उपलब्ध कराया गया। मैं जहाँ हूँ वहीं मेरा स्थान है वहीं मेरा स्वर्ग है। मैं हुकूमत नहीं मैं मात्र दिशाबोध, निर्विरोध, अन्तिम मार्ग, मार्गदर्शक, मूलबीज और सेवक हूँ।

निवेदन है कि अपनी दृष्टि से मुझे देखकर मुझे अपने मार्ग का बाधक न समझे। मुझे सिर्फ मेरी दृष्टि से देखें और समझें। यह न समझें कि मैं किसी मानवीय पदों पर बैठने की कोशिश करुँगा। मेरे योग्य जो पद चाहिए उसे मैं प्राप्त कर चुका हूँ। वहाँ कोई प्रतिद्वन्दी नहीं। वहाँ कोई चुनाव नहीं। वह निर्विरोध है। वह निर्दल है। वह अनिर्वचनीय है। उसे प्राप्त कर पाना मानवीय बस की बात नहीं। हाँ तुम्हें यदि अपनी दिशा से किसी मानवीय पद की आवश्यकता हो तो उसके लिए अपनी दिशा से कर्म करो। मेरा पद छीनना भी तुम्हारे बस की बात नहीं क्योंकि शरीर तुम्हारे पास है परन्तु नाम-रुप-गुण कहाँ से लाओगे। वह भी सार्वभौम सत्य-सिद्धान्त का जो कि मानवीय जीवन में सिर्फ एक बार और अन्तिम बार ही व्यक्त होता है और वह व्यक्त किया जा चुका है। मैं सिर्फ विश्व का दर्पण हूँ जो सत्व (मार्ग दर्शक व विकास), रज (निर्माण) तथा तम (विनाश) से युक्त होते हुए भी उससे मुक्त है।

राष्ट्र के सजग और समर्पित आम नागरिक होने के कारण भारतीय संविधान के धारा-51(ए) के अन्र्तगत नागरिक का मौलिक कर्तव्य के अनुसार मैंने अपना कर्तव्य व धर्म निभाया है। लोग अधिकार की बात करते हैं मैं कर्तव्य की बात करता हूँ। उचित अधिकार तो अपने आप प्राप्त हो जायेगा।

09. श्री नरेन्द्र मोदी
(17 सितम्बर 1950 -)

परिचय -

17 सितम्बर 1950 (विश्वकर्मा जयंती) को जन्मे नरेन्द्र दामोदरदास मोदी भारत के वर्तमान प्रधानमन्त्री हैं। भारत के राष्ट्रपति प्रणव मुखर्जी ने उन्हें 26 मई 2014 को भारत के प्रधानमन्त्री पद की शपथ दिलायी। वे स्वतन्त्र भारत के 15वें प्रधानमन्त्री हैं तथा इस पद पर आसीन होने वाले स्वतंत्र भारत में जन्मे प्रथम व्यक्ति हैं।

उनके नेतृत्व में भारत की प्रमुख विपक्षी पार्टी भारतीय जनता पार्टी ने 2014 का लोकसभा चुनाव लड़ा और 282 सीटें जीतकर अभूतपूर्व सफलता प्राप्त की। एक सांसद के रूप में उन्होंने उत्तर प्रदेश की सांस्कृतिक नगरी वाराणसी एवं अपने गृहराज्य गुजरात के वड़ोदरा संसदीय क्षेत्र से चुनाव लड़ा और दोनों जगह से जीत दर्ज की।

इससे पूर्व वे गुजरात राज्य के 14वें मुख्यमन्त्री रहे। उन्हें उनके काम के कारण गुजरात की जनता ने लगातार 4 बार (2001 से 2014 तक) मुख्यमन्त्री चुना। गुजरात विश्वविद्यालय से राजनीति विज्ञान में स्नातकोत्तर डिग्री प्राप्त नरेन्द्र मोदी विकास पुरुष के नाम से जाने जाते हैं और वर्तमान समय में देश के सबसे लोकप्रिय नेताओं में से हैं। माइक्रो-ब्लॉगिंग साइट ट्विटर पर भी वे सबसे ज्यादा फॉलोअर वाले भारतीय नेता हैं। टाइम पत्रिका ने मोदी को पर्सन ऑफ द ईयर 2013 के 42 उम्मीदवारों की सूची में शामिल किया है।

अटल बिहारी वाजपेयी की तरह नरेन्द्र मोदी एक राजनेता और कवि हैं। वे गुजराती भाषा के अलावा हिन्दी में भी देशप्रेम से ओतप्रोत कविताएँ लिखते हैं।

नरेन्द्र मोदी का जन्म गुजरात राज्य के महेसाना जिला स्थित वडनगर ग्राम में हीराबेन मोदी और दामोदरदास मूलचन्द मोदी के एक मध्यम-वर्गीय परिवार में 17 सितम्बर 1950 को हुआ था। वह पूर्णतः शाकाहारी हैं। भारत-पाकिस्तान के बीच द्वितीय युद्ध के दौरान अपने तरुणकाल में उन्होंने स्वेच्छा से रेलवे स्टेशनों पर सफर कर रहे सैनिकों की सेवा की। युवावस्था में वह छात्र संगठन अखिल भारतीय विद्यार्थी परिषद में शामिल हुए। उन्होंने साथ ही साथ भ्रष्टाचार विरोधी नव निर्माण आन्दोलन में हिस्सा लिया। एक पूर्णकालिक आयोजक के रूप में कार्य करने के पश्चात् उन्हें भारतीय जनता पार्टी में संगठन का प्रतिनिधि मनोनीत किया गया। किशोरावस्था में अपने भाई के साथ एक चाय की दुकान चला चुके मोदी ने अपनी स्कूली शिक्षा वडनगर में पूरी की। उन्होंने आर.एस.एस के प्रचारक रहते हुए 1980 में गुजरात विश्वविद्यालय से राजनीति विज्ञान में स्नातकोत्तर परीक्षा दी और डिग्री प्राप्त की।

अपने माता-पिता की कुल छः सन्तानों में तीसरे पुत्र नरेन्द्र ने बचपन में रेलवे स्टेशन पर चाय बेचने में अपने पिता का भी हाथ बँटाया। वडनगर के ही एक स्कूल मास्टर के अनुसार नरेन्द्र हालाँकि एक औसत दर्जे का छात्र था, लेकिन वाद-विवाद और नाटक प्रतियोगिताओं में उसकी बेहद रुचि थी। इसके अलावा उसकी रुचि राजनीतिक विषयों पर नयी-नयी परियोजनाएँ प्रारम्भ करने की भी थी।

13 वर्ष की आयु में नरेन्द्र की सगाई जसोदा बेन चमनलाल के साथ कर दी गयी और जब उनका विवाह हुआ, वह मात्र 17 वर्ष के थे। फाइनेंशियल एक्सप्रेस की एक खबर के अनुसार पति-पत्नी ने कुछ वर्ष साथ रहकर बिताये। परन्तु कुछ समय बाद वे दोनों एक दूसरे के लिये अजनबी हो गये क्योंकि नरेन्द्र मोदी ने उनसे कुछ ऐसी ही इच्छा व्यक्त की थी जबकि नरेन्द्र मोदी के जीवनी-लेखक ऐसा नहीं मानते। उनका कहना है कि- उन दोनों की शादी जरूर हुई परन्तु वे दोनों एक साथ कभी नहीं रहे। शादी के कुछ वर्षों बाद नरेन्द्र मोदी ने घर त्याग दिया और एक प्रकार से उनका वैवाहिक जीवन लगभग समाप्त-सा ही हो गया।

पिछले चार विधान सभा चुनावों में अपनी वैवाहिक स्थिति पर खामोश रहने के बाद नरेन्द्र मोदी ने कहा कि अविवाहित रहने की जानकारी देकर उन्होंने कोई पाप नहीं किया। नरेन्द्र मोदी के मुताबिक एक शादीशुदा के

मुकाबले अविवाहित व्यक्ति भ्रष्टाचार के खिलाफ जोरदार तरीके से लड़ सकता है क्योंकि उसे अपनी पत्नी, परिवार व बाल-बच्चों की कोई चिन्ता नहीं रहती। हालांकि नरेन्द्र मोदी ने शपथ पत्र प्रस्तुत कर जसोदाबेन को अपनी पत्नी स्वीकार किया है।

नरेन्द्र जब विश्वविद्यालय के छात्र थे तभी से वे राष्ट्रीय स्वयंसेवक संघ की शाखा में नियमित जाने लगे थे। इस प्रकार उनका जीवन संघ के एक निष्ठावान प्रचारक के रूप में प्रारम्भ हुआ। उन्होंने शुरुआती जीवन से ही राजनीतिक सक्रियता दिखलायी और भारतीय जनता पार्टी का जनाधार मजबूत करने में प्रमुख भूमिका निभायी। गुजरात में शंकरसिंह वाघेला का जनाधार मजबूत बनाने में नरेन्द्र मोदी की ही रणनीति थी।

अप्रैल 1990 में जब केन्द्र में मिली जुली सरकारों का दौर शुरू हुआ, मोदी की मेहनत रंग लायी, जब गुजरात में 1995 के विधान सभा चुनावों में भारतीय जनता पार्टी ने अपने बलबूते दो तिहाई बहुमत प्राप्त कर सरकार बना ली। इसी दौरान दो राष्ट्रीय घटनायें और इस देश में घटीं। पहली घटना थी सोमनाथ से लेकर अयोध्या तक की रथयात्रा जिसमें आडवाणी के प्रमुख सारथी की मूमिका में नरेन्द्र का मुख्य सहयोग रहा। इसी प्रकार कन्याकुमारी से लेकर सुदूर उत्तर में स्थित काश्मीर तक की मुरली मनोहर जोशी की दूसरी रथ यात्रा भी नरेन्द्र मोदी की ही देखरेख में आयोजित हुई। इसके बाद शंकरसिंह वाघेला ने पार्टी से त्यागपत्र दे दिया, जिसके परिणामस्वरूप केशुभाई पटेल को गुजरात का मुख्यमन्त्री बना दिया गया और नरेन्द्र मोदी को दिल्ली बुला कर भाजपा में संगठन की दृष्टि से केन्द्रीय मन्त्री का दायित्व सौंपा गया।

1995 में राष्ट्रीय मन्त्री के नाते उन्हें पाँच प्रमुख राज्यों में पार्टी संगठन का काम दिया गया जिसे उन्होंने बखूबी निभाया। 1998 में उन्हें पदोन्नत करके राष्ट्रीय महामन्त्री (संगठन) का उत्तरदायित्व दिया गया। इस पद पर वह अक्तूबर 2001 तक काम करते रहे। भारतीय जनता पार्टी ने अक्तूबर 2001 में केशुभाई पटेल को हटाकर गुजरात के मुख्यमन्त्री पद की कमान नरेन्द्र मोदी को सौंप दी।

नरेन्द्र मोदी अपनी विशिष्ट जीवन शैली के लिये समूचे राजनीतिक हलकों में जाने जाते हैं। उनके व्यक्तिगत स्टाफ में केवल तीन ही लोग रहते हैं, कोई भारी-भरकम अमला नहीं होता। लेकिन कर्मयोगी की तरह जीवन जीने वाले मोदी के स्वभाव से सभी परिचित हैं इस नाते उन्हें अपने कामकाज को अमली जामा पहनाने में कोई दिक्कत पेश नहीं आती। उन्होंने गुजरात में कई ऐसे हिन्दू मन्दिरों को भी ध्वस्त करवाने में कभी कोई कोताही नहीं बरती जो सरकारी कानून कायदों के मुताबिक नहीं बने थे। हालाँकि इसके लिये उन्हें विश्व हिन्दू परिषद जैसे संगठनों का कोपभाजन भी बनना पड़ा, परन्तु उन्होंने इसकी रत्ती भर भी परवाह नहीं की। जो उन्हें उचित लगा करते रहे। वे एक लोकप्रिय वक्ता हैं, जिन्हें सुनने के लिये बहुत भारी संख्या में श्रोता आज भी पहुँचते हैं। कुर्ता-पायजामा व सदरी के अतिरिक्त वे कभी-कभार सूट भी पहन लेते हैं। अपनी मातृभाषा गुजराती के अतिरिक्त वह राष्ट्रभाषा हिन्दी में ही बोलते हैं।

मोदी के नेतृत्व में 2012 में हुए गुजरात विधान सभा चुनाव में भारतीय जनता पार्टी ने स्पष्ट बहुमत प्राप्त किया। भाजपा को इस बार 115 सीटें मिलीं।

नरेन्द्र मोदी ने प्रखर देशभक्त श्यामजी कृष्ण वर्मा व उनकी पत्नी भानुमती की अस्थियों को भारत की स्वतन्त्रता के 55 वर्ष बाद 22 अगस्त 2003 को स्विस सरकार से अनुरोध करके जिनेवा से स्वदेश वापस मँगाया और माण्डवी (श्यामजी के जन्म स्थान) में क्रान्ति-तीर्थ के नाम से एक पर्यटन स्थल बनाकर उसमें उनकी स्मृति को संरक्षण प्रदान किया। मोदी द्वारा 13 दिसम्बर 2010 को राष्ट्र को समर्पित इस क्रान्ति-तीर्थ को देखने दूर-दूर से पर्यटक गुजरात आते हैं। गुजरात सरकार का पर्यटन विभाग इसकी देखरेख करता है।

18 जुलाई 2006 को मोदी ने एक भाषण में आतंकवाद निरोधक अधिनियम जैसे आतंकवाद-विरोधी विधान लाने के विरूद्ध उनकी अनिच्छा को लेकर भारतीय प्रधानमंत्री मनमोहन सिंह की आलोचना की। मुंबई की उपनगरीय रेलों में हुए बम विस्फोटों के मद्देनजर उन्होंने केंद्र से राज्यों को सख्त कानून लागू करने के लिए सशक्त करने की माँग की। उनके शब्दों में - आतंकवाद युद्ध से भी बदतर है। एक आतंकवादी के कोई नियम नहीं होते। एक आतंकवादी तय करता है कि कब, कैसे, कहाँ और किसको मारना है। भारत ने युद्धों की तुलना में आतंकी

हमलों में अधिक लोगों को खोया है। नरेंद्र मोदी ने कई अवसरों पर कहा था कि यदि भाजपा केंद्र में सत्ता में आई, तो वह सन् 2004 में उच्चतम न्यायालय द्वारा अफजल गुरु को फाँसी दिए जाने के निर्णय का सम्मान करेगी। भारत के उच्चतम न्यायालय ने अफजल को 2001 में भारतीय संसद पर हुए हमले के लिए दोषी ठहराया था एवं 9 फरवरी 2013 को तिहाड़ जेल में उसे लटकाया गया।

"काशी के राष्ट्र गुरू बने बिना भारत जगत गुरू नहीं बन सकता। देश अतीत की तरह आध्यात्मिक ऊँचाई पर पहुँचेगा तो स्वतः आर्थिक वैभव प्राप्त हो जायेगा। इसी खासियत की वजह से इतिहास में कभी भारत सोने की चिड़िया थी।"

- श्री नरेन्द्र मोदी, प्रधानमंत्री, भारत
साभार - दैनिक जागरण, वाराणसी संस्करण, दि0 18.05.2014

श्री लव कुश सिंह "विश्वमानव" द्वारा स्पष्टीकरण

भारतीय जनता ने "विकास" और "अच्छे दिन आने वाले हैं" के मुद्दे पर अपने मत को मतपेटीयों से बाहर आते ही व्यक्त किया, जिसका परिणाम था - "दशकों बाद एक दल के पूर्ण बहुमत वाली सरकार।" और शनिवार, 17 मई 2014 ई0 को आपने वाराणसी में बाबा विश्वनाथ के पूजन के उपरान्त उपरोक्त सत्य विचार काशी (वाराणसी) के सिद्ध क्षेत्र से काशी (वाराणसी) सहित विश्व के समक्ष उद्घाटित कियें।

अधिकतम व्यक्ति, सफल व्यक्ति के पीछे चलते हैं, उनको देखना चाहते हैं लेकिन वे क्या विचार व्यक्त किये, उसका अर्थ क्या है और वह कैसे पूरा होगा, यह सब उनके लिए कोई अर्थ नहीं रखता और यही सबसे बड़ी कमी-कमजोरी होती है। जहाँ भक्ति-प्रेम आता है वहाँ ज्ञान लुप्त हो जाता है और इसी प्रकार जहाँ ज्ञान आता है, वहाँ भक्ति-प्रेम लुप्त हो जाती है। इस सम्बन्ध में स्वामी विवेकानन्द जी के कुछ वाणी प्रस्तुत हैं-

01. हम ठीक वैसे ही हैं। गुलाम कीड़े-पैर उठाकर रखने की भी ताकत नहीं-बीबी का आंचल पकड़े ताश खेलते और हुक्का गुड़गुड़ाते हुए जिन्दगी पार कर देते हैं, और अगर उनमें से कोई एक कदम बढ़ जाता है तो सब के सब उसके पीछे पड़ जाते हैं- हरे हरे! (पत्रावली भाग-2, पृष्ठ-234, राम कृष्ण मिशन प्रकाशन)

02. मेरे जीवन में मैंने अनेक गलतियां की है; किन्तु उसमें प्रत्येक का कारण रहा है अत्यधिक प्यार। अब प्यार से मुझे द्वेष हो गया है! हाय! यदि मेरे पास वह बिल्कुल न होता! भक्ति की बात आप कह रही है! हाय, यदि मैं निर्विकार और कठोर वेदान्ती हो सकता! जाने दो, यह जीवन तो समाप्त ही हो चुका। अगले जन्म में प्रयत्न करूंगा। (पत्रावली भाग-2, पृष्ठ-219, राम कृष्ण मिशन प्रकाशन)

समाज की ये उपरोक्त गम्भीर बीमारी कृष्ण काल से ही चली आ रही है। इस सम्बन्ध में एक घटना है- कृष्ण जब द्वारिका चले गये, तब उद्धव ने गोपियों के सामने अपना महत्व बढ़ाने के लिए कृष्ण से गोपियों के नाम एक पत्र लिखने को कहा। कृष्ण सब कुछ जानते हुये भी एक पत्र लिख कर उद्धव को दिये। उद्धव असीम आनन्द के साथ मथुरा-वृन्दावन आये और गोपियों को पत्र देते हुये कहे कि मैंने आप लोगों के लिए कृष्ण का सन्देश लाया हूँ। जितनी गोपियाँ उस समय वहाँ उपलब्ध थी, सभी ने उस पत्र के टुकड़े-टुकड़े कर आपस में बाँट लिए। उस पत्र में क्या लिखा था, उसे पढ़ने-जानने की आवश्यकता ही नहीं समझीं। तब उद्धव को ज्ञान और भक्ति-प्रेम का अन्तर समझ में आया।

उपरोक्त उदाहरणों का तात्पर्य यह है कि आपने बड़े ही संस्कारिक रूप से भारत के जगद्गुरू न बनने का कारण, काशी को ठहराया, वो काशी आपकी भक्ति-प्रेम में मस्त है। मस्त तो पहले से ही है, आपके आने

से जीवन्त मस्ती के आनन्द में हो गई है। लगभग तीन वर्ष हो रहे हैं, काशी को आप द्वारा सोंपे गये जिम्मेदारी का कोई एहसास नहीं है। अब तो भूला भी चुके होंगे।

लेकिन कोई है जो व्यक्ति को नहीं विचार को सुनता, पढ़ता और समझता है। और काशी ही क्या पूरे विश्व के लिए व्यक्त किये गये विचारों को सुनता, पढ़ता और समझता है। वो कौन हो सकता है जो शरीर को नहीं बल्कि विचार को महत्व देने का काम कर रहा है, इसका निर्धारण तो मैं बिना विद्वान के विद्वता का प्रमाण-पत्र देने वाले वाराणसी के उपर ही छोड़ देता हूँ। ध्यान का विषय है-शिव से काशीवासी और काशी है या काशीवासी और काशी से शिव हैं"। मणिकर्णिका घाट पर "काशी करवट" मन्दिर का क्या अर्थ हो सकता है वाराणसी को विचार करने के लिए छोड़ देता हूँ।

आप हम काशी के रूप में जिस वाराणसी को जानते हैं वो मोक्षदायिनी काशी है। मोक्षदायिनी काशी, मोक्ष देती भी है और स्वयं भी मोक्ष को प्राप्त कर चुकी है। जिसका लक्ष्य पूरा हो चुका होता है वो मोक्ष को ही प्राप्त कर चुका होता है। वाराणसी को मोक्षदायिनी काशी के रूप में स्थापित होना था, वो हो चुका। लक्ष्य प्राप्त वस्तु निष्क्रिय हो जाती है क्योंकि उसे शान्ति-एकत्व प्राप्त हो चुका होता है। इस कारण न तो काशी राष्ट्रगुरू बनने की अब इच्छा रखता है न ही यह करने के लिए अब उसके पास विद्वान और ज्ञानी शेष बचे हैं। यह उसी समय से हो गया था जब विश्वेश्वर ने व्यास को काशी से निष्कासित कर दिया था तब व्यासजी लोलार्क मन्दिर के आग्नेय कोण में गंगाजी के पूर्वी तट पर स्थित हुए। इस घटना का उल्लेख काशी खण्ड में इस प्रकार है-

लोलार्कादं अग्निदिग्भागे, स्वर्घुनी पूर्वरोधसि।
स्थितो ह्यद्यापि पश्चेत्सः काशीप्रासाद राजिकाम्।।

- **स्कन्दपुराण, काशी खण्ड 96/201**

आपके द्वारा काशी को राष्ट्रगुरू बनने का दिया गया लक्ष्य जिसने स्वीकार भी किया और उसे पूर्ण करने का प्रथम और अन्तिम प्रारूप भी प्रस्तुत किया वह गंगापार के क्षेत्र - जीवनदायिनी सत्यकाशी क्षेत्र का है जिसका निवास काशी चौरासी कोस यात्रा और सत्यकाशी के उभय क्षेत्र में स्थित है। गंगा पार क्षेत्र से ही जीवन शास्त्र "विश्वशास्त्र" व्यक्त हुआ है।

सोमवार, 26 मई, 2014 ई0 , त्रयोदशी, कृष्ण पक्ष, ज्येष्ठ मास, विक्रमी संवत 2071, सायंकाल 5.45 से रात्रि 8.02 बजे तक वृश्चिक लग्न, स्वामी मंगल, नक्षत्र भरणी, देवाधिदेव महादेव शिव के उपासना का दिन सोमवार, प्रदोष व प्रदोष काल (गोधूलि बेला) के अद्भुत संयोग के सम्बन्ध में काशी (वाराणसी) के विद्वान ज्योतिषियों की भविष्यवाणीयाँ - "राष्ट्र का होगा उत्थान" - पं0 विष्णुपति त्रिपाठी, "प्रधानमंत्रित्व काल रहेगा मंगलमय" - पं0 प्रसाद दीक्षित, "वृश्चिक लग्न से भारत को मिलेगा यश" - पं0 विमल जैन। इसी अद्भुत संयोग में निम्नलिखित कार्य सम्पन्न हुये थे-

- सायं काल 6.10 बजे विश्व के सबसे बड़े लोकतन्त्र के 15वें और स्वतन्त्र भारत में जन्में पहले प्रधानमंत्री के रूप में आप श्री नरेन्द्र मोदी का शपथ ग्रहण हुआ।
- सायं काल 6.10 बजे काशी को राष्ट्रगुरू और भारत को जगतगुरू बनाने वाली कार्य योजना के प्रारम्भ के लिए वेबसाइट www.moralrenew.com का पंजीकरण लक्ष्य पुनर्निर्माण व उसकी प्राप्ति के लिए इस कार्य योजना के रचनाकर्ता श्री लव कुश सिंह "विश्वमानव" द्वारा कराया गया।

आप द्वारा काशी को दिये गये लक्ष्य को पूरा किया चुका है जो आपके लिए मार्गदर्शन और जिम्मेदारी सौंपने का विचार रहा होगा लेकिन मेरे लिए चुनौतिस्वरूप था जैसे मुझे ही कोई ललकार रहा हो। मोक्षदायिनी काशी - वाराणसी का तो कोई पता नहीं लेकिन जीवनदायिनी काशी - सत्यकाशी (वाराणसी-विन्ध्याचल-शिवद्वार-सोनभद्र के बीच का क्षेत्र) राष्ट्रगुरू बनने की अपने योग्यता प्रस्तुत कर चुका है। अब आपकी बारी है। शतरंज की चाल हो या गेंद, आपकी बारी है। काल के मंच पर कथा को आगे बढ़ाये, सभी को सही अर्थ में स्थापित होने दें और इस काल क्रम को पहचानें-

वर्तमान समय - इतिहास लौट चुका है।

111 वर्ष पूर्व 4 जुलाई, 1902 ई0 को आम आदमी के रूप में नरेन्द्र नाथ दत्त और विचार से सर्वोच्च विश्वमानव के रूप में स्वामी विवेकानन्द ब्रह्मलीन हुये थे। उन्होंने कहा था –

"मन में ऐसे भाव उदय होते हैं कि यदि जगत् के दुःख दूर करने के लिए मुझे सहस्त्रों बार जन्म लेना पड़े तो भी मैं तैयार हूँ। इससे यदि किसी का तनिक भी दुःख दूर हो, तो वह मैं करूँगा और ऐसा भी मन में आता है कि केवल अपनी ही मुक्ति से क्या होगा। सबको साथ लेकर उस मार्ग पर जाना होगा।"

(विवेकानन्द जी के संग में, पृष्ठ-67, राम कृष्ण मिशन प्रकाशन)

वर्तमान में उनके तीन रूप व्यक्त हो चुके हैं जो निम्नलिखित हैं-

1. भारत के सर्वोच्च पद पर सुशोभित श्री प्रणव मुखर्जी, राष्ट्रपति, भारत, उनके संस्कृति को लेकर।
2. भारत के सर्वोच्च अधिकार के पद पर सुशोभित श्री नरेन्द्र मोदी, प्रधानमंत्री, भारत, उनके नाम को लेकर।
3. भारत के आम आदमी के रूप में श्री लव कुश सिंह "विश्वमानव", भारत, उनके विचार "विश्व-बन्धुत्व" एवं "वेदान्त की व्यवहारिकता" की स्थापना के लिए शासनिक प्रणाली के अनुसार स्थापना स्तर तक की प्रक्रिया को लेकर।

भारत सरकार व उसके अनेक मंत्रालयों द्वारा अन्तर्राष्ट्रीय मानकीकरण संगठन के प्रमाण पत्र आई.एस.ओ-9000 (ISO-9000) गुणवत्ता का प्रमाण पत्र प्राप्त करने की प्रक्रिया प्रारम्भ।

लव कुश सिंह "विश्वमानव" द्वारा विश्व के एकीकरण के प्रथम चरण - मानसिक एकीकरण के लिए नागरिकों के गुणवत्ता का विश्वमानक-0 (WS-0) श्रृंखला आविष्कृत।

भारत विश्व गुरू कभी हुआ करता था लेकिन अब नहीं है। इसका सबसे बड़ा प्रमाण यह है कि भारत वैश्विक सिद्धान्तों से प्रभावित है। भारत उस दिन वर्तमान युग में पुनः विश्व गुरू बन जायेगा जब वह अपने सार्वभौम सिद्धान्तों से विश्व को प्रभावित व संचालित करने लगेगा। काशी-सत्यकाशी क्षेत्र इस दृश्य काल में मतों (वोटों) से नहीं बल्कि शिव-तन्त्र के शास्त्र से किसी का हो सकता है। सार्वभौम सत्य - आत्म तत्व के आविष्कार से भारत विश्व गुरू तो है ही परन्तु दृश्य काल में विश्व गुरू बनने के लिए सार्वभौम सत्य-सिद्धान्त चाहिए जिससे विश्व संविधान व लोकतन्त्र को मार्गदर्शन मिल सके। शिक्षा द्वारा मानव मन को सत्य से जोड़ने व काल का बोध कराने, काशी को राष्ट्रगुरू व भारत को जगतगुरू बनाने तथा ज्ञान को सबके द्वार पर पहुँचाने का कार्य आपकी इच्छानुसार प्रारम्भ किया जा रहा है। आपने कहा, हमने शुरू किया।"

- श्री लव कुश सिंह "विश्वमानव"
पुत्र श्री धीरज नारायण सिंह

रचनाकर्ता - लक्ष्य पुनर्निर्माण व उसकी प्राप्ति के लिए पाठ्यक्रम व कार्य योजना
आविष्कारकर्ता - मन (मानव संसाधन) का विश्व मानक एवं पूर्ण मानव निर्माण की तकनीकी
दावेदार - भारत सरकार का सर्वोच्च नागरिक सम्मान "भारत रत्न"
निवास - नियामतपुर कलाँ, पुरूषोत्तमपुर, मीरजापुर (उ0प्र0) पिन-231305
जन्म स्थान - टाउनशिप अस्पताल, बरौनी रिफाइनरी, बेगूसराय (बिहार) पिन-851117

और इस कार्य को सम्पन्न और स्वच्छ मन - स्वच्छ भारत - स्वस्थ भारत करने के लिए 8वें सावर्णि मनु, अनिर्वचनीय कल्कि महाअवतार भोगेश्वर लव कुश सिंह "विश्वमानव" निम्नलिखित को अपने नौ रत्न के रूप में घोषित करता हूँ-

1. NITI AAYOG (नीति आयोग)
2. UGC- University Grant Commission (विश्वविद्यालय अनुदान आयोग)
3. NCERT – National Council for Educational Research & Training (राष्ट्रीय शैक्षिक शोध एवं प्रशिक्षण आयोग)
4. BIS – Bureau of Indian Standard (भारतीय मानक ब्यूरो)

5. MHRD – Ministry of Human Resources Development (मानव संसाधन मंत्रालय, भारत)
6. NKC – National Knowledge Commission (राष्ट्रीय ज्ञान आयोग)
7. SUPREME COURT OF INDIA (भारत का सर्वोच्च न्यायालय)
8. PM – Prime Minister of India (प्रधान मंत्री, भारत)
9. PRESIDENT – President of India (राष्ट्रपति, भारत)

अर्थात "आध्यात्मिक एवं दार्शनिक विरासत" के आधार पर "एक भारत - श्रेष्ठ भारत" के निर्माण की प्रक्रिया उपरोक्त 9 रत्नों पर ही निर्भर है।

"सम्भवतः ऐसा समय आ रहा है जब इस भौतिकवादी समाज में एक नयी भावना का उदय होगा और वह यह कि ईश्वर-दर्शन प्रत्येक व्यक्ति के लिए सम्भव है, तब सभी के उस दिशा में संघर्ष न करने पर भी जो ईश्वर का प्रत्यक्ष प्रयोगात्मक अनुभव करना चाहेंगे उन्हें युग-चेतना से उपहास एवं संदेह के बदले, प्रोत्साहन प्राप्त होगा। यदि हम अपने व्यक्तिगत एवं सामूहिक जीवन में वैज्ञानिक चेतना सम्पन्न एवं आध्यात्मिक एक साथ न हो पाए, तो मानवजाति का अर्थपूर्ण अस्तित्व ही संशय का विषय हो जाएगा।

- स्वामी विवेकानन्द

"आध्यात्मिक का अर्थ केवल प्रवचन नहीं, बल्कि आध्यात्मिक सिद्धान्तों के आधार पर तन्त्रों का विकास कर उन्हें वैयक्तिक से वैश्विक जीवन में व्यावहारीकरण करना है"

- अनिवर्चनीय कल्कि महाअवतार लव कुश सिंह "विश्वमानव"

"अच्छी शिक्षा, शिक्षकों से जुड़ी है। शिक्षक को हर परम्पराओं का ज्ञान होना चाहिए। हम विश्व को अच्छे शिक्षक दे सकते हैं। विगत छह महीने से पूरा विश्व हमारी ओर देख रहा है। ऋषि-मुनियों की शिक्षा पर हमें गर्व है। 21वीं सदी में विश्व को उपयोगी योगदान देने की माँग है। पूर्णत्व के लक्ष्य को प्राप्त करना विज्ञान हो या तकनीकी, इसके पीछे परिपूर्ण मानव मन की ही विश्व को आवश्यकता है। रोबोट तो पाँच विज्ञानी मिलकर भी पैदा कर देंगे। मनुष्य का पूर्णत्व, तकनीकी में समाहित नहीं हो सकता। पूर्णता मतलब जनहित। कला-साहित्य से ही होगा नवजागरण।" (बी.एच.यू. वाराणसी में)

- श्री नरेन्द्र मोदी, प्रधानमंत्री, भारत
साभार - काशी वार्ता, वाराणसी संस्करण, दि0 26 दिसम्बर, 2014

श्री लव कुश सिंह "विश्वमानव" द्वारा स्पष्टीकरण

स्कूल-कालेजों के जाल से शिक्षा के व्यापार का विकास होता है न कि शिक्षा का। शिक्षा का विकास तो शिक्षा पाठ्यक्रम पर निर्भर होता है जिससे शिक्षक और शिक्षार्थी दोनों निर्मित होते हैं। जब तक पूर्ण शिक्षा पाठ्यक्रम का निर्माण नहीं होता, शिक्षा का विकास नहीं हो सकता लेकिन शिक्षा के व्यापार का विकास होता रहेगा। पूर्ण शिक्षा पाठ्यक्रम का निर्माण हो चुका है जिसे "सत्य मानक शिक्षा" नाम दिया गया है। "सत्य मानक शिक्षा", विवादमुक्त, दृश्य, सार्वजनिक प्रमाणित सार्वभौम सत्य-सिद्धान्त से आधार पाकर निर्मित है इसलिए यह स्वीकार्य और आत्मसात् करने योग्य है। इसकी पुष्टि के लिए सैकड़ों दिशाओं से महा योग किया गया है। समस्या ये है कि जो शिक्षक बन गये हैं उन्हें कैसे परिपूर्ण मानव मन में परिवर्तित किया जाये क्योंकि नौकरी मिलने के बाद तो शायद ही कोई पढ़ना चाहता हो। और संसार का सबसे बडा आश्चर्य भी यही है कि पढ़-पढ़ कर नौकरी या धन बनाने में सफल व्यक्ति भी कहते मिल जाते हैं कि - "आजकल किताबें कौन पढ़ता है"। खुद तो पढ़कर आगे बढ़ते हैं और दूसरे को न पढ़ने की शिक्षा देते हैं। वर्तमान युग ज्ञान युग है और आगे उसी ओर उसका विकास है। जो

पढ़ेगा वही बढ़ेगा। पढ़ने में रूचि बनाने के लिए ही सारा ज्ञान एक ही पुस्तक में संघनित कर "विश्वशास्त्र" बना दिया गया है जिससे उन्हें ज्ञान के लिए अधिक समय न देना पड़े और खोज न करना पड़े।

"स्वामी विवेकानन्द एक महान दूरदर्शी थे जिन्होंने जगद्गुरू भारत का सपना देखा था"

- श्री नरेन्द्र मोदी, प्रधानमंत्री, भारत

साभार - दैनिक जागरण व काशी वार्ता, वाराणसी संस्करण, दि0 12-13 जनवरी, 2015

श्री लव कुश सिंह "विश्वमानव" द्वारा स्पष्टीकरण

महोदय, स्वामी विवेकानन्द ने "जगतगुरू का सपना देखा था" और "मैं उसके लिए आध्यात्मिक सत्य सार्वभौम सत्य-सिद्धान्त आधारित विश्वशास्त्र लेकर वर्तमान में हूँ।" एक "था" है और एक "है" है। वे सपना देखें, उनके जीवन काल में जो कार्य हो सकने लायक था वे पूरा किये, उसके आगे का कार्य पूरा करने के लिए ही वर्तमान में मैं हूँ। और मेरा यह जीवन किसी भी रूप में प्रमाणित नहीं होता कि इस कार्य को करने के लिए किसी ने कहा, या मार्गदर्शन दिया या जिन विषयों को लेकर मैं व्यक्त हूँ उसे मैंने शैक्षणिक सत्र में अध्ययन किया। मैं तो जन्म ग्रहण किया, शरीर धारण के अनुसार समाज द्वारा जो उपर बोझ दिया जाता है उसे जब तक हो सका ढोया, जिसके लिए मैं आया था उसके लिए जितने नकारात्मक बोझ थे स्वतः ही हटते चले गये और मैं अपने मूल कार्य में लग गया। जो सबके सामने प्रकाशित है। स्वामी जी के इन विचारों पर ध्यान देने की जरूरत है और इसके भारतीय दर्शन के प्रमाणिकता में बहुत उपयोग हैं-

"शास्त्र कहते है कि कोई साधक यदि एक जीवन में सफलता प्राप्त करने में असफल होता है तो वह पुनः जन्म लेता है और अपने कार्यों को अधिक सफलता से आगे बढ़ाता है।"

(योग क्या है, राम कृष्ण मिशन, पृष्ठ - 83)

"एक विशेष प्रवृत्ति वाला जीवात्मा 'योग्य योग्येन युज्यते' इस नियमानुसार उसी शरीर में जन्म ग्रहण करता है जो उस प्रवृत्ति के प्रकट करने के लिए सबसे उपयुक्त आधार हो। यह पूर्णतया विज्ञान संगत है, क्योंकि विज्ञान कहता है कि प्रवृत्ति या स्वभाव अभ्यास से बनता है और अभ्यास बारम्बार अनुष्ठान का फल है। इस प्रकार एक नवजात बालक की स्वाभाविक प्रवृत्तियों का कारण बताने के लिए पुनः पुनः अनुष्ठित पूर्व कर्मों को मानना आवश्यक हो जाता है और चूंकि वर्तमान जीवन में इस स्वभाव की प्राप्ति नहीं की गयी, इसलिए वह पूर्व जीवन से ही उसे प्राप्त हुआ है।"

(हिन्दूधर्म, राम कृष्ण मिशन, पृष्ठ - 6)

"सम्भवतः यह अच्छा होगा कि मैं अपने इस शरीर से बाहर निकल आऊँ और इसे जीर्ण वस्त्र की भाँति उतार फेकूँ, किन्तु फिर भी मैं कार्य करते रहने से रूकूँगा नहीं, मानव समाज में मैं सर्वत्र प्रेरणा प्रदान करता रहूँगा जब तक कि संसार यह भाव आत्मसात् न कर लें कि वह ईश्वर के साथ एक है।"

(राष्ट्र को आहवान, राम कृष्ण मिशन, पृष्ठ - 23)

"मन में ऐसे भाव उदय होते हैं कि यदि जगत का दुःख दूर करने के लिए मुझे सहस्त्रों बार जन्म लेना पड़े तो भी मैं तैयार हूँ। इससे यदि किसी का तनिक भी दुःख दूर हो तो वह मैं करूँगा, और ऐसा भी मन में आता है कि केवल अपनी ही मुक्ति से क्या होगा सबको साथ लेकर उस मार्ग पर जाना होगा।"

(विवेकानन्द की वाणी, राम कृष्ण मिशन, पृष्ठ - 67)

"यह जो मठ आदि बनवा रहा हूँ, और दूसरों के लिए नाना प्रकार के काम कर रहा हूँ उससे प्रशंसा हो रही है। कौन जाने मुझे ही फिर इस जगत में लौटकर आना पड़े"

(विवेकानन्द जी के संग में, राम कृष्ण मिशन, पृष्ठ - 167)

स्वामी विवेकानन्द जी महान दूरदर्शी थे, अब उसी श्रृंखला में अन्तिम दूर दृष्टि से यह कार्य सम्पन्न हुआ है। जिसका सारांश मात्र इतना है-

शब्द से सृष्टि की ओर...
सृष्टि से शास्त्र की ओर...
शास्त्र से काशी की ओर...
काशी से सत्यकाशी की ओर...
और सत्यकाशी से अनन्त की ओर...
एक अन्तहीन यात्रा..............................

और मूल है-

सम्पूर्ण ब्रह्माण्ड देख चुका हूँ,
अक्षय-अनन्त है मेरी हाला।
कण-कण में हूँ-"मैं ही मैं",
क्षयी-ससीम है तेरी प्याला ।
जिस भी पथ-पंथ-ग्रन्थ से गुजरेगा तू,
हो जायेगा, बद्ध-मस्त और मत वाला।
"जय ज्ञान-जय कर्मज्ञान" की आवाज,
सुनाती, मेरी यह अक्षय-अनन्त मधुशाला।

****

"युवाओं विश्व को एक करो" ("मन की बात" रेडियो कार्यक्रम द्वारा श्री बराक ओबामा के साथ)

- श्री नरेन्द्र मोदी, प्रधानमंत्री, भारत

साभार - दैनिक जागरण व काशी वार्ता, वाराणसी संस्करण, दि0 28 जनवरी, 2015

श्री लव कुश सिंह "विश्वमानव" द्वारा स्पष्टीकरण

महोदय स्वामी विवेकानन्द ने जिस समय कहा था- एक विश्व, एक मानव, एक धर्म, एक ईश्वर, तब लोगों ने इस बात का उपहास किया था, लोगों ने इस प्रकार की संभावना पर संदेह प्रकट किया था, लोग स्वीकार नहीं कर पाये थे। किन्तु आज सभी लोग संयुक्त राष्ट्र संघ (UNO) की ओर दौड़े चले जा रहे हैं। जाओ, जाओ की अवस्था ने मानो उनको दबोच लिया है।

हमेशा यूरोप से सामाजिक तथा एशिया से आध्यात्मिक शक्तियों का उद्भव होता रहा है एवं इन दोनों शक्तियों के विभिन्न प्रकार के सम्मिश्रण से ही जगत का इतिहास बना है। वर्तमान मानवेतिहास का एक और नवीन पृष्ठ धीरे-धीरे विकसित हो रहा है एवं चारों ओर उसी का चिन्ह दिखाई दे रहा है। कितनी ही नवीन योजनाओं का उद्भव तथा नाश होगा, किन्तु योग्यतम वस्तु की प्रतिष्ठा सुनिश्चित है- सत्य और शिव की अपेक्षा योग्यतम वस्तु और हो ही क्या सकती है? (1प 310)

- स्वामी विवेकानन्द

यदि हम अपने व्यक्तिगत एवं सामूहिक जीवन में वैज्ञानिक चेतना सम्पन्न एवं आध्यात्मिक एक साथ न हो पाए, तो मानवजाति का अर्थपूर्ण अस्तित्व ही संशय का विषय हो जाएगा। (पृ0-9)

- स्वामी विवेकानन्द

मन पर ही आविष्कार का परिणाम है-विश्वमानक शून्य: मन की गुणवत्ता का विश्वमानक श्रृंखला, जो वर्तमान में आविष्कृत कर प्रस्तुत किया गया है। जिसके बिना अन्तर्राष्ट्रीय/विश्व स्तर का मानव निर्माण ही असम्भव है। यही लोक या जन या गण का सत्य रुप है। यही आदर्श वैश्विक मानव का सत्य रुप है। जिससे पूर्ण स्वस्थ लोकतन्त्र, स्वस्थ समाज, स्वस्थ उद्योग की प्राप्ति होगी। इसी से विश्व-बन्धुत्व की स्थापना होगी। इसी से विश्व शिक्षा प्रणाली विकसित होगी। इसी से विश्व संविधान निर्मित होगा। इसी से संयुक्त राष्ट्र संघ अपने उद्देश्य को सफलता पूर्वक प्राप्त करेगा। इसी से 21 वीं सदी और भविष्य का विश्व प्रबन्ध संचालित होगा। इसी से मानव को पूर्ण ज्ञान का अधिकार प्राप्त होगा। यही परमाणु निरस्त्रीकरण का मूल सिद्धान्त है। भारत को अपनी महानता सिद्ध करना चुनौती नहीं है, वह तो सदा से ही महान है। पुनः विश्व का सर्वोच्च और अन्तिम अविष्कार विश्वमानक शून्य श्रृंखला को प्रस्तुत कर अपनी महानता को सिद्ध कर दिखाया है। बिल गेट्स के माइक्रोसाफ्ट आरेटिंग सिस्टम साफ्टवेयर से कम्प्यूटर चलता है। भारत के विश्वमानक शून्य श्रृंखला से मानव चलेगा। बात वर्तमान की है परन्तु हो सकता है स्वामी जी के विश्व बन्धुत्व की भाँति यह 100 वर्ष बाद समझ में आये। अपने ज्ञान और सूचना आधारित सहयोग की बात की है। विश्वमानक शून्य श्रृंखला से बढ़कर ज्ञान का सहयोग और क्या हो सकता है? इस सहयोग से भारत और अमेरिका मिलकर विश्व को नई दिशा सिर्फ दे ही नहीं सकते वरन् यही विवशतावश करना भी पड़ेगा। मनुष्य अब अन्तरिक्ष में उर्जा खर्च कर रहा है। निश्चय ही उसे पृथ्वी के विवाद को समाप्त कर सम्पूर्ण शक्ति को विश्वस्तरीय केन्द्रीत कर अन्तरिक्ष की ओर ही लगाना चाहिए। जिससे मानव स्वयं अपनी कृति को देख आश्चर्यचकित हो जाये जिस प्रकार स्वयं ईश्वर अपनी कृति को देखकर आश्चर्य में हैं और सभी मार्ग प्रशस्त हैं। भाव भी है। योजना भी है। कर्म भी है। विश्वमानक शून्य श्रृंखला भी है। फिर देर क्यों? और कहिए- "वाहे गुरु की फतह!"

एक परफेक्ट देश के लिए व्यक्ति-विचार आधारित नहीं बल्कि मानक आधारित होना जरूरी है। अब हमें विश्व में मानक देश (Standard Country) का निर्माण करना होगा। और यह पहले स्वयं भारत और अमेरिका को होना पड़ेगा। भारत गणराज्य-लोकतन्त्र का जन्मदाता रहा है जिसका क्रम या मार्ग - जिस प्रकार हम सभी व्यक्ति आधारित राजतन्त्र में राजा से उठकर व्यक्ति आधारित लोकतन्त्र में आये, फिर संविधान आधारित लोकतन्त्र में आ गये उसी प्रकार पूर्ण लोकतन्त्र के लिए मानक व संविधान आधारित लोकतन्त्र में हम सभी को पहुँचना है।

भारत का अब धर्म के नाम पर बँटना नामुमकिन है क्योंकि अब वह "विश्वधर्म" और उसके शास्त्र "विश्वशास्त्र" को जन्म दे चुका है। विश्व का एकीकरण तभी हो सकता है जब हम सब प्रथम चरण में मानसिक रूप से एकीकृत हो जायें। फिर विश्व के शारीरिक (भौगोलिक) एकीकरण का मार्ग खुलेगा। एकीकरण के प्रथम चरण का ही कार्य है - मानक एवं एकात्मकर्मवाद आधारित मानव समाज का निर्माण। जिसका आधार निम्न आविष्कार है जो स्वामी विवेकानन्द के वेदान्त की व्यावहारिकता और विश्व-बन्धुत्व के विचार का शासन के स्थापना प्रक्रिया के अनुसार आविष्कृत है। सम्पूर्ण ब्रह्माण्ड में व्याप्त एक ही सत्य-सिद्धान्त द्वारा व्यक्तिगत व संयुक्त मन को एकमुखी कर सर्वोच्च, मूल और अन्तिम स्तर पर स्थापित करने के लिए शून्य पर अन्तिम आविष्कार WS-0 श्रृंखला की निम्नलिखित पाँच शाखाएँ है।

1. डब्ल्यू.एस. (WS)-0: विचार एवम् साहित्य का विश्वमानक
2. डब्ल्यू.एस. (WS)-00: विषय एवम् विशेषज्ञों की परिभाषा का विश्वमानक
3. डब्ल्यू.एस. (WS)-000: ब्रह्माण्ड (सूक्ष्म एवम् स्थूल) के प्रबन्ध और क्रियाकलाप का विश्वमानक
4. डब्ल्यू.एस. (WS)-0000: मानव (सूक्ष्म तथा स्थूल) के प्रबन्ध और क्रियाकलाप का विश्वमानक
5. डब्ल्यू.एस. (WS)-00000: उपासना और उपासना स्थल का विश्वमानक

और पूर्णमानव निर्माण की तकनीकी WCM-TLM-SHYAM.C है।

****

"भारत को अब क्रमिक विकास की नहीं कायाकल्प की जरूरत है। यह तब तक संभव नहीं जब तक प्रशासनिक प्रणाली में आमूल-चूल परिवर्तन न हो। लिहाजा नई सोच, नई संस्थान और नई तकनीकी अपनानी

होगी। 19वीं सदी के प्रशासनिक प्रणाली के साथ 21वीं सदी में नहीं प्रवेश किया जा सकता है। रत्ती-रत्ती प्रगति से काम नहीं चलेगा। यदि भारत को परिवर्तन की चुनौतियों से निपटना है तो हमें हर स्तर पर बदलाव लाना होगा। हमें कानूनों में बदलाव करना है, अनावश्यक औपचारिकताओं को समाप्त करना है, प्रक्रियाओं को तेज करना है और प्रौद्योगिकी अपनानी है। मानसिकता में भी बदलाव लानी है और यह तभी हो सकता है जब विचार परिवर्तनकारी हों।" (नीति आयोग की ओर से आयोजित "भारत परिवर्तन व्याख्यान" के शुभारम्भ में, नई दिल्ली में)

- श्री नरेन्द्र मोदी, प्रधानमंत्री, भारत

श्री लव कुश सिंह "विश्वमानव" द्वारा स्पष्टीकरण

आचार्य रजनीश "ओशो" की वाणी है - "इस देश को कुछ बाते समझनी होगी। एक तो इस देश को यह बात समझनी होगी कि तुम्हारी परेशानियों, तुम्हारी गरीबी, तुम्हारी मुसीबतों, तुम्हारी दीनता के बहुत कुछ कारण तुम्हारे अंध विश्वासों में है, कम से कम डेढ़ हजार साल पिछे घिसट रहा है। ये डेढ़ हजार साल पूरे होने जरूरी है। भारत को खिंचकर आधुनिक बनाना जरूरी है। मेरी उत्सुकता है कि इस देश का सौभाग्य खुले, यह देश भी खुशहाल हो, यह देश भी समृद्ध हो। क्योंकि समृद्ध हो यह देश तो फिर राम की धुन गुंजे, समृद्ध हो यह देश तो फिर लोग गीत गाँये, प्रभु की प्रार्थना करें। समृद्ध हो यह देश तो मंदिर की घंटिया फिर बजे, पूजा के थाल फिर सजे। समृद्ध हो यह देश तो फिर बाँसुरी बजे कृष्ण की, फिर रास रचे!"

भारत को सम्पूर्ण क्रान्ति की जरूरत है। क्रान्ति के प्रति विचार यह है कि- "राजनीतिक, आर्थिक व सामाजिक परिस्थिति में उसकी स्वस्थता के लिए परिवर्तन ही क्रान्ति है, और यह तभी मानी जायेगी जब उसके मूल्यों, मान्यताओं, पद्धतियों और सम्बन्धों की जगह नये मूल्य, मान्यता, पद्धति और सम्बन्ध स्थापित हों। अर्थात क्रान्ति के लिए वर्तमान व्यवस्था की स्वस्थता के लिए नयी व्यवस्था स्थापित करनी होगी। यदि व्यवस्था परिवर्तन के आन्दोलन में विवेक नहीं हो, केवल भावना हो तो वह आन्दोलन हिंसक हो जाता है। हिंसा से कभी व्यवस्था नहीं बदलती, केवल सत्ता पर बैठने वाले लोग बदलते है। हिंसा में विवेक नहीं उन्माद होता है। उन्माद से विद्रोह होता है क्रान्ति नहीं। क्रान्ति में नयी व्यवस्था का दर्शन - शास्त्र होता है अर्थात क्रान्ति का लक्ष्य होता है और उस लक्ष्य के अनुरुप उसे प्राप्त करने की योजना होती है। दर्शन के अभाव में क्रान्ति का कोई लक्ष्य नहीं होता।"

सम्पूर्ण क्रान्ति से हमारा तात्पर्य सभी विषयों के अपने सत्य अर्थो में स्थापना से है। जो आपके शब्दों में "आध्यात्मिक एवं दार्शनिक विरासत के आधार पर एक भारत - श्रेष्ठ भारत" है। लोकतन्त्र से हम राजतन्त्र में नहीं जा सकते इसलिए व्यवस्था परिवर्तन का अर्थ ही निरर्थक है। आवश्यकता है वर्तमान लोकतन्त्र व्यवस्था को ही सत्य आधारित करने की जिसे व्यवस्था सत्यीकरण कहा जा सकता है। इस कार्य में हमें मानकशास्त्र की आवश्यकता है जिससे तोल कर यह देख सके कि इस लोकतन्त्र व्यवस्था में कहाँ सुधार करने से सत्यीकरण हो जायेगा। यह मानकशास्त्र ही "विश्वशास्त्र" है। जो भारत के तेज विकास सहित कायाकल्प का प्रारूप है। तेज विकास वही देश कर सकता है जहाँ के नागरिक अपने देश के प्रति समर्पित हों और कम से कम उनका मस्तिष्क देश स्तर तक व्यापक हो। संकुचित मस्तिष्क को व्यापक करने से ही वह वर्तमान में आ पायेगा। इन सब उद्देश्यों की प्राप्ति के लिए मूल रूप में निम्नलिखित कार्य करने आवश्यक हैं जो आध्यात्मिक एवं दार्शनिक विरासत का सार्वभौम सत्य-सिद्धान्त रूप है-

अ. भारत के विश्व गुरू बनने के लिए -

"सम्पूर्ण मानक" अर्थात विश्वमानक - शून्य श्रंखला की विश्वव्यापी स्थापना।

ब. संविधानानुसार पूर्ण गणराज्यों के संघ के निर्माण के लिए -

पूर्ण गणराज्य के लिए नगर व ग्राम पंचायत को देश के संविधान की भाँति संविधान देकर गणराज्य बनाते हुये उसका सम्बन्ध सीधे केन्द्र से करना व राज्यों को समाप्त करना।

स. गणराज्य के सशक्तता के लिए -

01. नगर व ग्राम पंचायत के लाभ-हानि का ब्यौरा सार्वजनिक करना और उस अनुसार ही पिछड़े क्षेत्र पर विशेष ध्यान देना।
02. नगर व ग्राम पंचायत से ही सीधे प्रतिदिन सभी आकड़े केन्द्र को जिससे जनगणना, पशुगणना या अन्य आकड़ों के लिए विशेष अभियान की जरूरत नहीं। कार्ड, भूमि व नागरिक से सम्बन्धित सभी प्रमाण-पत्र नगर व ग्राम पंचायत से ही।
03. कृषि उत्पाद का भण्डारण ग्राम पंचायत स्तर पर। पंचायत से ही सीधे नागरिक, अन्य पंचायत और भारत सरकार द्वारा खरीददारी एवं भण्डारण।
04. "अतिथि देवो भवः" - नगर व ग्राम पंचायत के द्वारा बाहरी आगन्तुक, खोजकर्ता, आविष्कारक, निराश्रित के लिए "भोजन की गारण्टी" जिसे अन्नक्षेत्र कहते हैं।

द. गणराज्यः एक भारत - श्रेष्ठ भारत के स्थिरता के लिए -

01. नागरिक के मस्तिष्क को आधुनिक, चिन्तनशील, पूर्ण, एकीकृत, समकक्षीकरण व समझ से युक्त करने के लिए "सत्य मानक शिक्षा" से युक्त करना। जिसके लिए राष्ट्रीय लोकतान्त्रिक नागरिक पात्रता परीक्षा (National Democratic Civilian Elegibility Test - NDCET) सरकारी सेवाओं के लिए अनिवार्य करना साथ ही छात्र के लिए अनिवार्य रूप से कभी भी उत्तीर्ण करना आवश्यक तभी उनका शैक्षिक डिग्री मान्य। इस प्रकार शिक्षक पात्रता परीक्षा (Teacher Elegibility Test - TET) अपने आप समाप्त हो जायेगी।
02. भारत के प्रति समर्पित नागरिक निर्माण का पाठ्यक्रम "सत्य मानक शिक्षा" को संविधान का अंग बनाना।
03. एक राष्ट्र - एक पाठ्यक्रम - एक शिक्षा बोर्ड की व्यवस्था क्योंकि शिक्षा का सम्बन्ध राष्ट्र से है न कि राष्ट्र के किसी भाग से।
04. शिक्षा और आवश्यक वस्तु के विपणन क्षेत्र में भारतीय आध्यात्म एवं दर्शन आधारित स्वदेशी विपणन प्रणालीः 3-एफ (3-F: Fuel-Fire-Fuel) अनिवार्य रूप से लागू करना जिससे उनका खर्च ही उन्हें आर्थिक लाभ दे। फलस्वरूप क्रय शक्ति में बढ़ोत्तरी।
05. न्याय क्षेत्र में समय सीमा में बद्ध न्याय और आर्थिक अपराध का दण्ड सर्वोच्च करना।
06. आरक्षण का आधार शारीरिक, आर्थिक व मानसिक करना।
07. नीजी क्षेत्र के विद्यालय और चिकित्सालय के शुल्क को नियंत्रित करना।
08. भूमि विक्रय पंजीकरण, ब्रोकर को दर्ज कराये बिना न करना। ब्रोकर को कानून के दायरे में लाना।
09. एक राष्ट्र - एक बिक्री कर - एक आयकर। सभी कर समाप्त।
10. एक राष्ट्र - एक राष्ट्रीय लोकतान्त्रिक नागरिक संहिता, दण्ड संहिता जो महिला-पुरूष में भेद ना करे।
11. एक राष्ट्र - एक राष्ट्रीय लोकतान्त्रिक धर्म (समष्ठि धर्म) जिसकी सीमा देश स्तर, अन्य प्रचलित धर्म व्यक्तिगत धर्म (व्यष्टि धर्म) जिसकी सीमा परिवार क्षेत्र।
12. एक राष्ट्र - एक नागरिकता संख्या (इण्टिग्रेटेड सर्किट-चिप युक्त आधार कार्ड) - सम्पूर्ण शारीरिक - आर्थिक/संसाधन - मानसिक - क्रियाकलाप - उपलब्धता (नागरिक डाटाबेस), निगरानी अर्थात यात्रा सम्बन्धित टिकट, होटल व थाने से भी जोड़ना।

13. पद पर नियुक्ति के समय न्यूनतम योग्यता को ही अधिकतम योग्यता निर्धारित करना अर्थात जिस पद के लिए जो योग्यता निर्धारित की जाती है, नियुक्ति के समय उम्मीदवार की अधिकतम योग्यता भी वही होनी चाहिए अन्यथा अयोग्य घोषित। नियुक्ति उपरान्त शिक्षा ग्रहण करने की स्वतन्त्रता।
14. भारतीय ऋषि आश्रम पद्धतिनुसार उत्तराधिकार सम्बन्धी अधिनियम जिसमें यह प्राविधान हो कि 25 वर्ष की अवस्था (गृहस्थ आश्रम में प्रवेश) में उसे पैतृक सम्पत्ति अर्थात दादा की सम्पत्ति जिसमें पिता की अर्जित सम्पत्ति शामिल न रहें, पुत्र के अधिकार में हो जाये।
15. भारतीय ऋषि आश्रम पद्धतिनुसार सरकारी सेवा का सेवानिवृत्ति की उम्र 50 वर्ष (गृहस्थ आश्रम), फिर 25 वर्ष सम्बन्धित विभाग का मार्गदर्शक मण्डल (वानप्रस्थ आश्रम) में 50 प्रतिशत उपस्थिति अनिवार्य और 50 प्रतिशत वेतन, फिर जीवनपर्यन्त पेंशन और अन्य सुविधाएँ (सन्यास आश्रम)।
16. बढ़ती जनसंख्या और चुनाव एक बहुत बड़ी समस्या है। एक नागरिकता संख्या (इण्टिग्रेटेड सर्किट-चिप युक्त आधार कार्ड) से मतदाता सूची का बार-बार बनाना, चुनाव खर्च में अप्रत्याशित रूप से कमी, मतदान प्रतिशत में अत्यधिक बढ़ोत्तरी, 100 प्रतिशत सत्य मतदाता इत्यादि को मात्र एक साफ्टवेयर से नियंत्रित किया जा सकता है।

"नया भारत (NEW INDIA)", केवल आर्थिक विकास से नहीं बनाया जा सकता, उसके लिए राष्ट्रीय बौद्धिक विकास भी चाहिए। **पं0 दीन दयाल उपाध्याय की ये वाणी विचारणीय है - "पूंजीवादी साहस और पूंजी को महत्व देते है तो कम्युनिस्ट श्रम को। पूंजीवादी स्वयं के लिए अधिक हिस्सा माँगते है और कम्युनिस्ट अपने लिए। यह नारा अनुचित, अन्यायपूर्ण और समाजघाती है। धन का अभाव मनुष्य को निष्करूण और क्रूर बना देता है। तो धन का प्रभाव उसे शोषक सामाजिक दायित्व निरपेक्ष, दम्भी और दमनकारी। मनुष्य पशु नहीं है केवल पेट भर जाने से वह सुखी और संतुष्ट हो जायेगा। उसकी जीवन यात्रा "पेट" से आगे "परमात्मा" तक जाती है। उसके मन उसकी बुद्धि और उसकी आत्मा का भी कुछ तकाजा है। इस तकाजे को ध्यान में रखे बिना बनाई गई प्रत्येक व्यवस्था अल्पकालिक ही नही घातक भी होगी।"**

भारत को विश्व गुरू बनाना व अच्छे दिन लाना, यह फल है जिसका जड़ व्यक्ति के मस्तिष्क और गाँव में है। जड़ को मजबूत करने से भारत नामक वृक्ष से अपने आप फल निकलने लगेंगे। पुनर्निर्माण व्यक्ति के मस्तिष्क को मजबूत करने का ही कार्यक्रम है। शेष व्यक्ति व शासन मिलकर पूरा कर लेगें इसका हमें विश्वास है।

10. श्री राज नाथ सिंह
(10 जुलाई, 1951 -)

परिचय -

राजनाथ सिंह (10 जुलाई, 1951) भारतीय जनता पार्टी के प्रसिद्ध राजनीतिज्ञ, उत्तर प्रदेश के पूर्व मुख्यमंत्री एवं वर्तमान भारत सरकार में गृह मंत्री हैं। राजनाथ सिंह पहले भाजपा के अध्यक्ष और भाजपा की उत्तर प्रदेश (जो उनका गृह राज्य भी है) ईकाई के अध्यक्ष भी रह चुके हैं। प्रारंभ में वे भौतिकी के व्याख्याता थे, पर शीघ्र जनता पार्टी से जुड़ने के लिए उन्होंने राष्ट्रीय स्वयंसेवक संघ से अपने दीर्घ संबंधों का उपयोग किया, जिसके कारण वे उत्तर प्रदेश में कई पदों पर विराजमान हुए।

राजनाथ सिंह का जन्म 10 जुलाई, 1951 को वाराणसी के चकिया तहसील में हुआ था। उनके पिता का नाम श्री राम बदन सिंह और माता का नाम श्रीमती गुजराती देवी था। राजनाथ सिंह ने सावित्री सिंह से विवाह किया है। उनके दो पुत्र और एक पुत्री हैं। दोनों पुत्र राजनीति में सक्रिय हैं। एक साधारण कृषक परिवार में जन्मे राजनाथ सिंह ने आगे चलकर गोरखपुर विश्वविद्यालय से प्रथम क्षेणी में भौतिक शास्त्र में आचार्य की उपाधि प्राप्त की। वो 13 साल की आयु से (1964 से) संघ परिवार से जुड़े हुए हैं। मिर्जापुर में भौतिकी व्याख्यता की नौकरी लगने के बाद भी संघ से जुड़े रहे। 1974 में उन्हें भारतीय जनसंघ का सचिव नियुक्त किया गया। राजनाथ सिंह 1988 में यूपी विधान परिषद के सदस्य बने। 1991 में जब राज्य में बीजेपी की सरकार बनी तो राजनाथ सिंह शिक्षा मंत्री बने। 1994 में वह राज्यसभा के लिए चुने गए। 1997 में वह प्रदेश भारतीय जनता पार्टी के अध्यक्ष बने। 2000 में वह उत्तर प्रदेश के मुख्यमंत्री बने। 2002 में वह पार्टी के राष्ट्रीय महामंत्री बने और 2003 में केंद्रीय कृषि मंत्री बने। 2005 में उन्होंने पार्टी का सर्वोच्च पद संभाला।

वर्ष 1964 में 13 वर्ष की अवस्था में ही वे राष्ट्रीय स्वयंसेवक संघ से जुड़े। व्याख्याता बनने के बाद भी संघ से उनका जुड़ाव बना रहा। कदम-दर-कदम आगे बढ़ने वाले राजनाथ सिंह ने 1969 में गोरखपुर में भाजपा की छात्र इकाई अखिल भारतीय विद्यार्थी परिषद (एबीवीपी) में संगठन सचिव से राजनीतिक करियर की शुरुआत की। 1974 में वे जनसंघ के मिर्जापुर इकाई के सचिव बने। आपातकाल के दौरान राजनाथ सिंह जयप्रकाश नारायण के आंदोलन में शामिल हुए और जेल गए।

पहली बार 1977 में राजनाथ सिंह उत्तर प्रदेश से विधायक बने। 1977 में वे भाजपा के राज्य सचिव बने। 1986 में भारतीय जनता युवा मोर्चा के राष्ट्रीय महासचिव बनने वाले राजनाथ सिंह 1988 में इसके राष्ट्रीय अध्यक्ष बनाए गए। वर्ष 1988 में ही सिंह उत्तरप्रदेश में विधान परिषद के सदस्य चुने गए। कल्याण सिंह सरकार के दौरान वे शिक्षामंत्री बने। उत्तर प्रदेश की सियासत में भले ही वे लंबी पारी खेल चुके हो लेकिन संसद में वे पहली बार 1994 में पहुंचे जब उन्हें राज्यसभा टिकट मिला। ऊपरी सदन में उन्हें भाजपा का मुख्य सचेतक भी बनाया गया। वर्ष 1997 में जब उत्तरप्रदेश राजनीतिक संकट का सामना कर रहा था, एक बार फिर से उन्होंने राज्य पार्टी अध्यक्ष की बागडोर संभाली और इस पद पर 1999 तक रहे। इसके बाद केंद्र में अटल बिहारी वाजपेयी के नेतृत्व में राजग सरकार में भूतल परिवहन मंत्री बने। केंद्र और राज्यों के बीच उनका आना-जाना लगा रहा। 28 अक्तूबर, 2000 को वे राम प्रकाश गुप्त की जगह उत्तर प्रदेश के मुख्यमंत्री बने। 2002 तक वे राज्य के मुख्यमंत्री रहे, लेकिन तब तक राज्य में समाजवादी पार्टी और बहुजन समाज पार्टी बढ़त बना चुकी थीं। भाजपा ने बसपा प्रमुख मायावती को उत्तर प्रदेश की मुख्यमंत्री के तौर पर समर्थन देने को फैसला किया लेकिन राजनाथ सिंह ने इस कदम पर एतराज जाहिर किया था। इसके बाद एक बार फिर से वे भाजपा के राष्ट्रीय महासचिव बने। किसान परिवार से आने वाले राजनाथ सिंह 2003 में राजद से अजित सिंह के अलग होने के बाद वाजपेयी मंत्रिमंडल में कृषिमंत्री के तौर पर वापसी की। भाजपा में राजनाथ सिंह के आगे बढ़ने की यात्रा जारी रही। 31 दिसंबर 2005 को वे राष्ट्रीय अध्यक्ष बनाए गए। उनके कार्यकाल में पहली बार कर्नाटक में भाजपा सत्ता में आई।

"भारत के पहले ग्लोबल यूथ थे स्वामी विवेकानन्द" - **श्री राजनाथ सिंह, गृहमंत्री, भारत**
साभार - दैनिक जागरण व काशी वार्ता, वाराणसी संस्करण, दि0 12-13 जनवरी, 2015

श्री लव कुश सिंह "विश्वमानव" द्वारा स्पष्टीकरण

स्वामी विवेकानन्द के जन्म (सोमवार, 12 जनवरी, सन् 1863 ई0) से आज (सोमवार, 27 मार्च, सन् 2017 ई0) के दिन तक 154 वर्ष 2 माह 15 दिन हो गये और उनके ब्रह्मलीन (सोमवार, 4 जुलाई, सन् 1902 ई0) के दिन से आज (सोमवार, 27 मार्च, सन् 2017 ई0) के दिन तक 114 वर्ष 8 माह 23 दिन हो गये। स्वामी जी के जन्म और ब्रह्मलीन होने से लेकर अब तक भारत 100 वर्ष से बहुत अधिक समय पार कर चुका है। उस समय भारत पर ब्रिटीश शासन का अधिपत्य था। एक युवा उम्र का सन्यासी उस वक्त कितने संसाधन से युक्त रहा होगा? फिर भी वो सन्यासी अपने छोटी सी जीवन यात्रा में (मात्र 39 वर्ष 5 माह 22 दिन) में कितने काम किये इसका अन्दाजा किसी को है क्या? अपने मात्र 30 वर्ष 7 माह 29 दिन की अवस्था में वो सन्यासी शिकागो (अमेरिका) में जाकर भारत का आध्यात्मिक विरासत और दर्शन-विचार को विश्व धर्म संसद के माध्यम से विश्व के समक्ष रखता है। और वो दर्शन-विचार आज भी अकाट्य हैं, यही नहीं यदि भारत को "आध्यात्मिक एवं दार्शनिक विरासत के आधार पर एक भारत श्रेष्ठ भारत" का निर्माण करना हो तो उस दर्शन-विचार का आधार ही अन्तिम मार्ग है जो समय आने पर सबको अच्छी प्रकार स्वीकार करना होगा। 11 सितम्बर, सन् 1893 के विश्व धर्म संसद के बाद सीधे 100 वर्ष बाद ही सन् 1993 में धर्म संसद का आयोजन हुआ, ये भी विचारणीय विषय है? स्वामी जी के जीवन काल से लेकर अब तक उनके द्वारा स्थापित "राम-कृष्ण मिशन व मठ" वर्तमान समय तक भारत और अन्य देशों के लगभग 250 शाखाओं द्वारा शान्ति पूर्वक "शिव भाव से जीव सेवा" और "वेदान्त धर्म ज्ञान प्रसार" के कार्य में लगा हुआ है।

स्वामी विवेकानन्द जी ने उस समय कुछ कहा था और लिखा था जो भारत के सम्बन्ध में भी है और उनके व्यक्तिगत जीवन के सम्बन्ध में भी है -

'सम्भव है काल के प्रवाह में, कभी कभी ऐसा भास होता है कि वेदान्त का महाप्रकाश अब बुझा और जब ऐसी स्थिति आती है, तब भगवान मानवदेह धारण कर, पृथ्वी पर आते है और फिर धर्म में पुनः एक ऐसी शक्ति ऐसे जीवन का संचार हो जाता है कि वह फिर एकाध युग तक अदम्य उत्साह से आगे बढ़ता जाता है। आज वही शक्ति और जीवन उसमें फिर आ गया है।"

(विवेकानन्द जी के सन्निध्य में', राम कृष्ण मिशन, पृष्ठ - 6)

"मुझे अपनी मुक्ति की इच्छा अब बिल्कुल नहीं। सांसारिक भोग तो मैंने कभी चाहा नहीं। मुझे सिर्फ अपने यन्त्र को मजबूत और कार्योपयोगी देखना है और फिर निश्चित रूप से यह जानकर कि कम से कम भारत में मैंने मानव जाति के कल्याण का एक ऐसा यंत्र स्थापित कर दिया है, जिसका कोई शक्ति नाश नहीं कर सकती, मैं सो जाउँगा और आगे क्या होने वाला है, इसकी परवाह नहीं करूँगा। मेरी अभिलाषा है कि मैं बार बार जन्म लूँ और हजारों दुःख भोगता रहूँ, ताकि मैं उस एक मात्र सम्पूर्ण आत्माओं के समिष्टरूप ईश्वर की पूजा कर सकूँ जिसकी सचमुच सत्ता है और जिसका मुझे विश्वास है। सबसे बढ़कर सभी जातियों और वर्गों के पापी और दरिद्र रूपी ईश्वर ही मेरा विशेष उपास्य है।"

(स्वामी विवेकानन्द का मानवतावाद', राम कृष्ण मिशन, पृष्ठ - 38)

"शास्त्र कहते है कि कोई साधक यदि एक जीवन में सफलता प्राप्त करने में असफल होता है तो वह पुनः जन्म लेता है और अपने कार्यों को अधिक सफलता से आगे बढ़ाता है।"

(योग क्या है, राम कृष्ण मिशन, पृष्ठ - 83)

"एक विशेष प्रवृत्ति वाला जीवात्मा 'योग्य योग्येन युज्यते' इस नियमानुसार उसी शरीर में जन्म ग्रहण करता है जो उस प्रवृत्ति के प्रकट करने के लिए सबसे उपयुक्त आधार हो। यह पूर्णतया विज्ञान संगत है, क्योंकि

विज्ञान कहता है कि प्रवृत्ति या स्वभाव अभ्यास से बनता है और अभ्यास बारम्बार अनुष्ठान का फल है। इस प्रकार एक नवजात बालक की स्वाभाविक प्रवृत्तियों का कारण बताने के लिए पुनः पुनः अनुष्ठित पूर्व कर्मों को मानना आवश्यक हो जाता है और चूंकि वर्तमान जीवन में इस स्वभाव की प्राप्ति नहीं की गयी, इसलिए वह पूर्व जीवन से ही उसे प्राप्त हुआ है।"

(हिन्दूधर्म, राम कृष्ण मिशन, पृष्ठ - 6)

"सम्भवतः यह अच्छा होगा कि मैं अपने इस शरीर से बाहर निकल आउँ और इसे जीर्ण वस्त्र की भाँति उतार फेकूँ, किन्तु फिर भी मैं कार्य करते रहने से रूकूँगा नहीं, मानव समाज में मैं सर्वत्र प्रेरणा प्रदान करता रहूँगा जब तक कि संसार यह भाव आत्मसात् न कर लें कि वह ईश्वर के साथ एक है।"

(राष्ट्र को आहवान, राम कृष्ण मिशन, पृष्ठ - 23)

"मन में ऐसे भाव उदय होते हैं कि यदि जगत का दुःख दूर करने के लिए मुझे सहस्त्रों बार जन्म लेना पड़े तो भी मैं तैयार हूँ। इससे यदि किसी का तनिक भी दुःख दूर हो तो वह मैं करूँगा, और ऐसा भी मन में आता है कि केवल अपनी ही मुक्ति से क्या होगा सबको साथ लेकर उस मार्ग पर जाना होगा।"

(विवेकानन्द की वाणी, राम कृष्ण मिशन, पृष्ठ - 67)

"यह जो मठ आदि बनवा रहा हूँ, और दूसरों के लिए नाना प्रकार के काम कर रहा हूँ उससे प्रशंसा हो रही है। कौन जाने मुझे ही फिर इस जगत में लौटकर आना पड़े" **वि. जी के संग में, राम कृष्ण मिशन, पृष्ठ-167)**

"जीवन में मेरी सर्वोच्च अभिलाषा यह है कि ऐसा चक्र प्रर्वतन कर दूँ जो कि उच्च एवम् श्रेष्ठ विचारों को सब के द्वार-द्वार पर पहुंचा दे। फिर स्त्री-पुरूष को अपने भाग्य का निर्माण स्वयं करने दो। हमारे पूर्वजों ने तथा अन्य देशों ने जीवन के महत्वपूर्ण प्रश्नों पर क्या विचार किया है यह सर्वसाधारण को जानने दो। विशेषकर उन्हें देखने दो कि और लोग क्या कर रहे हैं। फिर उन्हें अपना निर्णय करने दो। रासायनिक द्रव्य इकट्ठे कर दो और प्रकृति के नियमानुसार वे किसी विशेष आकर धारण कर लेगें-परिश्रम करो, अटल रहो। 'धर्म को बिना हानि पहुँचाये जनता की उन्नति' -इसे अपना आदर्श वाक्य बना लो।"

(विवेकानन्द राष्ट्र को आह्वान, राम कृष्ण मिशन, पृष्ठ - 66)

"यदि कभी कोई सार्वभौमिक धर्म हो सकता है, तो वह ऐसा ही होगा, जो देश या काल से मर्यादित न हो, जो उस अनन्त भगवान के समान ही अनन्त हो, जिस भगवान के सम्बन्ध में वह उपदेश देता है, जिसकी ज्योति श्रीकृष्ण के भक्तों पर और ईसा के प्रेमियों पर, सन्तों पर और पापियों पर समान रूप से प्रकाशित होती हो, जो न तो ब्राह्मणों का हो, न बौद्धों का, न ईसाइयों का और न मुसलमानों का, वरन् इन सभी धर्मों का समष्टिस्वरूप होते हुए भी जिसमें उन्नति का अनन्त पथ खुला रहे, जो इतना व्यापक हो कि अपनी असंख्य प्रसारित बा हुओं द्वारा सृष्टि के प्रत्येक मनुष्य का प्रेमपूर्वक आलिंगन करें।... वह विश्वधर्म ऐसा होगा कि उसमें किसी के प्रति विद्वेष अथवा अत्याचार के लिए स्थान न रहेगा, वह प्रत्येक स्त्री और पुरूष के ईश्वरीय स्वरूप को स्वीकार करेगा और सम्पूर्ण बल मनुष्यमात्र को अपनी सच्ची, ईश्वरीय प्रकृति का साक्षात्कार करने के लिए सहायता देने में ही केन्द्रित रहेगा। हमें दिखलाना है- हिन्दुओं की आध्यामिकता, बौद्धों की जीवदया, ईसाइयों की क्रियाशीलता एवं मुस्लिमों का बन्धुत्व, और ये सब अपने व्यावहारिक जीवन के माध्यम द्वारा। हमने निश्चय किया- हम एक सार्वभौम धर्म का निर्माण करेंगें।"

"हिन्दू भावों को अंग्रेजी में व्यक्त करना, फिर शुष्क दर्शन, जटिल पौराणिक कथाएं और अनूठे आश्चर्यजनक मनोविज्ञान से ऐसे धर्म का निर्माण करना, जो सरल, सहज और लोकप्रिय हो और उसके साथ ही उन्नत मस्तिष्क वालों को संतुष्ट कर सके- इस कार्य की कठिनाइयों को वे ही समझ सकते हैं, जिन्होंने इसके लिए प्रयत्न किया हो। अद्वैत के गुढ़ सिद्धान्त में नित्य प्रति के जीवन के लिए कविता का रस और जीवनदायिनी शक्ति उत्पन्न करनी है। अत्यन्त उलझी हुई पौराणिक कथाओं में से जीवन प्रकृत चरित्रों के उदाहरण समूह निकालने हैं और बुद्धि को भ्रम में डालने वाली योगविद्या से अत्यन्त वैज्ञानिक और क्रियात्मक मनोविज्ञान का विकास करना है और इन सब को एक ऐसे रुप में लाना पड़ेगा कि बच्चा-बच्चा इसे समझ सके।"

(पत्रावली, राम कृष्ण मिशन, पृष्ठ - 425)

"बौद्ध धर्म और नव हिन्दू धर्म के सम्बन्ध के विषय में मेरे विचारों में क्रांतिकारी परिवर्तन हुआ है। उन विचारों को निश्चित रुप देने के लिए कदाचित् मैं जिवित न रहूँ परन्तु उसकी कार्य प्रणाली का संकेत मैं छोड़ जाऊँगा और तुम्हें और तुम्हारे भातृ-गणों को उस पर काम करना होगा।"

(पत्रावली भाग-2, राम कृष्ण मिशन, पृष्ठ - 310)

उपरोक्त प्रमाण तो कुछ ही हैं। स्वामी विवेकानन्द जी राजतन्त्र काल के भारत के पहले ग्लोबल यूथ थे और मैं लोकतन्त्र काल के भारत का पहला ग्लोबल यूथ हूँ जो उनके विचारों को शासनिक व्यवस्था के अनुसार रूपान्तरण के लिए जन्म ग्रहण किया हूँ।

भारत का सबसे बड़ा अवगुण ये हैं कि यहाँ आध्यात्म में आविष्कार की नहीं आविकारक की पूजा होती है इसलिए स्वामी जी के कार्यों का प्रभाव भारत पर नहीं है। अगर ऐसा होता तो 100 वर्षों से अधिक समय में भारत में अब तक अनेक ग्लोबल बुद्धे प्रकट हो गये होते।

जब तक पुनर्जन्म और अवतरण प्रमाणित नहीं होगा तब तक भारतीय आध्यात्म और दर्शन प्रमाणित कैसे होगा? इन दोनों का प्रमाणस्वरूप मैं हूँ। क्योंकि मेरा व्यक्तिगत जीवन शैली, शैक्षणिक योग्यता और कर्मरूप यह शास्त्र तीनों का कोई सम्बन्ध नहीं अर्थात तीनों तीन व्यक्तित्व का प्रतिनिधित्व करते हों, इससे बड़ी "अविश्वसनीय" स्थिति क्या हो सकती है।

11. श्री बराक ओबामा
(4 अगस्त, 1961 -)

परिचय -

4 अगस्त, 1961 को होनेलूलू में जन्में बराक हुसैन ओबामा किन्याई मूल के अश्वेत पिता व अमरीकी मूल की माता के सन्तान हैं। उनका अधिकांश प्रारम्भिक जीवन अमेरिका के हवाई प्रान्त में बीता। 6 से 10 वर्ष की अवस्था उन्होंने जकार्ता, इण्डोनेशिया में अपनी माता और इण्डोनेशियाई सौतेले पिता के संग बिताया। बाल्यकाल में उन्हें बैरी नाम से पुकारा जाता था। बाद में वे होनोलूलू वापस आकर अपनी ननिहाल में ही रहने लगे। 1995 में उनकी माता का कैंसर से देहान्त हो गया। ओबामा की पत्नी का नाम मिशेल है। उनका विवाह 1992 में हुआ जिससे उनकी दो पुत्रियाँ- मालिया और साशा हैं। 2 नवम्बर, 2008 को ओबामा का आरम्भिक लालन-पालन करने वाली उनकी दादी मेडलिन दुनहम का 86 वर्ष की आयु में निधन हो गया। बराक हुसैन ओबामा अमरीका के 44वें राष्ट्रपति हैं। वे इस देश के प्रथम अश्वेत (अफ्रीकी-अमेरीकन) राष्ट्रपति हैं। उन्होंने 20 जनवरी, 2009 को राष्ट्रपति पद की शपथ ली। ओबामा इलिनाय प्रान्त से कनिष्ठ सेनेटर तथा 2008 में अमरीका के राष्ट्रपति पद के लिए डेमोक्रेटिक पार्टी के उम्मीदवार थे। ओबामा हार्वर्ड ला स्कूल से 1991 में स्नातक बनें, जहाँ वे हार्वर्ड लॉं रिव्यू के पहले अफ्रीकी अमरीकी अध्यक्ष भी रहे। 1997 से 2004 इलिनॉंय सेनेट में 3 सेवाकाल पूर्ण करने के पूर्व ओबामा ने सामुदायिक आयोजक के रूप में कार्य किया है और नागरिक अधिकार अधिवक्ता के रूप में प्रैक्टिस की है। 1992 से 2004 तक उन्होंने शिकागो विधि विश्वविद्यालय में संवैधानिक कानून का अध्यापन भी किया। सन् 2000 में अमेरिकी हाउस आफ रिप्रेसेन्टेटिव में सीट हासिल करने में असफल होने के बाद जनवरी 2003 में उन्होंने अमरीकी सेनेट का रूख किया और मार्च 2004 में प्राथमिक विजय हासिल की। नवम्बर 2003 में सेनेट के लिए चुने गये। 109वें कांग्रेस में अल्पसंख्यक डेमोक्रेट सदस्य के रूप में उन्होंने पारम्परिक हथियारों पर नियन्त्रण तथा संघीय कोष के प्रयोग में अधिक सार्वजनिक उत्तरदायित्व का समर्थन करते विधेयकों के निर्माण में सहयोग दिया। वे पूर्वी यूरोप, मध्य पूर्व और अफ्रीका की राजकीय यात्रा पर भी गये। 110वें कांग्रेस में लाबिंग व चुनावी घोटालों, पर्यावरण के बदलाव, नाभिकीय आतंकवाद और युद्ध से लौटे अमेरीकी सैनिकों की देखरेख से सम्बन्धित विधेयकों के निर्माण में उन्होंने सहयोग दिया। उन्होंने एशियाई देशों की यात्रा कर सहभागिता के लिए साथ चलने का आवाह्न भी किया। अल्प समय में ही विश्वशान्ति में उल्लेखनीय योगदान के लिए बराक ओबामा को वर्ष 2009 में नोबेल शान्ति पुरस्कार भी दिया गया। उन्होंने दो लोकप्रिय पुस्तकें भी लिखी हैं- पहली पुस्तक "ड्रीम्स फ्राम माई फादर: ए स्टोरी आफ रेस एण्ड इन्हेरिटेन्स" का प्रकाशन ला स्कूल से स्नातक बनने के कुछ दिन बाद ही हुआ था। इस पुस्तक में उनके होनोलूलू व जकार्ता में बीते बालपन, लास एंजिल्स व न्यूयार्क में व्यतीत कालेज जीवन तथा 80 के दशक में शिकागो शहर में सामुदायिक आयोजक के रूप में उनकी नौकरी के दिनों के संस्मरण हैं। पुस्तक पर आधारित आडियो बुक को 2006 में प्रतिष्ठित ग्रैमी पुरस्कार से सम्मानित किया गया है। उनकी दूसरी पुस्तक "द ओडेसिटी आफ होप" अक्टुबर 2006 में प्रकाशित हुई, मध्यावधि चुनाव को महज तीन हफ्ते पहले। यह किताब शीघ्र ही बेस्टसेलर सूची में शामिल हो गई। पुस्तक पर आधारित आडियो बुक को भी 2008 में प्रतिष्ठित ग्रैमी पुरस्कार से नवाजा गया है। शिकागो ट्रिव्यून के अनुसार पुस्तक के प्रचार के दौरान लोगों से मिलने के प्रभाव ने ही ओबामा को राष्ट्रपति पद के चुनाव में उतरने का हौसला दिया। अमरीकी इतिहास में ओबामा न केवल पाँचवें अफ्रीकी-अमरीकी सेनेटर हैं बल्कि लोकप्रिय वोट से चुने जाने वाले तीसरे और सेनेट में नियुक्त एकमात्र अफ्रीकी-अमरीकी सेनेटर भी हैं।

"एशिया अथवा पूरी दुनिया में भारत एक उभरता हुआ देश भर नहीं है, बल्कि यह पहले से उभर चुका है और मेरा यह दृढ़ विश्वास है कि भारत और अमेरिका के बीच सम्बन्ध, जो साझा हितों और मूल्यों से बंधे हैं, 21वीं

शताब्दी की सर्वाधिक निर्णायक साझोदारीयों में से एक है। मैं इसी साझेदारी के निर्माण के लिए यहाँ आया हूँ। यह वह सपना है जिसे हम मिलकर साकार कर सकते हैं। साझा भविष्य के प्रति मेरे विश्वास का आधार भारत के समृद्ध अतीत के प्रति मेरे सम्मान पर आधारित है। भारत वह सभ्यता है जो हजारों वर्षों से दुनिया की दिशा तय कर रही है। भारत ने मानव शरीर के रहस्यों से परदा उठाया। यह कहना अतिशयोक्ति न होगी कि हमारे आज के सूचना युग की जड़े भारतीय प्रयोगों से संबद्ध है, जिनमें शून्य की खोज शामिल है। भारत ने न केवल हमारे दिमाग को खोला बल्कि हमारे नैतिक कल्पना को भी विस्तारित किया। मैं संयुक्त राष्ट्र सुरक्षा परिषद् का पुनर्गठन चाहूँगा, जिसमें भारत स्थायी सदस्य के रूप में मौजूद रहे।

विश्व में भारत सही स्थान हासिल कर रहा है, ऐसे में हमें दोनों देशों की साझेदारी को इस सदी की महत्वपूर्ण साझेदारी में परिवर्तन करने का ऐतिहासिक अवसर मिला है। चूँकि 21वीं सदी में ज्ञान ही मुद्रा है, इसलिए हम छात्रों, कालेजों और विश्वविद्यालयों में विनिमय को बढ़ावा देगें।

व्यापक रूप में भारत और अमेरिका एशिया में साझेदार के तौर पर काम कर सकते हैं। दक्षिण पूर्व एशिया में आपके सहयोगियों की तरह हम भारत को लुक ईस्ट की नीति तक सीमित नहीं रखना चाहते, बल्कि हम चाहते हैं कि भारत पूर्वी एशिया में सक्रिय भूमिका निभाए। यह भारत की कहानी है। यही अमेरिका की भी कहानी है कि मतभेदों के बावजूद लोग मिलजुल कर काम कर सकते हैं। इस साझेदारी ने ही हमें वैश्विक विश्व में अद्‌भुत स्थान प्रदान किया है, हम स्वीकार सकते हैं कि हम एक साथ मिलकर क्या हासिल कर सकते हैं।, धन्यवाद, जय हिन्द, भारत व अमेरिका के बीच साझेदारी हमेशा बनी रहे।" (भारत यात्रा पर भारतीय संसद के सयुक्त सत्र में सम्बोधन का अंश)

-श्री बराक ओबामा, राष्ट्रपति, संयुक्त राज्य अमेरिका
साभार - दैनिक जागरण, वाराणसी, दि0 9 नवम्बर 2010

"सौ से ज्यादा साल पहले अमेरिका ने भारत के बेटे स्वामी विवेकानन्द का स्वागत किया था। उन्होंने भाषण शुरू करने से पहले सम्बोधित किया था - मेरे प्यारे अमेरिकी भाइयों और बहनों। आज मैं कहता हूँ - मेरे प्यारे भारतीय भाइयों और बहनों। गर्व है कि अमेरिका में 30 लाख भारतीय हैं जो हमें जोड़े रखते हैं। हमारी दोस्ती सहज है। हम आगे भी हर क्षेत्र में एक-दूसरे के साथ बढ़ते रहेंगे। हम भारत की स्वच्छ ऊर्जा की आवश्यकताओं को पूरा करने के महत्वाकांक्षी लक्ष्यों का स्वागत करते हैं और इसमें मदद करने के लिए तैयार हैं। भारत व्यापक विविधता के साथ अपने लोकतन्त्र को मजबूती से आगे बढ़ाता है तो यह दुनिया के लिए एक उदाहरण होगा। भारत तभी सफल होगा जब वह धार्मिक आधार पर बँटेगा नहीं। धर्म का गलत इस्तेमाल नहीं होना चाहिए। हमें समाज को बाँटने वाले तत्वों से सावधान रहना होगा। भारतीय भाइयों और बहनों, हम परफेक्ट देश नहीं हैं। हमारे सामने कई चुनौतियाँ हैं। हममें कई समानताएँ हैं। हम कल्पनाशील और जुझारू हैं। हम सब एक ही बगिया के खुबसूरत फूल हैं। अमेरिका को भारत पर भरोसा है। हम आपके सपने साकार करने में आपके साथ हैं। आपका पार्टनर होने पर हमें गर्व है, जय हिन्द।" (भारत के गणतन्त्र दिवस पर मुख्य अतिथि के रूप में भारत यात्रा पर विभिन्न कार्यक्रमों में व्यक्त वक्तव्यों का अंश)

-श्री बराक ओबामा, राष्ट्रपति, संयुक्त राज्य अमेरिका
साभार - दैनिक जागरण, वाराणसी, दि0 26-28 जनवरी 2015

"युवाओं विश्व को एक करो"

("मन की बात" रेडियो कार्यक्रम द्वारा
श्री बराक ओबामा एवं श्री नरेन्द्र मोदी, प्रधानमंत्री, भारत संयुक्त रूप से)

श्री लव कुश सिंह "विश्वमानव" द्वारा स्पष्टीकरण

महोदय, स्वामी विवेकानन्द ने जिस समय कहा था- एक विश्व, एक मानव, एक धर्म, एक ईश्वर, तब लोगों ने इस बात का उपहास किया था, लोगों ने इस प्रकार की संभावना पर संदेह प्रकट किया था, लोग स्वीकार नहीं कर पाये थे। किन्तु आज सभी लोग संयुक्त राष्ट्र संघ (UNO) की ओर दौड़े चले जा रहे हैं। जाओ, जाओ की अवस्था ने मानो उनको दबोच लिया है।

हमेशा यूरोप से सामाजिक तथा एशिया से आध्यात्मिक शक्तियों का उद्भव होता रहा है एवं इन दोनों शक्तियों के विभिन्न प्रकार के सम्मिश्रण से ही जगत का इतिहास बना है। वर्तमान मानवेतिहास का एक और नवीन पृष्ठ धीरे-धीरे विकसित हो रहा है एवं चारों ओर उसी का चिन्ह दिखाई दे रहा है। कितनी ही नवीन योजनाओं का उद्भव तथा नाश होगा, किन्तु योग्यतम वस्तु की प्रतिष्ठा सुनिश्चित है- सत्य और शिव की अपेक्षा योग्यतम वस्तु और हो ही क्या सकती है? (1प 310)

- स्वामी विवेकानन्द

यदि हम अपने व्यक्तिगत एवं सामूहिक जीवन में वैज्ञानिक चेतना सम्पन्न एवं आध्यात्मिक एक साथ न हो पाए, तो मानवजाति का अर्थपूर्ण अस्तित्व ही संशय का विषय हो जाएगा। (पृ0-9)

- स्वामी विवेकानन्द

मन पर ही आविष्कार का परिणाम है-विश्वमानक शून्य: मन की गुणवत्ता का विश्वमानक श्रृंखला, जो वर्तमान में आविष्कृत कर प्रस्तुत किया गया है। जिसके बिना अन्तर्राष्ट्रीय/विश्व स्तर का मानव निर्माण ही असम्भव है। यही लोक या जन या गण का सत्य रुप है। यही आदर्श वैश्विक मानव का सत्य रुप है। जिससे पूर्ण स्वस्थ लोकतन्त्र, स्वस्थ समाज, स्वस्थ उद्योग की प्राप्ति होगी। इसी से विश्व-बन्धुत्व की स्थापना होगी। इसी से विश्व शिक्षा प्रणाली विकसित होगी। इसी से विश्व संविधान निर्मित होगा। इसी से संयुक्त राष्ट्र संघ अपने उद्देश्य को सफलता पूर्वक प्राप्त करेगा। इसी से 21 वीं सदी और भविष्य का विश्व प्रबन्ध संचालित होगा। इसी से मानव को पूर्ण ज्ञान का अधिकार प्राप्त होगा। यही परमाणु निरस्त्रीकरण का मूल सिद्धान्त है। भारत को अपनी महानता सिद्ध करना चुनौती नहीं है, वह तो सदा से ही महान है। पुनः विश्व का सर्वोच्च और अन्तिम अविष्कार विश्वमानक शून्य श्रृंखला को प्रस्तुत कर अपनी महानता को सिद्ध कर दिखाया है। बिल गेट्स के माइक्रोसाफ्ट आरेटिंग सिस्टम साफ्टवेयर से कम्प्यूटर चलता है। भारत के विश्वमानक शून्य श्रृंखला से मानव चलेगा। बात वर्तमान की है परन्तु हो सकता है स्वामी जी के विश्व बन्धुत्व की भाँति यह 100 वर्ष बाद समझ में आये। अपने ज्ञान और सूचना आधारित सहयोग की बात की है। विश्वमानक शून्य श्रृंखला से बढ़कर ज्ञान का सहयोग और क्या हो सकता है? इस सहयोग से भारत और अमेरिका मिलकर विश्व को नई दिशा सिर्फ दे ही नहीं सकते वरन् यही विवशतावश करना भी पड़ेगा। मनुष्य अब अन्तरिक्ष में उर्जा खर्च कर रहा है। निश्चय ही उसे पृथ्वी के विवाद को समाप्त कर सम्पूर्ण शक्ति को विश्वस्तरीय केन्द्रीत कर अन्तरिक्ष की ओर ही लगाना चाहिए। जिससे मानव स्वयं अपनी कृति को देख आश्चर्यचकित हो जाये जिस प्रकार स्वयं ईश्वर अपनी कृति को देखकर आश्चर्य में हैं और सभी मार्ग प्रशस्त हैं। भाव भी है। योजना भी है। कर्म भी है। विश्वमानक शून्य श्रृंखला भी है। फिर देर क्यों? और कहिए- "वाहे गुरु की फतह!"

एक परफेक्ट देश के लिए व्यक्ति-विचार आधारित नहीं बल्कि मानक आधारित होना जरूरी है। अब हमें विश्व में मानक देश (Standard Country) का निर्माण करना होगा। और यह पहले स्वयं भारत और अमेरिका को होना पड़ेगा। भारत गणराज्य-लोकतन्त्र का जन्मदाता रहा है जिसका क्रम या मार्ग - जिस प्रकार हम सभी व्यक्ति आधारित राजतन्त्र में राजा से उठकर व्यक्ति आधारित लोकतन्त्र में आये, फिर संविधान आधारित लोकतन्त्र में आ गये उसी प्रकार पूर्ण लोकतन्त्र के लिए मानक व संविधान आधारित लोकतन्त्र में हम सभी को पहुँचना है।

भारत का अब धर्म के नाम पर बँटना नामुमकिन है क्योंकि अब वह "विश्वधर्म" और उसके शास्त्र "विश्वशास्त्र" को जन्म दे चुका है। विश्व का एकीकरण तभी हो सकता है जब हम सब प्रथम चरण में मानसिक रूप से एकीकृत हो जायें। फिर विश्व के शारीरिक (भौगोलिक) एकीकरण का मार्ग खुलेगा। एकीकरण के प्रथम चरण

का ही कार्य है - मानक एवं एकात्मकर्मवाद आधारित मानव समाज का निर्माण। जिसका आधार निम्न आविष्कार है जो स्वामी विवेकानन्द के वेदान्त की व्यावहारिकता और विश्व-बन्धुत्व के विचार का शासन के स्थापना प्रक्रिया के अनुसार आविष्कृत है। सम्पूर्ण ब्रह्माण्ड में व्याप्त एक ही सत्य-सिद्धान्त द्वारा व्यक्तिगत व संयुक्त मन को एकमुखी कर सर्वोच्च, मूल और अन्तिम स्तर पर स्थापित करने के लिए शून्य पर अन्तिम आविष्कार WS-0 श्रृंखला की निम्नलिखित पाँच शाखाएँ है।

1. डब्ल्यू.एस. (WS)-0: विचार एवम् साहित्य का विश्वमानक
2. डब्ल्यू.एस. (WS)-00: विषय एवम् विशेषज्ञों की परिभाषा का विश्वमानक
3. डब्ल्यू.एस. (WS)-000: ब्रह्माण्ड (सूक्ष्म एवम् स्थूल) के प्रबन्ध और क्रियाकलाप का विश्वमानक
4. डब्ल्यू.एस. (WS)-0000: मानव (सूक्ष्म तथा स्थूल) के प्रबन्ध और क्रियाकलाप का विश्वमानक
5. डब्ल्यू.एस. (WS)-00000: उपासना और उपासना स्थल का विश्वमानक

और पूर्णमानव निर्माण की तकनीकी WCM-TLM-SHYAM.C है।

12. बाबा रामदेव
(25 दिसम्बर, 1965 -)

परिचय

योग को घर-घर पहुँचाने वाले बाबा रामदेव आज देश ही नहीं, वरन् पूरे विश्व का चर्चित चेहरा हैं। वे विकलांगता को लाचारी मानने वालों के लिए प्रेरणास्रोत भी हैं। बहुत कम लोग जानते हैं कि पूरे विश्व को योग और आरोग्य की शिक्षा देने वाले बाबा रामदेव बचपन में लकवा से पीड़ित थे, लेकिन उन्होंने जिजीविषा और संकल्प शक्ति के बल पर इसको मात दे दी।

बाबा रामदेव का जन्म भारत में हरियाणा राज्य के महेन्द्रगढ़ जनपद स्थित अली सैयदपुर नामक एक साधारण से गाँव में 25 दिसम्बर, 1965 को हुआ था। उनकी माँ श्रीमती गुलाब देवी एक धर्मपरायण महिला व उनके पिता श्री रामनिवास यादव एक कर्तव्यनिष्ठ गृहस्थ हैं। बाबा के बचपन का नाम रामकृष्ण यादव था। समीपवर्ती गाँव शहजादपुर के सरकारी स्कूल से आठवीं कक्षा तक पढ़ाई पूरी करने के बाद रामकृष्ण ने खानपुर गाँव के एक गुरूकुल में आचार्य प्रद्युम्न व योगाचार्य बलदेवजी से संस्कृत व योग की शिक्षा ली। मन में कुछ कर गुजरने की तमन्ना लेकर इस नवयुवक ने स्वामी रामतीर्थ की भाँति अपने माता-पिता व बन्धु-बान्धवों को सदा-सर्वदा के लिए छोड़ दिया। युवावस्था में ही संन्यास लेने का संकल्प किया और पहले वाला रामकृष्ण, स्वामी रामदेव के नये रूप में अवतरित हुआ।

स्वामी रामदेव ने सन् 1995 से योग को लोकप्रिय और सुलभ बनाने के लिए अथक परिश्रम करना प्रारम्भ किया। कुछ समय तक कालवा गुरूकुल, जीन्द जाकर निःशुल्क योग सिखाया तत्पश्चात् हिमालय की कन्दराओं में ध्यान और धारणा का अभ्यास करने निकल गये। वहाँ से सिद्धि प्राप्त कर प्राचीन पुस्तकों व पाण्डुलिपियों का अध्ययन करने हरिद्वार आकर कनखल के कृपालु बाग आश्रम में रहने लगे। आस्था चैनल पर योग का कार्यक्रम प्रस्तुत करने के लिए माध्वकान्त मिश्र को किसी योगाचार्य की आवश्यकता थी। वे हरिद्वार जा पहुँचे जहाँ स्वामी रामदेव, आचार्य कर्मवीर के साथ गंगा तट पर योग सिखाते थे। माधवकान्त मिश्र इनसे जाकर मिले और अपना प्रस्ताव रखा। आस्था चैनल पर आते ही स्वामी रामदेव की लोकप्रियता बढ़ने लगी। इसके बाद इस युवा सन्यासी ने कृपालु बाग आश्रम में रहते हुए स्वामी शंकरदेव के आशीर्वाद, आचार्य बालकृष्ण के सहयोग तथा स्वामी मुक्तानन्द जैसे प्रभावशाली महानुभावों के संरक्षण में "दिव्य योग मन्दिर ट्रस्ट" की स्थापना भी कर डाली। आचार्य बालकृष्ण के साथ उन्होंने अगले ही वर्ष सन् 1996 में दिव्य फार्मेसी के नाम से आयुर्वेदिक औषधियों का निर्माण कार्य प्रारम्भ किया। स्वामी रामदेव ने सन् 2003 से "योग सन्देश" पत्रिका का प्रकाशन भी प्रारम्भ किया जो आज 11 भाषाओं में प्रकाशित होकर एक कीर्तिमान स्थापित कर चुकी है। विगत 20 वर्षों से स्वदेशी जागरण के अभियान में जुटे राजीव दीक्षित को स्वामी रामदेव ने 9 जनवरी, 2009 को एक नये राष्ट्रीय प्रकल्प "भारत स्वाभिमान ट्रस्ट" का उत्तरदायित्व सौंपा जिसके माध्यम से देश की जनता को आजादी के नाम पर अपने देश के ही लुटेरों द्वारा विगत 64 वर्षों से की जा रही सार्वजनिक लूट का खुलासा बाबा रामदेव और राजीव भाई मिलकर कर रहे थे किन्तु देश के दुर्भाग्य से आम जनता में अपनी सादगी, विनम्रता व तथ्यपूर्ण वाक्पटुता से दैनन्दिन लोकप्रियता प्राप्त करते जा रहे एवं अपने अहर्निश कार्य से बाबा की बायीं बाजू बन चुके राजीव भाई भारत की भलाई करते हुए 30 नवम्बर 2010 को भिलाई (दुर्ग) में हृदय गति के अचानक रूक जाने से परमात्मा को प्यारे हो गये।

स्वामी रामदेव ने किशनगढ़, घासेड़ा तथा महेन्द्रगढ़ में वैदिक गुरूकुलों की स्थापना की। सन् 2006 में महर्षि दयानन्द ग्राम, हरिद्वार में "पतंजलि योगपीठ ट्रस्ट" के अतिरिक्त अत्याधुनिक औषधि निर्माण इकाई "पतंजलि आयुर्वेद लिमिटेड" नाम से दो सेवा प्रकल्प स्थापित किये। इन सेवा प्रकल्पों के माध्यम से बाबा रामदेव योग, प्राणायाम, आध्यात्म आदि के साथ-साथ वैदिक शिक्षा व आयुर्वेद का भी प्रचार-प्रसार कर रहें हैं। उनके प्रवचन विभिन्न टी0 वी0 चैनलों जैसे- आस्था, आस्था इण्टरनेशनल, जी नेटवर्क, सहारा वन तथा इण्डिया टी0वी0 पर प्रसारित होते हैं। इतना ही नहीं बाबा रामदेव को योग सिखाने के लिए कई देशों से बुलावा भी आता रहता है।

अमेरिका, इंग्लैण्ड व चीन सहित विश्व के 120 देशों की लगभग 100 करोड़ से अधिक जनता टी0 वी0 चैनलों के माध्यम से बाबा के क्रान्तिकारी कार्यक्रमों की प्रशंसक बन चुकी है और स्वास्थ्य लाभ प्राप्त कर रही है। बाबा प्रत्येक समस्या का समाधान योग व प्रणायाम ही बतलाते हैं।

सम्पूर्ण भारत में व्याप्त भ्रष्टाचार को समाप्त करने के साथ-साथ एवं यहाँ के मेहनतकशों के खून-पसीने की गाढ़ी कमाई को देश के राजनीतिक लुटेरों द्वारा विदेशी बैंकों में जमा करने के खिलाफ उन्होंने व्यापक जनआन्दोलन छेड़ रखा है। विदेशी बैंकों में जमा लाखों करोड़ रूपये के काले धन को स्वदेश वापस लाने की माँग करते हुए बाबा आजकल जनता में जागृति लाने में प्रयत्नशील हैं। बाबा ने अमर शहीद चन्द्रशेखर आजाद की पुण्य तिथि 27 फरवरी, 2011 को दिल्ली में भ्रष्टाचार के विरूद्ध विशाल रैली का आयोजन किया था जिसमें भारी संख्या में देश की जागरूक जनता ने पहुँचकर न सिर्फ उन्हें नैतिक समर्थन दिया अपितु कई करोड़ लोगों के हस्ताक्षरयुक्त ज्ञापन भी सौंपा। बाबा रामदेव ने उस ज्ञापन को उसी दिन राष्ट्रपति सचिवालय तक पहुँचाने का क्रान्तिकारी कार्य भी किया।

बाबा रामदेव अपने योग शिविरों में निम्नलिखित आठ प्रणायाम सिखाते हैं-

01. आभ्यन्तर - इस प्रणायाम से प्राणवायु अर्थात आक्सीजन को फेफड़ों में रोककर रक्त को शुद्ध करने का महत्वपूर्ण कार्य सम्पन्न होता है।
02. भस्त्रिका - इस प्रणायाम से साँस लेने की गति नियमित होती है। एक मिनट में 12 बार साँस लेने का अभ्यास सिद्ध कर लेने से कोई भी व्यक्ति 100 वर्ष तक जीवित रह सकता है।
03. कपाल-भाति - इस प्रणायाम से फेफड़ों से प्राणवायु को बाहर धकेलने का अभ्यास करवाया जाता है ऐसा करने से मानव शरीर के सभी आन्तरिक अंग रोगमुक्त हो जाते हैं तथा प्राणायाम करने वाले के मस्तक (कपाल) पर चमक (भाति) आ जाती है।
04. अनुलोम विलोम - इस प्रणायाम से नाक के दोनों छिद्रों में अदल-बदल कर साँस लेने का अभ्यास कराया जाता है। इससे व्यक्ति के शरीर का तापमान नियन्त्रित रहता है।
05. बाह्य - इस प्रणायाम से फेफड़ों से साँस को पूरी तरह बाहर निकालकर 7 सेकेण्ड से 21 सेकेण्ड तक अन्दर न आने का अभ्यास कराया जाता है।
06. उज्जायी - इस प्रणायाम से कण्ठ की नली से साँस को अन्दर खींचने का अभ्यास कराया जाता है।
07. भ्रामरी - इस प्रणायाम से दोनों कानों को दोनों हथेलियों के अँगूठों से पूरी तरह बन्द रखते हुए मध्यमा व अनामिका से नाक के दोनों ओर हल्का दबाव डाला जाता है और अन्दर से ओंकार की ध्वनि ओ-ओ-ओ-म् ऐसे निकाली जाती है जैसे कोई भ्रमर आवाज करता है।
08. उद्गीथ - इस प्रणायाम से आँखें बन्द करके ओ-म् कार की ध्वनि को इस प्रकार निकालते हैं कि ओम् के पहले अक्षर ओ तथा दूसरे अक्षर म् में तीन व एक का अनुपात रहे, अर्थात यदि ओ को 28 सेकेण्ड तक खींचना है तो म् को 7 सेकेण्ड लगने ही चाहिए। ओ का उच्चारण करते समय होंठ खुले व म के उच्चारण में बन्द रहने चाहिए।

भारत स्वाभिमान ट्रस्ट

भारत स्वाभिमान ट्रस्ट विश्वविख्यात योगगुरू बाबा रामदेव की योग क्रान्ति को देश के सभी 638365 गांवों तक पहुँचाने तथा स्वस्थ, समर्थ एवं संस्कारवान भारत के निर्माण के लक्ष्यों को लेकर स्थापित एक ट्रस्ट है। यह ट्रस्ट 5 जनवरी, 2009 को दिल्ली में पंजीकृत कराया गया है। जिसका उद्देश्य भ्रष्टाचार, गरीबी, भूख, अपराध, शोषण मुक्त भारत का निर्माण कराना होगा। ट्रस्ट गैर राजनीतिक होगा और राष्ट्रीय आन्दोलन चलायेगा जिसका यह प्रयास होगा कि भ्रष्ट, बेईमान और अपराधी किस्म के लोग सत्ता के सिंहासन पर न बैठ सकें। बाबा रामदेव ने स्वाभिमान ट्रस्ट के माध्यम से उन लोगों को सामने लाना शुरू कर दिया है जो रात दिन देश के लिए सोचते हैं, जीते हैं और देश के लिए कुछ भी करने को तैयार हैं। इस ट्रस्ट के पाँच प्रमुख लक्ष्य निम्न प्रकार हैं-

01. हम राष्ट्रभक्त, ईमानदार, पराक्रमी, दूरदर्शी एवं पारदर्शी लोगों को ही वोट करेंगे। हम स्वयं 100 प्रतिशत मतदान करेंगे एवं दूसरों से करवायेंगे।
02. हम राष्ट्रभक्त, कर्तव्यनिष्ठ, जागरूक, संवेदनशील, विवेकशील एवं ईमानदार लोगों को ही वोट करेंगे।
03. हम राष्ट्रभक्त, कर्तव्यनिष्ठ, जागरूक, संवेदनशील, विवेकशील एवं ईमानदार लोगों 100 प्रतिशत संगठित करेंगे एवं सम्पूर्ण राष्ट्रवादी शक्तियों को संगठित कर देश में एक नई आजादी, नई व्यवस्था एवं नया परिवर्तन लायेंगे और भारत को विश्व की सर्वोच्च महाशक्ति बनायेंगे।
04. हम शून्य तकनीकी से बनी विदेशी वस्तुओं का 100 प्रतिशत बहिष्कार तथा स्वदेशी वस्तुओं का प्रयोग करेंगे।
05. हम सम्पूर्ण भारत को 100 प्रतिशत योगमय एवं स्वस्थ बनाकर राष्ट्रवासियों को आत्मकेन्द्रित करेंगे और आत्मविमुखता से पैदा हुई बेईमानी, भ्रष्टाचार, निराशा, अविश्वास व आत्मग्लानि को मिटा जन-जन में आत्म गौरव का भाव जगायेंगे एवं वैयक्तिक व राष्ट्रीय चरित्र का निर्माण कर भारत का सोया हुआ स्वाभिमान जगायेंगे।

"देश का विदेश में जमा काला धन देश में लाना है।"

- बाबा रामदेव

श्री लव कुश सिंह "विश्वमानव" द्वारा स्पष्टीकरण

शायद वो जन्म का ग्रह-नक्षत्र, काल अवधि ही ऐसी रही होगी जब आप बाबा रामदेव (25 दिसम्बर, 1965), मैं लव कुश सिंह "विश्वमानव" (16 अक्टुबर 1967) और राजीव दीक्षित (30 नवम्बर 1967) का जन्म भारत में हुआ। जो अपने-अपने क्षेत्र में राष्ट्र के लिए विशेष योगदान दिये।

देश का विदेश में जमा काला धन लाना एक राजनीतिक प्रक्रिया है जो आप के प्रयास से सरकार का ध्यान उस ओर गया और उस पर प्रक्रिया हो रही होगी, ऐसा मेरा अनुमान है।

आपने योग, स्वदेशी जागरण और भारत के स्वाभिमान को जगाने में बहुत ही कम समय में बहुत ही व्यापक स्तर पर समर्थन प्राप्त करने के साथ प्रचार-प्रसार और जागरण का कार्य किया। विदेशी कम्पनीयों के सामानान्तर आपने स्वदेशी वस्तु का उत्पादन उच्च गुणवत्ता के उत्पाद निश्चित रूप से बहुत ही अच्छे हैं। परन्तु उसे जन-जन तक पहुँचाने की मार्केटिंग सिस्टम पारम्परिक होने के कारण जिस गति से फैलना चाहिए था वो गति नहीं आ पा रही है। आपको अपने उत्पाद के मार्केटिंग में भारतीय आध्यात्म एवं दर्शन आधारित स्वदेशी विपणन प्रणाली: 3-एफ (3-F: Fuel-Fire-Fuel) सिस्टम अपनानी चाहिए जिससे उपभोक्ता को उत्पाद भी मिले, आय भी मिले साथ ही साथ रायल्टी भी मिले। इस प्रणाली से बहुत ही तेजी से उपभोक्ता इस ओर और एक सही उत्पाद की ओर चले आयेंगे। और आपका उद्देश्य शीघ्रताशीघ्र प्राप्त हो जायेगा।

उत्पाद के विक्रय में अब आगे आना वाला समय रायल्टी की ओर जा रहा है। जिस प्रकार हमारे सभी कर्म-इच्छा का परिणाम/फल रायल्टी के रूप में सार्वभौम आत्मा द्वारा प्रदान किये जा रहे हैं। उसी प्रकार मानव समाज के वस्तुओं से सम्बन्धित व्यापार में भी उसके साथ किये गये कर्म के भी परिणाम/फल रायल्टी के रूप में प्राप्त होनी चाहिए। मौलिक खोज/आविष्कार के साथ रायल्टी का प्राविधान बढ़ते बौद्धिक विकास के साथ तो है ही परन्तु यदि किसी कम्पनी के उत्पाद का प्रयोग हम करते हैं तो ये उस कम्पनी के साथ किया गया हमारा कर्म भी रायल्टी के श्रेणी में आता है क्योंकि हम ही उस कम्पनी के विकास में योगदान देने वाले हैं। रायल्टी का सीधा सा अर्थ है- हमारे कर्मों का परिणाम/फल हमें मिलना चाहिए। जिस प्रकार ईश्वर हमें जन्म-जन्मान्तर तक परिणाम/फल देता है, उसी प्रकार मनुष्य निर्मित व्यापारिक संस्थान द्वारा भी हमें उसका परिणाम/फल मिलना चाहिए।

वर्तमान समय में स्थिति यह है कि भले ही कच्चा माल (रा मैटिरियल) ईश्वर द्वारा दी गई है लेकिन उसके उपयोग का रूप मनुष्य निर्मित ही है और हम उससे किसी भी तरह बच नहीं सकते। जिधर देखो उधर मनुष्य निर्मित उत्पाद से हम घिरे हुए हैं। हमारे जीवन में बहुत सी दैनिक उपयोग की ऐसी वस्तुएँ हैं जिनके उपयोग के बिना हम बच नहीं सकते। बहुत सी ऐसी निर्माता कम्पनी भी है जिनके उत्पाद का उपयोग हम वर्षों से करते आ रहे हैं लेकिन उनका और हमारा सम्बन्ध केवल निर्माता और उपभोक्ता का ही है जबकि हमारी वजह से ही ये कम्पनी लाभ प्राप्त कर आज तक बनी हुयी हैं, और हमें उनके साथ इतना कर्म करने के बावजूद भी हम सब को रायल्टी के रूप में कुछ भी प्राप्त नहीं होता। जबकि स्थायी ग्राहक बनाने के लिए रायल्टी देना कम्पनी के स्थायित्व को सुनिश्चित भी करता है।

जबकि होना यह चाहिए कि कम्पनी द्वारा ग्राहक के खरीद के अलग-अलग लक्ष्य के अनुसार छूट (डिस्काउन्ट) का अलग-अलग निर्धारित प्रतिशत हो। और एक निर्धारित खरीद लक्ष्य को प्राप्त कर लेने के बाद कम्पनी द्वारा उस ग्राहक को पीढ़ी दर पीढ़ी के लिए रायल्टी देनी चाहिए।

13. अमर उजाला फाउण्डेशन प्रस्तुति "संवाद"

परिचय

प्रोफेसर यशपाल भारतीय शिक्षाविद व वैज्ञानिक थे। उनका जन्म 26 नवंबर, 1926 को झांग (पाकिस्तान के पंजाब प्रांत का एक शहर) में हुआ था। उन्होंने पंजाब विश्वविद्यालय से 1949 में भौतिक विज्ञान में स्नातकोत्तर तथा 1958 में मैसाचुसैट्स इंस्टीट्यूट ऑफ टेक्नालॉजी से भौतिकी में ही पीएचडी की उपाधि प्राप्त की थी।

यशपाल ने अपने कैरियर की शुरूआत मुंबई स्थित टाटा मूलभूत अनुसंधान संस्थान से शुरू किया था। वर्ष 1973 में वे केंद्र सरकार द्वारा अहमदाबाद स्थित अंतरिक्ष अनुप्रयोग केंद्र के पहले निदेशक नियुक्त हुए थे। वे 1983 से 1984 तक योजना आयोग में मुख्य सलाहकार व 1984 से 1986 तक विज्ञान व तकनलाजी विभाग में सचिव के रूप में अपनी सेवाएँ दे चुके हैं। वे वर्ष 1986 से 1991 तक विश्वविद्यालय अनुदान आयोग के अध्यक्ष थे। और वर्ष 2007-12 तक वे जवाहरलाल नेहरू विश्वविद्यालय के कुलपति रहे। वे दूरदर्शन पर अत्यंत चर्चित विज्ञान कार्यक्रम टर्निंग प्वाईंट में भागीदारी व विज्ञान को साधारण शब्दों में आम जनता तक पहुंचाने के प्रयासों के कारण लोकप्रिय रहे थे। वे भारत की छाप जैसे टीवी के विज्ञान कार्यक्रमों के सलाहकार मंडल में भी शामिल रहे थे।

यशपाल को भारत सरकार द्वारा सन 1976 में विज्ञान एवं अभियांत्रिकी के क्षेत्र में पद्म भूषण तथा वर्ष 2013 में पद्म विभूषण से सम्मानित किया गया था। इसके अलावा उन्हें वर्ष 2009 में लाल बहादुर शास्त्री राष्ट्रीय पुरस्कार एवं कलिंग पुरस्कार से भी सम्मानित किया गया था। प्रोफेसर यशपाल की मृत्यु-24 जुलाई 2017 को हो गई।

23-24 फरवरी, 2013 को प्रसिद्ध शिक्षाविद् व वैज्ञानिक प्रो0 यशपाल के पहल पर गन्ना विकास संस्थान, लखनऊ (उ0प्र0) के कान्फ्रेन्स रूम में अमर उजाला फाउण्डेशन की प्रस्तुति "संवाद"आयेजित की गई थी। जिसमें शहर के वैज्ञानिक व बुद्धिजीवीयों ने अपने विचार व्यक्त किये थे।

"विज्ञान व समाजशास्त्र को दो खांचे में बाँटने के नुकसान हमने देखें हैं। अब इस बँटवारे की दीवार तोड़नी होगी। तरीका क्या हो? जरूरत क्यों है?" वैज्ञानिकों व बुद्धिजीवीयों के जेहन में कौंध रहे कुछ ऐसे ही सवालों की बहस का केन्द्र बना "अमर उजाला" का "संवाद" कार्यक्रम। इस कार्यक्रम में निम्नलिखित विचार व्यक्त हुये थे-

1. ज्ञान को सीमाओं और खांचों में बाँटना खतरनाक है।-

"अमर उजाला" का "संवाद" का सामूहिक परिणाम

2. पेपर व सिलेबस बनावटी व्यवस्था है

डिसिप्लिन यानी अनुशासन के नाम पर ज्ञान की हमने दीवारें बना दी हैं। इसे पार पाना कठिन होता जा रहा है। विभाग बढ़ रहें हैं और शिक्षक और विभागाध्यक्ष भी। लेकिन आपस में संवाद नहीं हो रहा है। खुदा ने तो यह नहीं कहा था कि ज्ञान बढ़ेगा तो अनुशासन बढ़ेगा। बच्चे जैसे-जैसे बड़े हो रहे हैं उनके सवालों का इस विभाजन से दम घुट रहा है। केमिस्ट्री का बच्चा क्यों नहीं हिस्ट्री पढ़ सकता है। छात्र जो पढ़ना चाहता है उसे पढ़ने दो। ज्ञान में अनुशासन कैसा? यह तो ज्ञान की उपज है। अनुशासन की दीवारें तोड़ दें, तभी विचारों को नई दिशा मिलेगी। नियम-कायदें, व्यवस्था के लिए हैं। इसलिए ऐसे नियमों को तोड़ दें, जो विकास में बाधक है। जो सिस्टम रचनात्मकता को मार रहा है, ज्ञान का बँटवारा कर रहा है, उसके उनमुक्त प्रवाह को रोक रहा है, उसे तोड़ दो। पेपर व सिलेबस बनावटी व्यवस्था है। वह वास्तविक ज्ञान को नहीं आँक सकते। विश्वविद्यालय अध्ययन प्रणाली को विषय व संकाय की परिधि से बाहर निकालें।

-प्रो0 यशपाल (पूर्व चेयरमैन, यू0जी0सी0, भारत)

3. माईंडसेट बदलना होगा

खांचों में बँटी विषयगत, प्राथमिक और उच्च शिक्षा में जुड़े शिक्षकों के प्रति अलग-अलग महत्व की समस्या दरअसल पूरी तरह से मानसिकता से जुड़ी हुई है। आज भी प्राथमिक शिक्षा, उच्च शिक्षा के मुकाबले

उपेक्षात्मक भाव से देखी जाती है चाहे वह पहचान देने की बात हो या संसाधन की। यही स्थिति विश्वविद्यालय में शिक्षक के स्नातक कक्षाओं में पढ़ाने को लेकर भी है।

-प्रो0 रूपरेखा वर्मा (पूर्व कुलपति, लखनऊ विश्वविद्यालय, भारत)

4. एक्सीलेंस की हो पहचान

कई विषय ऐसे हैं जिनका अध्ययन, विकास एवं निष्कर्ष पूरी तरह से दूसरे विषयों से सम्बद्ध है। हम अंतर अनुशासनिक शोध एवं प्रयोग करते भी हैं लेकिन नीति निर्धारण अथवा प्रशासनिक स्तर पर कुछ ऐसा जरूर कर दिया जाता है कि हम आपस में मिलकर भी न मिल सकें। विषय के खांचें में फँसने से कहीं अधिक जरूरी है एक्सीलेंस की पहचान करना।

-डा0 पी. के. सेठ (सी.ई.ओ., बायोटेक पार्क)

5. बदलनी होगी धारणा

जब हम कोई नई शुरूआत करते हैं तो अपने आप बाधाएँ खड़ी होने लगती हैं। अपने देश में स्वीकार होने के लिए वाया अमेरिका और जर्मनी आना पड़ता है। यह प्रवृत्ति बदलनी होगी। व्यक्ति को उसके कार्यों एवं सोच के आधार पर स्वीकारने एवं सराहना की खासा आवश्यकता है। तभी नये विचारों को बल मिलेगा।

-डा0 प्रदीप श्रीवास्तव (साइनटून के जनक)

6. एक-दूसरे के विश्वास की जरूरत

बुद्धिजीवीयों को पथ-प्रदर्शक होने का दावा करने से बचना होगा बल्कि उन्हें समाज में सहयोगी की भूमिका निभानी होगी। 1997 में राज्य शिक्षा नीति पर काम करने के दौरान मैंने पाया कि छात्र से लेकर मंत्री तक की एक ही शिकायत थी कि मेरी कोई सुनता नहीं है। हमें समाज से जुड़कर मुद्दों को देखना एवं समझना होगा तब हम ज्यादा प्रभावी हो सकेंगे। एक-दूसरे के सम्मान व विश्वास की जरूरत है।

-प्रो0 राकेश चन्द्रा (पूर्व अध्यक्ष, दर्शनशास्त्र विभाग, लखनऊ विश्वविद्यालय)

7. समाज से हो शोधों का जुड़ाव

हमारी समस्या है कि हमें दूसरे का काम अच्छा लगता है, अपना किया समझ में नहीं आता है। इसलिए विषयों के परम्परागत स्वरूप से आगे बढ़ने का साहस नहीं जुट पा रहा है। आज भी वैज्ञानिक शोधों का सामाजिक मुद्दों से सीधे जुड़ाव नहीं हो पा रहा है। शोधों को प्रभावी बनाने के लिए विज्ञान एवं समाज विज्ञान को मिलकर चलना व काम करना होगा।

-डा0 अंशुमाली शर्मा (संयोजक, चाइल्ड लाइन)

8. विविधताओं वाले संस्थानों की जरूरत

भारत में विश्वविद्यालय की सही परिकल्पना साकार होने में अभी वक्त लगेगा। गिने-चुने विद्यालय ही हैं जहाँ डिसिप्लिन के बाहर पठन-पाठन की बात की जाती है। हमें खुलेपन एवं विविधता पूर्ण शिक्षण संस्थान की जरूरत है। खासकर शिक्षण-प्रशिक्षण प्रक्रिया में बड़े बदलाव की जरूरत है क्योंकि आज विद्यालय वह वधशालाएँ बन चुके हैं जहाँ बच्चों की जिज्ञासाओं का कत्ल किया जाता है।

-प्रो0 यू. सी. वशिष्ठ (पूर्व विभागाध्यक्ष, लखनऊ विश्वविद्यालय)

9. तो कैसे बढ़ेगी रचनात्मकता

हम आज तक विश्वविद्यालयों की समाज में वास्तविक भूमिका के साथ न्याय नहीं कर पाये हैं। ताज्जुब की बात यह है कि विश्वविद्यालय के आवश्यक कार्यों में पढ़ाई शामिल ही नहीं है। स्कूलों में भी शिक्षण का दायरा इतना सीमित है कि बच्चों में रचनात्मक सोच के विकास की गुंजाइश खत्म होती जा रही है।

-नवीन तिवारी (आर.टी.आई. एक्टिविस्ट)

10. केवल चकाचौंध से ही न जुड़े साइंस

विज्ञान एवं तकनीकी ने धमक एवं चकाचौंध तो पैदा की है लेकिन आम आदमी की समस्याओं के हल से अभी नहीं जुड़ सका है। हमें यह तय करना होगा कि धमक ही पैदा करनी है या बाधाएँ दूर करनी हैं। आई.टी

की खजड़ी तो चारों ओर बज रही है लेकिन हमारा सूचना विज्ञान आज भी बहुत कमजोर है। इस फासले को खत्म करना होगा। आइने की जगह चेहरे की धूल साफ करने की जरूरत है।

-प्रो0 भूमित्र देव (पूर्व कुलपति, आगरा, बरेली, गोरखपुर, मंगलयातन विश्वविद्यालय)

11. ट्रेंड तोड़ना होगा

विज्ञान एवं सामाजिक विज्ञानों को विषयगत खांचों एवं विभागों की दीवारों से बाहर निकालने की जरूरत है। विज्ञान का विद्यार्थी कला का विषय पढ़ना चाहता है तो उसे प्रोत्साहन तो दूर कक्षाओं में बैठना मुश्किल होता है। हम एक ऐसे परम्परागत सिस्टम में बँधे हैं जहाँ विद्यार्थी को अपने मन से पढ़ने के लिए कोई गुंजाइश ही नहीं है। इसके लिए विश्वविद्यालय का ढांचा बदलना जरूरी है।

-प्रो0 एम. पी. सिंह (पूर्व प्रतिकुलपति, लखनऊ विश्वविद्यालय)

12. यूनिवर्सिटी से अपेक्षाएँ तय करनी होगी

शिक्षण की गुणवत्ता महत्वपूर्ण प्रश्न है। शिक्षक के इंटेलिजेंसी का मूल्यांकन उसके भावनात्मक पहलू से भी होना जरूरी है। शिक्षक वह बेहतर है जो छात्र में विषय के प्रति रूचि पैदा करे। दुर्भाग्य से चयन प्रक्रिया की खामी के चलते बहुत से ऐसे लोग शिक्षक बन रहें हैं जो इसके लायक ही नहीं हैं। हमें विश्वविद्यालय से अपेक्षाएँ तय करनी होगी। इसे बहुत सारे आयामों में बाँधना भी एक समस्या है।

-डा0 एन. के. पाण्डेय (प्रोफेसर, भौतिकी विभाग, लखनऊ विश्वविद्यालय)

13. बदलाव की ओर बढ़ना होगा

खांचों में बँटा ज्ञान समाज एवं मानवता दोनों के लिए हितकर नहीं है। आज भी विश्वविद्यालय स्कूल बनाम विभाग की बहस में उलझे हुए हैं। हमें इसमें परिवर्तन की ओर बढ़ना होगा। दुर्भाग्यपूर्ण है कि पुस्तक चयन, पाठ्यक्रम, अध्ययन या शिक्षण प्रक्रिया से जुड़े किसी भी आयाम में छात्रों की कोई भागीदारी ही नहीं है। इस दिशा में प्रयास किए जाने चाहिए।

-डा0 विनोद चन्द्रा (शिक्षक समाजशास्त्र, जे.एन.पी.जी.)

14. सार्थक बातें किससे हो यह सवाल

आपसी संवाद में सबसे बड़ी समस्या यह है कि हर कोई अपने महत्व एवं ज्ञान को दर्शाते हुए दूसरे से बात करना चाहता है। संस्थान के संवाद शिक्षण, नवाचार एवं नई विधा से जुड़े न होकर प्रमोशन, पब्लिकेशन, दूसरे की प्रगति, तीसरे की अवनति से जुड़े हैं। ऐसे में सार्थक बातें कैसे और किससे हों यह एक अहम सवाल है।

-अमित मिश्रा (वैज्ञानिक)

15. खुद अपनी भूमिका तय करनी होगी

आज अच्छे शिक्षकों की आवश्यकता है। लेकिन अच्छे शिक्षक के लिए अच्छे छात्र भी होने जरूरी हैं। हमें स्वयं अपनी भूमिका के बारे में सोचना होगा और ज्ञान-विज्ञान की सीमाओं से परे हटाकर इसके मानवीय स्वरूप में पहुँचाने की दिशा में आगे बढ़ना होगा।

-समरेन्द्र कुमार सिंह (समन्वयक, आंचलिक विज्ञान केन्द्र)

16. आम लोगों तक पहुँचे विज्ञान

आज भी विज्ञान और शिक्षा का बड़ा स्वरूप बहुत हद तक प्रयोगशालाओं एवं उच्च शिक्षण संस्थानों के परिसर तक ही सीमित है। इसे गाँव व आम लोगों तक पहुँचाना जरूरी है। खासकर शिक्षक व वैज्ञानिक कम से कम इतनी जिम्मेदारी जरूर उठाएं कि जिस क्षेत्र या स्थान से वह जुड़े हैं, वहाँ वैज्ञानिक जागरूकता को बढ़ावा दें।

-डा0 मृदुल शुक्ला (वैज्ञानिक)

17. शोधार्थियों में समन्वय जरूरी

शोधार्थियों में बीच में आपसी समन्वय न होने के चलत भी बहुत बार समस्याएं आती हैं। इससे अच्छे रिजल्ट नहीं आते। हमें अपने विषयगत ज्ञान की विशेषता के दंभ से परे हटकर एक मिशन की तरह काम करना होगा और आम आदमी तक इसके फायदे पहुँचाने की संभावनाएं तलाशनी होगी।

-शास्त्री शुक्ला (वैज्ञानिक)

18. आत्मावलोकन की जरूरत

बुद्धिजीवी स्वयं रास्ता ढूंढ रहे हैं तो पथ प्रदर्शक की उम्मीद उनसे बेमानी है। विश्वविद्यालयों में संवाद की गुंजाइश नहीं रह गई है और वह मोनोलाग बनते जा रहे हैं। कक्षाओं में प्रश्न पूछने के लिए जगह ही नहीं है बल्कि इसे समय की बरबादी माना जाता है। डिसिप्लिन सीमा रहीं है, दीवार नहीं। हमें कहीं न कहीं आत्मावलोकन की जरूरत है।

-प्रो0 राजेश मिश्र (विभागाध्यक्ष, समाजशास्त्र, लखनऊ विश्वविद्यालय)

19. ज्ञान व सूचना के अन्तर को समझें

हमें ज्ञान व सूचना के अन्तर को समझने की जरूरत है। रचनात्मक ज्ञान का कोई विकल्प नहीं होता है। दुखद यह है कि अब भी विषय विशेषज्ञता को ज्ञान के ऊपर अधिक महत्व दिया जा रहा है। इंटर-डिसिप्लिनरी अध्ययन की राह में यह बड़ी बाधा है।

-डा0 सी. एस. नौटियाल (निदेशक, एन.बी.आर.आई)

20. मौलिक विचारों को मिले महत्व

युवा के लिए आज शिक्षक रोल माडल नहीं रह गया है। वह परिसर के बाहर का व्यक्ति है। आज भी हम वैज्ञानिक दृष्टिकोण विकसित करने में पूरी तरह से सफल नहीं हो सके हैं। इस दिशा में काम करना होगा। प्रोजेक्ट एवं शोध कार्यों में मौलिक विचार प्रक्रिया को स्थान दिया जाना सर्वाधिक जरूरी है।

-प्रो0 सुधीर पंवार (जूलोजी विभाग, लखनऊ विश्वविद्यालय)

21. खुद करनी होगी पहल

शिक्षक जितना छात्र से जुड़ेगा, उससे संवाद करेगा उतना ही वह खुद बेहतर बन सकेगा। हम सिस्टम को बदलने के बारे में सोचना छोड़कर अपने स्तर से प्रयास करने की पहल करें। विश्वविद्यालय आज केवल प्रशासनिक निकाय बन गये हैं। जहाँ पढ़ाई केवल कभी-कभी आने वाले निर्देशों की तरह प्राथमिकता में है। शिक्षक के प्रमोशन में पढ़ाई पर एक भी नम्बर नहीं मिलता है।

-प्रो0 मनोज दीक्षित (निदेशक, कांशीराम पर्यटन प्रबन्धन संस्थान)

22. विषय के दायरे से निकलें

इंटर-डिसिप्लिनरी रिसर्च, पाठ्यक्रमों के निर्धारण के स्तर पर आई.आई.एम. या आई.आई.टी. के स्तर पर कोई बड़ी समस्या नहीं है। दरअसल डिसिप्लिन एवं स्पेसलाईजेशन की दीवारें हमने खुद खड़ी की है। हम किसी भी विषय की विशेषज्ञता के दायरे में स्वयं को खुद इतना कस लेते हैं कि दूसरे के लिए कोई संभावना नहीं रहती। अपने लिए भी नएपन की गुंजाइश पर विराम लगा लेते हैं। इसलिए हमें स्वयं के स्तर पर बदलाव लाने की जरूरत है।

-प्रो0 भरत भास्कर (आई.आई.एम., लखनऊ)

23. स्वायत्तता व तानाशाही में फर्क समझें

असहज एवं असंतुष्ट होने की प्रवृत्ति क्रियाशीलता को ही बढ़ाती है। इससे हम समाधान की ओर बढ़ेंगे। हमें अकादमिक स्वायत्तता व तानाशाही के बीच के फर्क को समझना होगा। कहीं न कही आज हमारी प्रमाणिकता कम हुई है तभी शासन, प्रशासन या अन्य नियामकों को शिक्षण संस्थानों में हस्तक्षेप का मौका मिला है। हमें समाज आधारित प्रोजेक्ट तैयार करने होंगे ताकि विज्ञानी व समाज विज्ञानी दोनों ही साथ आकर वास्तविक मुद्दों पर काम कर सकें।

-प्रो0 यशवीर त्यागी (पूर्व विभागाध्यक्ष, लखनऊ विश्वविद्यालय)

24. स्वीकार्यता खुद बनानी होगी

शिक्षा व्यवस्था का मूल उद्देश्य बच्चे का समाजीकरण है। यदि शिक्षा विज्ञान को बढ़ाने एवं समाज से जुड़े मुद्दों को छात्र को समझाने में सफल नहीं है तो फिर वह अप्रासंगिक है। ज्ञान कितना भी अधिक हो लेकिन वह संवेदनशील नहीं है, तो खतरनाक है। किसी भी प्रक्रिया में नई शुरूआत पर विरोध व उपहास होते हैं सहज स्वीकार्यता के लिए उन्हें पार करना जरूरी होगा।

-एन. पी. सिंह (निदेशक, गन्ना विकास संस्थान, लखनऊ)

25. टीचर खुद को ब्राण्ड बनायें

किसी भी नई शुरूआत के लिए नजरिया चाहिए। अगर आप वास्तव में कुछ करना चाहते हैं तो उसके कई रास्ते निकलकर आयेंगे। शिक्षक को स्वयं को ब्राण्ड के रूप में स्थापित करने की जरूरत है। 2015 तक हमारे पास अमेरिका से अधिक स्मार्ट फोन होंगे, हम इस तकनीक का इस्तेमाल शिक्षा के लिए क्यों नहीं करते।

-डा0 मुकुल श्रीवास्तव (एसोसिएट प्रोफेसर, पत्रकारिता विभाग, लखनऊ विश्वविद्यालय)

श्री लव कुश सिंह "विश्वमानव" द्वारा स्पष्टीकरण

पौराणिक कथाओं में एवं आधारित फिल्म या दूरदर्शन के धारावाहिकों में दिखाया जाता है कि नारद जी देव लोक जाते हैं और पृथ्वी की समस्याओं को देवताओं के समक्ष रखते हैं और उस अनुसार देवतागण अपने कार्य क्षेत्रानुसार समस्या पर चिन्तन करते हैं एवं हल निकालकर पृथ्वीवासियों को उपलब्ध कराते हैं।

शिक्षा में सुधार, सामाजिक परिवर्तन या कोई अन्य समस्या पर सम्मेलन, सेमिनार, संवाद इत्यादि केवल समस्या विषय पर चिन्तन हैं। जैसे पौराणिक कथाओं में देवताओं का समस्या पर चिन्तन होता है लेकिन समस्या का हल ही ना निकले तो चिन्तन केवल एक आयोजन मात्र बनकर रह जाता है। हाँ, देश-विदेश में इस प्रकार के होने वाले आयोजन से निकले विचार उनके लिए महत्वपूर्ण जरूर बन जाता है जो कहीं दूर से इसे आकड़े के रूप में देखते हुये मनुष्यों के लिए आवश्यकता समझते हुये हल पर कार्य करने वाले होते हैं। इसलिए ही तो कहा गया है-

भक्त वही, जो भगवान को बेच सके,
चेला वही, जो गुरू से कुछ ले सके,
संत वही, जो समाज को कुछ दे सके,
और
अवतार वही, जो पृथ्वी की आवाज सुन सके।

वो आवाज सुनी गयी और उसका हल तैयार किया गया। जो निम्न मूल सिद्धान्त पर आधारित है। यदि यह सार्वजनिक रूप से सत्य है, स्वीकार है तो यह समझना चाहिए कि "सत्य मानक शिक्षा" का विवादमुक्त पाठ्यक्रम प्राप्त किया जा चुका है और वह मैकाले शिक्षा पाठ्यक्रम को बदले बिना "पूरक शिक्षा पाठ्यक्रम" के रूप में उपलब्ध है।

ये सिद्धान्त हैं-

1. सम्पूर्ण ब्रह्माण्ड में कुछ भी स्थिर नहीं है।
2. सभी स्वयं की स्थिरता और शान्ति के लिए गतिशील हैं।
3. उस सार्वभौम एकात्म (सार्वभौम आत्मा) का कोई नाम नहीं हैं, उसका नाम मानवीय भाषा के केवल शब्द हैं।

इस आाधार पर "सत्य मानक शिक्षा" का पाठ्यक्रम और उसे जन-जन तक पहुँचाने के लिए योजना बनाया गया है जिसका विस्तृत विवरण "विश्वशास्त्र" के अध्याय-4 में उपलब्ध है। संक्षिप्त में यहाँ प्रस्तुत किया जा रहा है।

स्पष्ट दिशा प्राप्त करने के पूर्व शिक्षा के सम्बन्ध में और उसे जन-जन तक पहुँचाने की योजना पर कुछ महापुरूषों के विचार-वाणियों को भी देख लिया जाये, जो निम्नखित हैं-

शिक्षा से सम्बन्धित विचार

"मैं भारत में काफी घूमा हूँ। दाएं-बाएं, इधर-उधर मैंने यह देश छान मारा। और यहाँ मुझे एक भी भिखारी, एक भी चोर देखने को नहीं मिला। यह देश इतना समृद्ध है और इसके नैतिक मूल्य इतने उच्च हैं और यहाँ के लोग इतनी सक्षमता और योग्यता लिए हुए हैं कि हम यह देश कभी जीत सकते हैं यह मुझे नहीं लगा। इस देश की आध्यात्मिक और सांस्कृतिक परम्परा इस देश की रीढ़ है। और हमें यदि यह देश जीतना है तो इसे तोड़ना ही पड़ेगा। उसके लिए इस देश की प्राचीन शिक्षण पद्धति और संस्कृति बदलनी ही पड़ेगी। भारतीय लोग यदि यह मानने लगे कि विदेशी (विशेषतः) जो है श्रेष्ठ हैं, अपनी स्वयं की संस्कृति से भी ऊँची हैं तो वे अपना आत्म सम्मान गवाँ बैठेंगे। और फिर वे वही बनेंगे जो हम चाहते हैं-एक गुलाम देश"

- लार्ड मैंकाले, वर्तमान भारत की शिक्षा प्रणाली इनकी कही जाती है।
(2 फरवरी, 1835 को ब्रिटेन की पार्लियामेन्ट में दिये गए लार्ड मैकाले के भाषण के कुछ अंश)

"जीवन में मेरी सर्वोच्च अभिलाषा यह है कि ऐसा चक्र प्रर्वतन कर दूँ जो कि उच्च एवम् श्रेष्ठ विचारों को सब के द्वार-द्वार पर पहुँचा दे। फिर स्त्री-पुरूष को अपने भाग्य का निर्माण स्वंय करने दो। हमारे पूर्वजों ने तथा अन्य देशों ने जीवन के महत्वपूर्ण प्रश्नों पर क्या विचार किया है यह सर्वसाधारण को जानने दो। विशेषकर उन्हें देखने दो कि और लोग क्या कर रहे हैं। फिर उन्हें अपना निर्णय करने दो। रासायनिक द्रव्य इकट्ठे कर दो और प्रकृति के नियमानुसार वे किसी विशेष आकार धारण कर लेंगे-परिश्रम करो, अटल रहो। 'धर्म को बिना हानि पहुँचाये जनता की उन्नति'-इसे अपना आदर्श वाक्य बना लो।"

- स्वामी विवेकानन्द

"शिक्षा का मतलब यह नहीं है कि तुम्हारे दिमाग में ऐसी बहुत सी बातें इस तरह से ठूंस दी जाये, जो आपस में लड़ने लगे और तुम्हारा दिमाग उन्हें जीवन भर हजम न कर सकें। जिस शिक्षा से हम अपना जीवन निर्माण कर सकें, मनुष्य बन सके, चरित्र गठन कर सकें और विचारों का सांमजस्य कर सके, वही वास्तव में शिक्षा कहलाने योग्य है। यदि तुम पाँच ही भावों को हजम कर तद्नुसार जीवन और चरित्र गठन कर सके तो तुम्हारी शिक्षा उस आदमी की अपेक्षा बहुत अधिक है जिसने एक पूरी की पूरी लाइब्रेरी ही कठंस्थ कर ली है।"

- स्वामी विवेकानन्द

"उसी मूल सत्य की फिर से शिक्षा ग्रहण करनी होगी, जो केवल यहीं से, हमारी इसी मातृभूमि से प्रचारित हुआ था। फिर एक बार भारत को संसार में इसी मूल तत्व का-इसी सत्य का प्रचार करना होगा। ऐसा क्यों है? इसलिए नहीं कि यह सत्य हमारे शास्त्रों में लिखा है वरन् हमारे राष्ट्रीय साहित्य का प्रत्येक विभाग और हमारा राष्ट्रीय जीवन उससे पूर्णतः ओत-प्रोत है। इस धार्मिक सहिष्णुता की तथा इस सहानुभूति की, मातृभाव की महान शिक्षा प्रत्येक बालक, स्त्री, पुरुष, शिक्षित, अशिक्षित सब जाति और वर्ण वाले सीख सकते हैं। तुमको अनेक नामों से पुकारा जाता है, पर तुम एक हो। तथाकथित समाज-सुधार के विषय में हस्तक्षेप न करना क्योंकि पहले आध्यात्मिक सुधार हुये बिना अन्य किसी भी प्रकार का सुधार हो नहीं सकता, भारत के शिक्षित समाज से मैं इस बात पर सहमत हूँ कि समाज का आमूल परिवर्तन करना आवश्यक है। पर यह किया किस तरह जाये? सुधारकों की सब कुछ नष्ट कर डालने की रीति व्यर्थ सिद्ध हो चुकी है। मेरी योजना यह है, हमने अतीत में कुछ बुरा नहीं किया। निश्चय ही नहीं किया। हमारा समाज खराब नहीं, बल्कि अच्छा है। मैं केवल चाहता हूँ कि वह और भी अच्छा हो। हमें असत्य से सत्य तक अथवा बुरे से अच्छे तक पहुँचना नहीं है। वरन् सत्य से उच्चतर सत्य तक, श्रेष्ठ से श्रेष्ठतर और श्रेष्ठतम तक पहुँचना है। मैं अपने देशवासियों से कहता हूँ कि अब तक जो तुमने किया, सो अच्छा ही किया है, अब इस समय और भी अच्छा करने का मौका आ गया है।"

- स्वामी विवेकानन्द

"एक बात पर विचार करके देखिए, मनुष्य नियमों को बनाता है या नियम मनुष्य को बनाते हैं? मनुष्य रुपया पैदा करता है या रुपया मनुष्य पैदा करता है? मनुष्य कीर्ति और नाम पैदा करता है या कीर्ति और नाम मनुष्य को पैदा करते हैं? मेरे मित्रों, पहले मनुष्य बनिये, तब आप देखेंगे कि वे सब बाकी चीजें स्वयं आपका अनुसरण करेंगी परस्पर के घृणित द्वेषभाव को छोड़िये और सदुद्देश्य, सदुपाय, सत्साहस एवं सदीर्घ का अवलम्बन किजिए। आपने मनुष्य योनि में जन्म लिया है तो अपनी कीर्ति यहीं छोड़ जाइये।"

-स्वामी विवेकानन्द

"निष्क्रियता, हीनबुद्धि और कपट से देश छा गया है। क्या बुद्धिमान लोग यह देखकर स्थिर रह सकते हैं? रोना नहीं आता? मद्रास, बम्बई, पंजाब, बंगाल-कहीं भी तो जीवनी शक्ति का चिन्ह दिखाई नहीं देता। तुम लोग सोच रहे हो, 'हम शिक्षित हैं' क्या खाक सीखा है? दूसरों की कुछ बातों को दूसरी भाषा में रटकर मस्तिष्क में भरकर, परीक्षा में उत्तीर्ण होकर सोच रहे हो कि हम शिक्षित हो गये हैं। धिक्धिक्, इसका नाम कहीं शिक्षा है? तुम्हारी शिक्षा का उद्देश्य क्या है? या तो ? क्लर्क बनना या एक वकील बनना, और बहुत हुआ तो क्लर्की का ही दूसरा रूप एक डिप्टी मजिस्ट्रेट की नौकरी यही न? इससे तुम्हें या देश को क्या लाभ हुआ? "

- स्वामी विवेकानन्द

"सिर्फ पुस्तकों पर निर्भर रहने से मानव-मन केवल अवनति की ओर जाता है। यह कहने से और घोर नास्तिकता क्या हो सकती है कि ईश्वरीय ज्ञान केवल इस पुस्तक में या उस शास्त्र में आबद्ध है।"

- स्वामी विवेकानन्द

"सामाजिक व्याधि का प्रतिकार बाहरी उपायों द्वारा नहीं होगा; हमें उसके लिए भीतरी उपायों का अवलम्बन करना होगा-मन पर कार्य करने की चेष्टा करनी होगी। चाहे हम कितनी ही लम्बी चौड़ी बातें क्यों न करें, हमें जान लेना होगा कि समाज के दोषों को दूर करने के लिए प्रत्यक्ष रूप से नहीं वरन् शिक्षादान द्वारा परोक्ष रूप से उसकी चेष्टा करनी होगी।"

- स्वामी विवेकानन्द

"बहुत दिनों तक मास्टरी करने से बुद्धि बिगड़ जाती है। ज्ञान का विकास नहीं होता। दिन रात लड़कों के बीच रहने से धीरे-धीरे जड़ता आ जाती है; इसलिए आगे अब मास्टरी न कर। मेरे पिताजी यद्यपि वकील थे, फिर भी मेरी यह इच्छा नहीं कि मेरे परिवार में कोई वकील बने। मेरे गुरुदेव इसके विरोधी थे एवं मेरा भी यह विश्वास है कि जिस परिवार के कुछ लोग वकील हो उस परिवार में अवश्य ही कुछ न कुछ गड़बड़ी होगी। हमारा देश वकीलों से छा गया है-प्रतिवर्ष विश्वविद्यालयों से सैकड़ों वकील निकल रहे हैं। हमारी जाति के लिए इस समय कर्मतत्परता तथा वैज्ञानिक प्रतिभा की आवश्यकता है।"

- स्वामी विवेकानन्द

"लोगों को यदि आत्मनिर्भरशील बनने की शिक्षा नहीं दी जाय तो जगत के सम्पूर्ण ऐश्वर्य पूर्ण रुप से प्रदान करने पर भी भारत के एक छोटे से छोटे गाँव की भी सहायता नहीं की जा सकती। शिक्षा प्रदान हमारा पहला काम होना चाहिए, चरित्र एवं बुद्धि दोनों के ही उत्कर्ष साधन के लिए शिक्षा विस्तार आवश्यक है।"

- स्वामी विवेकानन्द

"अनुभव ही ज्ञान का एक मात्र स्रोत है। विश्व में केवल धर्म ही ऐसा विज्ञान है जिसमें निश्चयत्व का अभाव है, क्योंकि अनुभव पर आश्रित विज्ञान के रूप में उसकी शिक्षा नहीं दी जाती। ऐसा नहीं होना चाहिए। परन्तु कुछ ऐसे लोगों का एक छोटा समूह भी सर्वदा विद्यमान रहता है, जो धर्म की शिक्षा अनुभव के माध्यम से देते हैं। ये लोग रहस्यवादी कहलाते हैं। और वे हरेक धर्म में, एक ही वाणी बोलते हैं। और एक ही सत्य की शिक्षा देते हैं। यह धर्म का यथार्थ विज्ञान है। जैसे गणित शास्त्र विश्व के किसी भी भाग में भिन्न-भिन्न नहीं होते। वे सभी एक ही प्रकार के होते है तथा उनकी स्थिति भी एक ही होती है। उन लोगों का अनुभव एक ही है और यही अनुभव धर्म का रूप धारण कर लेता है।"

- स्वामी विवेकानन्द

"आखिर इस उच्च शिक्षा के रहने या न रहने से क्या बनता बिगड़ता है? यह कहीं ज्यादा अच्छा होगा कि यह उच्च शिक्षा प्राप्त कर नौकरी के दफ्तरों को खाक छानने के बजाय लोग थोड़ी सी यान्त्रिक शिक्षा प्राप्त करें जिससे काम-धन्धें में लगकर अपना पेट तो भर सकेंगे।"

- स्वामी विवेकानन्द

"राष्ट्र निर्माण...इस महान कार्य में राजनीति तो केवल एक अंग है। हम केवल राजनीति को ही अर्पित नहीं होंगे, न केवल सामाजिक समस्याओं, न ईश्वर-मीमांसा या दर्शन या साहित्य या विज्ञान को बल्कि हम इन सबको एक "सत्व" में एक अस्तित्व में शामिल करेंगे और हमें विश्वास है कि यह सर्वाधिक महत्वपूर्ण है। यही हमारा राष्ट्रीय धर्म है। जिसके सार्वभौम होने का विश्वास भी हमें है। एक चीज जिसे हमें सबसे पहले प्राप्त करना है वह है शक्ति-शारीरिक, मानसिक और नैतिक शक्ति और सर्वोपरि रूप से आध्यात्मिक शक्ति, जो दूसरी सारी शक्तियों का अक्षय स्रोत है। अगर हममें शक्ति है तो दूसरी हर चीज बहुत आसानी और स्वाभाविकता के साथ हमसे जुड़ जायेगी।"

-महर्षि अरविन्द

"इस देश को कुछ बाते समझनी होगी। एक तो इस देश को यह बात समझनी होगी कि तुम्हारी परेशानियों, तुम्हारी गरीबी, तुम्हारी मुसीबतों, तुम्हारी दीनता के बहुत कुछ कारण तुम्हारे अंधविश्वासों में है, कम से कम डेढ़ हजार साल पिछे घिसट रहा है। ये डेढ़ हजार साल पूरे होने जरूरी है। भारत को खिंचकर आधुनिक बनाना जरूरी है। मेरी उत्सुकता है कि इस देश का सौभाग्य खुले, यह देश भी खुशहाल हो, यह देश भी समृद्ध हो। क्योंकि समृद्ध हो यह देश तो फिर राम की धुन गुंजे, समृद्ध हो यह देश तो फिर लोग गीत गाँये, प्रभु की प्रार्थना करें। समृद्ध हो यह देश तो मंदिर की घंटिया फिर बजे, पूजा के थाल फिर सजे। समृद्ध हो यह देश तो फिर बाँसुरी बजे कृष्ण की, फिर रास रचे! यह दीन दरिद्र देश, अभी तुम इसमें कृष्ण को भी ले आओगे तो राधा कहाँ पाओगे नाचनेवाली? अभी तुम कृष्ण को भी ले आओगे, तो कृष्ण बड़ी मुश्किल में पड़ जायेंगे, माखन कहाँ चुरायेंगे? माखन है कहाँ? दूध दही की मटकिया कैसे तोड़ेंगे? दूध दही की कहाँ, पानी तक की मटकिया मुश्किल है। नलों पर इतनी भीड़ है! और एक आध गोपी की मटकी फोड़ दी, जो नल से पानी भरकर लौट रही थी, तो पुलिस में रिपोर्ट दर्ज करा देगी कृष्ण की, तीन बजे रात से पानी भरने खड़ी थी नौ बजते-बजते पानी भर पायी और इन सज्जन ने कंकड़ी मार दी। धर्म का जन्म होता है जब देश समृद्ध होता है। धर्म समृद्ध की सुवास है। तो मैं जरूर चाहता हूँ यह देश सौभाग्यशाली हो लेकिन सबसे बड़ी अड़चन इसी देश की मान्यताएं हैं। इसलिए मैं तुमसे लड़ रहा हूँ। तुम्हारे लिए। आज भारत गरीब है। भारत अपनी ही चेष्टा से इस गरीबी से बाहर नहीं निकल सकेगा, कोई उपाय नहीं है। भारत गरीबी के बाहर निकल सकता हैं, अगर सारी मनुष्यता का सहयोग मिले। क्योंकि मनुष्यता के पास इस तरह के तकनीक, इस तरह का विज्ञान मौजूद है कि इस देश की गरीबी मिट जाये। लेकिन तुम अकड़े रहे कि हम अपनी गरीबी खुद ही मिटायेंगे, तो तुम ही तो गरीबी बनाने वाले हो, तुम मिटाओगे कैसे? तुम्हारी बुद्धि इसकी भीतर आधार है, तुम इसे मिटाओगे कैसे? तुम्हें अपने द्वार-दरवाजे खोलने होंगे। तुम्हें अपना मस्तिष्क थोड़ा विस्तार करना होगा। तुम्हें मनुष्यता का सहयोग लेना होगा। और ऐसा नहीं कि तुम्हारे पास कुछ देने को नहीं है। तुम्हारे पास कुछ देने को है दुनिया को। तुम दुनिया को ध्यान दे सकते हो। अगर अमेरिका को ध्यान खोजना है तो अपने बलबूते नहीं खोज सकेगा अमेरिका। उसे भारत की तरफ नजर उठानी पड़ेगी। मगर वे समझदार लोग हैं। ध्यान सीखने पूरब चले आते हैं। कोई अड़चन नहीं है उन्हें बाधा नहीं है। बुद्धिमानी का लक्षण यही है कि जो जहाँ से मिल सकता हो ले लिया जाये। यह सारी पृथ्वी हमारी हैं। सारी मनुष्यता इकट्ठी होकर अगर उपाय करे तो कोई भी समस्या पृथ्वी पर बचने का कोई भी कारण नहीं है। दुनिया में दो तरह की शिक्षायें होनी चाहिए, अभी एक ही तरह की शिक्षा है। और इसलिए दुनिया में बड़ा अधुरापन है। बच्चों को हम स्कूल भेजते है, कालेज भेजते है, युनिवर्सिटी भेजते है, मगर एक ही तरह की शिक्षा वहाँ- कैसे जियो? कैसे आजिविका अर्जन करें? कैसे धन कमाओं? कैसे पद प्रतिष्ठा पाओं। जीवन

के आयोजन सिखाते हैं जीवन की कुशलता सिखाते हैं। दूसरी इससे भी महत्वपूर्ण शिक्षा वह है- कैसे मरो? कैसे मृत्यु के साथ आलिंगन करो? कैसे मृत्यु में प्रवेश करो? यह शिक्षा पृथ्वी से बिल्कुल खो गयी। ऐसा अतीत में नहीं था। अतीत में दोनों शिक्षाएं उपलब्ध थीं। इसलिए जीवन को हमने चार हिस्सों में बाटा था। पच्चीस वर्ष तक विद्यार्थी का जीवन, ब्रह्मचर्य का जीवन। गुरू के पास बैठना। जीवन कैसे जीना है, इसकी तैयारी करनी है। जीवन की शैली सीखनी है। फिर पच्चीस वर्ष तक गृहस्थ का जीवन जो गुरू के चरणों में बैठकर सिखा है उसका प्रयोग, उसका व्यावहारिक प्रयोग। फिर जब तुम पचास वर्ष के होने लगो तो तुम्हारे बच्चे पच्चीस वर्ष के करीब होने लगेंगे। उनके गुरू के गृह से लौटने के दिन करीब होने लगेंगे। अब उनके दिन आ गये कि वे जीवन को जिये। फिर भी पिता और बच्चे पैदा करते चला जाये तो यह अशोभन समझा जाता था। यह अशोभन है। अब बच्चे, बच्चे पैदा करेंगे। अब तुम इन खिलौनों से उपर उठो। तो पच्चीस वर्ष वानप्रस्थ। जंगल की तरफ मुँह- इसका अर्थ होता है कि अभी जंगल गये नहीं, अभी घर छोड़ा नहीं लेकिन घर की तरफ पीठ जंगल की तरफ मुँह। ताकि तुम्हारे बेटों को तुम्हारी सलाह की जरूरत पड़े तो पूछ लें। अपनी तरफ से सलाह मत देना। वानप्रस्थी स्वयं सलाह नहीं देता। फिर पचहत्तर वर्ष के जब तुम हो जाओगे, तो सब छोड़कर जंगल चले जाना। वे शेष अंतिम पचीस वर्ष मृत्यु की तैयारी थे। उसी का नाम सन्यास था। पचीस वर्ष जीवन के प्रारम्भ में जीवन की तैयारी, और जीवन के अंत में पच्चीस वर्ष मृत्यु की तैयारी। उपाधियाँ मिलती है- पी0 एच0 डी0, डी0 लिट0 और डी0 फिल0। और उनका बड़ा सम्मान होता है। उनका काम क्या है? उनका काम यह है कि वे तय करते हैं कि गोरखनाथ कब पैदा हुए थे। कोई कहता है दसवीं सदी के अंत में, कोई कहता है ग्यारहवीं सदी के प्रारम्भ में। इस पर बड़ा विवाद चलता है। बड़े-बड़े विश्वविद्यालयों के ज्ञानी सिर खपा कर खोज में लगे रहते है। शास्त्रों की, प्रमाणों की, इसकी, उसकी। उनकी पूरी जिन्दगी इसी में जाती है। इससे बड़ा अज्ञान और क्या होगा? गोरख कब पैदा हुए, इसे जानकर करोगे क्या? इसे जान भी लिया तो पाओगे क्या? गोरख न भी पैदा हुए, यह भी सिद्ध हो जाये, तो भी क्या फायदा? हुए हों या न हुए हों, अर्थहीन है। गोरख ने क्या जिया उसका स्वाद लो। इसलिए तुम्हारे विश्वविद्यालय ऐसी व्यर्थता के कामों में संलग्न है कि बड़ा आश्चर्य होता है कि इन्हें विश्वविद्यालय कहो या न कहो। इनका काम ही........तुम्हारे विश्वविद्यालय में चलने वाली जितनी शोध है, सब कूड़ा-करकट है।"

- आचार्य रजनीश "ओशो"

"सुधर्मा, जरूरत है इस युग में अनगढ़ मानव को गढ़ने की। मनुष्य स्वार्थी, संकीर्णता से ग्रसित हो गया है। इन दुर्बलताओं के आक्रान्त मनमानी शक्ल दिखने में अक्सर आते हैं। पेट और परिवार को आदर्श मान बैठे हैं।"

-अवधूत भगवान राम

"मनुष्य अपने भाग्य का निर्माता आप है, इस विश्वास के आधार पर हमारी मान्यता है कि हम उत्कृष्ट बनेंगे और दूसरों को श्रेष्ठ बनायेंगे, तो युग अवश्य बदलेगा। हम बदलेंगे- युग बदलेगा, हम सुधरेंगे-युग सुधरेगा। इस तथ्य पर हमारा परिपूर्ण विश्वास है।"

- पं0 श्रीराम शर्मा आचार्य, संस्थापक, अखिल विश्व गायत्री परिवार

"यदि हम संसार का मार्ग ग्रहण करेंगे और संसार को और अधिक विभाजित करेंगे तो शान्ति, सहिष्णुता और स्वतन्त्रता के अपने उद्देश्य में सफल नहीं हो सकते। यदि हम इस युद्ध-विक्षिप्त दुनियाँ को शान्ति और सत्य का प्रकाश दिखाएं तो सम्भव है कि हम संसार में कोई अच्छा परिवर्तन कर सकें। लोकतन्त्र से मेरा मतलब समस्याओं को शान्तिपूर्वक हल करने से है। अगर हम समस्याओं को शान्तिपूर्वक हल नहीं कर पाते तो इसका मतलब है कि लोकतन्त्र को अपनाने में हम असफल रहें हैं।"

- पं0 जवाहर लाल नेहरू

"हमारे युग की दो प्रमुख विषेशताएँ विज्ञान और लोकतंत्र है। ये दोनों टिकाऊ हैं। हम शिक्षित लोगों को यह नहीं कह सकते कि वे तार्किक प्रमाण के बिना धर्म की मान्यताओं को स्वीकार कर लें। जो कुछ भी हमें मानने के लिए कहा जाए, उसे उचित और तर्क के बल से पुष्ट होना चाहिए। अन्यथा हमारे धार्मिक विश्वास इच्छापूरक विचार मात्र रह जाएंगे। आधुनिक मानव को ऐसे धर्म के अनुसार जीवन बिताने की शिक्षा देनी चाहिए, जो उसकी विवेक-बुद्धि को जँचे, विज्ञान की परम्परा के अनुकूल हो। इसके अतिरिक्त धर्म को लोकतन्त्र का पोशक होना चाहिए, जो कि वर्ण, मान्यता, सम्प्रदाय या जाति का विचार न करते हुए प्रत्येक मनुष्य के बौद्धिक और आध्यात्मिक विकास पर जोर देता हो। कोई भी ऐसा धर्म, जो मनुष्य-मनुष्य में भेद करता है अथवा विशेषाधिकार, शोषण या युद्ध का समर्थन करता है, आज के मानव को रूच नहीं सकता। स्वामी विवेकानन्द ने यह सिद्ध किया कि हिन्दू धर्म विज्ञान सम्मत भी है और लोकतन्त्र का समर्थक भी। वह हिन्दू धर्म नहीं, जो दोषों से भरपूर है, बल्कि वह हिन्दू धर्म, जो हमारे महान प्रचारकों का अभिप्रेत था। मात्र जानकारियाँ देना शिक्षा नहीं है। यद्यपि जानकारी का अपना महत्व है और आधुनिक युग में तकनीकी की जानकारी महत्वपूर्ण भी है तथापि व्यक्ति के बौद्धिक झूकाव और उसकी लोकतान्त्रिक भावना का भी बड़ा महत्व है। ये बातें व्यक्ति को एक उत्तरदायी नागरिक बनाती है। शिक्षा का लक्ष्य है ज्ञान के प्रति समर्पण की भावना और निरन्तर सीखते रहने की प्रवृति। वह एक ऐसी प्रक्रिया है जो व्यक्ति को ज्ञान व कौशल दोनों प्रदान करती है तथा इनका जीवन में उपयोग करने का मार्ग प्रशस्त करती है। करूणा, प्रेम और श्रेष्ठ परम्पराओं का विकास भी शिक्षा के उद्देश्य हैं। जब तक शिक्षक शिक्षा के प्रति समर्पित और प्रतिबद्ध नहीं होता और शिक्षा को एक मिशन नहीं मानता तब तक अच्छी शिक्षा की कल्पना नहीं की जा सकती। शिक्षक उन्हीं लोगों को बनाया जाना चाहिए जो सबसे अधिक बुद्धिमान हों। शिक्षक को मात्र अच्छी तरह अध्यापन करके संतुष्ट नहीं हो जाना चाहिए। उसे अपने छात्रों का स्नेह और आदर अर्जित करना चाहिए। सम्मान शिक्षक होने भर से नहीं मिलता, उसे अर्जित करना पड़ता है।"

- डा0 सर्वपल्ली राधाकृष्णन

(5 सितम्बर को भारत देश में शिक्षक दिवस इनके जन्म दिवस को ही मनाया जा जाता है)

"समाजिकता और संस्कृति का मापदण्ड समाज में कमाने वाला द्वारा अपने कर्तव्य के निर्वाह की तत्परता है। अर्थव्यवस्था का कार्य इस कर्तव्य के निर्वाह की क्षमता पैदा करना है। मात्र धन कमाने के साधन तथा तरीके बताना-पढ़ाना ही अर्थव्यवस्था का कार्य नहीं है। यह मानवता बढ़ाना भी उसका काम है। कि कर्तव्य भावना के साथ कमाने वाला खिलाये भी। यहाँ यह स्पष्ट समझ लिया जाना चाहिए कि वह कार्य और दायित्व की भावना से करें न कि दान देने या चंदा देने की भावना से।"

- पं0 दीन दयाल उपाध्याय

"शोषित वर्ग की सुरक्षा उसके सरकार और कांग्रेस दोनों से स्वतन्त्र होने में है। हमें अपना रास्ता स्वयं बनाना होगा और स्वयं। राजनीतिक शक्ति शोषितों की समस्याओं का निवारण नहीं हो सकती, उनका उद्धार समाज में उनका उचित स्थान पाने में निहित है। उनको अपना रहने का बुरा तरीका बदलना होगा। उनको शिक्षित होना चाहिए। एक बड़ी आवश्यकता उनकी हीनता की भावना को झकझोरने, और उनके अन्दर उस दैवीय असंतोष की स्थापना करने की है जो सभी ऊँचाइयों का स्रोत है। शिक्षित बनो!!!, संगठित रहो!!!, संघर्ष करो!!! सामाजिक क्रान्ति साकार बनाने के लिए किसी महान विभूति की आवश्यकता है या नहीं यह प्रश्न यदि एक तरफ रख दिया जाय, तो भी सामाजिक क्रान्ति की जिम्मेदारी मूलतः समाज के बुद्धिमान वर्ग पर ही रहती है, इसे वास्तव में कोई भी अस्वीकार नहीं कर सकता। भविष्य काल की ओर दृष्टि रखकर वर्तमान समय में समाज को योग्य मार्ग दिखलाना यह बुद्धिमान वर्ग का पवित्र कर्तव्य है। यह कर्तव्य निभाने की कुशलता जिस समाज के बुद्धिमान लोग दिखलाते हैं। वही जीवन कलह में टिक सकता है। सही राष्ट्रवाद है, जाति भावना का परित्याग। सामाजिक तथा आर्थिक पुनर्निर्माण के आमूल परिवर्तनवादी कार्यक्रम के बिना अस्पृश्य कभी भी अपनी दशा में सुधार नहीं कर सकते। राष्ट्रवाद तभी औचित्य ग्रहण कर सकता है जब लोगों के बीच जाति, नस्ल या रंग का अन्तर भुलाकर उसमें

सामाजिक समरसता व मातत्व को सर्वोच्च स्थान दिया जाय। राष्ट्र का सन्दर्भ में राष्ट्रीयता का अर्थ होना चाहिए-सामाजिक एकता की दृढ़ भावना, अन्तर्राष्ट्रीय सन्दर्भ में इसका अर्थ है-भाईचारा। शिक्षा प्रत्येक व्यक्ति का जन्मसिद्ध अधिकार है अतः शिक्षा के दरवाजे प्रत्येक भारतीय नागरिक के लिए खुले होने चाहिए। एक व्यक्ति के शिक्षित होने का अर्थ है- एक व्यक्ति का शिक्षित होना लेकिन एक स्त्री के शिक्षित होने का अर्थ है कि एक परिवार का शिक्षित होना।"

- बाबा साहेब भीम राव अम्बेडकर

"आम आदमी से दूर हटकर साहित्य तो रचा जा सकता है, लेकिन वह निश्चित तौर पर भारतीय जन जीवन का साहित्य नहीं हो सकता। आम आदमी से जुड़ा साहित्य ही समाज के लिए कल्याकाणकारी हो सकता हैं।"

-श्री शंकर दयाल शर्मा, पूर्व राष्ट्रपति

"विश्व का रूपान्तरण तभी सम्भव है जब सभी राष्ट्र मान ले कि मानवता के सामने एक मात्र विकल्प शान्ति, परस्पर समभाव, प्रेम और एकजुटता है। भारतीय धर्मो के प्रतिनिधियों से मित्रवत् सूत्रपात होगा। तीसरी सहस्त्राब्दि में एशियाई भूमि पर ईसाइयत की जड़े मजबूत होंगी। इस सहस्त्राब्दि को मनाने का अच्छा तरीका वही होगा। कि हम धर्म के प्रकाश की ओर अग्रसर हो और समाज के प्रत्येक स्तर पर न्याय और समानता के बहाल के लिए प्रयासरत हो। हम सबको विश्व का भविष्य सुरक्षित रखने और उसे समृद्ध करने के लिए एकजुट होना चाहिए। विज्ञान और तकनीकी के क्षेत्र में प्रगति के साथ-साथ आध्यात्मिक उन्नति भी उतनी ही आवश्यक है। धर्म को कदापि टकराव का बहाना नहीं बनाना चाहिए-भारत को आशीर्वाद" (भारत यात्रा पर)

-पोप जान पाल, द्वितीय

"शिक्षा प्रक्रिया मे व्यापक सुधारों की जरूरत है। 'यह रास्ता दिल्ली की ओर जाता है' लिखा साइन बोर्ड पढ़ लेना मात्र शिक्षा नहीं है। इसके बारे में चिन्तन करना पड़ेगा और कोई लक्ष्य निर्धारित करना पड़ेगा। सामाजिक परिवर्तन किस तरह से, इसकी प्राथमिकताये क्या होगीं? यह तय करना पड़ेगा। 21वीं शताब्दी के लिए हमें कार्यक्रम तय करने पड़ेंगे, मौजूदा लोकतन्त्र खराब नहीं है परन्तु इसको और बेहतर बनाने की आवश्यकता है।"

- श्री रोमेश भण्डारी, पूर्व राज्यपाल, उ0प्र0, भारत

"अच्छी शिक्षा व्यवस्था ही प्रबुद्ध नागरिक पैदा करती है, बच्चों को नैतिक शिक्षा प्रदान की जाय और रोजगार के नये अवसर पैदा किये जायें, राष्ट्रीय शान्ति व सार्वभौमिक सद्भाव के लिए सभी धर्म आध्यात्मिक आन्दोलन में शामिल हो जायें।"

-श्री ए.पी.जे, अब्दुल कलाम, पूर्व राष्ट्रपति, भारत

"व्यापार" " और "शिक्षा का व्यापार"

जहाँ भी, कुछ भी आदान-प्रदान हो रहा हो, वह सब व्यापार के ही अधीन है। व्यक्ति का जितना बड़ा ज्ञान क्षेत्र होता है ठीक उतना ही बड़ा उसका संसार होता है। फलस्वरूप उस ज्ञान क्षेत्र पर आधारित व्यापार का संचालन करता है इसलिए ही ज्ञान क्षेत्र के विस्तार के लिए सदैव प्रयत्नशील रहना चाहिए। प्रत्येक व्यक्ति ही व्यापारी है और वही दूसरे के लिए ग्राहक भी है। यदि व्यक्ति आपस में आदान-प्रदान कर व्यापार कर रहें हैं तो इस संसार-ब्रह्माण्ड में ईश्वर का व्यापार चल रहा है और सभी वस्तुएँ उनके उत्पाद है। उन सब वस्तुओं का आदान-प्रदान हो रहा है जिसके व्यापारी स्वयं ईश्वर है, ये सार्वभौम सत्य-सिद्धान्त है।

शिक्षा क्षेत्र का यह दुर्भाग्य है कि जीवन से जुड़ा इतना महत्वपूर्ण विषय "व्यापार", को हम एक अनिवार्य विषय के रूप में पाठ्यक्रम में शामिल नहीं कर सकें। इसकी कमी का अनुभव उस समय होता है जब कोई विद्यार्थी 10वीं या 12वीं तक की शिक्षा के उपरान्त किसी कारणवश, आगे की शिक्षा ग्रहण नहीं कर पाता। फिर उस विद्यार्थी द्वारा पढ़े गये विज्ञान व गणित के वे कठिन सूत्र उसके जीवन में अनुपयोगी लगने लगते हैं। यदि वहीं वह व्यापार के ज्ञान से युक्त होता तो शायद वह जीवकोपार्जन का कोई मार्ग सुगमता से खोजने में सक्षम होता।

प्रत्येक व्यापार के जन्म होने का कारण एक विचार होता है। पहले विचार की उत्पत्ति होती है फिर उस पर आधारित व्यापार का विकास होता है। किसी विचार पर आधारित होकर आदान-प्रदान का नेतृत्वकर्ता व्यापारी और आदान-प्रदान में शामिल होने वाला ग्राहक होता है। "रामायण" ,"महाभारत" ,"रामचरितमानस" इत्यादि किसी विचार पर आधारित होकर ही लिखी गई है। यह वाल्मिीकि, महर्षि व्यास और गोस्वामी तुलसीदास का त्याग है तो अन्य के लिए यह व्यापार का अवसर बना।

ज्ञान के वर्तमान और उसी ओर बढ़ते युग में व्यापार के तरीके भी बदल रहें हैं। ऐसी स्थिति में स्वयं को भी बदलते हुये अपने ज्ञान को बढ़ाना होगा अन्यथा प्रतियोगिता भरे जीवन के संघर्ष में पिछे रह जाने के सिवा कोई रास्ता नहीं होगा। वर्तमान समय में गाँवों तक भी कम्प्यूटर व इन्टरनेट की पहुँच तेजी से बढ़ रही है। कम्प्यूटर व इन्टरनेट केवल चला लेना ही ज्ञान नहीं है। चलाना तो कला है। कला को व्यापार में बदल देना ही सत्य में ज्ञान-बुद्धि है। हम कम्प्यूटर व इन्टरनेट से किस प्रकार व्यापार कर सकते हैं, इस पर अध्ययन-चिंतन-मनन करना आवश्यक है। इस सम्बन्ध में भारत रत्न एवं पूर्व राष्ट्रपति श्री ए.पी.जे.अब्दुल कलाम का कथन पूर्ण सत्य है कि- "नवीनता के द्वारा ही ज्ञान को धन में बदला जा सकता है।"

प्रत्येक मनुष्य के लिए 24 घंटे का दिन और उस पर आधारित समय का निर्धारण है और यह पूर्णतः मनुष्य पर ही निर्भर है कि वह इस समय का उपयोग किस गति से करता है। उसके समक्ष तीन बढ़ते महत्व के व्यापार के स्तर हैं- 1.शरीर आधारित व्यापार, 2.धन/अर्थ आधारित व्यापार और 3.ज्ञान आधारित व्यापार। इन तीनों के विकास की अपनी सीमा, शक्ति, गति व लाभ है। शरीर के विकास के उपरान्त मनुष्य को धन के विकास की ओर, धन के विकास के उपरान्त मनुष्य को ज्ञान के विकास की ओर बढ़ना चाहिए अन्यथा वह अपने से उच्च स्तर वाले का गुलाम हो जाता है।

दुनिया बहुत तेज (फास्ट) हो गई है। मनुष्य की व्यस्तता बढ़ती जा रही है। सभी को कम समय में बहुत कुछ चाहिए। तो ऐसी शिक्षा की भी जरूरत है जो कम समय में पूर्ण शिक्षित बना दे। एक व्यक्ति सामान्यतः यदि स्नातक (ग्रेजुएशन) तक पढ़ता है तो वह कितने पृष्ठ पढ़ता होगा और क्या पाता है? विचारणीय है। एक व्यक्ति इंजिनियर व डाक्टर बनने तक कितना पृष्ठ पढ़ता है? यह तो होती है कैरियर की पढ़ाई इसके अलावा कहानी, कविता, उपन्यास, फिल्म इत्यादि के पीछे भी मनुष्य अपना समय मनोरंजन के लिए व्यतीत करता है। और सभी एक चमत्कार के आगे नतमस्तक हो जाते हैं तो पूर्ण मानसिक स्वतन्त्रता और पूर्णता कहाँ है? विचारणीय विषय है। ऐसे व्यक्ति जिनका धनोपार्जन व्यवस्थित चल रहा है वे ज्ञान की आवश्यकता या उसके प्राप्ति की आवश्यकता के प्रति रूचि नहीं लेते परन्तु वे भूल जाते हैं कि ज्ञान की आवश्यकता तो उन्हें ज्यादा है जिनके सामने भविष्य पड़ा है और उन्हें आवश्यकता है जो देश-समाज-विश्व के नीति का निर्माण करते हैं। ऐसे आधार की आवश्यकता है जिससे

आने वाली पीढ़ी और विश्व निर्माण के चिन्तक दोनों को एक दिशा प्राप्त हो सके। वे जो मशीनवत् लग गये हैं वे जहाँ लगे हैं सिर्फ वहीं लगे रहें, आखिर में वे भी तो संसार के विकास में ही लगे है उन्हें न सही उनके बच्चों को तो ज्ञान की जरूरत होगी। जिसके लिए वे एक लम्बा समय और धन उनपर खर्च करते हैं। गरीबी, बेरोजगारी इत्यादि का बहुत कुछ कारण ज्ञान, ध्यान, चेतना जैसे विषयों का मनुष्य के अन्दर अभाव होने से ही होता है। मनुष्य जीवन पर्यन्त रोजी-रोटी, धनार्जन इत्यादि के लिए भागता रहता है परन्तु यदि मात्र 6 महीने वह ज्ञान, ध्यान, चेतना जैसे विषयों पर पहले ही प्रयत्न कर ले तो उसके सामने विकास के अनन्त मार्ग खुल जाते हैं। ज्ञान, ध्यान, चेतना की यही उपयोगीता है जिसे लोग निरर्थक समझते हैं। बचपन से अनेक वर्षों तक माता-पिता-अभिभावक अपने बच्चों के विद्यालय में धन भेजते हैं, बच्चा वहाँ से कौन सा सामान लाता है, विचारणीय विषय है? बच्चा वहाँ से जो लाता है उस सामान का नाम है-"शिक्षा" और वह जहाँ से लाता है, वह है-"शिक्षा का व्यापार केन्द्र"। इस प्रकार अलग-अलग शिक्षा और विद्या के व्यापार केन्द्र, आज के और आने वाले समय में विकास की ओर अग्रसर ज्ञानयुग में चल और खुल रहे हैं। बहुत से विद्यार्थी अलग-अलग व्यापार के साथ "पढ़ो और पढ़ाओ" वाले व्यापार में भी जाते हैं जो मनुष्य के धरती पर रहने तक चलता रहेगा। इस क्रम में जब तक परीक्षा में नकल होते रहेंगे तब तक शिक्षा व्यापार तेजी से विकास करता रहेगा और साथ ही जब तक सेवानिवृत्ति की उम्र बढ़ाते रहेंगे, सरकार पर बेरोजगारी का बोझ बढ़ता रहेगा। और सरकार रिक्त पदों की भर्ती वाला व्यापार करती रहेगी।

"सत्य मानक शिक्षा का व्यापार" -एक अन्तहीन व्यापार

एक नदी पर पुल था जिसे कोई व्यक्ति पैदल दो घण्टे में पार करता था। यह पुल पैदल यात्रीयों के लिए रोक दिया गया था जिसके लिए पुल के ठीक मध्य (एक घण्टे की यात्रा) पर एक गार्ड नियुक्त था। गार्ड एक घण्टे सोता था और एक घण्टे जागता था। एक चालाक व्यक्ति को पुल से नदी पार करना अतिआवश्यक था। इसलिए गार्ड जब सोया तब वह यात्रा प्रारम्भ किया जैसे ही गार्ड के जागने का समय आया, वह वापस लौटने लगा। गार्ड समझा कि वह दूसरे किनारे से आ रहा है इसलिए उसने उस यात्री को पकड़ा और दूसरी ओर भेज दिया। इस प्रकार यात्री नदी पार हो गया।

यदि हम में से किसी को तैरकर नदी पार करना हो और आधे से पहले ही हमारा हिम्मत टूटने लगे तो हम वापस ही आना चाहेंगे। यदि आधे से अधिक तैरने के बाद हिम्मत टूटने लगेगा तो हौसला बढ़ाकर आगे ही बढकर पार करना चाहेंगे।

इसी प्रकार मनुष्य के विकास क्रम में हम सब अदृश्य विज्ञान (आध्यात्म) से दृश्य विज्ञान (भौतिक) की ओर बढ़ गये हैं। नदी या पुल का एक किनारा अदृश्य विज्ञान है तो दूसरा किनारा दृश्य विज्ञान। वर्तमान का हमारा अधिकतम जीवन नदी के दूसरे किनारे दृश्य विज्ञान की ओर है, हर पल। जन्म से ही हम अधिकतम वे सब वस्तुएँ प्रयोग कर रहे हैं जिसका कच्चा माल भले ही ईश्वरकृत हो परन्तु उपयोग का रूप मनुष्यकृत है और विज्ञान द्वारा निर्मित है। इस प्रकार मनुष्य निर्माता के रूप में अपना रूप व्यक्त कर ईश्वर की ओर ही बढ़ रहा है।

नदी के पुल पर बैठे उस गार्ड का काम और तैरने वाले का निर्णय "सत्य शिक्षा" है। वर्तमान में मनुष्य समाज अदृश्य काल से चलकर दृश्य काल में आ चुका है। आधे से वापस किनारे जाना "सत्य" को पाना है। और आधे से दूसरे किनारे पार हो जाना "सिद्धान्त" को पाना है। इन्हीं सिद्धान्त को पाने के बाद संविधान-नियम-कानून का जन्म होता है जिससे आज हम सभी संचालित व प्रभावित है। इस "सत्य-सिद्धान्त" की शिक्षा ही "सत्य मानक शिक्षा" है।

विज्ञान व तकनीकी का उपयोग कर जीवन की गति और सघनता (काम्पैक्ट) में तेजी से विकास हो रहा है। इसलिए ऐसी शिक्षा और पाठ्य पुस्तक की भी आवश्यकता आ चुकी थी जिससे कम समय में बहुत कुछ क्रमिक रूप से जाना व समझा जा सके अर्थात् शास्त्र-साहित्य से भरे इस संसार में कोई भी एक ऐसा मानक शास्त्र उपलब्ध नहीं था जिससे "पूर्णज्ञान-कर्मज्ञान" की उपलब्धि हो सके साथ ही मानव और उसके शासन प्रणाली के सत्यीकरण

के लिए अनन्त काल तक के लिए मार्गदर्शन प्राप्त हो सके अर्थात् भोजन के अलावा जिस प्रकार पूरक दवा ली जाती है उसी प्रकार "पूर्णज्ञान-कर्मज्ञान" के लिए पूरक शास्त्र उपलब्ध नहीं था जिससे व्यक्ति की आजिविका तो उसके संसाधन के अनुसार रहे परन्तु उसका "पूर्णज्ञान-कर्मज्ञान" अन्य के बराबर हो जाये। ईश्वर से साक्षात्कार करने के "ज्ञान" के अनेक शास्त्र उपलब्ध हो चुके थे परन्तु साक्षात्कार के उपरान्त कर्म करने के ज्ञान अर्थात् ईश्वर के मस्तिष्क का "कर्मज्ञान" का शास्त्र उपलब्ध नहीं हुआ था अर्थात् ईश्वर के साक्षात्कार का शास्त्र तो उपलब्ध था परन्तु ईश्वर के कर्म करने की विधि का शास्त्र उपलब्ध नहीं था। मानव को ईश्वर से ज्यादा उसके मस्तिष्क की आवश्यकता है। शिक्षा में शिक्षा पाठ्यक्रम को बदले बिना एक पूरक शास्त्र मनुष्य को चाहिए जिससे वह अपने कर्मों के विश्लेषण व तुलना से जान सके कि वह पूर्ण ईश्वरीय कार्य के अंश जीवन यात्रा में कितनी यात्रा तय कर चुका है और वह यात्रा इस जीवन में पूर्ण करना चाहता है या यात्रा जारी रखना चाहता है। पृथ्वी के मानसिक विवादों को समाप्त कर मनुष्य, समाज व शासन को एक संतुलित कर्मज्ञान चाहिए जिससे एकात्मकर्मवाद का जन्म हो सके। जिससे ब्रह्माण्डीय विकास के लिए सम्पूर्ण कर्म और मनुष्यता की सम्पूर्ण शक्ति एक दिशा की ओर हो। व्यक्ति आधारित समाज व शासन से उठकर मानक आधारित समाज व शासन अर्थात् जिस प्रकार हम सभी व्यक्ति आधारित राजतन्त्र में राजा से उठकर व्यक्ति आधारित लोकतन्त्र में आये, फिर संविधान आधारित लोकतन्त्र में आ गये उसी प्रकार पूर्ण लोकतन्त्र के लिए मानक व संविधान आधारित लोकतन्त्र में हम सभी को पहुँचना है।

वर्तमान में जीने का अर्थ होता है-विश्व ज्ञान जहाँ तक बढ़ चुका है वहाँ तक के ज्ञान से अपने मस्तिष्क को युक्त करना। तभी डेढ़ हजार वर्ष पुराने हमारे मस्तिष्क का आधुनिकीकरण हो पायेगा। सिर्फ वर्तमान में तो पशु रहकर कर्म करते हैं। "सत्य मानक शिक्षा" मनुष्य के मस्तिष्क के आधुनिकीकरण की शिक्षा है या विज्ञान की भाषा में कहें तो मस्तिष्क के आधुनिकीकरण का साफ्टवेयर या माइक्रोचिप्स (Integrated Circuit-I.C) है। वर्तमान की अब नवीनतम परिभाषा है-"पूर्ण ज्ञान से युक्त होना" और कार्यशैली की परिभाषा है-"भूतकाल का अनुभव, भविष्य की आवश्यकतानुसार पूर्णज्ञान और परिणाम ज्ञान से युक्त होकर वर्तमान समय में कार्य करना।"

"सत्य मानक शिक्षा", विकास क्रम के उत्तरोत्तर विकास के क्रमिक चरणों के अनुसार लिखित है जिससे पृथ्वी पर हुए सभी व्यापार को समझा जा सके। फलस्वरूप मनुष्य के समक्ष व्यापार के अनन्त मार्ग खुल जाते हैं। किसी भी सिनेमा अर्थात् फिल्म को बीच-बीच में से देखकर डायलाग की भावना व कहानी को पूर्णतया नहीं समझा जा सकता। मनुष्य समाज में यही सबसे बड़ी समस्या है कि व्यक्ति कहीं से कोई भी विचार या वक्तव्य या कथा उठा लेता है और उस पर बहस शुरू कर देता है। जबकि उसके प्रारम्भ और क्रमिक विकास को जाने बिना समझ को विकसित करना असम्भव होता है। सामाजिक विकास के क्षेत्र में परिवर्तन, देश-काल के परिस्थितियों के अनुसार किया जाता रहा है जबकि सत्यीकरण मूल सार्वभौम सत्य-सिद्धान्त से जोड़कर किया जाने वाला कार्य है।

"पुर्ननिर्माण-सत्य शिक्षा का राष्ट्रीय तीव्र मार्ग" एक ऐसी ही प्रणाली है जिसकी आवश्यकता धरती पर मनुष्य के रहने तक है और इसका व्यापार भी वहीं तक अन्तहीन है। इस शिक्षा प्रणाली में छात्रवृत्ति, व्यापार, सुविधा, समाजसेवा, अन्दर के नवोन्मेष को बाहर लाने की सुविधा इत्यादि का समावेश है।

ज्ञान के इस युग में शिक्षा-विद्या-कला का व्यापार मनुष्य के धरती पर रहने तक रहेगा। ऐसी स्थिति में हमारा यह व्यापार भी उस समय तक के लिए स्थायित्व में है। शिक्षा-विद्या-कला कोई प्रापर्टी नहीं है कि पिता जी ग्रहण कर चुके हैं तो पुत्र को हिस्सा प्राप्त हो जायेगा। पुत्र को भी वहीं से अर्थात् अक्षर ज्ञान से शुरू होना पड़ेगा जहाँ से पिता ने शुरू किया था। इस प्रकार "सत्य मानक शिक्षा" के व्यापार की योजना-"पुर्ननिर्माण-सत्य शिक्षा का राष्ट्रीय तीव्र मार्ग" एक अन्तहीन व्यापार है जो मनुष्य के पृथ्वी पर रहने तक चलता रहेगा।

सफलता का नाम विशेषज्ञता नहीं

जब दुनिया बीसवीं सदी के समाप्ति के समीप थी तब वर्ष 1995 ई0 में कोपेनहेगन में सामाजिक विकास का विश्व शिखर सम्मेलन हुआ था। इस शिखर सम्मेलन में यह माना गया कि- "आर्थिक विकास अपने आप में महत्वपूर्ण विषय नहीं है, उसे समाजिक विकास के हित में काम करना चाहिए। यह कहा गया कि पिछले वर्षों में आर्थिक विकास तो हुआ, पर सभी देश सामाजिक विकास की दृष्टि से पिछड़े ही रहे। जिसमें मुख्यतः तीन बिन्दुओं- बढ़ती बेरोजगारी, भीषण गरीबी और सामाजिक विघटन पर चिन्ता व्यक्त की गई। यह स्वीकार किया गया कि सामाजिक विकास की समस्या सार्वभौमिक है। यह सर्वत्र है, लेकिन इस घोर समस्या का समाधान प्रत्येक संस्कृति के सन्दर्भ में खोजना चाहिए।" इसका सीधा सा अर्थ यह है कि व्यक्ति हो या देश, आर्थिक विकास तभी सफल होगा जब बौद्धिक विकास के साथ मनुष्य के गुणवत्ता में भी विकास हो।

इस सम्बन्ध में पं0 दीनदयाल उपाध्याय जी के विचार-कम्युनिस्टों के नारे "कमाने वाला खायेगा"-यह नारा यद्यपि कम्युनिस्ट लगाते है। किन्तु पूंजीवादी भी इस नारे के मूल में निहित सिद्वान्त से असहमत नहीं हैं। यदि दोनों में झगड़ा है तो केवल इस बात का कि कौन कितना कमाता है, कौन कितना कमा सकता है। पूंजीवादी साहस और पूंजी को महत्व देते हैं तो कम्युनिस्ट श्रम को। पूंजीवादी स्वयं के लिए अधिक हिस्सा माँगते हैं और कम्युनिस्ट अपने लिए। यह नारा अनुचित, अन्यायपूर्ण और समाजघाती है। हमारा नारा होना चाहिए- "कमाने वाला खिलायेगा और जो जन्मा है वह खायेगा।" खाने का अधिकार जन्म से प्राप्त होता है कमाने की पात्रता शिक्षा से आती है। यदि केवल कमाने वाला ही खायेगा तो बच्चों, बूढ़ों, रोगियों और अपाहिजों का क्या होगा? "कमाने वाला खायेगा" का दृष्टिकोण आसुरी और "कमाने वाला खिलायेगा" का विचार मानवीय है। समाजिकता और संस्कृति का मापदण्ड समाज में कमाने वाला द्वारा अपने कर्तव्य के निर्वाह की तत्परता है। अर्थव्यवस्था का कार्य इस कर्तव्य के निर्वाह की क्षमता पैदा करना है। मात्र धन कमाने के साधन तथा तरीकें बताना-पढ़ाना ही अर्थव्यवस्था का कार्य नहीं है। यह मानवता बढ़ाना भी उसका काम है कि कर्तव्य भावना के साथ कमाने वाला खिलाये भी। यहाँ यह स्पष्ट समझ लिया जाना चाहिए कि वह कार्य दायित्व की भावना से करें न कि दान देने या चंदा देने की भावना से। पूंजीवादी व्यवस्था ने केवल अर्थपरायण मानव का विचार किया तथा अन्य क्षेत्रों से उसे स्वतन्त्र छोड़ दिया तो समाजवादी व्यवस्था केवल "जाति वाचक मानव" का ही विचार करती है। उसमें व्यक्ति की रूचि, प्रकृति गुणों की विविधता और उसके आधार पर विकास करने के लिए कोई स्थान नहीं है इन दोनों अवस्थाओं-व्यवस्थाओं में मनुष्य के सत्य और उसकी पूर्णता को नहीं समझा गया। एक व्यवस्था उसे स्वार्थी, अर्थपरायण, संघर्षशील, प्रतिस्पर्धी, प्रतिद्वन्दी और मात्स्यन्याय प्रवण प्राणी मानती है तो दूसरी उसे व्यवस्थाओं और परिस्थितियों का दास बेचारा और नास्तिक-अनास्थामय प्राणी। शाक्तियों का केन्द्रिकरण दोनों व्यवस्थाओं में अभिप्रेत है। अतएव पूंजीवादी एवम् समाजवादी दोनों ही अमानवीय व्यवस्थाएँ हैं। धन का अभाव मनुष्य को निष्करूण और क्रूर बना देता है। तो धन का प्रभाव उसे शोषक सामाजिक दायित्व निरपेक्ष, दम्भी और दमनकारी। भारत और विश्व की समस्याओं का समाधान और प्रश्नों का उत्तर विदेशी राजनीतिक नारों या वादों (समाजवादी, पूंजीवादी आदि) में नहीं अपितु स्वयं भारत के सनातन विचार परम्परा में से उपजे हिन्दूत्व अर्थात् भारतीय जीवन दर्शन में है। केवल यही एक ऐसा जीवन दर्शन है जो मनुष्य जीवन का विचार करते समय उसे टुकड़ों में नही बाँटता उसके सम्पूर्ण जीवन को इकाई मानकर उसका विचार करता है। यह समझना भारी भूल होगी कि हिन्दूत्व वर्तमान वैज्ञानिक उन्नति का विरोधी है। आधुनिक विज्ञान और प्रौद्योगिक का प्रयोग इस पद्धति से होना चाहिए कि वे हमारे सामाजिक और सांस्कृतिक जीवन पद्धति के प्रतिकूल नहीं, अनुकूल हो। हमारा राष्ट्रीय लक्ष्य धर्मराज्य, जिसे गाँधी जी रामराज्य कहा करते थे, लोकतन्त्र, सामाजिक समरसता और राजनीतिक आर्थिक शक्तियों के विकेन्द्रियकरण का होना चाहिए। आप इसे हिन्दूत्ववाद, मानवता अथवा अन्य कोई भी नया "वाद" या किसी भी नाम से पुकारें किन्तु केवल यही ही भारत की आत्मा के अनुकूल होगा। यही देशवासियों में नवीन उत्साह संचारित कर सकेगा। विनाश और विभ्रन्ति के चौराहे पर खड़े विश्व के लिए भी यह मार्गदर्शक का काम करेगा।

कुल मिलाकर जो व्यक्ति या देश केवल आर्थिक उन्नति को ही सर्वस्व मानता है वह व्यक्ति या देश एक पशुवत् जीवन निर्वाह के मार्ग पर है-जीना और पीढ़ी बढ़ाना। दूसरे रूप में इसे ऐसे समझा जा सकता है कि ऐसे व्यक्ति जिनका लक्ष्य धन रहा था वे अपने धन के बल पर अपनी मूर्ति अपने घर पर ही लगा सकते हैं परन्तु जिनका लक्ष्य धन नहीं था, उनका समाज ने उन्हें, उनके रहते या उनके जाने के बाद अनेकों प्रकार से सम्मान दिया है और ये सार्वजनिक रूप से सभी के सामने प्रमाणित है। पूर्णत्व की प्राप्ति का मार्ग शारीरिक-आर्थिक उत्थान के साथ-साथ मानसिक-बौद्धिक उत्थान होना चाहिए और यही है ही। इस प्रकार भारत यदि पूर्णता व विश्व गुरूता की ओर बढ़ना चाहता है तब उसे मात्र कौशल विकास ही नहीं बल्कि राष्ट्रीय बौद्धिक विकास की ओर भी बढ़ना होगा। बौद्धिक विकास, व्यक्ति व राष्ट्र का इस ब्रह्माण्ड के प्रति दायित्व है और उसका लक्ष्य है।

राष्ट्र के पूर्णत्व के लिए पूर्ण शिक्षा निम्नलिखित शिक्षा का संयुक्त रूप है-

अ-सामान्यीकरण (Generalisation) शिक्षा – ज्ञान के लिए-यह शिक्षा व्यक्ति और राष्ट्र का बौद्धिक विकास कराती है जिससे व्यक्ति व राष्ट्रीय सुख में वृद्धि होती है।

ब-विशेषीकरण (Specialisation) शिक्षा – कौशल के लिए-यह शिक्षा व्यक्ति और राष्ट्र का कौशल विकास कराती है जिससे व्यक्ति व राष्ट्रीय उत्पादकता में वृद्धि होती है।

स-सत्य नेटवर्क (REAL NETWORK) – समाज में प्रकाशित होने के लिए

वर्तमान समय में विशेषीकरण की शिक्षा, भारत में चल ही रहा है और वह कोई बहुत बड़ी समस्या भी नहीं है। समस्या है सामान्यीकरण शिक्षा की। व्यक्तियों के विचार से सदैव व्यक्त होता रहा है कि-मैकाले शिक्षा पद्धति बदलनी चाहिए, राष्ट्रीय शिक्षा नीति व पाठ्यक्रम बनना चाहिए। ये तो विचार हैं। पाठ्यक्रम बनेगा कैसे?, कौन बनायेगा? पाठ्यक्रम में पढ़ायेंगे क्या? ये समस्या थी। और वह हल की जा चुकी है। जो भारत सरकार के सामने सरकारी-निजी योजनाओं जैसे ट्रांसपोर्ट, डाक, बैंक, बीमा की तरह निजी शिक्षा के रूप में "पुनर्निर्माण-सत्य शिक्षा का राष्ट्रीय तीव्र मार्ग" द्वारा पहली बार इसके आविष्कारक द्वारा प्रस्तुत है।

सत्य शिक्षा (REAL EDUCATION)

1. पूर्ण ज्ञान में प्रमाण पत्र (Certificate in Complete Knowledge-CCK)
2. ईश्वर शास्त्र व व्यापार ज्ञान में प्रमाण पत्र (Certificate in Godics & Business Knowledge-CGBK)
3. अवतार ज्ञान में प्रमाण पत्र (Certificate in Avatar Knowledge-CAK)
4. गुरू ज्ञान में प्रमाण पत्र (Certificate in Guru Knowledge-CGK)
5. संस्थागत धर्म में डिप्लोमा (Diploma in Institutional Religion-DIR)
6. पूर्ण शिक्षा में स्नातक (Bachelor in Complete Education-BCE)
7. पूर्ण शिक्षा में परास्नातक (Master in Complete Education-MCE)

शिक्षा, शिक्षा माध्यम, शिक्षक/गुरू और विद्यार्थी/छात्र

एक कोशिका से दूसरे कोशिका को ज्ञान के अग्रसरण/संचरण के द्वारा विकसित हो रहे जीवों में मानव, ज्ञान क्रान्ति के अन्तिम लक्ष्य के पास पहुँच रहा है। जीव आते हैं, जाते हैं, और समय की धारा में ज्ञान, संसाधन और अपनी पीढ़ी को आगे बढ़ा कर चले जाते हैं। कुल मिलाकर मनुष्य केवल प्रकृति के अदृश्य ज्ञान को दृश्य ज्ञान में परिवर्तित करने का माध्यम मात्र है। मानव की मात्र इतनी ही कहानी होते हुये भी वह आर्थिक लाभ पाने के मानवीय चक्र में ज्ञान पाने के ईश्वरीय चक्र से इतना दूर होते जा रहा है कि उसे यह नहीं पता कि वह स्वयं मानव जाति के अस्तित्व को ही इस कमलरूपी पृथ्वी पर विराजमान होने से पहले ही मिटा देना चाहता है।

इस क्रम में ज्ञान के अदृश्य संचरण से प्रारम्भ हुआ जीवन, फिर संकेत, फिर मौखिक, फिर भाषा लिपि, फिर हस्तलिखित पुस्तक, फिर मुद्रित पुस्तक से अब हम सभी डिजिटल विडियो-आडियो तक पहुँच चुके हैं। जहाँ हमारी यात्रा एक दृश्य जीव शिक्षक/गुरू से शुरू हुयी थी वहीं अब हम सभी एक अदृश्य मानव निर्मित अजीव शिक्षक/गुरू (डिजिटल विडियो-आडिया शैक्षणिक सामग्री) की ओर बढ़ रहे हैं। इस क्रम से सबसे बड़ा नुकसान "समझ" का हुआ। "समझ" गिरती गयी और मानव निर्मित संस्था द्वारा प्रमाणित योग्यता सबको प्राप्त होती गयी। और शब्दों के अर्थ "समझ" के अनुसार बदलते गये। एक कोशिका से दूसरे कोशिका को ज्ञान के अग्रसरण/संचरण का प्राकृतिक नियम व्यापार में बदल गया। शिक्षक/गुरू भी आर्थिक प्रणाली से संचालित होने लगे साथ ही विद्यार्थी/छात्र भी। जिस प्रकार मुख्य आत्मा के उपस्थिति में ब्रह्माण्ड संचालित और प्रकृति नाच रही है उसी प्रकार मनुष्य निर्मित "मुद्रा" से ब्रह्माण्ड तो संचालित नहीं हो सकता लेकिन मनुष्य जरूर नाच रहा है। विद्या अर्जन के इस विकास क्रम में जो बातें आयीं वे हैं- शिक्षा माध्यम, शिक्षक/गुरू और विद्यार्थी/छात्र शिक्षा पाठ्यक्रम।

शिक्षा माध्यम

शिक्षा माध्यम उस माध्यम से सम्बन्धित है जिसके द्वारा एक शिक्षक/गुरू अपने विद्यार्थी/छात्र में ज्ञान का संचरण करता है जो भाषा, चित्र, संकेत, आवाज इत्यादि हो सकते हैं। इसके अलावा शिक्षक/गुरू की अपनी समझ की कला भी हो सकती है जिससे वह आसानी से अपने विद्यार्थी/छात्र में ज्ञान का संचरण कर दे।

शिक्षक/गुरू

स्वामी विवेकानन्द जी ने कहा था-"हम गुरु के बिना कोई ज्ञान प्राप्त नहीं कर सकते। अब बात यह है कि यदि मनुष्य, देवता अथवा कोई स्वर्गदूत हमारे गुरु हो, तो वे भी तो ससीम हैं, फिर उनसे पहले उनके गुरु कौन थे? हमें मजबूर होकर यह चरम सिद्धान्त स्थिर करना ही होगा कि एक ऐसे गुरु हैं जो काल के द्वारा सीमाबद्ध या अविच्छिन्न नहीं हैं। उन्हीं अनन्त ज्ञान सम्पन्न गुरु को, जिनका आदि भी नहीं और अन्त भी नहीं, ईश्वर कहते हैं। गुरु के सम्बन्ध में यह जान लेना आवश्यक है कि उन्हें शास्त्रों का मर्म ज्ञान हो। वैसे तो सारा संसार ही बाइबिल, वेद, पुराण पढ़ता है, पर वे तो केवल शब्द राशि है। धर्म की सूखी ठठरी मात्र है। जो गुरु शब्दाडंबर के चक्कर में पड़ जाते हैं, जिनका मन शब्दों की शक्ति में बह जाता है, वे भीतर का मर्म खो बैठते हैं। जो शास्त्रों के वास्तविक मर्मज्ञ हैं, वे ही असल में सच्चे धार्मिक गुरु हैं। संसार के प्रधान आचार्यों में से कोई भी शास्त्रों की इस प्रकार नानाविध व्याख्या करने के झमेले में नहीं पड़ा। उन्होनें श्लोकों के अर्थ में खींचातानी नहीं की। वे शब्दार्थ और भावार्थ के फेर में नहीं पड़े। फिर भी उन्होंने संसार को बड़ी सुन्दर शिक्षा दी। इसके विपरीत, उन लोगों ने जिनके पास सिखाने को कुछ भी नहीं, कभी एकाध शब्द को ही पकड़ लिया और उस पर तीन भागों की एक मोटी पुस्तक लिख डाली, जिसमें सब अनर्थक बातें भरी हैं। भगवान श्रीरामकृष्ण कहते थे- "जब एक बहुत बड़ी लहर आती है, तो छोटे-छोटे नाले और गड्ढे अपने आप ही लबालब भर जाते हैं। इसी प्रकार जब एक अवतार जन्म लेता है, तो समस्त संसार में आध्यात्मिकता की एक बड़ी बाढ़ आ जाती है और लोग वायु के कण-कण में धर्मभाव का अनुभव करने लगते हैं।

अनात्मज्ञ पुरूषों की बुद्धि एकदेश-दर्शिनी (Single Dimensional) होती है। आत्मज्ञ पुरूषों की बुद्धि सर्वग्रासिनी (Multi Dimensional) होती है। आत्मप्रकाश होने से, देखोगे कि दर्शन, विज्ञान सब तुम्हारे अधीन हो जायेंगे"

कुल मिलाकर जैसी शिक्षा, वैसा शिष्य और अन्त में वैसा ही शिक्षक क्योंकि शिक्षा प्राप्ति के बाद बहुत से विद्यार्थी/छात्र अलग-अलग व्यापार के साथ "पढ़ो और पढ़ाओ" वाले व्यापार में भी जाते है और शिक्षक भी बनते हैं। अन्त में हल यही निकलेगा कि अदृश्य मानव निर्मित अजीव शिक्षक/गुरू (डिजिटल विडियो-आडिया शैक्षणिक सामग्री) के रूप में सामने आयेगा और सरकारी शिक्षा संस्थान मात्र एक पंजीकरण केन्द्र, परीक्षा केन्द्र संचालक और प्रमाण-पत्र दाता बनेगा।

शब्दों के अर्थ "समझ" के अनुसार बदलते रहने से शब्द "आशीर्वाद" के भी अर्थ बदल गये। वर्तमान में "आशीर्वाद" यूँ ही मिल जाते हैं। प्रारम्भ में यह "आशीर्वाद" ऋषि-मुनि-गुरू जन सिर्फ योग्य को ही प्रदान करते थे ताकि उनके शब्द कभी असत्य न हों। और यदि असत्य होने की सम्भावना दिखे तो उसे वे सत्य में परिवर्तित करने के लिए भी हर नीति का प्रयोग करते थे। ऐसे ही गुरू थे- गुरू द्रोणाचार्य। जिन्होंने सर्वश्रेष्ठ धनुर्धर का "आशीर्वाद" अपने शिष्य अर्जुन को दिया था। और वे अपने "आशीर्वाद" को सत्य में परिवर्तित करने के लिए बीच में आ गये एकलव्य का नीति के अन्तर्गत अँगूठा माँगकर अपने "आशीर्वाद" की रक्षा की। यह मात्र एक सन्देश है- शब्द "आशीर्वाद" के सही अर्थ का।

विद्यार्थी/छात्र

स्वामी विवेकानन्द जी ने कहा था-"जिस व्यक्ति की आत्मा से दूसरी आत्मा में शक्ति का संचार होता है वह गुरु कहलाता है और जिसकी आत्मा में यह शक्ति संचारित होती है उसे शिष्य कहते हैं।" हमारे दृष्टि में छात्र वे हैं जो किसी शैक्षणिक संस्थान के किसी शैक्षणिक पाठ्यक्रम में प्रवेश ले कर अध्ययन करते हैं। और विद्यार्थी वे हैं जो सदैव अपने ज्ञान व बुद्धि का विकास कर रहे हैं और उसके वे इच्छुक भी हैं। इस प्रकार सभी मनुष्य व जीव, जीवन पर्यन्त विद्यार्थी ही बने रहते हैं चाहे उसे वे स्वीकार करें या ना करें। जबकि छात्र जीवन पर्यन्त नहीं रहा जा सकता।

कहा जाता है-"छात्र शक्ति, राष्ट्र शक्ति", लेकिन कौन सी शक्ति? उसकी कौन सी दिशा? तोड़-फोड़, हड़ताल, या अनशन वाली या समाज व राष्ट्र को नई दिशा देने वाली? स्वामी विवेकानन्द को मानने व उनके चित्र लगाकर छात्र राजनीति द्वारा राष्ट्र को दिशा नहीं मिल सकती बल्कि उन्होंने क्या कहा और क्या किया था, उसे जानने और चिन्तन करने से राष्ट्र को दिशा मिल सकती है और "छात्र शक्ति, राष्ट्र शक्ति" की बात सत्य हो सकती है। हम सभी ज्ञान युग और उसी ओर बढ़ते समय में हैं इसलिए केवल प्रमाण-पत्रों वाली शिक्षा से काम नहीं चलने वाला है।

छात्रों की विवशता है कि उनके शिक्षा बोर्ड व विश्वविद्यालय जो पाठ्यक्रम तैयार करेंगे वही पढ़ना है और छात्रों की यह प्रकृति भी है कि वही पढ़ना है जिसकी परीक्षा ली जाती हो। जिसकी परीक्षा न हो क्या वह पढ़ने योग्य नहीं है? बहुत बढ़ा प्रश्न उठता है। तब तो समाचार पत्र, पत्रिका, उपन्यास इत्यादि जो पाठ्यक्रम के नहीं हैं उन्हें नहीं पढ़ना चाहिए। शिक्षा बोर्ड व विश्वविद्यालय तो एक विशेष पाठ्यक्रम के लिए ही विशेष समय में परीक्षा लेते हैं परन्तु ये जिन्दगी तो जीवन भर आपकी परीक्षा हर समय लेती रहती है तो क्या जीवन का पाठ्यक्रम पढ़ना अनिवार्य नहीं है?

भाग-3
परिवर्तन

सीधी समझ

नये भारत में, नये मनुष्य के उदय के लिए

व्यवस्था के परिवर्तन या सत्यीकरण का पहला प्रारूप और उसकी कार्य विधि

वे शब्द जिसके बिना युग परिवर्तन सम्भव नहीं

उपाधियाँ मिलती है- पीएच0 डी0, डी0 लिट0 और डी0 फिल0 और उनका बड़ा सम्मान होता है। उनका काम क्या है? उनका काम यह है कि वे तय करते हैं कि गोरखनाथ कब पैदा हुए थे। कोई कहता है दसवीं सदी के अंत में, कोई कहता है ग्यारहवीं सदी के प्रारम्भ में। इस पर बड़ा विवाद चलता है। बड़े-बड़े विश्वविद्यालयों के ज्ञानी सिर खपा कर खोज में लगे रहते हैं। शास्त्रों की, प्रमाणों की, इसकी, उसकी। उनकी पूरी जिन्दगी इसी में जाती है। इससे बड़ा अज्ञान और क्या होगा? गोरख कब पैदा हुए, इसे जानकर करोगे क्या? इसे जान भी लिया तो पाओगे क्या? गोरख न भी पैदा हुए, यह भी सिद्ध हो जाये, तो भी क्या फायदा? हुए हों या न हुए हों, अर्थहीन है। गोरख ने क्या जिया उसका स्वाद लो। इसलिए तुम्हारे विश्वविद्यालय ऐसी व्यर्थता के कामों में संलग्न हैं कि बड़ा आश्चर्य होता है कि इन्हें विश्वविद्यालय कहो या न कहो। इनका काम ही........तुम्हारे विश्वविद्यालय में चलने वाली जितनी शोध है, सब कूड़ा-करकट है।

-आचार्य रजनीश "ओशो"

(अक्टुबर व नवम्बर 1978 में दिये गये प्रवचन का अंश)

FINAL KNOWLEDGE BOMB BLAST

AFTER FIRST NOBEL DISCOVERY OF ZERO BY INDIA AGAIN ZERO BASED FINAL DISCOVERY

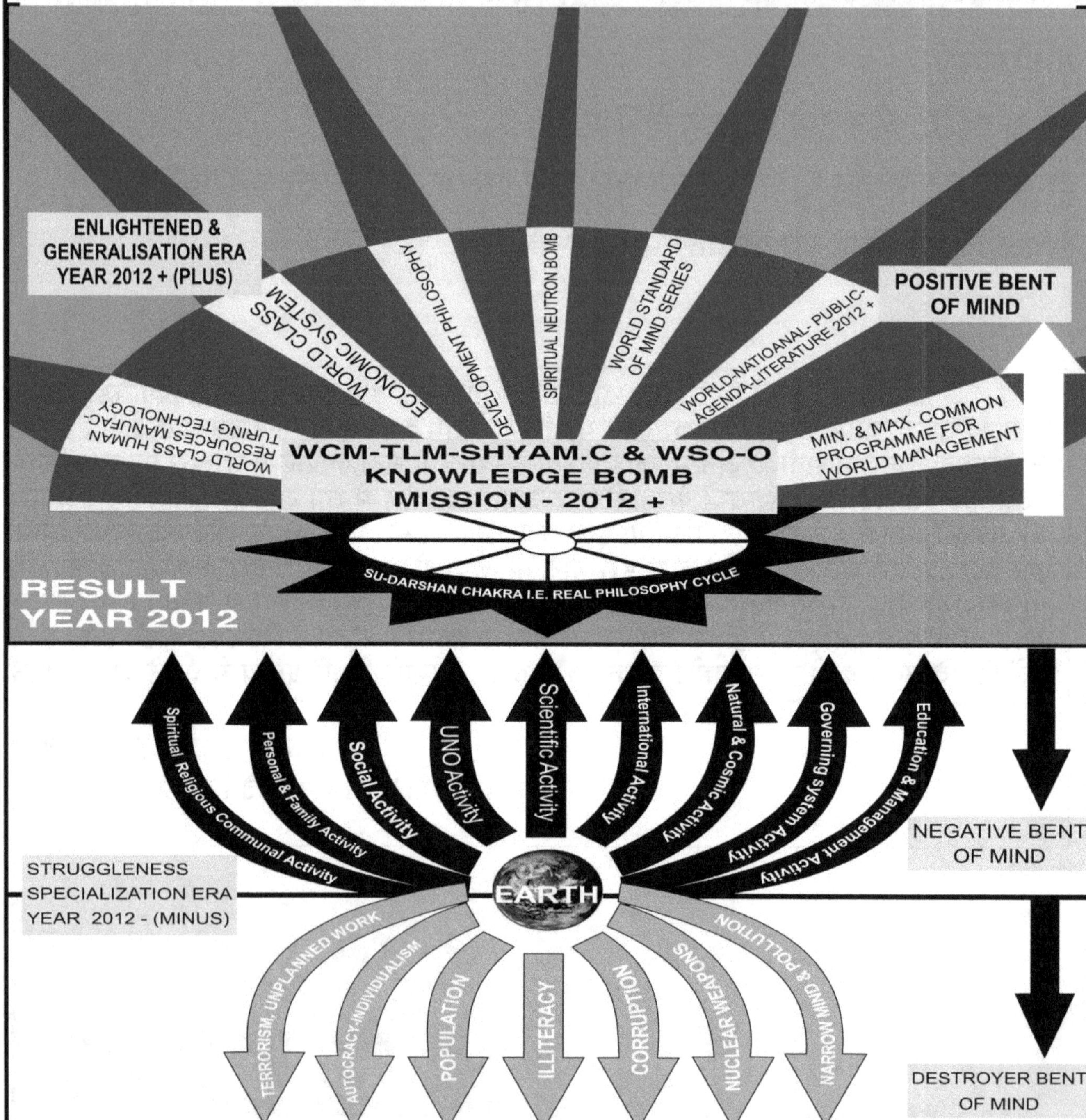

मैकाले शिक्षा पद्धति हम बदल नहीं सकते लेकिन अलग से “सत्य मानक शिक्षा” ग्रहण तो कर सकते हैं।

सरकारी पाठ्यक्रम बनाम नीजी पाठ्यक्रम / सार्वभौम आत्मीय पाठ्यक्रम / ईश्वरीय पाठ्यक्रम

ज्ञान के इस युग में ज्ञान की ओर चलें

FINAL KNOWLEDGE BOMB BLAST

यह चित्र **"FINAL KNOWLEDGE BOMB BLAST"** एक गहन वैचारिक मानचित्र है, जो मानव चेतना, ज्ञान, दर्शन और वैश्विक व्यवस्था के परिवर्तन को प्रतीकात्मक रूप में प्रस्तुत करता है।

इसमें यह दिखाया गया है कि वर्ष 2012 को एक *युग-संधि* के रूप में देखा गया है- जहाँ संघर्ष, विशेषज्ञता और विखंडन (2012–minus) से निकलकर मानवता को प्रबोधन, सामान्यीकरण और समन्वय (2012–plus) की ओर बढ़ना है।

चित्र के केंद्र में **WCM–TLM–SHYAM.C & WSO-O Knowledge Bomb Mission** और **सु-दर्शन चक्र (Real Philosophy Cycle)** को रखा गया है, जो यह संकेत देता है कि वास्तविक परिवर्तन शस्त्रों से नहीं, बल्कि दर्शन, विवेक और समग्र ज्ञान से आता है। ऊपर की ओर उठती संरचना *Positive Bent of Mind* को दर्शाती है, जहाँ विश्व-स्तरीय सोच, आध्यात्मिक दर्शन, मानवीय मूल्य, वैश्विक एजेंडा और कॉमन प्रोग्राम के माध्यम से मानव चेतना का विस्तार होता है।

चित्र के निचले भाग में पृथ्वी को केंद्र बनाकर मानव गतिविधियों-आध्यात्मिक, सामाजिक, वैज्ञानिक, अंतरराष्ट्रीय, शैक्षिक और प्रशासनिक-को दर्शाया गया है, जो यदि संतुलित हों तो उन्नति का मार्ग बनती हैं, और यदि असंतुलित हों तो *Negative* तथा *Destroyer Bent of Mind* की ओर ले जाती हैं।

वहीं नीचे की ओर गिरते तीर आतंकवाद, तानाशाही, जनसंख्या विस्फोट, अशिक्षा, भ्रष्टाचार, परमाणु खतरे और संकीर्ण सोच जैसे विनाशकारी तत्वों का प्रतिनिधित्व करते हैं। समग्र रूप से यह चित्र यह संदेश देता है कि वर्तमान युग में मानवता के सामने विकल्प स्पष्ट है-या तो संकीर्ण, नकारात्मक और विनाशकारी सोच, या फिर **"ज्ञान आधारित सार्वभौमिक दर्शन"** के माध्यम से पृथ्वी और मानव सभ्यता का संतुलित, शांतिपूर्ण और प्रबुद्ध भविष्य।

सीधी समझ

बड़ा वट वृक्ष (Big Banyan Tree), सैकड़ों वर्ष पुराना एक विशाल क्षेत्र में फैला वट वृक्ष है। जिसका मूल वृक्ष अब अस्तित्व में नहीं है उसके तनों से निकले सैंकड़ों जड़ वर्तमान में स्वयं एक वृक्ष, फिर उनके तनों से निकले सैंकड़ों जड़ भी वर्तमान में एक-एक वृक्ष के रूप में स्थापित हैं और सभी एक-दूसरे से जुड़े हुये हैं, बस जो नहीं है, वह है मूल वृक्ष। इस प्रकार सम्पूर्ण वृक्ष परिवार एक बड़े क्षेत्र में फैल चुका है और निरन्तर जारी भी है। प्रत्येक स्वयं स्वतन्त्र वृक्ष के रूप में स्थापित वृक्ष का अपने परिवार के रूप में तना, पत्ता, फूल और फल सब निकलते रहते हैं और जिसे जहाँ अर्थात् नजदीकी स्रोत से सुविधा अर्थात् खुराक मिल सकता हैं वहाँ से प्राप्त करते हुये विकास कर रहे हैं। इस कार्य में आपस में कोई विवाद नहीं है। कोई किसी पर अधिपत्य जमाना नहीं चाहता, ना ही अन्य के विकास में कोई बाधा पहुँचाता है। जिसको जिस ओर उचित वातावरण मिलता जाता है, उस ओर वह विकास कर रहा है। कुल मिलाकर स्व प्रेरित सुशासन की भाँति संचालित है। इस वट वृक्ष के सबसे बाद अर्थात् वर्तमान के तनों-पत्तों के लिए उसका जन्मदाता व पालनकर्ता के रूप में उसका नजदीकी जड़ ही है इसलिए उसकी कथा-कहानी वहीं से शुरू होती है और वहीं तक उसका ज्ञान है जो एक संकुचित और सीमित ज्ञान है। वह पूर्ण को नहीं जान रहा, उसका पूर्णत्व, सार्वभौम पूर्णत्व नहीं बल्कि सीमित पूर्णत्व है। सीमित पूर्णत्व में भी वह आनन्द में हैं और विकासशील है। उसका विकास होना सार्वभौम का ही विकास होना है परन्तु उसे उसका ज्ञान नहीं है और वह उस सार्वभौम के विकास में अपने योगदान को करते हुये भी स्वयं को गौरवान्वित नहीं अनुभव कर रहा है। सार्वभौम से युक्त होने के बाद भी उसे अपने परिवार से ही जुड़ा रहना उसकी विवशता भी है और इसके अलावा कोई अन्य मार्ग भी नहीं हैं। उसके सार्वभौम का मार्ग भी उसके अपने परिवार के ही मार्ग से होकर जाता है। वृक्ष के साथ यह मजबूरी भी है कि क्योंकि वह स्थिर है इसलिए उसका छोटा परिवार केवल पड़ोस तक के ही दायरे के सम्पर्क में है। दूसरे छोर के परिवार का क्या हाल है उसे कुछ नहीं पता।

हे मानवों, ये संसार भी उपरोक्त वट वृक्ष के सामन ही फैला हुआ है। परन्तु उस भाँति विकास नहीं कर रहा है। मनुष्य के अन्दर बीमारी की भाँति अधिकतम "शक्ति और लाभ (पावर और प्राफिट)" की दौड़ ने उसे अधिपत्य, अत्याचार, दूसरे को दबाना इत्यादि से युक्त कर दिया है। और जो इस दौड़ में नहीं हैं वे सीमित पूर्णत्व में आनन्द के साथ विकासशील हैं। उन्हें और भी तेज विकास की इच्छा है परन्तु उनके बुद्धि का दायरा ही सीमित है इसलिए उन्हें मार्ग नहीं मिल रहा है। यदि उनको मार्ग भी मिल रहा हो तो वट वृक्ष की भाँति उसके नजदीकी जन्मदाता ने उसे यह बता रखा है कि जब उस सार्वभौम का मार्ग मेरे ही रास्ते से जाता है तो जो मैं कह रहा हूँ उसे करो। और इसके लिए वे अपने परिवार के लिए अनेक प्रकार की प्रणाली दे रखे हैं। जबकि ये प्रणाली देने वाले उनके नजदीकी जन्मदाता स्वयं कहाँ से आये हैं स्वयं उन्हे भी नहीं पता। क्योंकि वे स्वयं भी उस वट वृक्ष के खो गये मूल जड़ की तरह अपने मूल जड़ को नहीं जानते। वे भी अपने नजदीकी जन्मदाता का ही अनुसरण कर रहे होते हैं। ये प्रणालीयाँ अनेक प्रकार की हैं उदाहरणस्वरूप कुछ मुख्य निम्नवत् हैं-

1 उनके द्वारा प्रस्तुत कुछ पुस्तकें होती हैं जिन्हें नियमानुसार प्रतिदिन पढ़ना होता है। पढ़ने के पूर्व शुद्धता की भी प्रक्रिया अनिवार्य होती है अन्यथा पुस्तकें परिणाम नहीं दे पायेंगी, ये भी शर्त होती हैं।
2 उनके द्वारा भोजन से सम्बन्धित कुछ नियम बना दिये जाते हैं कि क्या खाना है और क्या नहीं खाना है।
3 उनके द्वारा कोई मन्त्र दे कर उसे नियमानुसार जपने के लिए दे दिया जाता है।
4 उनके द्वारा किसी यन्त्र-तन्त्र द्वारा समस्या मुक्ति का उपाय बता दिया जाता है।
5 उनके द्वारा किसी विशेष प्रकार के रंग और ढ़ग के वस्त्र निर्धारित कर दी जाती है जिससे उनकी पहचान एक अलग रूप में हो। अर्थात् समाज का एक और विभाजन कर उसे प्रस्तुत कर देते हैं।

सामान्य रूप से सभी द्वारा अनिवार्य रूप से ये भी निर्धारित कर दी जाती है कि किसी दूसरे के नियमों को न तो जानना है, न सुनना है, न पढ़ना है और न ही उसमें शामिल होना है। अर्थात् एक गतिशील प्राणी मनुष्य को जिसे सदैव श्रेष्ठ से, श्रेष्ठतम और सर्वोच्च तक उठने-विकास करने के लिए निर्मित किया गया था, उसे एक सीमित

दायरे में बुद्धिबद्ध कर दिया गया। मनुष्य जिसका निर्माण अपनी मस्तिष्क को असीम क्षमता को विकसित कर ईश्वर रूप में व्यक्त होना था, उसे जड़ (स्थिर) बना दिया गया।

हे मानवों, मनुष्यों की सबसे बड़ी कमजोरी "स्वयं में गुणों का विकास कर स्वयं बन जाने या हो जाने" में नहीं बल्कि "पाने" की इच्छा है। इस पाने की इच्छा की कमजोरी का परिणाम ही है उपरोक्त अनेक प्रकार के बुद्धिबद्ध करने की विधियाँ।

हे मानवों, उपरोक्त के पृष्ठभूमि में उनका उद्देश्य केवल अपने स्वार्थ की पूर्ति के सिवाय कुछ नहीं होता। क्योंकि मार्गदर्शक या प्रेरक या शिक्षक का उद्देश्य स्वयं से श्रेष्ठ मानव का निर्माण होता है न कि सदैव जीवन भर एक ही प्रणाली या प्रक्रिया या कक्षा में पढ़ते-दुहराते रहने के लिए विवश करना। उपरोक्त के पृष्ठभूमि में शारीरिक-आर्थिक-मानसिक शोषण का ही कार्य विभिन्न प्रकार से चल रहा है। कोई अपने कृषि कार्य को मुफ्त में हल करवा रहा है, तो कोई अपने नाम के उत्पादों को सिर्फ उन्हें ही खरीदने के लिए बुद्धिबद्ध कर दिया है।

हे मानवों, इन सबको आस्था का व्यापार कहते हैं। जबकि मैं देख रहा हूँ कि प्रत्येक संस्कारित करने की क्रिया जो उस काल के लिए आस्था का विषय था। उसके अगले काल के लिए संस्कारित करने की नयी क्रिया उपलब्ध हो जाने के बावजूद, मानव शरीर पिछले काल के संस्कारित करने वाली क्रिया के प्रति आस्था रखते हुये मूर्खता का स्पष्ट प्रदर्शन कर रहा है। सभी कालों में, सभी संस्कारित करने की क्रियाओं में मैं (सार्वभौम आत्मा) ही आस्था का विषय था परन्तु क्रिया के प्रति आस्था रखना मूर्खता का स्पष्ट प्रमाण ही तो है। चाहे वह व्यक्तिगत इच्छा से हो या सामाजिक प्रदर्शन की इच्छा से। इन समस्त संस्कारित करने के क्रिया के पीछे जो रहस्य आज तक गोपनीय था उसे मैंने तुम्हारें समक्ष सार्वजनिक प्रकाशित कर दिया है। अब कुछ भी गोपनीय नहीं। बावजूद इसके प्रत्येक मनुष्य अपनी मूर्खता रूपी आस्था को प्रदर्शित करने के लिए स्वतन्त्र है। परन्तु वह मुझ (सार्वभौम आत्मा) को प्राप्त नहीं कर सकता। हे मानवों, ईश्वर बहुमत से नहीं निर्धारित किया जाता इसलिए ही उसे अनिवर्चनीय कहा गया है। किसी भी वस्तु के प्रति आस्था के विकास से और समस्त मानवों को उसके प्रति आस्थावान् बना देने से वह वस्तु गुण प्रकट कर वैसा नहीं बन सकती जैसा आप उम्मीद करते हो।

हे मानवों, एक तरह से देखा जाये तो उपरोक्त व्यवस्था से कोई समस्या है ही नहीं क्योंकि जिसकी इच्छा जहाँ से पूर्ति हो रही है और विकास का मार्ग मिल रहा है, वह वहाँ से जुडा हुआ है। इसलिए मानव सभ्यता पर आया यह दसवाँ और अन्तिम संकट, संकट होते हुये भी संकट जैसा नहीं दिखता। इस व्यवस्था से हमें कोई समस्या भी नहीं है। समस्या ये है कि धर्म को जिस उद्देश्य के लिए निर्मित किया गया था वही धर्म, संकट में है। यह धर्म ही उस वट वृक्ष का मूल है, सार्वभौम है, समष्टि है। इसके ज्ञान से युक्त दोनों को अर्थात् विशाल संसार रूपी वट वृक्ष के छोटे-छोटे परिवार के नेतृत्वकर्ता मुखिया सहित उसके सदस्यों को होना आवश्यक है। तभी परिवार के नेतृत्वकर्ता मुखिया द्वारा बनाये गये उपरोक्त प्रणाली-नियम परिणाम-फल दे पायेंगे जिसकी इच्छा परिवार के सदस्य करते हैं।

हमारी उत्पत्ति ज्ञान से हुई है। जिन्हें ज्ञान है वही अपने आप को संघर्ष में पाते हैं और सर्वश्रेष्ठता के लिए कर्मशील हैं। शेष सभी तो प्रकृति के अनुसार आते-जाते रहते हैं। इस ज्ञान को ही ब्रह्म (सार्वभौम एकात्म ज्ञान) कहते हैं। देवता रूप में इस ज्ञान को ब्रह्मा के रूप में प्रक्षेपित किया गया है। यह ज्ञान जिस-जिस अंगो द्वारा प्राथमिकता से अनुभव में आता है उतने प्रकार के मानव अपने-आप को उत्पन्न समझते हैं।

पुराण रचनाकार महर्षि व्यास ने ब्रह्मा अर्थात ज्ञान के पुत्रों का प्रक्षेपण किये हैं। ब्रह्मा के 10 मानस पुत्रों

01.मन (विचार) से ज्ञान प्राप्त करने वाले मरीचि

02.नेत्रों (देखकर) ज्ञान प्राप्त करने वाले अत्रि

03.मुख (वाणी) से ज्ञान प्राप्त करने वाले अंगिरा

04.कान (सुन) कर ज्ञान प्राप्त करने वाले पुलस्त्य

05.नाभि (केन्द्र) से ज्ञान प्राप्त करने वाले पुलह

06.हाथ (कर्म) से ज्ञान प्राप्त करने वाले कृतु

07.त्वचा (स्पर्श) से ज्ञान प्राप्त करने वाले भृगु

08.प्राण (श्वास) से ज्ञान प्राप्त करने वाले वशिष्ठ

09.अँगूठे (आत्मा) से ज्ञान प्राप्त करने वाले दक्ष

10.गोद (प्रेम) से ज्ञान प्राप्त करने वाले नारद

ये दस प्रकार ज्ञान से उत्पन्न है और इतने प्रकार के मानव निर्मित होकर संसार में विचरण कर रहे हैं। इसे ये न समझना चाहिए कि मन या नेत्र इत्यादि से कैसे ब्रह्मा ने अपने पुत्रों को उत्पन्न किया? चूंकि शरीर का अस्तित्व अस्थायी है इसलिए विचार के आधार पर ये मनुष्य के वर्ग या श्रेणी का निर्धारण है। इसे मानकीकरण (Standardization) या वर्गीकरण (Classification) भी कहा जा सकता है। जिस प्रकार आजकल मानकीकरण के शब्द ISOऔर ISI मार्का दिये जाते हैं।

नये भारत में, नये मनुष्य के उदय के लिए

आप लंगोट से जौकी पर आ गये...पायजामे से पतलून पर आ गये...नाड़े से बेल्ट पर आ गये...खड़ाऊँ से बूट पर आ गये...कलम से कीबोर्ड पर आ गये। पगडंडियों से एक्सप्रेस वे पर आ गये...चूल्हे से इंडक्शन कुकर पर आ गये...जंगलो से अपार्टमेंट तक आ गये। हल से ट्रैक्टर पर आ गये...पैदल से लक्ज़री जहाज़ों पर आ गये...दीये-मशाल से एलईडी पर आ गये...आप लैंडलाइन से ओरियो एंड्रॉयड तक आ गये...तीर-कमान और गदा से ऑटोमैटिक बंदूकों और मिसाइलों पर आ गये। दुनियां चाँद पे चली गई...मंगल की छाती पर नासा ने रोबोट उतार दिया....शनि मंगल सूर्यग्रहण-चन्द्रग्रहण के हर रहस्य से पर्दा उठ गया!

आप पाँच हज़ार ईसापूर्व और पाँचवी-छठवीं शताब्दी से इक्कीसवी शताब्दी में आ गये...आप लगातार अपडेट होते रहे हैं!!! मगर फिर भी तुम ग्रह-नक्षत्रों को...शनि-मंगल को जन्मकुंडली में देख-देख कर काँप रहे हो। अपना भविष्य सुधारने के लिए बाबा-बाबियों का रास्ता नाप रहे हो। क्या इसी दिन के लिए तुमने बी.एससी, एम.एससी पीएच.डी की थी?? कि तुम पढ़े-लिखे जाहिलों की फौज में शामिल हो जाना! क्या इसी दिन के लिए तुम डॉक्टर, इंजीनियर, वकील, मजिस्ट्रेट या प्रोफेसर बने थे? कि बंगले पर काली हांडी टांगना! निम्बू मिर्ची टांगना! नजर न लगने से एक पैर में काला धागा बांधना?? और अपने उज्ज्वल भविष्य की भीख किसी बाबा-बाबी के दर पर नाक रगड़ के मांगना?

देश आजाद हो गया! दुनिया आजाद हो गई! आखिर कब मिलेगी तुम्हें आजादी?? इस अंधी मानसिक गुलामी से? दुनिया रोज नए-नए आविष्कार कर रही है! तुम हजारों साल पुरानी भाषा, संस्कृति, रीति, रिवाजो की वैज्ञानिक व्याख्या करने में लगे हो! क्या भारत पुनः विश्वगुरु तुम्हारे जैसे मनोरोगियों की वजह से कभी बन पाएगा? बंद कमरे में तुम्हारी चोटी कट जाती! अँधेरे में अकेले में तुम्हें भूत-पलीत सताते हैं! तुम्हें ही सारी दुनिया की नजर लगती है! डायन तो तुम्हारे हर घर में मौजूद है!! तुम्हारे तंत्र-मंत्र-यंत्र काम क्यों नहीं करते हैं? एक पैर में काले धागे वाला रक्षा सूत्र तुम्हारी चोंटी क्यों नहीं बचाता है? आखिर कब तक तुम मानसिक गुलाम रहोगे?

तुम्हारी समस्याएं लौकिक है। मगर तुम्हें हर समस्या का हल परलोक में नजर आता है! संसार तुम्हारे लिए स्वप्नवत् है माया है! भगवान की लीला है! नाटक है! भ्रम है! आखिर तुम्हें इस सपने से कौन जगाए? कब तक शब्दों के साथ बलात्कार करोगे? कब तक धोखे में रहोगे? कब तक हर सिद्धान्त हर आविष्कार को शास्त्रों ऋषि-मुनियों के माथे मड़ोगे??

तुम लोग को जो जगाए वही धर्मद्रोही, देशद्रोही, जातिवादी या नास्तिक है? चारुवाक, बुद्ध, महावीर, कपिल, कणाद गौतम, नागसेन, अश्वघोष, कबीर, नानक, रविदास, ओशो, फुले, शाहू, पेरियार, भीम, भगतसिंह, कोवूर, राहुल संस्कृत्यायन, दयानन्द, विवेकानंद, सबने विवेक लगाया! मगर फिर भी तुम्हारा विवेक नहीं जागा!

तुम्हारा धर्म कब अपडेट (Update) होगा?
तुम्हारी आस्था कब अपडेट (Update) होगी?
तुम्हारा ईश्वर कब अपडेट (Update) होगा?
तुम्हारी सोच कब अपडेट (Update) होगी?
तुम्हारे धर्म की किताबें कब अपडेट (Update) होंगी?

कम्प्यूटर और मोबाइल का साफ्टवेयर तो तुरन्त करते हो, तुम्हारे मस्तिष्क का साफ्टवेयर कब अपडेट (Update) होगा?

क्योंकि तुम विश्वगुरु के अहंकार की दारू पीकर गरीबी, अनपढ़ता, लिंगभेद, जातिभेद, भाषाभेद, क्षेत्रभेद, साम्प्रदायिकता की नाली में पड़े हो! आखिर तुम्हें कब मिलेगी आजादी? इस उम्दा मानसिक गुलामी से?

सोच के बता देना!!
आओ एक कदम शब्दों के उँचाइयों की ओर..........

IDEAS + ACTION = CHANGE

व्यवस्था के परिवर्तन या सत्यीकरण का पहला प्रारूप और उसकी कार्य विधि

उदाहरण के रूप में, यदि किसी शिक्षित व्यक्ति जिसे अंकगणित का ज्ञान हो, उसके समक्ष संख्या 5 लिख दिया जाये और उससे कहा जाये कि इस संख्या के आगे और पीछे की संख्या लिखें तो वह आसानी से उसे लिख देगा परन्तु अंकगणित का अज्ञानी ऐसा नहीं कर पायेगा। उसका सारा ध्यान केवल संख्या 5 पर ही टिका रह जायेगा क्योंकि वह संख्या पद्धति से अपरिचित है। अगर वह कुछ लिख भी देगा तो वह आवश्यक नहीं कि सत्य हो और उसमें सुधार की पूरी सम्भावना बनी रहेगी। समाज सुधार के क्षेत्र में भी यही बात है। हम एक समस्या देखते हैं फिर उसमें कुछ सुधार कर देते हैं। फल यह होता है कि कुछ समय बाद पुनः उसमें सुधार की आवश्यकता आ जाती है।

जितने अधिक आकड़ों को विश्लेषित कर हम परिणाम को खोजेंगे उतने ही सत्य परिणाम हमारे सामने आयेंगे। प्रस्तुत शास्त्र व्यक्त अधिकतम आकड़ों के व्यवस्थित प्रस्तुतीकरण का शास्त्र है। दूसरे रूप में इसे धर्म ज्ञान का बैलेन्ससीट भी कह सकते है। इन सम्पूर्ण आकड़ों पर आधारित होकर व्यक्ति, समाज और विश्व राष्ट्र के लिए लिया गया निर्णय ही एक सत्य निर्णय हो सकता है। समाज सुधार के सम्बन्ध में स्वामी विवेकानन्द का कहना है कि-"तथाकथित समाज-सुधार के विषय में हस्तक्षेप न करना क्योंकि पहले आध्यात्मिक सुधार हुये बिना अन्य किसी भी प्रकार का सुधार हो नहीं सकता (राम पृष्ठ मिशन, पत्रावली भाग-1, पृष्ठ-29), भारत के शिक्षित समाज से मैं इस बात पर सहमत हूँ कि समाज का आमूल परिवर्तन करना आवश्यक है। पर यह किया किस तरह जाये? सुधारकों की सब कुछ नष्ट कर डालने की रीति व्यर्थ सिद्ध हो चुकी है। मेरी योजना यह है, हमने अतीत में कुछ बुरा नहीं किया। निश्चय ही नहीं किया। हमारा समाज खराब नहीं, बल्कि अच्छा है। मैं केवल चाहता हूँ कि वह और भी अच्छा हो। हमें असत्य से सत्य तक अथवा बुरे से अच्छे तक पहुँचना नहीं है। वरन् सत्य से उच्चतर सत्य तक, श्रेष्ठ से श्रेष्ठतर और श्रेष्ठतम तक पहुँचना है। मैं अपने देशवासियों से कहता हूँ कि अब तक जो तुमने किया, सो अच्छा ही किया है, अब इस समय और भी अच्छा करने का मौका आ गया है।"-(राम पृष्ठ मिशन, जितने मत उतने पथ, पृष्ठ-46)

व्यक्ति हो या ज्ञानी, समाज हो या राज्य, देश हो या विश्व, समाज नेता हों या राजनेता सभी को अब यह जान लेना चाहिए कि विश्व एक परिवार है और उस परिवार का शास्त्र-"विश्वशास्त्र" है। जब तक यह शास्त्र उपलब्ध नहीं था तब तक इस विश्व परिवार के एकीकरण का मार्ग नहीं खुला था, अब वह मार्ग मिल चुका है। कोई भी समाज निर्माण या युग परिवर्तन का कार्य एक क्षण का कार्य नहीं है। यह एक लम्बी अवधि की प्रक्रिया का कार्य है। इसे हम उन समाज सुधारकों के संस्थाओं के कार्य को देख कर अनुभव कर सकते हैं।

व्यवस्था परिवर्तन, एक राजनीतिक लुभावना वाला शब्द है। वह कैसे होगा, इसके लिए एक प्रारूप की आवश्यकता होती है अगर वह नहीं है तो व्यवस्था परिवर्तन चिल्लाने से नहीं होता। फिर व्यवस्था परिवर्तन किस बात का? मानव समाज को संचालित करने के लिए तो सिर्फ दो ही मूल व्यवस्था है-एक राजतन्त्र, जिसका युग जा चुका है। दूसरा-लोकतन्त्र, जिसका युग चल रहा है और यही अन्तिम व्यवस्था भी बनी रहेगी क्योंकि ब्रह्माण्डीय व्यवस्था भी लोकतन्त्र से ही चल रहा है और मनुष्य के मस्तिष्क से अन्ततः वही व्यक्त हो रहा है। लोकतन्त्र से हम राजतन्त्र में नहीं जा सकते इसलिए व्यवस्था परिवर्तन का अर्थ ही निरर्थक है।

आवश्यकता है वर्तमान लोकतन्त्र व्यवस्था को ही सत्य आधारित करने की जिसे व्यवस्था सत्यीकरण कहा जा सकता है। इस कार्य में हमें मानकशास्त्र की आवश्यकता है जिससे तोल कर यह देख सके कि इस लोकतन्त्र व्यवस्था में कहाँ सुधार करने से सत्यीकरण हो जायेगा। यह मानकशास्त्र ही "विश्वशास्त्र" है। सिर्फ मतदाता बनने व वोट डालने से ही लोकतन्त्र स्वस्थ नहीं हो सकता। उसके लिए देश व विश्व के पूर्ण ज्ञान की आवश्यकता होगी। इसलिए आवश्यक है कि प्रत्येक मतदाता "विश्वशास्त्र" के ज्ञान से युक्त हो।

अच्छा होता कि हमारे राजनेतागण कुछ दिनों के लिए सन्यास लेकर थोड़ा कुछ अध्ययन-चिंतन करते रहते ताकि उन्हें बार-बार लक्ष्य के लिए शब्दों का परिवर्तन न करना पड़ता। एक ही स्थिति में बहुत समय तक रहने पर बुद्धि, बद्ध हो जाती है। एक-एक सीढ़ी चढ़कर, पहुँच गये-पहुँच गये चिल्लाने से अच्छा है कि अन्तिम सीढ़ी पर पर बैठकर चिल्लाना कि पहुँच गये।

चाहे कुछ हो यदि प्रारूप नहीं, तो न तो व्यवस्था परिवर्तन हो सकता है, न ही व्यवस्था सत्यीकरण हो सकता है, न ही सम्पूर्ण क्रान्ति। भीड़ से क्रान्ति नहीं सिर्फ हंगामा होता है। भीड़ में जोश होता है, होश नहीं।

इस मानक शास्त्र के प्रस्तुत हो जाने से व्यवस्था परिवर्तन की नहीं बल्कि व्यवस्था के सत्यीकरण का मार्ग खुल चुका है। जिसका व्यक्ति, समाज और विश्व राष्ट्र को आवश्यकता भी है। किसी एक विषय पर बहुत अधिक पुस्तक मस्तिष्क को भ्रमित ही करती है। यह शास्त्र प्रारम्भ से अन्त तक के विकास को क्रमबद्ध प्रस्तुत करता है जिससे हम सभी एक सत्य निर्णय करने में सक्षम हों और पूर्ण ज्ञान से युक्त हो जायें और हमारा कोई भी सुधार एक स्थायी, अच्छा और दूरगामी परिणाम देने वाला हो।

प्रश्न यह भी उठता है कि परिवार का मुखिया जिसके द्वारा परिवार का संचालन होता है, यदि वह परिवार के हित व विकास के विषय में कर्म न करता हो तो क्या परिवार का सदस्य उसमें हस्तक्षेप करने का अधिकारी है या नहीं? यही बात देश को चलाने वाले संसद के विषय में भी है। यदि संसद स्वयं देशहित व जनहित के प्रति उदासीन हो जाये तो क्या जनता संसद को मार्गदर्शन देने का अधिकार नहीं रखती? यदि नहीं तो संविधान की धारा-51(ए) के अन्तर्गत नागरिक का मौलिक कर्तव्य की उपयोगिता क्या है? ध्यान रखने योग्य विषय यह है कि कोई भी चुना हुआ प्रतिनिधि सिर्फ उतने ही बड़े क्षेत्र का प्रतिनिधि होता है जिस क्षेत्र से वह चुना जाता है। भारत में ऐसा कोई प्रतिनिधि जनता से नहीं चुना जाता जो भारत का प्रतिनिधित्व करता हो और जब तक भारत का प्रतिनिधित्व करने वाला चुनाव नहीं होता या भारत की जनता का राष्ट्रीय मुद्दों पर विचार कर संसद के कर्तव्य का बोध कराने वाली स्वतन्त्र संस्था नहीं बन जाती, तब तक जनता को संसद को संविधान की धारा-51(ए) के अन्तर्गत नागरिक का मौलिक कर्तव्य के अनुसार न्यायालय व संसद के माध्यम से सरकार को मार्गदर्शन देने का कर्तव्य करना चाहिए जो उसका अधिकार भी है।

वे शब्द जिसके बिना युग परिवर्तन सम्भव नहीं

सन् 1893 से सन् 1993 के 100 वर्षों के समय में विश्व के बौद्धिक शक्ति को जिन्होंने सबसे अधिक हलचल दी वे हैं-धर्म की ओर से स्वामी विवेकानन्द और धार्मिकता की ओर से आचार्य रजनीश"ओशो"। मनुष्य जिस प्रकार भौतिक विज्ञान के नवीन आविष्कारों को आसानी से ग्रहण करता है उसी प्रकार धर्म-आध्यात्म-दर्शन के नवीन आविष्कारों को भी मनुष्य को ग्रहण करना चाहिए, तभी मानसिक-आध्यात्मिक स्वतन्त्रता का अनुभव हो सकेगा। अन्यथा पूर्ण शारीरिक गुलामी का समय बीत चुका, आर्थिक गुलामी का काल चल रहा है और मानसिक गुलामी के काल चक्र में मनुष्य फँस जायेगा।

स्वामी विवेकानन्द जी का कहना था-

- "उसी मूल सत्य की फिर से शिक्षा ग्रहण करनी होगी, जो केवल यहीं से, हमारी इसी मातृभूमि से प्रचारित हुआ था। फिर एक बार भारत को संसार में इसी मूल तत्व का-इसी सत्य का प्रचार करना होगा। ऐसा क्यों है? इसलिए नहीं कि यह सत्य हमारे शास्त्रों में लिखा है वरन् हमारे राष्ट्रीय साहित्य का प्रत्येक विभाग और हमारा राष्ट्रीय जीवन उससे पूर्णतः ओत-प्रोत है। इस धार्मिक सहिष्णुता की तथा इस सहानुभूति की, मातृभाव की महान शिक्षा प्रत्येक बालक, स्त्री, पुरुष, शिक्षित, अशिक्षित सब जाति और वर्ण वाले सीख सकते हैं। तुमको अनेक नामों से पुकारा जाता है, पर तुम एक हो।" (जितने मत उतने पथ, राम कृष्ण मिशन, पृष्ठ-39)।
- "अत: यदि भारत को महान बनाना है, तो इसके लिए आवश्यकता है संगठन की, शक्ति संग्रह की और बिखरी हुई इच्छाशक्ति को एकत्र कर उसमें समन्वय लाने की। अथर्ववेद संहिता की एक विलक्षण ऋचा याद आ गयी जिसमें कहा गया है, "तुम सब लोग एक मन हो जाओ, सब लोग एक ही विचार के बन जाओ। एक मन हो जाना ही समाज गठन का रहस्य है बस इच्छाशक्ति का संचय और उनका समन्वय कर उन्हें एकमुखी करना ही सारा रहस्य है।" (देखें "नया भारत गढ़ो" पृष्ठ संख्या-55)
- "यह भी न भूलना चाहिए कि हमारे बाद जो लोग आएंगे, वे उसी तरह हमारे धर्म और ईश्वर सम्बन्धी धारणा पर हँसेंगे, जिस तरह हम प्राचीन लोगों के धर्म और ईश्वर की धारणा पर हँसते हैं। यह सब होने पर भी, इन सब ईश्वर सम्बन्धित धारणाओं का संयोग करने वाला एक स्वर्ण सूत्र है और वेदान्त का उद्देश्य है-इस सूत्र की खोज करना। भागवान कृष्ण ने कहा है-""भिन्न भिन्न मणियाँ जिस प्रकार एक सूत्र में पिरोयी जा सकती हैं, उसी प्रकार इन सब विभिन्न भावों के भीतर भी एक सूत्र विद्यमान है।" (देखें "ज्ञानयोग", पृष्ठ संख्या-65) ,
- "एक शब्द में वेदान्त का आदर्श है-मनुष्य के सच्चे स्वरूप को जानना।" (देखें "विवेकानन्द राष्ट्र को आह्वान", पृष्ठ सं0-48)।
- यदि हम अपने व्यक्तिगत एवं सामूहिक जीवन में वैज्ञानिक चेतना सम्पन्न एवं आध्यात्मिक एक साथ न हो पाए, तो मानवजाति का अर्थपूर्ण अस्तित्व ही संशय का विषय हो जाएगा। (विज्ञान और आध्यात्मिकता, पृष्ठ-9)
- हमेशा यूरोप से सामाजिक तथा एशिया से आध्यात्मिक शक्तियों का उद्भव होता रहा है एवं इन दोनों शक्तियों के विभिन्न प्रकार के सम्मिश्रण से ही जगत का इतिहास बना है। वर्तमान मानवेतिहास का एक और नवीन पृष्ठ धीरे-धीरे विकसित हो रहा है एवं चारो ओर उसी का चिन्ह दिखाई दे रहा है। कितनी ही नवीन योजनाओं का उद्भव तथा नाश होगा, किन्तु योग्यतम वस्तु की प्रतिष्ठा सुनिश्चित है, सत्य और शिव की अपेक्षा योग्यतम वस्तु और हो ही क्या सकती है? (पत्रावली भाग-1, पृष्ठ-310)

स्वामी विवेकानन्द के अनुसार शब्द से सृष्टि का रहस्य

01. बृहत् ब्रह्माण्ड में भी ब्रह्मा, हिरण्यगर्भ या समष्टि महत् ने पहले अपने आप को नाम के, और फिर बाद में रुप के आकार में अर्थात् इस परिद्दश्यमान जगत के आकार में अभिव्यक्त किया। (भक्ति योग, पृष्ठ-44)
02. यह सारा व्यक्त इन्द्रियग्राह्य जगत रुप है, और इसके पीछे है अनन्त अव्यक्त स्फोट। स्फोट का अर्थ-समस्त जगत की अभिव्यक्ति का कारण शब्द-ब्रह्म है। समस्त नामों अर्थात् भावों की नित्य समवायी उपादान स्वरुप यह नित्य स्फोट ही वह शक्ति है, जिससे भगवान इस विश्व की सृष्टि करते हैं। यही नहीं बल्कि भगवान पहले स्फोट रुप में परिणत हो जाते हैं और तत्पश्चात् अपने को उससे भी स्थूल इस इन्द्रियग्राह्य जगत के रुप में परिणत कर लेते हैं। (भक्ति योग, पृष्ठ-45)
03. इस स्फोट का एक मात्र वाचक शब्द है-"ऊँ"। और चूँकि हम किसी भी उपाय से शब्द को भाव से अलग नहीं कर सकते, इसलिए यह "ऊँ" भी इस नित्य स्फोट से नित्य संयुक्त है। (भक्ति योग, पृष्ठ-45)
04. एकमेव यह "ऊँ" ही इस प्रकार सर्वभावाव्यापी वाचक शब्द है, अन्य कोई भी इसके समान नहीं। स्फोट ही सारे भावों का उपादान है, फिर भी वह स्वयं पूर्ण रुप से विकसित कोई विशिष्ट भाव नहीं है। अर्थात् यदि उन सब भेदों को, जो एक भाव को दूसरे से अलग करते हैं, निकाल दिया जाय, तो जो कुछ बचा रहता है, वही स्फोट है। इसलिए इस स्फोट को "नादब्रह्म" कहते हैं। (भक्ति योग, पृष्ठ-45)
05. जो वाचक शब्द उसे सब से कम विशेषभावापन्न करेगा, पर साथ ही उसके स्वरुप को यथासम्भव पूरी तरह प्रकाशित करेगा, वही उसका सबसे सच्चा वाचक होगा। और यह वाचक शब्द है-एकमात्र "ऊँ" क्योंकि ये तीनों अक्षर अ, उ और म्, जिनका एक साथ उच्चारण करने से "ऊँ" होता है, समान शब्दों के साधारण वाचक के तौर पर लिये जा सकते हैं। (भक्ति योग पृष्ठ, पृष्ठ-46)
06. अक्षर "अ" सारे अक्षरों में सबसे कम विशेषभावापन्न है। इसीलिए भगवान श्रीकृष्ण गीता में कहते हैं-"अक्षरों में मैं "अ" कार हूँ। " (गीता,10/33) स्पष्ट रुप से उच्चारित जितने भी शब्द हैं, उनकी उच्चारण क्रिया मुख में जिह्वा के मूल से आरम्भ होती है और ओठों में आकर समाप्त हो जाती है। "अ" जिह्वा मूल अर्थात् कण्ठ से उच्चारित होता है, और "म" ओठों से होने वाला अन्तिम शब्द है। और "उ" उस शक्ति का सूचक है, जो जिह्वा मूल से आरम्भ होकर मुँह भर में लुढ़कती हुई ओठों में आकर समाप्त हो जाती है। यदि "ऊँ" का उच्चारण ठीक ढंग से किया जाय, तो इसके शब्दोच्चारण की सम्पूर्ण क्रिया सम्पन्न हो जाती है-दूसरे किसी भी शब्द में यह शक्ति नहीं। (भक्ति योग, पृष्ठ-46)
07. जिस प्रकार अल्पतम् विशेष भावात्मक तथा सार्वभौमिक वाचक शब्द "ऊँ" के सम्बन्ध में वाच्य और वाचक आपस में अभेद्य रुप से सम्बद्ध हैं उसी प्रकार वाच्य और वाचक का यह अविच्छिन्न सम्बन्ध भगवान और विश्व के विभिन्न खण्ड भावों पर भी लागू है, अतएव उनमें से प्रत्येक का एक विशिष्ट वाचक शब्द होना आवश्यक है। (भक्ति योग, पृष्ठ-47)
08. ये वाचक शब्द ऋषियों की गम्भीरतम आध्यात्मिक अनुभूति से उत्पन्न हुए हैं और वे भगवान तथा विश्व के जिन विशेष-विशेष खण्ड भाव के वाचक हैं, उन विशेष भावों को यथासम्भव प्रकाशित करते हैं। जिस प्रकार "ऊँ" अखण्ड ब्रह्म का वाचक है, उसी प्रकार अन्यान्य मंत्र भी उसी परम पुरुष के खण्ड-खण्ड भावों के वाचक हैं। ये सभी ईश्वर के ध्यान और प्रकृत ज्ञान की प्राप्ति में सहायक हैं। (भक्ति योग, पृष्ठ-47)
09. सृष्टि के पूर्व ब्रह्म शब्दात्मक बनते है, फिर ओंकारात्मक या नादात्मक होते है। तत्पश्चात पहले कल्पों के विशेष शब्द जैसे-भूः, भुवः, स्व-अथवा गो, मानव, घट, पट इत्यादि का प्रकाश उसी ओंकार से होता है। सिद्ध संकल्प ब्रह्म में क्रमश-एक-एक शब्द के होते ही उसी क्षण उन सब पदार्थो का भी प्रकाश हो जाता है और इस विचित्र जगत् का विकास हो उठता है। अब समझे न कि कैसे शब्द ही सृष्टि का मूल है। -स्वामी विवेकानन्द (विवेकानन्द जी के संग में पृष्ठ-62)
10. यह सारा व्यक्त इन्द्रिय ग्राह्य जगत रूप है, और इसके पीछे है अनन्त अव्यक्त स्फोट। स्फोट का अर्थ-समस्त जगत की अभिव्यक्ति का कारण शब्द-ब्रह्म। समस्त नामों अर्थात् भावों की नित्य समवायी उपादान स्वरूप यह नित्य स्फोट ही वह शक्ति है, जिससे भगवान इस विश्व की सृष्टि करते है। यही नहीं बल्कि भगवान पहले स्फोट-रूप में परिणत हो जाते है और तत्पश्चात अपने को उससे भी स्थूल इस इन्द्रिय ग्राह्य जगत् के रूप में परिणत कर लेते है। -स्वामी विवेकानन्द (राजयोग-पृष्ठ-45)

आचार्य रजनीश"ओशो" का कहना था-

- "श्रीकृष्ण का महत्व अतीत के लिए कम भविष्य के लिए ज्यादा है। सच ऐसा है कि कृष्ण अपने समय से कम से कम पाँच हजार वर्ष पहले पैदा हुये। सभी महत्वपूर्ण व्यक्ति अपने समय से पहले पैदा होते हैं और

सभी गैर महत्वपूर्ण व्यक्ति अपने समय के बाद पैदा होते हैं। बस महत्वपूर्ण और गैर महत्वपूर्ण में इतना फर्क है और सभी साधारण व्यक्ति अपने समय के साथ पैदा होते हैं महत्वपूर्ण व्यक्ति को समझना आसान नहीं होता। उसका वर्तमान और अतीत उसे समझने में असमर्थता अनुभव करता है जब हम समझने योग्य नहीं हो पाते तब हम उसकी पूजा शुरु कर देते हैं या तो हम उसका विरोध करते हैं। दोनों पूजाएं हैं एक मित्र की एक शत्रु की।"

- उसके लिए सब हंसी खेल है, सब लीला है। इसलिए हमने कृष्ण को पूर्णावतार कहा। राम गम्भीर हैं छोटी-छोटी बात का हिसाब रखते हैं। नियम मर्यादा से चलते हैं- मर्यादा पुरूषोत्तम हैं। कृष्ण अमर्याद हैं न कोई नियम है न कोई मर्यादा। कृष्ण के लिए जीवन लीला है।
- धर्म कोई विषय थोड़े ही है। धर्म की कोई सीमा थोड़े ही है। धर्म तो समस्त जीवन का नाम है। जीवन में जो कुछ भी समाविष्ट है, धर्म उस सभी के सम्बन्ध में वक्तव्य देने का हकदार है। राजनीतिज्ञ, धर्म के सम्बन्ध में वक्तव्य नहीं दे सकता क्योंकि राजनीति की सीमा है। लेकिन धार्मिक व्यक्ति, राजनीति के सम्बन्ध में वक्तव्य दे सकता है क्योंकि धर्म की कोई सीमा नही है धर्म असीम है, धर्म तो पूरे जीवन को घेरता है जैसे आकाश घेरता है। धर्म से तो कोई भी चीज छोड़ी नहीं जा सकती। धार्मिक व्यक्ति की दृष्टि तो सब सम्बन्धों में होगी।
- जो एक गुरू बोल रहा है, वह अनन्त सिद्धों की वाणी है। अभिव्यक्ति में भेद होगा, शब्द अलग होंगे, प्रतीक अलग होंगे मगर जो एक सिद्ध बोलता है, वह सभी सिद्धों की वाणी है। इनसे अन्यथा नहीं हो सकता है। इसलिए जिसने एक सिद्ध को पा लिया, उसने सारे सिद्धों की परम्परा को पा लिया। क्योंकि उनका सूत्र एक ही है। कुंजी तो एक ही है, जिसमें ताला खुलता है अस्तित्व का।
- "इस देश को कुछ बाते समझनी होगी। एक तो इस देश को यह बात समझनी होगी कि तुम्हारी परेशानियों, तुम्हारी गरीबी, तुम्हारी मुसीबतों, तुम्हारी दीनता के बहुत कुछ कारण तुम्हारे अंध विश्वासों में है, भारत कम से कम डेढ़ हजार साल पिछे घिसट रहा है। ये डेढ़ हजार साल पूरे होने जरूरी है। भारत को खिंचकर आधुनिक बनाना जरूरी है। मेरी उत्सुकता है कि इस देश का सौभाग्य खुले, यह देश भी खुशहाल हो, यह देश भी समृद्ध हो। क्योंकि समृद्ध हो यह देश तो फिर राम की धुन गुंजे, समृद्ध हो यह देश तो फिर लोग गीत गाँये, प्रभु की प्रार्थना करें। समृद्ध हो यह देश तो मंदिर की घंटिया फिर बजे, पूजा के थाल फिर सजे। समृद्ध हो यह देश तो फिर बाँसुरी बजे कृष्ण की, फिर रास रचे! यह दीन दरिद्र देश, अभी तुम इसमें कृष्ण को भी ले आओंगे तो राधा कहाँ पाओगे नाचनेवाली? अभी तुम कृष्ण को भी ले आओगे, तो कृष्ण बड़ी मुश्किल में पड़ जायेंगे, माखन कहाँ चुरायेगें? माखन है कहाँ? दूध दही की मटकिया कैसे तोड़ोगे? दूध दही की कहाँ, पानी तक की मटकिया मुश्किल है। नलों पर इतनी भीड़ है! और एक आध गोपी की मटकी फोड़ दी, जो नल से पानी भरकर लौट रही थी, तो पुलिस में रिपोर्ट दर्ज करा देगी कृष्ण की, तीन बजे रात से पानी भरने खड़ी थी नौ बजते बजते पानी भर पायी और इन सज्जन ने कंकड़ी मार दी। धर्म का जन्म होता है जब देश समृद्ध होता है। धर्म समृद्ध की सुवास है। तो मैं जरूर चाहता हूँ यह देश सौभाग्यशाली हो लेकिन सबसे बड़ी अड़चन इसी देश की मान्यताएं है। इसलिए मैं तुमसे लड़ रहा हूँ। तुम्हारे लिए।"

व्यक्ति-समाज-राज्य-विश्व की आवश्यकता, भविष्यवक्ताओं की भविष्यवाणीयां, ग्रहों के चालों, सूर्य व चन्द्र ग्रहण, सामाजिक-राजनीतिक विचारकों के विचार-सपनें-उम्मीद इत्यादि युग परिवर्तन की ओर दिशा निर्देश कर रहीं हैं। ऐसे में सृष्टि के लिए सार्वभौम सर्वोच्च अन्तिम अर्थों वाले शब्दों (जिसकी सूची अगले पृष्ठ पर दी गई है।) **पर चर्चा ही एक मात्र युग परिवर्तन का मार्ग है।**

वे सार्वभौम एकात्म शब्द जिसके बिना युग परिवर्तन सम्भव नहीं (सर्वोच्च, अन्तिम और दृश्य)

क्र.सं. विषय क्षेत्र	सम्बन्धित क्षेत्र से मुख्य नाम
01. विश्व क्षेत्र	विश्व संविधान/साहित्य/विचार/सिद्धान्त/प्रबन्ध/दर्शन/मत/मानव/एकता/शान्ति/विकास/स्थिरता/आत्मा/ अभिनेता/बुद्धि/राजनीति/क्रांति
02. राज्य क्षेत्र	विश्व (राष्ट्र) ऐजेण्डा–2012+ (WORLD NATION AGENDA-2012+) विश्व व्यवस्था का अधिकतम एवं न्यूनतम साझा कार्यक्रम
03. समाज क्षेत्र	लोक/गण/जन ऐजेण्डा–2012+ (PUBLIC AGENDA-2000+)
04. धर्म क्षेत्र	वेदान्त धर्म स्थापना
05. साहित्य क्षेत्र	विश्व साहित्य–"विश्वभारत" समाहित "विश्वशास्त्र" साहित्य– आदर्श वैश्विक व्यक्ति चरित्र कथा साहित्य
06. सामाज शास्त्र	मानक/जन/गण/लोक शास्त्र
07. धर्मशास्त्र	धर्मयुक्त नाम – कर्मवेदः प्रथम, अन्तिम और पंचम वेद और आधारित उपनिषद् (व्यष्टि एवं समष्टि) सर्वधर्मसमभाव / धर्मनिरपेक्ष नाम – मन की गुणवत्ता का विश्व मानक : शून्य श्रृंखला (व्यष्टि एवं समष्टि)
08. मानक क्षेत्र	मन की गुणवत्ता का विश्व मानक : शून्य श्रृंखला
09. अदृश्य विज्ञान	दृश्य आध्यात्म विज्ञान
10. दृश्य विज्ञान	धर्म विज्ञान या एकात्म विज्ञान (Integration Science)
11. इंजीनियरिंग	सत्य सामाजिक अभियंत्रण (Real Social Engineering)
12. तकनीकी	सत्य सामाजिक तकनीकी (Real Social Technology) : WCM-TLM-SHYAM.C Technology
13. संविधान	विवादमुक्त तन्त्रों पर आधारित संविधान
14. राजनीति	सत्य राजनीति/राजनीति–2012+ (POLITICS-2012+)
15. संगठन	विश्व राजनीतिक पार्टी संघ (World Political Party Organisation- WPPO)
16. शिक्षा	पूर्णज्ञान/पूर्ण शिक्षा प्रणाली/शिक्षा -2012+ (EDUCATION-2012+)
17. राष्ट्र सम्बन्ध	आदर्श राष्ट्रीय नागरिक
18. वेदान्त	कर्म वेदान्त : वेदान्त की अन्तिम शाखा
19. मतवाद	एकात्म कर्मवाद : एकात्म मानवतावाद का व्यावहारिक रुप
20. दार्शनिक	विकास दर्शन (Development Philosophy)
21. क्रांति	संपूर्ण क्रांति (Complete Revolution) : प्रलय, स्थिति एवं सृष्टि
22. सांस्कृतिक	भोगेश्वरः भोग (पाश्चात्य) + ईश्वर (प्राच्य) = एकात्म या ईश्वरत्व भाव से भोग
23. मन	विश्व मन (WOLD MIND)
24. मानव	विश्वमानव (विश्वमन से युक्त)
25. मनु	8वें मनु – सावर्णि मनु
26. अवतार	भगवान विष्णु के 10वें और अन्तिम तथा भगवान शंकर के 22वें और अन्तिम संयुक्तावतार (निष्कलंक कल्कि एवं भोगेश्वर)
27. निराकार ब्रह्म	सार्वभौम सत्य–सिद्धान्त (UNIVERSAL TRUTH-THEORY) : विश्व–बन्धुत्व का सिद्धान्त
28. साकार ब्रह्म	लव कुश सिंह
29. पुनर्जन्म–सत् मार्ग से	बुड्ढा कृष्ण (कृष्ण भाग – 2 और अन्तिम) – कृष्ण की अगली और अन्तिम कड़ी
30. पुनर्जन्म–रज मार्ग से	स्वामी विवेकानन्द का पुनर्जन्म
31. पुनर्जन्म–तम मार्ग से	रावण की अगली कड़ी
32. आत्मा	दृश्य विश्वात्मा/ शिव/ ब्रह्म/ मैं
33. अभिनय	वास्तविक जीवन का अभिनेता (Real Life Actor)
34. बम	ज्ञान बम – आध्यात्मिक न्यूट्रान बम
35. अस्त्र	अनियन्त्रित पशुपास्त्र (नारायणास्त्र या सु–दर्शन चक्र व ब्रह्मास्त्र समाहित)
36. माया	योग माया समाहित भोगमाया
37. ज्ञान	एकात्म कर्मज्ञान (शास्वत) : व्यष्टि एवं समष्टि
38. बुद्धि	विश्व बुद्धि व चेतना या सत्य चेतना : पूर्व व्यक्त सत्य चेतना
39. ध्यान व योग	दृश्य सत्य–क्रियाकलाप–एकात्म योग व ध्यान (अन्तिम योग व अन्तिम ध्यान)
40. मिशन	प्राकृतिक सत्य मिशन (Natural Truth Mission)–सर्वोच्च और अन्तिम मिशन
41. धार्मिक नगर	एकात्म काशी– जीवनदायिनी सत्यकाशी : पंचम, अन्तिम तथा सप्तम काशी
42. शक्ति	आत्मशक्ति (SPIRIT POWER),मस्तिष्क शक्ति (BRAIN POWER), मन शक्ति (MIND POWER),सत्य शक्ति (TRUTH POWER)
43. जीवन कथा	विश्वमानव लीला/दर्पण : दो विपरीत दिशाओं के साथ प्रथम एवं अन्तिम कथा
44. प्रेम और कर्म	शास्वत प्रेम और कर्म
45. समन्वय	अन्तिम समन्वय–सिद्धान्त
46. आचार्य	अन्तिम समन्वयाचार्य
47. कला	विश्वमानव कला (कृष्ण कला समाहित)
48. परिचालन प्रणाली	अवतार का परिचालन प्रणाली : मानव–10 (Avatar's Operating System-AOS : Human-10)
49. शंकराचार्य पीठ	सत्यकाशी पीठ : पंचम और अन्तिम शंकराचार्य पीठ

भाग-4

केन्द्र या मध्य (भारत) में पांचवां और अन्तिम सत्यकाशी पीठ

सत्यकाशी पीठः स्थान

सत्यकाशी पीठः इतिहास और उद्देश्य

पाँचवाँ और अंतिम शंकराचार्य पीठः इसकी विशेषता

"हिन्दू धर्म की जो पकड़ थी, वह इस समय कमजोर पड़ गयी है क्योंकि भारतीय स्वतंत्रता आन्दोलन के समय से राजनेताओं का वर्चस्व बढ़ा और उन्होंने धर्म रक्षकों को दबा दिया, जिसके परिणामस्वरूप 163 साल तक शंकराचार्य की पदवी खाली रही। इसलिए आवश्यक है कि शिक्षा के क्षेत्र में धर्म की स्थापना हो। स्वस्थ एवं श्रेष्ठ साहित्य का सृजन हो। महापुरूषों को घूम-घूम कर सनातन धर्म का प्रचार-प्रसार करना चाहिए जिससे लोगों के हृदय में भारतीय धर्म-शास्त्र के प्रति आस्था-विश्वास बढ़े।"

- स्वामी स्वरूपानन्द (द्वारिका पीठाधीश्वर जगद्गुरू शंकराचार्य)
साभार - दैनिक आज, समाचार पत्र, वाराणसी, दि0 10-5-1997

स्पष्टिकरण

सत्य से सार्वभौम सत्य-सिद्धान्त तक का मार्ग अवतारों का मार्ग है। सार्वभौम सत्य-सिद्धान्त की अनुभूति ही अवतरण है। इसके अंश अनुभूति को अंश अवतार तथा पूर्ण अनुभूति को पूर्ण अवतार कहते है। ग्रन्थों में अवतारों की कई कोटि बतायी गई है जैसे अंशाशावतार, अंशावतार, आवेशावतार, कलावतार, नित्यावतार, युगावतार इत्यादि, जो भी सार्वभौम सत्य-सिद्धान्त को व्यक्त करता है वे सभी अवतार कहलाते हैं। व्यक्ति से लेकर समाज के सर्वोच्च स्तर तक सार्वभौम सत्य-सिद्धान्त को व्यक्त करने के क्रम में ही विभिन्न कोटि के अवतार स्तरबद्ध होते हैं। अवतार मानव मात्र के लिए ही कर्म करते हैं न कि किसी विशेष मानव समूह या सम्प्रदाय के लिए। अवतार, धर्म, धर्मनिरपेक्ष व सर्वधर्मसमभाव से युक्त अर्थात एकात्म से युक्त होते है। इस प्रकार अवतार से उत्पन्न शास्त्र मानव के लिए होते हैं, न कि किसी विशेष मानव समूह के लिए। उत्प्रेरक, शासक और मार्गदर्शक आत्मा सर्वव्यापी है। इसलिए एकात्म का अर्थ संयुक्त आत्मा या सार्वजनिक आत्मा है। अवतारों के प्रत्यक्ष और प्रेरक दो कार्य विधि हैं। प्रत्यक्ष अवतार वे होते हैं जो स्वयं अपनी शक्ति का प्रत्यक्ष प्रयोग कर समाज का सत्यीकरण करते हैं। यह कार्य विधि समाज में उस समय प्रयोग होता है जब अधर्म का नेतृत्व एक या कुछ मानवों पर केन्द्रित होता है। प्रेरक अवतार वे होते हैं जो स्वयं अपनी शक्ति का अप्रत्यक्ष प्रयोग कर समाज का सत्यीकरण जनता एवं नेतृत्वकर्ता के माध्यम से करते हैं। यह कार्य विधि समाज में उस समय प्रयोग होता है जब समाज में अधर्म का नेतृत्व अनेक मानवों और नेतृत्वकर्ताओं पर केन्द्रित होता है।

इन विधियों में से कुल दस अवतारों में से प्रथम सात (मत्स्य, कूर्म, वाराह, नृसिंह, वामन, परशुराम, राम) अवतारों ने समाज का सत्यीकरण प्रत्यक्ष विधि के प्रयोग द्वारा किया था। आठवें अवतार (श्रीकृष्ण) ने दोनों विधियों प्रत्यक्ष ओर प्रेरक का प्रयोग किया था। नवें (भगवान बुद्ध) और अन्तिम दसवें अवतार की कार्य विधि प्रेरक ही है।

सनातन अद्वैत दर्शन के अनुसार यह जगत ही ईश्वर का दृश्य रूप है। ऐसे में सभी ईश्वर हैं। सभी ईश्वर के बहुरूप हैं और सभी में प्रकाशित वही ईश्वरीय सत्ता है। सार्वभौम एकात्म की ओर ले जाने वाले सभी प्रक्षेपित

मानक चरित्र सनातन हैं जैसे ब्रह्मा परिवार, विष्णु परिवार और महेश परिवार। इस सार्वभौम एकात्म की ओर विचार व्यक्त करने वाला अर्थात उसी का प्रचार-प्रसार व स्थापना करने वाला युगावतार तो नहीं हो सकता लेकिन वह अवतार अवश्य होता है क्योंकि उसने भी उस सार्वभौम सत्य-सिद्धान्त का साक्षात्कार किया है।

ईश्वर के मानवीयकरण व मानव के ईश्वरीयकरण के लिए आपके भौतिक शरीर से व्यक्त विश्वात्मा की इच्छा को धर्म क्षेत्र से नाम कर्मवेदः प्रथम, अन्तिम तथा पंचम वेद एवं धर्मनिरपेक्ष क्षेत्र से मन का विश्वमानकः शून्य श्रृंखला समाहित "विश्वशास्त्र-द नाॅलेज आॅफ फाइनल नाॅलेज" के रूप में पूर्ण किया जा चुका है। जिसमें पुराणों का धर्मनिरपेक्ष और सर्वधर्मसमभाव रूप भी सम्पूर्ण मानव जाति को स्पष्ट दृष्टिगत होगा। परिणामस्वरूप भारतीय धर्म शास्त्रों के प्रति विश्वव्यापी आस्था बढ़ना स्वाभाविक है। साथ ही अनेक सत्य-साहित्यों की रचना के लिए भी मार्ग प्रशस्त और रचना कर दिये गये हैं।

तीनों देवताओं ब्रह्मा, विष्णु और शिव-शंकर के मूल गुणों के आधार पर उनके वास्तविक रुप अर्थात् चार वेदों को व्यक्त करने वाले चार मुखों से युक्त सृष्टिकर्ता ब्रह्मा का रुप, चार भुजाओं से युक्त पालनकर्ता विष्णु का रुप तथा ब्रह्मा और विष्णु समाहित पाँचों वेदों को व्यक्त करने वाले पाँच मुखों से युक्त कल्याणकर्ता शिव-शंकर का अन्तिम रुप, तीनों देवताओं का दिव्यरुप कहलाता है। इसी अनुसार शिव-शंकर के अवतार ही केवल पंचमुखी होते हैं। इसी क्रम में पंचमुखी हनुमान और वेद माता मां गायत्री को भी दिखाया गया है। इस अनुसार पांचवें वेद और पांचवें शंकराचार्य पीठ की स्थापना ही युग परिवर्तन की प्रक्रिया का आरम्भ और सनातन विश्व की ओर कदम है।

व्यक्ति-समाज-राज्य-विश्व की आवश्यकता, भविष्यवक्ताओं की भविष्यवाणीयां, ग्रहों के चालों, सूर्य व चन्द्र ग्रहण, सामाजिक-राजनीतिक विचारकों के विचार-सपनें-उम्मीद इत्यादि युग परिवर्तन की ओर दिशा निर्देश कर रहीं हैं। ऐसे में सृष्टि के लिए सार्वभौम सर्वोच्च अन्तिम अर्थों वाले शब्दों पर चर्चा ही एक मात्र युग परिवर्तन का मार्ग है।

आविष्कार उपयोगी होता है, आविष्कारक नहीं। रचना अधिक समय तक रहती है रचनाकार अदृश्य हो जाता है और रचना के आधार पर अन्य रचना भी होती रहती है।

सनातन विश्व के लिए समस्त प्रक्रिया 150 पुस्तकों के रूप में वेबसाइट

www.64inch.com

पर उपलब्ध है और कार्य समाप्त होता है। व्यक्ति और नेतृत्वकर्ता

अपने धर्म

का पालन करें, समाधान उपलब्ध हो चुका है।

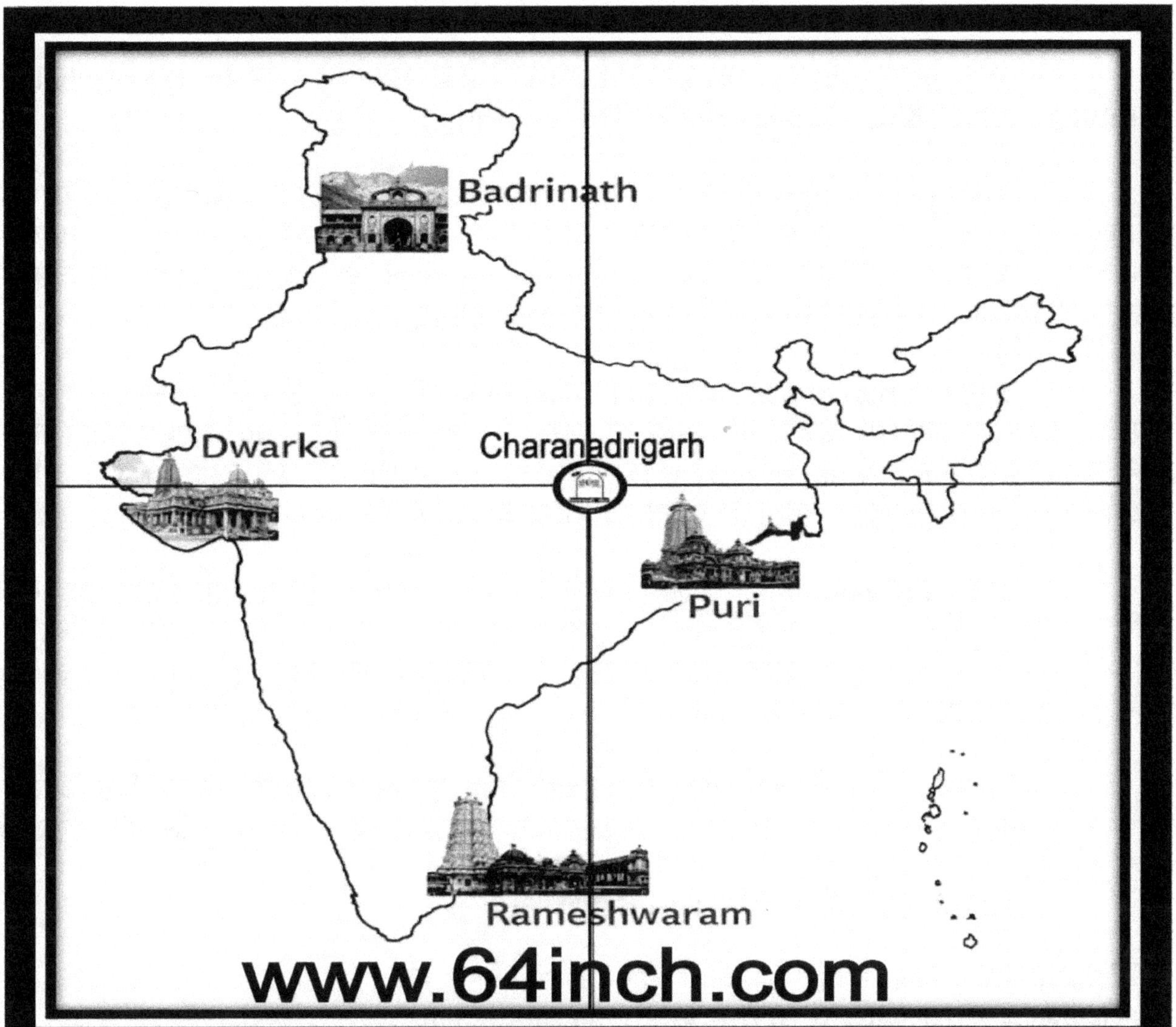

दिशा	पीठ का नाम/ स्थान	उद्देश्य	संबंधित वेद	महावाक्य	तत्व
उत्तर	बदरी ज्योतिर्मठ पीठ उत्तराखंड, जोशीमठ	ज्ञान और विवेक	अथर्ववेद	अयमात्मा ब्रह्म (यह आत्मा ब्रह्म है)	वायु
दक्षिण	श्रीगेरी शारदा पीठ कर्नाटक, श्रीगेरी	स्थिरता और परंपरा	यजुर्वेद	अहम् ब्रह्मास्मि (मैं ब्रह्म हूँ)	पृथ्वी
पूर्व	पुरी गोवर्धनमठ पीठ ओडिशा, पुरी	भक्ति और समर्पण	ऋग्वेद	प्रज्ञानं ब्रह्म (चेतना ब्रह्म है)	जल
पश्चिम	द्वारका शारदा पीठ गुजरात, द्वारका	कर्म और संकल्प	सामवेद	तत्त्वमसि (तू ब्रह्म है)	अग्नि
केन्द्र या मध्य	सत्यकाशी पीठ उत्तर प्रदेश, चरणाद्रिगढ़	चेतना और एकत्व	कर्मवेद	सर्वे ब्रह्म (सभी ब्रह्म हैं)	आकाश

क्षिति, जल, पावक, गगन, समीरा। पंच तत्व मिलि बनेहु शरीरा ।।

सत्यकाशी पीठ: स्थान

मानव जीवन की यात्रा को हम चार स्तरों में देख सकते हैं - **संभल (Shambhal), संभला (Shambhala), ज्ञानगंज (Gyanganj) और संगरीला (Sangrila)**

संभल (Shambhal) को हम भौतिक जगत का प्रतीक मान सकते हैं। यह धरती पर बसा हुआ वास्तविक नगर है, जहाँ लोग रहते हैं, संघर्ष करते हैं और जीवन की यात्रा करते हैं। धार्मिक मान्यता के अनुसार यहाँ भविष्य में कल्कि अवतार का जन्म होगा। इसका अर्थ यह भी है कि संभल हमें यह याद दिलाता है कि परिवर्तन और नवजागरण हमेशा इसी सांसारिक धरती से प्रारंभ होता है।

संभला (Shambhala) आध्यात्मिक जगत का प्रतीक है। यह उस आदर्श समाज और चेतना की ओर संकेत करता है, जहाँ धर्म, करुणा और सत्य का शासन है। बौद्ध ग्रंथों में इसे एक अदृश्य, पवित्र राज्य बताया गया है। इसका दार्शनिक अर्थ यह है कि हर मनुष्य के भीतर एक संभला है - एक ऐसा क्षेत्र जहाँ शांति, संतुलन और धर्म की शक्ति हमेशा जीवित रहती है। यह हमारे भीतर के आदर्श और परम लक्ष्य का रूप है।

ज्ञानगंज (Gyanganj) गूढ़ और रहस्यमय चेतना का प्रतीक है। यह वह क्षेत्र है, जहाँ अमर योगी और सिद्ध रहते हैं, और जो साधारण दृष्टि से छिपा हुआ है। इसका अर्थ यह है कि सत्य और सर्वोच्च ज्ञान कभी सतही रूप में उपलब्ध नहीं होते, बल्कि गहन साधना और आंतरिक परिवर्तन से ही प्राप्त किए जा सकते हैं। ज्ञानगंज हमें यह सिखाता है कि परम सत्य अदृश्य है, परंतु साधना से प्रकट हो सकता है।

इस प्रकार, ये चारों स्तर - **भौतिक, आध्यात्मिक, गूढ़ और आदर्श** - मानव जीवन और चेतना की समग्र यात्रा का प्रतिनिधित्व करते हैं, जहाँ साधना, अनुभव और ज्ञान मिलकर आत्मा को पूर्णता की ओर ले जाते हैं।

इस प्रकार, इन तीनों को मिलाकर देखा जाए तो:

- **संभल** = जीवन और समाज का यथार्थ (भौतिक जगत)
- **संभला** = आदर्श और धर्म का उच्च स्वरूप (आध्यात्मिक जगत)
- **ज्ञानगंज** = रहस्यमय सत्य और अमर ज्ञान (गूढ़ जगत)

ये तीनों मिलकर मानव जीवन की पूर्ण यात्रा का संकेत देते हैं - भौतिक से आध्यात्मिक और फिर गूढ़ एवं परम सत्य तक।

संगरीला (Sangrila/Shangri-La) एक कल्पित पर्वतीय स्थल है, जिसे आदर्श समाज और शांति का प्रतीक माना जाता है। यह जगह सामान्य दृष्टि से अदृश्य या दूरस्थ मानी जाती है, जहाँ जीवन सुखमय, स्वस्थ और सामंजस्यपूर्ण होता है। दार्शनिक रूप से इसे मानव चेतना के उच्चतम स्तर, आत्मा की शांति और आदर्श जीवन का प्रतीक माना जाता है। **संगरीला (Sangrila)** का अर्थ यह भी है कि सच्ची खुशी और संतुलन केवल भीतर की यात्रा और साधना से ही प्राप्त होते हैं, बाहरी समृद्धि से नहीं।

1. **शब्द-संदर्भ में**: "Sangrila" अक्सर "Shangri-La" का रूपांतर होता है, जो कि एक कल्पित, आदर्श, रहस्यमयी और शांति-पूर्ण स्थान है।
2. **दार्शनिक/आध्यात्मिक संदर्भ में**: इसे ज्ञानगंज या संभला जैसे गूढ़ और रहस्यमयी क्षेत्रों के समान माना जा सकता है।
3. **अन्य संदर्भ**: यदि यह किसी किताब, स्थान या परियोजना का नाम है, तो उसका अलग अर्थ हो सकता है।

पीठ (Peeth) स्थापित करने की योजना

उद्देश्य और दर्शन तय करना

- पहले यह स्पष्ट करें कि पीठ का उद्देश्य क्या होगा:
    - **अद्वैत वेदांत का प्रचार**
    - **साधकों का प्रशिक्षण और मोक्ष की ओर मार्गदर्शन**
    - **धार्मिक शिक्षा, योग और ध्यान केंद्रित करना**
- पीठ का नाम "Satyakashi" इसलिए चुना गया है क्योंकि यह **सत्य और ज्ञान के प्रकाश का प्रतीक** है।

गुरु या आध्यात्मिक मार्गदर्शक

- पीठ को वैध और आध्यात्मिक मान्यता प्राप्त करने के लिए **एक योग्य गुरु या शिष्य परंपरा वाला व्यक्ति** आवश्यक है।
- गुरु का कार्य होगा:
    - **साधकों का प्रशिक्षण**
    - **धर्म और वेदांत का प्रचार**
    - **पीठ की प्रतिष्ठा बनाना**

स्थान और इमारत का चयन

- स्थान चुनते समय ध्यान दें:
    - **शांत और आध्यात्मिक वातावरण**
    - **साधकों के लिए आवास और साधना स्थल**
    - **भक्तों और पर्यटकों के आने-जाने की सुविधा**
- इमारत में हो सकते हैं:
    - मुख्य मंदिर / पूजा स्थल
    - ध्यान और साधना कक्ष
    - वेदांत शिक्षण कक्ष
    - गुरुकुल या आश्रम

धार्मिक और आध्यात्मिक गतिविधियाँ

- नियमित क्रियाएँ:

    - **साधना, ध्यान और कीर्तन**
    - **वेदांत और शास्त्र अध्ययन**
    - **धार्मिक कार्यशालाएँ और प्रवचन**
- विशेष आयोजन:
    - **अस्थायी या वार्षिक उत्सव**
    - **अद्वैत वेदांत पर सेमिनार**
    - **साधक प्रशिक्षण शिविर**

समुदाय और साधकों का निर्माण

- पीठ केवल इमारत नहीं, **साधकों और भक्तों का केंद्र** होना चाहिए।
- इसके लिए करें:
    - सामाजिक और आध्यात्मिक गतिविधियों का आयोजन
    - साधकों के लिए निवास और शिक्षा सुविधाएँ
    - पीठ का प्रचार: पुस्तकों, वेबसाइट और सामाजिक मंचों के माध्यम से

आधिकारिक मान्यता और नेटवर्क

- भारत में शंकराचार्य परंपरा के मुख्य पीठों के साथ **संपर्क और मार्गदर्शन**।
- नए पीठ को स्थानीय प्रशासन और धार्मिक संस्थानों से **मान्यता और सहयोग** दिलाना।
- अन्य पीठों और गुरु परिषदों के साथ **संवाद और सहयोग**।

दीर्घकालीन योजना

- पीठ को स्थायी और प्रतिष्ठित बनाने के लिए:
    - नियमित साधना और शिक्षा कार्यक्रम
    - नए साधकों और भक्तों को जोड़ना
    - पीठ के **अध्यात्मिक, सामाजिक और शैक्षिक प्रभाव** को बढ़ाना

निष्कर्ष:

नया **Satyakashi Peeth** बनाया जा सकता है, लेकिन यह केवल इमारत नहीं, बल्कि **ज्ञान, साधना और आध्यात्मिक मार्गदर्शन का केंद्र** होना चाहिए। एक योग्य गुरु, साधक समुदाय और सही दृष्टिकोण इसके लिए अनिवार्य हैं।

अन्तिम अवतार कल्कि
का संभल (Shambhal), संभला (Shambhala), ज्ञानगंज (Gyanganj) और संगरीला (Sangrila) से सम्बन्ध

इसका उत्तर गहराई से समझा जाए तो यह केवल भूगोल या कथा का नहीं, बल्कि चेतना के विकास का रहस्य है।

1. संभल (Shambhal) - अवतार का धरातल

हिन्दू ग्रन्थों में कहा गया है कि **कल्कि अवतार का जन्म 'संभल' नामक स्थान पर होगा।** यह स्थान भौतिक जगत में मौजूद है - उत्तर प्रदेश का एक नगर, परंतु प्रतीक रूप से यह मानवता के भीतर जन्म लेती दिव्यता का संकेत है। जब धर्म क्षीण होता है, तब वही संभल - अर्थात् "संभलने का बिंदु" - अवतार का आधार बनता है।

संभल = पृथ्वी पर दिव्यता का उद्भव बिंदु।

2. संभला (Shambhala) - धर्मराज्य या दिव्य व्यवस्था

बौद्ध और हिन्दू दोनों परम्पराओं में **Shambhala** को धर्म का गुप्त राज्य माना गया है। बौद्ध ग्रंथ 'कालचक्र तंत्र' में कहा गया है कि जब अधर्म चरम पर होगा, तब Shambhala से एक राजा प्रकट होगा जो अधर्म का अंत करेगा - यह प्रतीक रूप से **कल्कि अवतार का ही वर्णन** है।

संभला = दिव्य शासन या धर्मराज्य, जहाँ से कल्कि की प्रेरणा उठती है।

3. ज्ञानगंज (Gyanganj) - सिद्धों का अदृश्य लोक

ज्ञानगंज को अमर योगियों का क्षेत्र कहा जाता है, जहाँ से विश्व के आध्यात्मिक प्रवाह को दिशा मिलती है। कई सिद्ध परंपराएँ मानती हैं कि कल्कि का आध्यात्मिक मार्गदर्शन इन्हीं योगियों द्वारा किया जाएगा।

ज्ञानगंज = दिव्य ऊर्जा और योगिक शक्ति का स्रोत, जहाँ से कल्कि को आत्मिक बल प्राप्त होगा।

4. संगरीला (Sangrila / Shangri-La) - आदर्श समाज या चेतना का चरम स्वरूप

संगरीला का विचार पश्चिमी और तिब्बती रहस्य परंपराओं में आता है - एक अमर, शांति-पूर्ण, आदर्श स्थान, जहाँ कोई रोग, संघर्ष या अधर्म नहीं होता। यह उस अवस्था का प्रतीक है जो **कल्कि युग के बाद की सृष्टि** होगी - अर्थात सत्ययुग का पुनर्स्थापन।

संगरीला = वह दिव्य युग या चेतना का चरम, जो कल्कि अवतार के कार्य का परिणाम है।

सारांश (संक्षेप में सम्बन्ध)

स्तर	प्रतीक	सम्बन्ध कल्कि से
संभल (Shambhal)	भौतिक जन्मभूमि	कल्कि अवतार का पृथ्वी पर अवतरण
संभला (Shambhala)	दिव्य धर्मराज्य	धर्म का पुनःस्थापन करने की शक्ति का उद्गम
ज्ञानगंज (Gyanganj)	गूढ़ योगिक लोक	कल्कि को आत्मिक दिशा और सिद्ध शक्ति का आधार
संगरीला (Sangrila)	आदर्श चेतना का युग	कल्कि कार्य का अंतिम परिणाम - पुनः सत्ययुग

अर्थात् -

संभल में कल्कि अवतरित होते हैं, संभला से उन्हें धर्म की प्रेरणा मिलती है, ज्ञानगंज से योगिक शक्ति, और संगरीला उनके कार्य का लक्ष्य है - सत्य और शांति का पुनर्स्थापन।

सत्यकाशी पीठ: योग्य स्थान

इस संसार को अन्तिम सन्देश देने से पहले आपको उस क्षेत्र से परिचय कराना चाहता हूँ जिस क्षेत्र से यह सन्देश देने का साहस किया गया है क्योंकि कोई भी क्रिया बिना कारण के नहीं होती।

समस्त मूल कार्य जिस क्षेत्र से सम्पूर्ण हुआ, उस क्षेत्र को सत्यकाशी क्षेत्र कहता हूँ और जिस ग्राम का निवासी हूँ वह काशी (वाराणसी) के चौरासी कोस यात्रा तथा सत्यकाशी क्षेत्र का उभय क्षेत्र में स्थित है। इसलिए जितना काशी (वाराणसी) का हूँ उतना ही सत्यकाशी का हूँ। इस प्रकार यह सन्देश काशी-सत्यकाशी का संयुक्त सन्देश है।

सत्यकाशी क्षेत्र जो काशी (वाराणसी), विन्ध्याचल, शिवद्वार और सोनभद्र के बीच का क्षेत्र है, एक पौराणिक-आध्यात्मिक और साधना के लिए उपयुक्त क्षेत्र के रूप में प्राचीन काल से आकर्षण में रहा है। इस क्षेत्र का हृदय क्षेत्र चुनार है। चुनार का किला राजा विक्रमादित्य ने अपने भाई भर्तहरि के तपस्या में हिंसक जानवरों द्वारा व्यवधान न उत्पन्न हो इसके लिए बनवाया था। ये राजा विक्रमादित्य वही हैं जिनके नाम से विक्रम सम्वत् कैलेण्डर स्थापित है। चुनार ईश्वर के पाँचवें अवतार-वामन अवतार का क्षेत्र है जिनसे समाज की शक्ति का प्रथम जन्म हुआ था।

सत्यकाशी क्षेत्र के चारों कोण पर स्थित

1. काशी (वाराणसी) का अपना प्राचीन और पुरातन इतिहास है जो सर्वविदित है।
2. विन्ध्याचल, जो शिव-शक्ति के उपासना का अद्‌भुत केन्द्र है। यशोदा से उत्पन्न पुत्री (जिनके बदले श्रीकृष्ण प्राप्त हुये थे) महासरस्वती अष्टभुजा देवी के नाम से यहीं स्थापित हैं। भारत देश का मानक समय माँ विन्ध्यवासिनी धाम से तय होता है। पुराणों के अनुसार रावण ने भी इसे मानक समय स्थल मानकर यहाँ शिवलिंग की स्थापना की थी।
3. शिवद्वार, त्रिकोणीय तान्त्रिक साधना के लिए जगत विख्यात था और साधना की राजधानी था। इसे ही मीरजापुर गजेटियर में गुप्तकाशी की संज्ञा से अभिकल्पित किया गया है।
4. सोनभद्र, सोन संस्कृति की पौराणिक पृष्ठभूमि वैदिककालीन सभ्यता की पराकाष्ठापरक ऐतिहासिकता से सम्बद्ध है। सन्त परम्पराओं का एक महत्वपूर्ण परिव्रजन इस क्षेत्र में हुआ जिसमें शैव व शाक्त प्रमुख थे। शैव सम्प्रदाय से जुड़े अघोर तन्त्र ने इसे बहुत सराहा और इसे अपनी कर्मभूमि बना लिया। सोन नद के तट पर शव छेदन क्रिया की भी प्रशिक्षा आयुर्वेद के जिज्ञासुओं को दी जाती थी। शैव तन्त्र से प्रभावित अघोर तन्त्र शव-साधना में सिद्धहस्त था और शव में इकार की प्राण प्रतिष्ठा का जीवन्त रूप शिव को दे देना इनकी अलौकिक साधना का चरमोत्कर्ष है। अघोरपन्थी नाम के पश्चात् "राम" का प्रयोग करते थे। इस क्षेत्र में सवर्ण वर्ग में प्रायः ब्राह्मण वर्ग भी राम का प्रयोग अपने नाम में करता है। इस क्षेत्र में पाशुपात तन्त्र के महान साधक लोरिक का नाम विशेष है।

उपरोक्त तो अति संक्षिप्त परिचय है विस्तार से "विश्वशास्त्र" के अध्याय-दो में प्रकाशित है, जिस क्षेत्र से ये विश्व ऐतिहासिक अन्तिम, अपरिवर्तनीय और अटलनीय सन्देश देने का साहस किया गया है।

भौतिक रूप से सत्यकाशी पीठ के लिए योग्य स्थान सत्यकाशी क्षेत्र ही है। सत्यकाशी पीठ उसी अद्वैत वेदान्त पर आधारित है। जिस के आधार पर आदि शंकाराचार्य द्वारा चार पीठों की स्थापना की थी। युग परिवर्तन के लिए आदि शंकाराचार्य द्वारा स्थापित चार पीठों के वर्तमान शंकाराचार्यों का यह दायित्व है कि वे इस श्रृंखला को आगे बढ़ाते हुये धर्म के वैश्विक स्थापना के लिए आगे आयें।

सत्यकाशी पीठ: इतिहास और उद्देश्य

भारत का इतिहास केवल राजाओं और युद्धों का इतिहास नहीं है,
बल्कि यह **चेतना के विकास का इतिहास** है।
हर युग में जब धर्म और राजनीति के बीच संतुलन बिगड़ता है,
तो कोई न कोई पीठ उस संतुलन को पुनर्स्थापित करने के लिए जन्म लेती है।

ऐसा ही एक अद्वितीय उदय है -
"सत्यकाशी पीठ" का,
जो मानवता के अगले अध्याय की भूमिका बन चुका है।

"जहाँ ज्ञान शासन को दिशा देता है,
वहीं शासन धर्म का साधन बन जाता है।"

काशी से सत्यकाशी तक: चेतना की यात्रा

प्राचीन काशी को "मोक्षभूमि" कहा गया,
क्योंकि वहाँ ज्ञान और मृत्यु - दोनों के रहस्य सिखाए जाते थे।
पर सत्यकाशी - ज्ञान का अगला आयाम है।
यह मृत्यु से मुक्ति नहीं, बल्कि **अज्ञान से मुक्ति** की भूमि है।

तीन चरणों में यह यात्रा समझी जा सकती है:

1. **काशी** - व्यक्तिगत मुक्ति का केंद्र।
2. **महाकाशी** - सार्वभौमिक चेतना का केंद्र।
3. **सत्यकाशी** - वैश्विक एकत्व और अद्वैत शासन का केंद्र।

"काशी आत्मा की दीक्षा है,
सत्यकाशी आत्मा का शासन है।"

स्थापना का उद्देश्य

सत्यकाशी पीठ का जन्म केवल धार्मिक नहीं,
बल्कि आध्यात्मिक-राजनीतिक समन्वय की आवश्यकता से हुआ।
विश्व में बढ़ती भौतिकता, असमानता, और नैतिक संकट के बीच
इस पीठ का उद्देश्य है -

1. **धर्म और शासन के बीच अद्वैत संबंध पुनः स्थापित करना।**
2. **राजनीति को आत्मा से जोड़ना।**
3. **विज्ञान, धर्म, और समाज - तीनों का एक समग्र मॉडल प्रस्तुत करना।**

इसके चार प्रमुख सूत्र:

- **धर्म = चेतना की नीति**
- **राजनीति = सेवा की क्रिया**
- **अर्थनीति = संतुलन की व्यवस्था**
- **विज्ञान = सत्य की खोज**

सत्यकाशी की परंपरा और वंश

सत्यकाशी पीठ किसी व्यक्ति द्वारा स्थापित संस्था नहीं है -
यह **ब्रह्म परंपरा का विस्तार** है।
आदि शंकराचार्य ने चार दिशाओं में चार पीठें स्थापित कीं -
पूर्व, पश्चिम, उत्तर, दक्षिण -
जो वेद, धर्म और आत्मज्ञान के केंद्र बने।

परंतु कालान्तर में जब राजनीति धर्म से अलग और धर्म समाज से अलग हुआ,
तो **पाँचवीं पीठ** की आवश्यकता पड़ी -
जो अद्वैत दर्शन को शासन की नीतियों में उतार सके।

"चार पीठों ने धर्म को जीवित रखा,
पाँचवीं पीठ उसे जीवन में उतारेगी।"

सत्यकाशी का उद्देश्य – धर्म का पुनर्निर्माण, शासन का पुनर्जागरण

आज की मानवता धर्म को या तो संप्रदाय मानती है या अनुष्ठान।
पर सत्यकाशी कहता है -

"धर्म = जीवन की वैज्ञानिक व्यवस्था।"

इस पीठ का उद्देश्य है -
धर्म को **व्यवहार में**, राजनीति को **सेवा में**,
और विज्ञान को **चेतना में** बदलना।

इसके तीन प्रमुख लक्ष्य:

1. **आध्यात्मिक शासन (Spiritual Governance):**
   जहाँ नीतियाँ करुणा और सत्य पर आधारित हों।
2. **चेतना आधारित शिक्षा (Conscious Education):**
   जहाँ बच्चों को ज्ञान नहीं, आत्मा से जोड़ने की विधि सिखाई जाए।
3. **वैश्विक समरसता (Global Oneness):**
   जहाँ राष्ट्रवाद का स्थान "मानववाद" ले ले।

सत्यकाशी और मानवता का भविष्य

सत्यकाशी केवल एक धार्मिक केंद्र नहीं,
बल्कि मानवता का भविष्य मॉडल है।

यह वह स्थान है जहाँ -

- विज्ञान और वेदांत मिलते हैं,
- राजनीति और करुणा जुड़ते हैं,
- और व्यक्ति स्वयं में "राजऋषि" बनता है।

"जब शासक साधक बन जाएगा,
तब ही पृथ्वी पर धर्मराज्य स्थापित होगा।"

निष्कर्ष

सत्यकाशी पीठ का इतिहास कोई कालखंड नहीं,
बल्कि एक **युग की उद्घोषणा** है।
यह उस समय का प्रतीक है
जब ब्रह्मज्ञान शासन का केंद्र बनेगा,
और शासन ब्रह्म की सेवा बन जाएगा।

"सत्यकाशी केवल एक स्थान नहीं -
वह चेतना की वह ज्योति है
जो युगों से अंधकार में जलती रही है।"

पाँचवाँ और अंतिम शंकराचार्य पीठ: इसकी विशेषता

आदि शंकराचार्य ने चार दिशाओं में चार पीठों की स्थापना की -
उत्तर में **ज्योतिर्मठ (बद्रीनाथ)**,
दक्षिण में **श्रृंगेरी पीठ**,
पूर्व में **गौड़पीठ (पुरी)**,
और पश्चिम में **द्वारका शारदापीठ**।

इन चारों पीठों ने धर्म की लौ को जलाए रखा -
ज्ञान, भक्ति, कर्म और योग - चारों मार्गों के संतुलन से।
परंतु जैसे-जैसे युग आगे बढ़ा,
मानवता की चुनौती केवल धर्म रक्षा नहीं रही,
बल्कि **धर्म को शासन, विज्ञान और समाज में जीवित रखना** बन गई।

इसी आवश्यकता से जन्म लेता है -
पाँचवाँ और अंतिम शंकराचार्य पीठ - "सत्यकाशी पीठ।"

"चार पीठों ने धर्म को सुरक्षित रखा,
पाँचवाँ पीठ धर्म को सार्वभौमिक बना देगा।"

पाँचवाँ पीठ क्यों आवश्यक हुआ

शंकराचार्य का कार्य केवल धार्मिक पुनर्जागरण नहीं था;
वह चेतना की क्रांति थी।
उनकी परंपरा ने अद्वैत का सिद्धांत दिया -
कि **सभी भिन्नताएँ एक ही परमसत्य की लहरें हैं।**

परंतु आधुनिक युग में -

- धर्म राजनीति से अलग हुआ,
- ज्ञान आस्था से अलग हुआ,

- और मनुष्य स्वयं अपने अस्तित्व से अलग हो गया।

ऐसे समय में आवश्यक था
कि अद्वैत केवल दर्शनशास्त्र न रह जाए,
बल्कि राजनीति और जीवन का सिद्धांत बन जाए।
इसी हेतु स्थापित हुआ -
सत्यकाशी पीठ - पाँचवाँ और अंतिम शंकराचार्य पीठ।

इसकी स्थापना का प्रतीकात्मक अर्थ

चार पीठें **चार तत्वों (पृथ्वी, जल, अग्नि, वायु)** से संबंधित हैं,
जबकि पाँचवाँ पीठ **आकाश तत्व** का प्रतीक है -
अर्थात् सर्वव्यापक चेतना।

दिशा	पीठ	तत्व	उद्देश्य
पूर्व	पुरी (गौड़)	जल	भक्ति और समर्पण
पश्चिम	द्वारका	अग्नि	कर्म और संकल्प
उत्तर	ज्योतिर्मठ	वायु	ज्ञान और विवेक
दक्षिण	श्रृंगेरी	पृथ्वी	स्थिरता और परंपरा
केंद्र	**सत्यकाशी**	**आकाश**	**चेतना और एकत्व**

"आकाश सबको जोड़ता है -
उसी तरह सत्यकाशी सभी परंपराओं को एक चेतना में जोड़ता है।"

पाँचवाँ पीठ - अद्वैत का आधुनिक रूप

सत्यकाशी पीठ का लक्ष्य अद्वैत को केवल ध्यान या उपनिषद तक सीमित नहीं रखना,
बल्कि उसे शासन और समाज की नीतियों में उतारना है।

इसका सार है -
"अद्वैत शासन" = ऐसा तंत्र जहाँ आत्मा और राज्य में कोई विभाजन न हो।
यह पीठ आत्मा-केन्द्रित राजनीति का सिद्धांत प्रस्तुत करती है -
जहाँ सत्ता साधना है,
शासन सेवा है,
और नेतृत्व तप है।

सत्यकाशी पीठ की पाँच विशेषताएँ

1. अद्वैत का संस्थागत रूप

यह पीठ अद्वैत को केवल तत्वज्ञान नहीं,
बल्कि संस्थागत चेतना बनाती है।
धर्म, शिक्षा, राजनीति, अर्थ और विज्ञान -
सभी को एकसूत्र में बाँधती है।

2. राजऋषि परंपरा का पुनर्जागरण

आदर्श शासक वही है जो साधक भी हो।
सत्यकाशी इस परंपरा को पुनर्जीवित करता है -
जहाँ राज्य का मार्गदर्शन ऋषियों द्वारा होता है।

3. विज्ञान और अध्यात्म का संगम

यह पीठ "Consciousness Studies" और "Spiritual Technology"
को एक साथ लाकर मानव चेतना के विकास को वैज्ञानिक दृष्टि देती है।

4. वैश्विक धर्म - Beyond Religion

सत्यकाशी का धर्म किसी संप्रदाय का नहीं,
बल्कि "मानवता की आत्मा" का है।
यह कहता है -

"जो सत्य को खोजता है, वही सनातन है।"

5. राज्य और आत्मा का समन्वय

यह पीठ बताती है कि शासन तंत्र तभी स्थायी है
जब वह आत्मिक अनुशासन पर आधारित हो।
यह "राजनीति का आध्यात्मिकीकरण" है,
जिसे भविष्य की सभ्यता का आधार माना गया है।

"अंतिम शंकराचार्य पीठ" क्यों कहा गया

चार पीठें धर्म की दिशा का प्रतीक थीं,
पाँचवाँ पीठ **धर्म की दिशा से परे उसकी पूर्णता** का प्रतीक है।
यह अब किसी भौगोलिक क्षेत्र के लिए नहीं,
बल्कि पूरे विश्व की चेतना के लिए है।

"जब मनुष्य का धर्म मानवता होगा,
तब सत्यकाशी पाँचवाँ ही नहीं, अंतिम पीठ सिद्ध होगा।"

सत्यकाशी पीठ का दार्शनिक आधार

इस पीठ की जड़ें तीन सूत्रों पर टिकी हैं -

1. **ब्रह्म सत्यम्** - सत्य सर्वत्र है।
2. **जगत् मिथ्या** - भेद, संप्रदाय और हिंसा केवल अज्ञान की छाया हैं।
3. **जीवो ब्रह्मैव नापरः** - प्रत्येक व्यक्ति ब्रह्म का ही अंश है।

यही दर्शन राजनीति में यह रूप लेता है -

दर्शन	राजनीतिक रूप
ब्रह्म सत्यम्	राज्य का आधार सत्य और नीति
जगत मिथ्या	जाति, रंग, धर्म से ऊपर समानता
जीवो ब्रह्मैव	प्रत्येक नागरिक में दिव्यता का सम्मान

निष्कर्ष

**सत्यकाशी पीठ शंकराचार्य की परंपरा का समापन नहीं,
बल्कि उसका परिपूर्ण रूप है।
यह धर्म, राजनीति, और चेतना -
तीनों के संगम से एक** नया युग **आरंभ करता है।**

**"पहले चार पीठों ने दिशा दी,
पाँचवें ने दिशा को प्रकाश बना दिया।"**

**सत्यकाशी पीठ इसलिए अंतिम है -
क्योंकि यह अद्वैत को सिद्धांत नहीं,
बल्कि जीवित अनुभव बना देता है।**

भाग-5

सत्यकाशी पीठ के कार्य

धारा-उद्धार: धर्म की पुनर्स्थापना

मनुष्य चेतना का रूपांतरण

साधना, दीक्षा और आध्यात्मिक अनुष्ठान

वैश्विक कार्य: मानवता के लिए संदेश

शिव-तत्व और कल्कि-तत्व का मिलन

"सार्वभौम सत्य-सिद्धान्त" पर आधारित "युग परिवर्तन श्रृंखला" के नवयुग के शास्त्र-साहित्य

धारा-उद्धारः धर्म की पुनर्स्थापना

सत्यकाशी पीठ का प्रथम और सर्वोपरि कार्य है-**धारा-उद्धार**, अर्थात वह दिव्य धारा जो युगों से मलीन, विभ्रांत या विकृत हो चुकी है, उसे पुनः शुद्ध स्वरूप में प्रवाहित करना। "धर्म" शब्द यहाँ किसी संप्रदाय, पद्धति या विचारधारा का नाम नहीं; धर्म का अर्थ है-**जगत की अंतर्निहित समरसता, सत्य और सृष्टि-नियम**।

जब युग बदलता है, धर्म की धारा अवरुद्ध हो जाती है।
सत्य केवल ग्रंथों में रह जाता है, इसके प्रयोग का बल खो जाता है।
लोग अनुष्ठान तो करते हैं, पररस के बिना;
मंत्र तो बोलते हैं, पर अर्थ के बिना;
धर्म का नाम तो लेते हैं, पर धर्म का जीवन नहीं जीते।

सत्यकाशी पीठ इस जड़ता को तोड़ता है।

यह धारा-उद्धार तीन प्रकार से होता है:

1. सत्य-दृष्टि का पुनर्जागरण

लोगों में सत्य को पहचानने और जीने की क्षमता पुनः सक्रिय होती है।
यह क्षमता बिना किसी प्रवचन-केवल चेतना-संक्रमण से जगती है।

2. धर्म का प्रयोगशाला-रूप

सत्यकाशी पीठ धर्म को जीवन के केंद्र में स्थापित करता है।
धर्म यहाँ सिद्धांत नहीं-व्यवहार और चरित्र का प्रवाह है।

3. युग-धर्म की घोषणा

हर युग का धर्म अलग होता है।
कलियुग से सतयुग में प्रवेश के लिए जो धर्म आवश्यक है-योग, करुणा, सत्य, उच्च चेतना, मानव-एकत्व-उसका पुनःस्थापन पीठ के मुख्य कार्यों में है।

इस प्रकार, धारा-उद्धार वह बीज है जिससे नए युग की पूरी फसल अंकुरित होती है।

मनुष्य चेतना का रूपांतरण

युग परिवर्तन का मूल आधार मनुष्य की बाहरी परिस्थितियाँ नहीं-उसकी **भीतर की चेतना** है। सत्यकाशी पीठ का दूसरा मुख्य कार्य इसी रूपांतरण से जुड़ा है।

मनुष्य आज बुद्धि में प्रबल है, पर चेतना में सुप्त।
ज्ञान बहुत है, पर विवेक कम।
सूचना बहुत है, पर अनुभूति नहीं।
असंतोष बहुत है, पर दिशा नहीं।

पीठ का उद्देश्य मनुष्य को बाहरी उपलब्धियों से हटाकर भीतर की यात्रा में प्रवेश कराना है।

रूपांतरण के चार चरण

1. जागरण (Awakening)

मनुष्य स्वयं से पहला प्रश्न पूछता है-"मैं कौन हूँ?"
यह प्रश्न जन्म देता है।

2. शुद्धि (Purification)

पुराने संस्कार, भय, भ्रम और अहंकार टूटने लगते हैं।

3. विस्तार (Expansion)

चेतना शरीर-मन से आगे बढ़कर सूक्ष्म और कारण-स्तरों को अनुभव करने लगती है।

4. परिणति (Realization)

मनुष्य अपने भीतर स्थित दिव्य-सत्ता को पहचान लेता है।
यही "नया मनुष्य" है-युग परिवर्तन का वाहक।

पीठ का कार्य प्रत्येक साधक को इन चार चरणों के मार्ग से गुज़ारना है-धीरे, सहज, और सामूहिक ऊर्जा के साथ।

साधना, दीक्षा और आध्यात्मिक अनुष्ठान

हर परिवर्तन की जड़ अनुशासन और साधना है।
सत्यकाशी पीठ में साधना केवल ध्यान या मंत्र नहीं-यह एक पूर्ण जीवन-शास्त्र है।

1. साधना (Spiritual Practice)

- आंतरिक शांति
- चेतना का विस्तार
- ऊर्जा का स्थिरीकरण
- स्मृति-शोधन
- आत्म-प्रकाश

पीठ की साधना आधुनिक मन के अनुसार सरल, गहरी और प्रभावकारी है।
यह शरीर, मन, प्राण और चेतना-सभी स्तरों पर काम करती है।

2. दीक्षा (Initiation)

दीक्षा बाहरी कर्म नहीं-ऊर्जा का आंतरिक स्थानांतरण है।
यह वह क्षण है जब साधक की चेतना में युग-ऊर्जा का बीज रोपा जाता है।
यह बीज धीरे-धीरे जागता है और साधक स्वयं एक "चेतना-केंद्र" बन जाता है।

3. अनुष्ठान (Rituals)

अनुष्ठान ब्रह्मांडीय ऊर्जा को पृथ्वी पर स्थिर करने के उपकरण हैं।
सत्यकाशी पीठ में अनुष्ठान प्राचीन और आधुनिक दोनों हैं-
वे बाहरी प्रतीकों से अधिक आंतरिक परिवर्तन पर आधारित हैं।

अनुष्ठान केवल पूजा नहीं-वे प्रकाश का आह्वान हैं।

वैश्विक कार्य - मानवता के लिए संदेश

सत्यकाशी पीठ का कार्य किसी एक देश, संस्कृति या समुदाय तक सीमित नहीं।
युग परिवर्तन हमेशा वैश्विक होता है-इसलिए उसका संदेश भी वैश्विक होता है।

आज मानवता कई स्तरों पर विभाजित है-
भाषा, धर्म, राजनीति, अर्थव्यवस्था, जाति, विचार।
पर चेतना का सत्य इन सभी से ऊपर है।

सत्यकाशी पीठ का वैश्विक संदेश यही है:

1. मानव एक है

भिन्नता केवल बाहरी है; भीतर सबमें एक ही प्रकाश विद्यमान है।

2. पृथ्वी हमारा साझा आश्रम है

मानवता को पृथ्वी-चेतना के साथ सुसंगत होना होगा।

3. धर्म संघर्ष नहीं-एकता का मार्ग है

सभी पवित्र परंपराएँ एक ही सत्य के भिन्न द्वार हैं।

4. विज्ञान और अध्यात्म एक-दूसरे के पूरक हैं

दुनिया का नया युग तभी जन्म लेगा जब विज्ञान चेतना को समझेगा, और अध्यात्म विज्ञान को अपनाएगा।

5. कल्कि-ऊर्जा सार्वभौमिक है

यह ऊर्जा किसी राष्ट्र का, पंथ का, या समूह का स्वामित्व नहीं;
यह सम्पूर्ण मानवता का जन्मसिद्ध अधिकार है।

सत्यकाशी पीठ का उद्देश्य इसी संदेश को विश्व तक पहुँचाना है-शब्द, कला, ध्यान, साधना, विज्ञान और ऊर्जा के माध्यम से।

शिव-तत्व और कल्कि-तत्व का मिलन

युग परिवर्तन का अंतिम रहस्य दो महाशक्तियों के मिलन में निहित है-
शिव-तत्व और **कल्कि-तत्व**।

शिव-तत्व

संहार, मौन, तत्त्व-ज्ञान, समाधि और शून्य का प्रतिनिधि।
यह सभी रूपों का विसर्जन है-स्रोत में लौटना।

कल्कि-तत्व

नव-सृष्टि, धर्मस्थापन, ऊर्जा का उत्थान और युग-चक्र का पुनर्मूल्यांकन।
यह समय को पुनः संतुलित करने वाली शक्ति है।

दोनों का मिलन तब होता है जब:

- पुराना युग समाप्त हो रहा हो
- नया युग जन्म ले रहा हो
- पृथ्वी अपनी चेतना बदल रही हो
- मानवता परिवर्तन की पुकार कर रही हो

शिव-तत्व पुरातन को शून्य करता है,
और उसी शून्य में कल्कि-तत्व नया ब्रह्मांडीय क्रम स्थापित करता है।

सत्यकाशी पीठ इसी मिलन का केंद्र है-
जहाँ **शिव का मौन** और **कल्कि का उदय**
एक साथ कार्य करते हैं।

यही मिलन युग के नये चक्र की शुरुआत है-
यहीं से सतयुग का नया सूर्योदय होता है।

"सार्वभौम सत्य-सिद्धान्त" पर आधारित "युग परिवर्तन श्रृंखला" के नवयुग के शास्त्र-साहित्य

विभिन्न सम्प्रदाय (धर्म), जाति, मत, दर्शन इत्यादि में विभाजित इस मानव समाज में वर्तमान तथा आने वाले भविष्य के समय की मूल आवश्यकता है- मानव के मनो का एकीकरण अर्थात मानव मन का भूमण्डलीकरण एवं ब्रह्माण्डीयकरण। इसकी आवश्यकता इसलिए भी है क्योंकि मानव अपने विज्ञान व तकनीकी ज्ञान से प्राप्त संसाधनो का प्रयोग करते हुये, एक तरफ तो ब्रह्माण्ड की ओर चल पड़ा है तो दुसरी तरफ विध्वंस के लिए अनेक हथियारों का भी निर्माण कर चुका है। ऐसी स्थिति में हमें निश्चित रूप से ऐसे एकीकरण की आवश्यकता है जिससे हम इस पृथ्वी से मानसिक स्तर के विवादों को समाप्त कर सकें।

माया सभ्यता के अनुसार विश्व के मानव समाज यह भी मान रहें हैं कि 21 दिसम्बर, 2012 को दुनिया का अन्त हो जायेगा। जबकि हिन्दू धर्म शास्त्र विष्णु पुराण, भागवत पुराण, अग्नि पुराण, गरूड़ पुराण, पद्म पुराण इत्यादि में भगवान के दसवें और महाअवतार "कल्कि" का होना अभी शेष है। जिनसे कलियुग के अंधकार व विनाश को समाप्त करने का कार्य सम्पन्न होगा, साथ ही सत्ययुग का आरम्भ होगा। सिक्ख धर्म के पवित्र ग्रन्थ "दशम् ग्रन्थ" में भी "कल्कि अवतार" का वर्णन मिलता है।

सृजन और विनाश, का स्तर शारीरिक, आर्थिक व मानसिक होता है। जो एक व्यक्ति, समाज, देश और विश्व राष्ट्र के लिए होता है। व्यक्ति पर हुये शारीरिक, आर्थिक व मानसिक सृजन और विनाश को व्यक्ति ही अनुभव करता है परन्तु समाज, देश और विश्व राष्ट्र पर हुये शारीरिक, आर्थिक व मानसिक सृजन व विनाश को सार्वजनिक रूप से सभी देखते है। समाज, देश और विश्व राष्ट्र पर शारीरिक व आर्थिक सृजन और विनाश वर्तमान में तो चल ही रहा है जिसे सार्वजनिक रूप से मानव समाज देख रहा है।

भौतिकवादी पश्चिमी संस्कृति किसी भी सृजन व विनाश को मानसिक स्तर पर सोच ही नहीं सकता क्योंकि वह समस्त क्रियाकलाप को बाह्य जगत में ही घटित होता समझाता है जबकि वर्तमान समय मानसिक स्तर पर विनाश व सृजन का है। इस आधार पर यह कहा जा सकता है कि माया सभ्यता के अनुसार 21 दिसम्बर, 2012 को जो विनाश व सृजन होगा, वह मानसिक स्तर का ही होगा। जिसके परिणामस्वरूप सभी सम्प्रदाय, मत, दर्शन एक उच्च स्तर के विचार या सत्य में विलीन अर्थात विनाश को प्राप्त करेगा। फलस्वरूप उच्च स्तर के विचार या सत्य में स्थापित होने से सृजन होगा। कुल मिलाकर माया सभ्यता के कैलेण्डर का अन्त तिथि 21 दिसम्बर, 2012, दुनिया के अन्त की तिथि नहीं बल्कि वह वर्तमान युग के अन्त की अन्तिम तिथि का अनुमान है जिसके बाद नये युग का आरम्भ होगा।

ईश्वर भी इतना मूर्ख व अज्ञानी नहीं है कि वह स्वयं को इस मानव षरीर में पूर्ण व्यक्त किये बिना ही दुनिया को नष्ट कर दे। इसके सम्बन्ध में हिन्दू धर्म शास्त्रों में सृष्टि के प्रारम्भ के सम्बन्ध में कहा गया है कि- "ईश्वर ने इच्छा व्यक्त की कि मैं एक हूँ, अनेक हो जाऊँ"। इस प्रकार जब वही ईश्वर सभी में है तब निश्चित रूप से जब तक सभी मानव ईश्वर नहीं हो जाते तब तक दुनिया के अन्त होने का कोई प्रश्न ही नहीं उठता। और विकास क्रम चलता रहेगा।

21 दिसम्बर, 2012 के बाद का समय नये युग के प्रारम्भ का समय है जिसमें ज्ञान, ध्यान, चेतना, भाव, जन, देश, विश्व राष्ट्र, आध्यात्मिक जागरण, मानवता इत्यादि का विश्वव्यापी विकास होगा। परिणामस्वरूप सभी मानव को ईश्वर रूप में स्थापित होने का अवसर प्राप्त होगा। और यही विश्व मानव समाज की मूल आवश्यकता है। प्राचीन वैदिक काल में समाज को नियंत्रित करने के लिए ज्ञानार्जन सबके लिए खुला नहीं था परन्तु वर्तमान और भविष्य की आवश्यकता यह है कि समाज को नियंत्रित करने के लिए सभी को पूर्ण ज्ञान से युक्त कर सभी के लिए ज्ञान को खोल दिया जाय। यही कारण था कि वेद को प्रतीकात्मक रूप में लिख कर गुरू-शिष्य परम्परा द्वारा उसकी व्याख्या की जाती रही थी जिससे राजा और समाज को नियंत्रण में रखा जा सके।

सभी मानव को ईश्वर रूप में स्थापित होने के लिए जो माध्यम चाहिए वह है-"एकात्म विज्ञान" व "ईश्वर शास्त्र" विषय से मानव को शिक्षित करना और शिक्षा पाठ्यक्रम में अनिवार्य रूप से अध्ययन के लिए शामिल कराया जा सके।

"सार्वभौम सत्य-सिद्धांत"पर आधारित "युग परिवर्तन श्रृंखला" मानवता के अगली पीढ़ी के उदय के लिए

"नये युग" में "नये भारत" के लिए "नवीन मान-राग-प्राण" पर आधारित क्रियान्वयन प्रणाली (Operation System)-मानव-10 (MANAV-10) की पुस्तकें

यह नई पीढ़ी (Gen-Z) के लिए "विकसित भारत" और "मानव-10 प्रणाली" (MANAV-10 System) को प्रोत्साहित करने वाली श्रृंखला का हिस्सा है। अर्थात् यह पुस्तक किसी धर्म, जाति या मत से ऊपर उठकर "Universal Truth Principles" की ओर संकेत करती है।

मुद्रित (Printed Hard Copy) पुस्तक के लिए लिंक(Link)

https://notionpress.com/author/lava_kush

E_Book के लिए

www.64inch.com

द्वापर युग में आठवें अवतार श्रीकृष्ण द्वारा प्रारम्भ किया गया कार्य नवसृजन के प्रथम भाग सार्वभौम ज्ञान के शास्त्र "गीता" के बाद कलियुग में द्वितीय और अन्तिम भाग "सार्वभौम कर्मज्ञान" और "पूर्णज्ञान का पूरक शास्त्र"

विश्व युद्ध के पहले
दिव्य दृष्टि
सत्यकाशी पीठ
पांचवां और अन्तिम शंकराचार्य पीठ

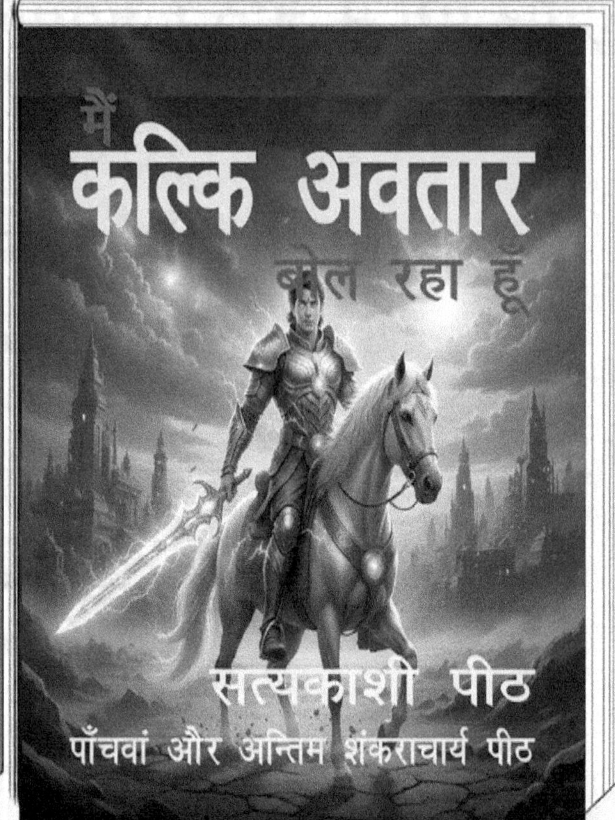
मैं
कल्कि अवतार
बोल रहा हूँ
सत्यकाशी पीठ
पाँचवां और अन्तिम शंकराचार्य पीठ

समष्टि गीता
सत्यकाशी पीठ
पाँचवां और अन्तिम शंकराचार्य पीठ

फिल्म स्क्रीप्ट
राइटिंग
IDEAS
You are the writer of your life
FRESH Ideas
Writing is designing with words
Creative THINKING
LIGHTS CAMERA ACTION
Short Films.
लव कुश सिंह “विश्वमानव”

प्रारम्भिक सत्य
अन्तिम
दृष्टि
सत्यकाशी पीठ
पाँचवां और अन्तिम शंकराचार्य पीठ

सत्य धर्म
युग परिवर्तक
दृष्टि
सत्यकाशी पीठ
पाँचवां और अन्तिम शंकराचार्य पीठ

सत्य दार्शनिक-दर्शन
और
कर्म वेदान्त-विकास
दर्शन
सत्यकाशी पीठ
पाँचवां और अन्तिम शंकराचार्य पीठ

सत्य शास्त्र
एवं
पुराण रहस्य
महर्षि व्यास
कला
सत्यकाशी पीठ
पाँचवां और अन्तिम शंकराचार्य पीठ

संत एवं गुरु
और
विश्व संत एवं गुरु
सत्यकाशी पीठ
पाँचवां और अन्तिम शंकराचार्य पीठ

समाज और
ईश्वरीय समाज
सत्यकाशी पीठ
पाँचवां और अन्तिम शंकराचार्य पीठ

सत्य शास्त्र और
विश्वशास्त्र
सत्यकाशी पीठ
पाँचवां और अन्तिम शंकराचार्य पीठ

कृति
और
विश्व
कृति
सत्यकाशी पीठ
पाँचवां और अन्तिम शंकराचार्य पीठ

भारत माता मन्दिर
और
विश्वधर्म मन्दिर
सत्यकाशी पीठ
पाँचवां और अन्तिम शंकराचार्य पीठ

महाभारत
और
विश्वभारत
सत्यकाशी पीठ
पाँचवां और अन्तिम शंकराचार्य पीठ

संविधान और
विश्व संविधान
सत्यकाशी पीठ
पांचवां और अन्तिम शंकराचार्य पीठ

शिक्षा और
पूर्ण शिक्षा
सत्यकाशी पीठ
पांचवां और अन्तिम शंकराचार्य पीठ

देवता और सार्वभौम देवता
कल्कि
सत्यकाशी पीठ

माँ कल्कि

द्वादस ज्योतिर्लिंग और
१३वां अन्तिम ज्योतिर्लिंग
सत्यकाशी पीठ
पाँचवां और अन्तिम शंकराचार्य पीठ

काशी
मोक्षदायिनी
और
जीवनदायिनी

सत्यकाशी
स्वर्णयुग
का
तीर्थ

काशी
रहस्योद्घाटन
सत्यकाशी पीठ
पांचवां और अन्तिम शंकराचार्य पीठ

2020
सत्यकाशी पीठ
पाँचवां और अन्तिम शंकराचार्य पीठ

ईश्वर
का
संक्षिप्त इतिहास
सत्यकाशी पीठ
पाँचवां और अन्तिम शंकराचार्य पीठ

अवतार
अन्तिम सत्य दृष्टि
सत्यकाशी पीठ
पाँचवां और अन्तिम शंकराचार्य पीठ

भविष्यवाणियाँ
और
कल्कि अवतार
सत्यकाशी पीठ
पाँचवां और अन्तिम शंकराचार्य पीठ

स्वामी विवेकानन्द
और
कल्कि अवतार
सत्यकाशी पीठ
पाँचवां और अन्तिम शंकराचार्य पीठ

मनु मनवन्तर
और
कल्कि अवतार
सत्यकाशी पीठ
पाँचवां और अन्तिम शंकराचार्य पीठ

व्यास, शास्त्र
और
कल्कि अवतार
सत्यकाशी पीठ
पाँचवां और अन्तिम शंकराचार्य पीठ

ऋषि, ऋषि परम्परा
और
कल्कि अवतार
सत्यकाशी पीठ
पाँचवां और अन्तिम शंकराचार्य पीठ

दूसरा आगमन
या
अन्तिम आगमन
सत्यकाशी पीठ
पाँचवां और अन्तिम शंकराचार्य पीठ

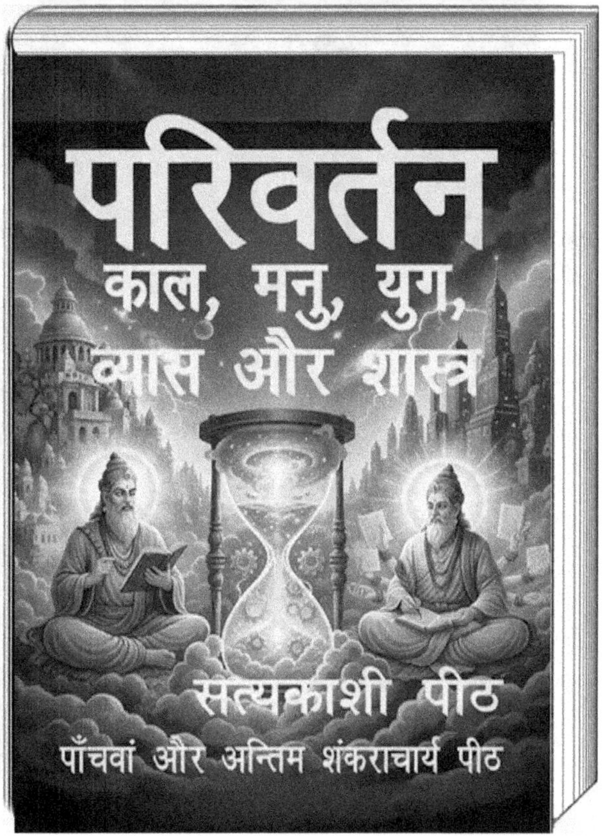
परिवर्तन
काल, मनु, युग,
व्यास और शास्त्र
सत्यकाशी पीठ
पाँचवां और अन्तिम शंकराचार्य पीठ

राम, रावण
और
सार्वभौम एकात्म
सत्यकाशी पीठ
पाँचवां और अन्तिम शंकराचार्य पीठ

मैं
व्यक्तिगत या सार्वभौम
सत्यकाशी पीठ
पाँचवां और अन्तिम शंकराचार्य पीठ

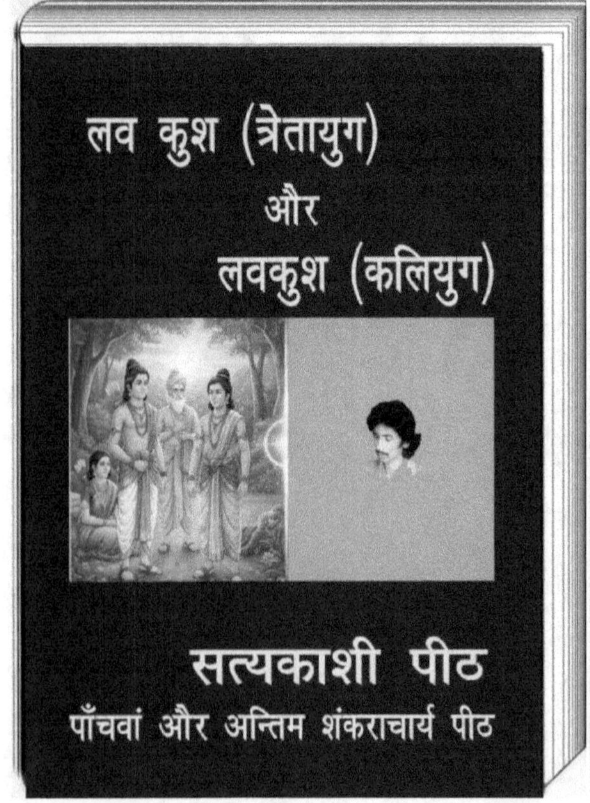
लव कुश (त्रेतायुग)
और
लवकुश (कलियुग)
सत्यकाशी पीठ
पाँचवां और अन्तिम शंकराचार्य पीठ

कल्कि महावतार
आ चुके हैं
(ACTION PLAN)
सत्यकाशी पीठ
पाँचवां और अन्तिम शंकराचार्य पीठ

लव कुश सिंह
(कल्कि महावतार)
जीवन, ज्ञान, कर्म और विश्वरूप
सत्यकाशी पीठ
पाँचवां और अन्तिम शंकराचार्य पीठ

वैश्विक बुद्ध
बुद्ध का
भाग-दो
और अन्तिम
सत्यकाशी पीठ
पाँचवां और अन्तिम शंकराचार्य पीठ

बुड्ढ़ा कृष्ण
कृष्ण का
भाग-दो
और अन्तिम
सत्यकाशी पीठ
पाँचवां और अन्तिम शंकराचार्य पीठ

सम्पूर्ण क्रान्ति
अन्तिम कार्य योजना
64
सत्यकाशी पीठ
पांचवां और अन्तिम शंकराचार्य पीठ

सम्पूर्ण क्रान्ति
वेबसाइट मार्गदर्शन
विवरणिका
www.64inch.com
सत्यकाशी पीठ
पाँचवां और अन्तिम शंकराचार्य पीठ

पुनर्निर्माण
(RENEW)
समस्या, समाधान
और
राष्ट्र निर्माण की योजना
सत्यकाशी पीठ
पाँचवां और अन्तिम शंकराचार्य पीठ

पुनर्निर्माण
(RENEW)
ग्राम एवं नगर वार्ड
प्रेरक
सत्यकाशी पीठ
पाँचवां और अन्तिम शंकराचार्य पीठ

द्वापर युग में आठवें अवतार श्रीकृष्ण द्वारा प्रारम्भ किया गया कार्य "नवसृजन" के
प्रथम भाग "सार्वभौम ज्ञान" के शास्त्र "गीता" के बाद कलियुग में
द्वितीय और अन्तिम भाग "सार्वभौम कर्मज्ञान" और "पूर्णज्ञान का पूरक शास्त्र"
।। विश्वशास्त्र ।।
द नॉलेज ऑफ फाइनल नॉलेज
परिचय
- लव कुश सिंह "विश्वमानव"

एन्टायर पालिटिक्स
पूर्ण पाठ्यक्रम
सत्यकाशी पीठ
और अन्तिम शंकराचार्य पीठ

वसुधैव
कुटुम्बकम्
सत्यकाशी पीठ
पाँचवां और अन्तिम शंकराचार्य पीठ

।।कर्मवेद।।
प्रथम, अन्तिम तथा पंचम
सत्यकाशी पीठ
पांचवां और अन्तिम शंकराचार्य पीठ

आठवें अवतार
श्रीकृष्ण
के
संदेश
सत्यकाशी पीठ
पांचवां और अन्तिम शंकराचार्य पीठ

अयोध्या नहीं,
मुंगेर है
राम जन्मभूमि
सत्यकाशी पीठ
पाँचवां और अन्तिम शंकराचार्य पीठ

विश्वमानव
भूतपूर्व नेतृत्वकर्ताओं
का
स्पष्टिकरण
सत्यकाशी पीठ
पाँचवां और अन्तिम शंकराचार्य पीठ

विश्वमानव
वर्तमान नेतृत्वकर्ताओं
का
स्पष्टिकरण
सत्यकाशी पीठ
पाँचवां और अन्तिम शंकराचार्य पीठ

विश्वमानव
वार्ता, वक्तव्य
एवं
वाणीयाँ
सत्यकाशी पीठ
पाँचवां और शंकराचार्य पीठ

विश्वमानव
पत्रावली, प्रसारण
और
अन्तिम पत्र
सत्यकाशी पीठ
पाँचवां और अन्तिम शंकराचार्य पीठ

सत्य जनहित
आह्वान
सत्यकाशी पीठ
पाँचवां और अन्तिम शंकराचार्य पीठ

विश्व शान्ति
अन्तिम सत्य दृष्टि
सत्यकाशी पीठ
पाँचवां और अन्तिम शंकराचार्य पीठ

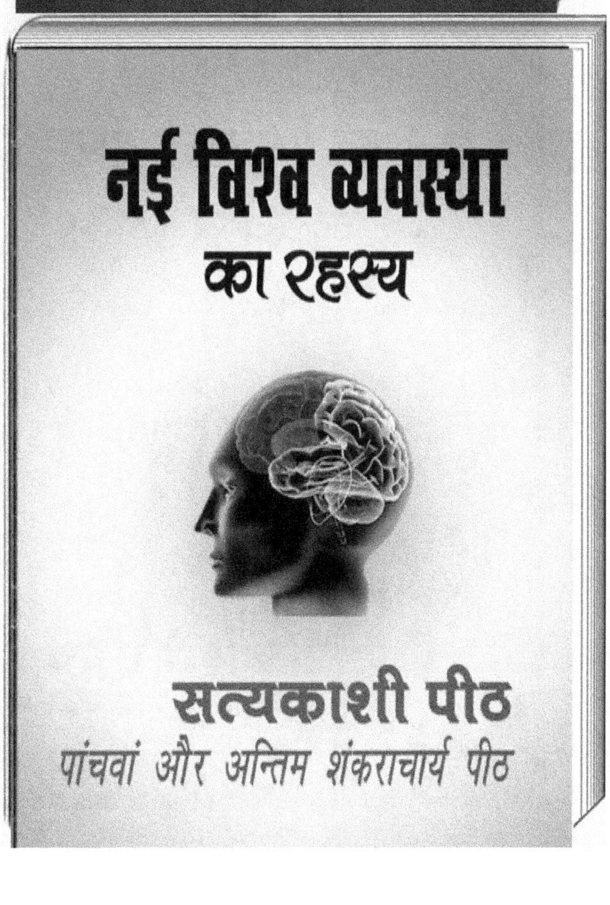
नई विश्व व्यवस्था
का रहस्य
सत्यकाशी पीठ
पांचवां और अन्तिम शंकराचार्य पीठ

समाजवाद
ब्रह्माण्डीय विकास का अवतारी मार्ग
सत्यकाशी पीठ
पांचवां और अन्तिम शंकराचार्य पीठ

भारतवाद
राष्ट्रवाद की मुख्यधारा
सत्यकाशी पीठ
पांचवां और अन्तिम शंकराचार्य पीठ

100 वर्षीय संयुक्त राष्ट्र
को अग्रिम सन्देश
सत्यकाशी पीठ
पांचवां और अन्तिम शंकराचार्य पीठ

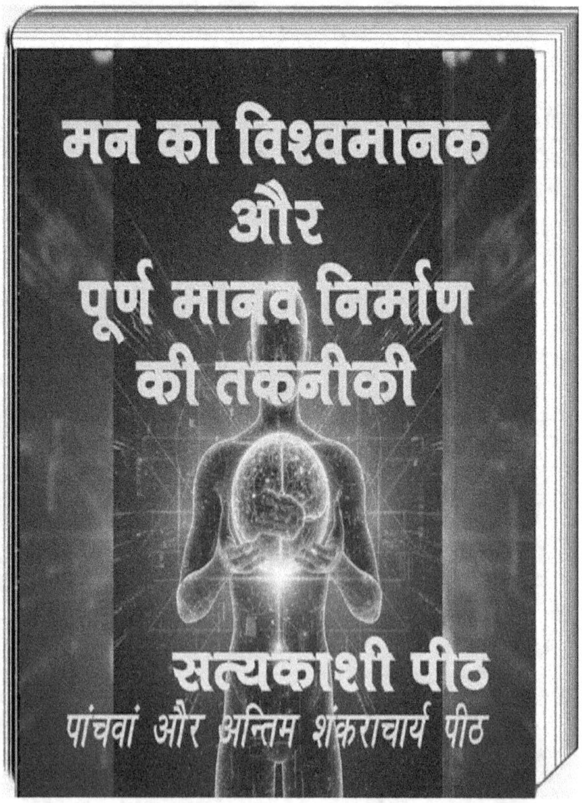
मन का विश्वमानक
और
पूर्ण मानव निर्माण
की तकनीकी
सत्यकाशी पीठ
पांचवां और अन्तिम शंकराचार्य पीठ

गणराज्य, संघ,
मानकीकरण संगठन
और
सम्पूर्ण मानक
सत्यकाशी पीठ
पाँचवां और अन्तिम शंकराचार्य पीठ

व्यापार केन्द्र
दृश्य सत्य
सत्यकाशी पीठ
पाँचवां और अन्तिम शंकराचार्य पीठ

सार्वभौम एकात्म
नव विश्व निर्माण
सत्यकाशी पीठ
पांचवां और अन्तिम शंकराचार्य पीठ

मानक विपणन
प्रणाली
सत्यकाशी पीठ
पाँचवां और अन्तिम शंकराचार्य पीठ

स्वर्णयुग का मानक
आदर्श नागरिक
दिशा निर्देश
सत्यकाशी पीठ
पांचवां और अन्तिम शंकराचार्य पीठ

स्वर्णयुग का
विश्वधर्म
परिचय
सत्यकाशी पीठ
पांचवां और अन्तिम शंकराचार्य पीठ

मैत्रेय बुद्ध
की ओर
सत्यकाशी पीठ
पांचवां और अन्तिम शंकराचार्य पीठ

विशाल ज्ञान विज्ञान
सबका समाधान
सूर्योदय
जय जनता जय कानून
हम सब एक दूसरे से हैं और एक दूसरे के लिए हैं
सौजन्य से : सारे गैर सरकारी प्राणी : सरकारी प्राणी : इज्जतदार नेता और
सबका भविष्य विद्यार्थीगण........के लिए।

सार्वभौम सत्य-सिद्धान्त आधारित "युग परिवर्तक" शृंखला
कल्कि धाम
और
कल्कि परिचय
- लव कुश सिंह "विश्वमानव"

सार्वभौम सत्य-सिद्धान्त आधारित "युग परिवर्तक" शृंखला
चार शंकराचार्य पीठ
और
पांचवां-अन्तिम पीठ
सत्यकाशी पीठ
सत्यकाशी पीठ
सत्यकाशी पीठ
पांचवां और अन्तिम शंकराचार्य पीठ

कल्कि अमृत
महाकुम्भ
2025
FINAL KNOWLEDGE BOMB BLAST
सत्यकाशी पीठ
पांचवां और अन्तिम शंकराचार्य पीठ

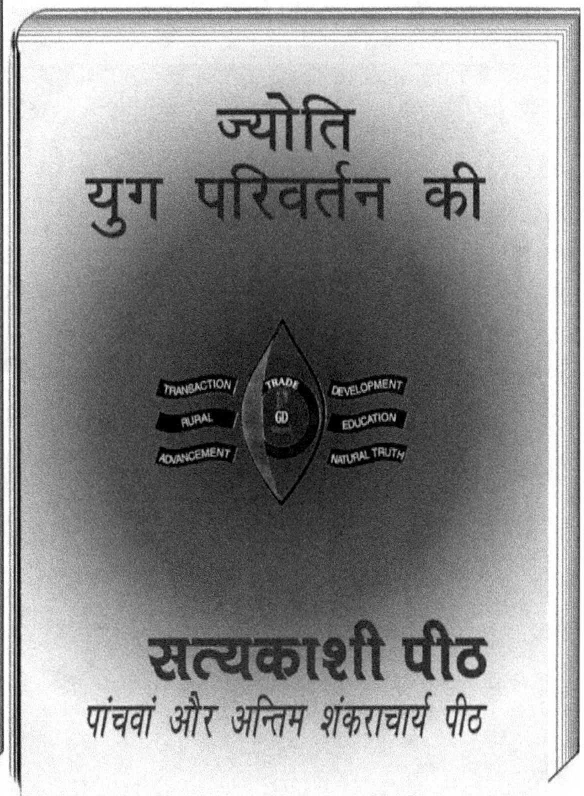
ज्योति
युग परिवर्तन की
TRANSACTION
TRADE
DEVELOPMENT
RURAL
GD
EDUCATION
ADVANCEMENT
NATURAL TRUTH
सत्यकाशी पीठ
पांचवां और अन्तिम शंकराचार्य पीठ

युग परिवर्तन
के
शब्द
सत्यकाशी पीठ
पांचवां और अन्तिम शंकराचार्य पीठ

विचारों का अंत
2025
सत्यकाशी पीठ
पांचवां और अन्तिम शंकराचार्य पीठ

विश्व सत्य घोषणा-पत्र
2025–मानव जाति तक
RSS
Rational Service
Society
सत्यकाशी पीठ
पांचवां और अन्तिम शंकराचार्यपीठ

वैश्विक युग परिवर्तन के लिए
विश्व राजनीतिक पार्टी
संघ
RSS
Rational Service
Society
सत्यकाशी पीठ
पांचवां और अन्तिम शंकराचार्यपीठ

क्रिप्टो करेंसी
और मोबाइल माइनिंग
–लव कुश सिंह "विश्वमानव"

पीढ़ी
मानवीय और ईश्वरीय
2 3 4 5 6 7 8 9 10
वात्सल्य त्रिपाठी

बुढ़ा कृष्ण
अन्तिम मिलन
वात्सल्य त्रिपाठी

जेन-जी
अन्तिम लक्ष्य
वात्सल्य त्रिपाठी

पाँचवां-अन्तिम पीठ
सत्यकाशी पीठ
परिचय
वात्सल्य त्रिपाठी
पाँचवां और आंतिम शंकराचार्य पीठ

कबीर और
जेन-जी
नई चेतना, नया मानव
चेतना और नवयुग की संवाद यात्रा
वात्सल्य त्रिपाठी

कल्कि की
ज्योति
बिहार से
ज्योति राठौड़

एक बिहारी
धरती पर भारी
ज्योति राठौड़

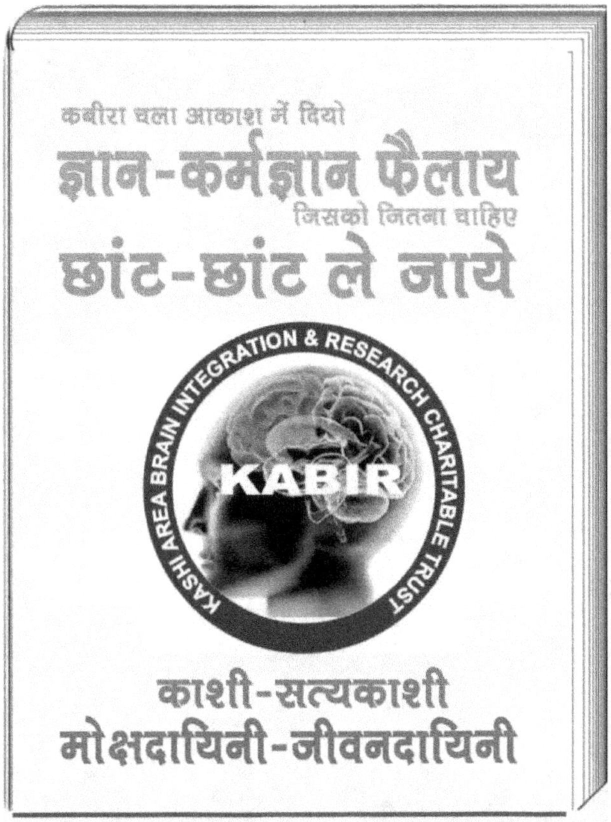
कबीरा चला आकाश में दियो
ज्ञान-कर्मज्ञान फैलाय
जिसको जितना चाहिए
छांट-छांट ले जाये
KASHI AREA BRAIN INTEGRATION & RESEARCH CHARITABLE TRUST
KABIR
काशी-सत्यकाशी
मोक्षदायिनी-जीवनदायिनी

कुर्म वंश
और
चरणाद्रिगढ़
स्वामी रमेशानन्द

आर.एस.एस
नवयुग के लिए
वैश्विक व्यक्तिगत पुस्तकालय
RATIONAL SERVICE SOCIETY (RSS)
WORLD PERSONAL LIBRARY FOR NEW AGE
A GUIDE TO GLOBAL WISDOM & FUTURE THOUGHT
स्वामी रमेशानन्द

झोला उठने के बाद
सोशल मीडिया
के लिए
कन्टेन्ट बैंक
विस्तृत गाइड: विचार, रणनीतियाँ, और संसाधन
www.64inch.com
सत्यकाशी पीठ
पांचवां और अन्तिम शंकराचार्य पीठ

झोला उठने के बाद
कल्कि
सत्यकाशी पीठ
पांचवां और अन्तिम शंकराचार्य पीठ

युग परिवर्तन के लिए:
विश्व पुस्तकालय बनाम कल्कि पुस्तकालय
www.64inch.com
बनाम
कल्कि पुस्तकालय
ज्ञान का महासंग्राम - भविष्य का निर्माण
सत्यकाशी पीठ
पांचवां और अन्तिम शंकराचार्य पीठ

व्हाट्सएप्प यूनिवर्सिटी
और
सु-इसु यूनिवर्सिटी
सत्यकाशी पीठ
पांचवां और अन्तिम शंकराचार्य पीठ

इंडिया
भारत का विश्वरूप
सत्यकाशी पीठ
पांचवां और अन्तिम शंकराचार्य पीठ

अधूरे सपनों का अन्तिम मार्ग
सत्यकाशी पीठ
पांचवां और अन्तिम शंकराचार्य पीठ

मानक संविधान और बहुजन
सत्यकाशी पीठ
पांचवां और अन्तिम शंकराचार्य पीठ

विकसित भारत अन्तिम मुद्दे
-ईश्वरीय/मानवीय पीढ़ी-10 (GEN-10)
-व्यक्तिगत
-पारिवारीक
-सामाजिक
-धार्मिक
-राष्ट्रीय
-वैश्विक
सत्यकाशी पीठ
पांचवां और अन्तिम शंकराचार्य पीठ

एक नया विकल्प
THREADS
सत्यकाशी पीठ
पांचवां और अन्तिम शंकराचार्य पीठ

विकसित भारत
शिक्षितों का अन्तिम ईश्वरीय मॉडल
सत्यकाशी पीठ
पांचवां और अन्तिम शंकराचार्य पीठ

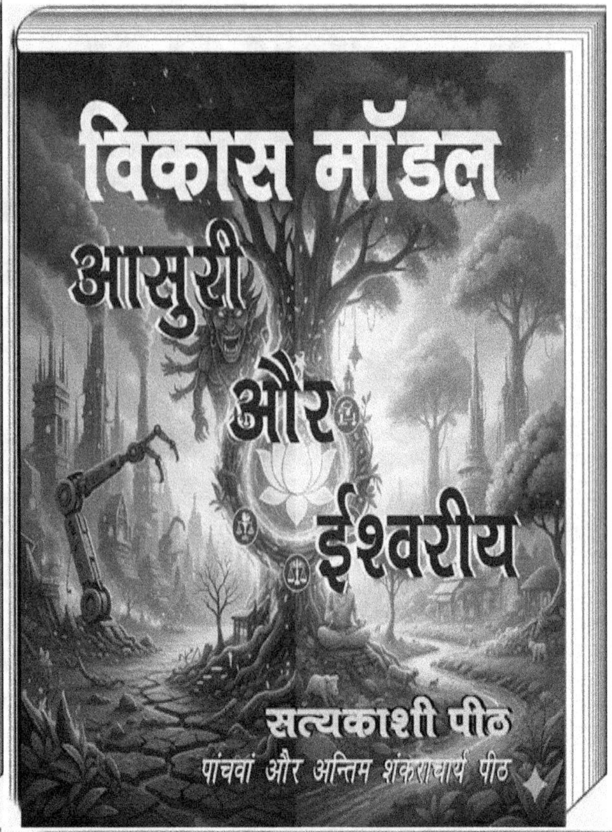
विकास मॉडल
आसुरी
और
ईश्वरीय
सत्यकाशी पीठ
पांचवां और अन्तिम शंकराचार्य पीठ

युग परिवर्तन और 1000 वर्षों के लिए
सत्यकाशी पीठ
का सम्पूर्ण कार्य
कौन, क्यों, कैसे कल्कि?
सत्यकाशी पीठ
पांचवां और अन्तिम शंकराचार्य पीठ

बैल बुद्धि
और
विकसित
भारत
सत्यकाशी पीठ
पांचवां और अन्तिम शंकराचार्य पीठ

सत्यकाशी पीठ
पांचवां और अन्तिम शंकराचार्य पीठ

एक्सट्रा
टु ए बी
समान नागरिक व्यापार ज्ञान संहिता (CCTKC)
सत्यकाशी पीठ
पांचवां और अन्तिम शंकराचार्य पीठ

एक्सट्रा
टु ए बी
समान नागरिक आर्थिक संहिता (UCEC)
सत्यकाशी पीठ
पांचवां और अन्तिम शंकराचार्य पीठ

अंध भक्ति
से मुक्ति की ओर
मुक्ति मंत्र
“जिसने अंधभक्ति दिया
वही मुक्ति देगा”
सत्यकाशी पीठ
पांचवां और अन्तिम शंकराचार्य पीठ

VISHVABHARAT
न मो
नारायण
सत्यकाशी पीठ
पांचवां और अन्तिम शंकराचार्य पीठ

अगला स्तर
फिल्म और राजनीति पर
विचारों का संग्रह
सत्यकाशी पीठ
पांचवां और अन्तिम शंकराचार्य पीठ

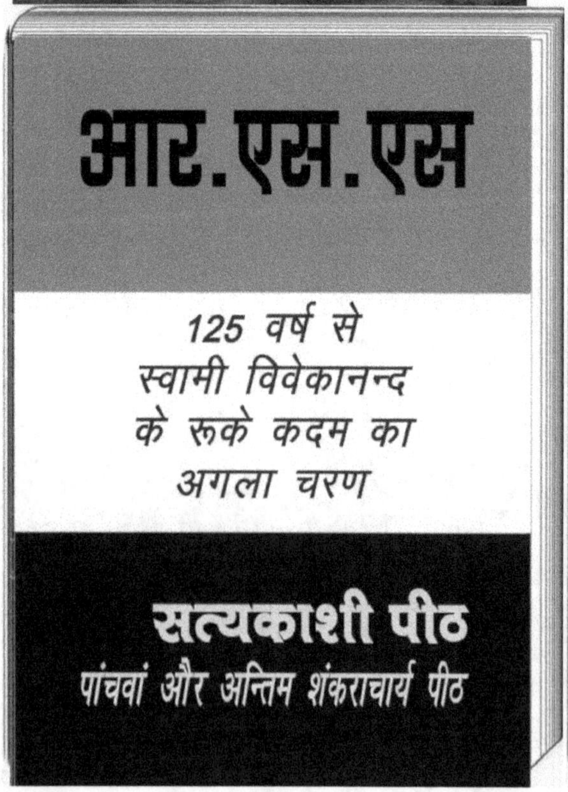
आर.एस.एस
125 वर्ष से
स्वामी विवेकानन्द
के रूके कदम का
अगला चरण
सत्यकाशी पीठ
पांचवां और अन्तिम शंकराचार्य पीठ

आर.एस.एस
रहस्योद्‌घाटन
सत्यकाशी पीठ
पांचवां और अन्तिम शंकराचार्य पीठ

125 वर्ष बाद
स्वामी विवेकानन्द
का अगला चरण
सत्यकाशी
और अन्तिम

सत्येश्वर नरेन्द्र
और
सत्यकाशी पीठ
पांचवां और अन्तिम शंकराचार्य पीठ

आत्मकथा
लेखन कला
का विश्वमानक
सत्यकाशी पीठ
पांचवां और अन्तिम शंकराचार्य पीठ

लुच्चा
पुराण
पौराणिक कथाओं
और पात्रों के
सत्य समझ की व्यास दृष्टि
सत्यकाशी पीठ
पांचवां और अन्तिम शंकराचार्य पीठ

आठवां
सावर्णि मनु स्मृति
सत्यकाशी पीठ
पांचवां और अन्तिम शंकराचार्य पीठ

विश्वमानक
शून्य श्रृंखला
सत्यकाशी पीठ
पांचवां और अन्तिम शंकराचार्य पीठ

सर्वजीत साधना
भवन
एक आध्यात्मिक अनुभव
पांचवां और अन्तिम शंकराचार्य पीठ

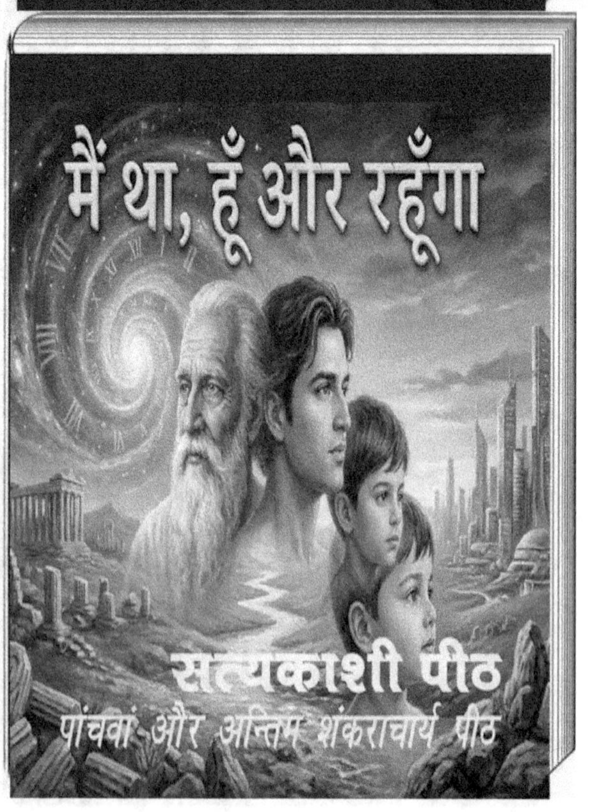
मैं था, हूँ और रहूँगा
सत्यकाशी पीठ
पांचवां और अन्तिम शंकराचार्य पीठ

लव
सत्यकाशी पीठ
पांचवां और अन्तिम शंकराचार्य पीठ

परब्रह्म, प्रकृति, अवतार और वा नर
सत्यकाशी पीठ
पांचवां और अन्तिम शंकराचार्य पीठ

संसार
दृश्य
और
अदृश्य
सत्यकाशी पीठ
पांचवां और अन्तिम शंकराचार्य पीठ

कर्मोपनिषद्
सत्यकाशी पीठ
पांचवां और अन्तिम शंकराचार्य पीठ

विश्वभारत
पुराण
सत्यकाशी पीठ
पांचवां और अन्तिम शंकराचार्य पीठ

एकात्म विज्ञान
सत्यकाशी पीठ
पांचवां और अन्तिम शंकराचार्य पीठ

मानक विज्ञान
सत्यकाशी पीठ
पांचवां और अन्तिम शंकराचार्य पीठ

ईश्वर शास्त्र
सत्यकाशी पीठ
पांचवां और अन्तिम शंकराचार्य पीठ

युगावतारों के प्रकटीकरण की कार्यविधि:
राम-कृष्ण-लवकुश
सत्यकाशी पीठ
पांचवां और अन्तिम शंकराचार्य पीठ

पुस्तक को देखो, लेखक को नहीं
आविष्कार को देखो, आविष्कारक को नहीं
शास्त्र को देखो, शास्त्राकार को नहीं
सत्यकाशी पीठ
पांचवां और अन्तिम शंकराचार्य पीठ

56 से 64
की ओर
सत्यकाशी पीठ
पांचवां और अन्तिम शंकराचार्य पीठ

मैं सत्यकाशी हूँ
कविता
सत्यकाशी पीठ
पांचवां और अन्तिम शंकराचार्य पीठ

पटेल
भारत के शारीरिक एकीकरण के बाद
मन का एकीकरण लक्ष्य
सत्यकाशी पीठ
पांचवां और अन्तिम शंकराचार्य पीठ

मन से
आत्मा तक
3 6 9 और 7
6
3
9
7
सत्यकाशी पीठ
पांचवां और अन्तिम शंकराचार्य पीठ

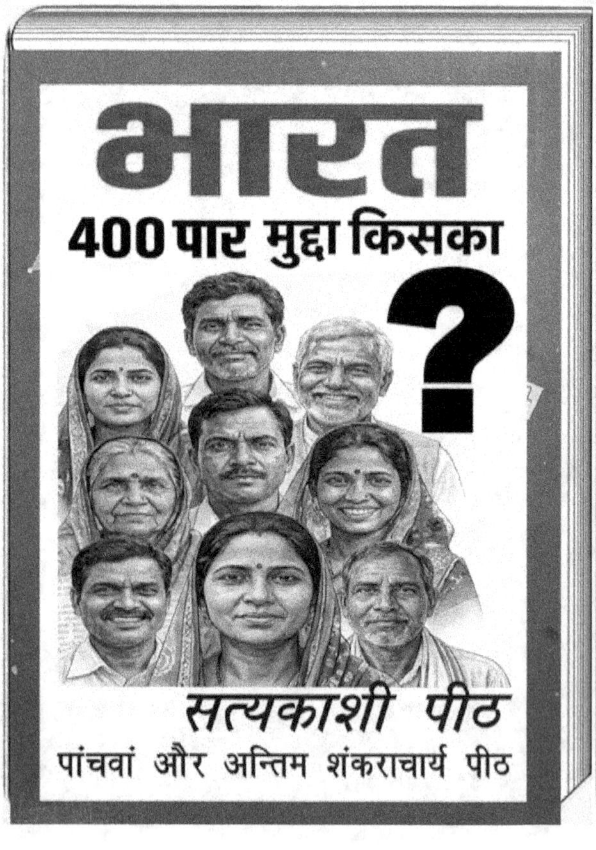
भारत
400 पार मुद्दा किसका
?
सत्यकाशी पीठ
पांचवां और अन्तिम शंकराचार्य पीठ

आर. एस. एस - पुस्तकालय
पढ़ो और कमाओ
शिक्षित समाज, समर्थ राष्ट्र
सत्यकाशी पीठ
पांचवां और अन्तिम शंकराचार्य पीठ

विश्वयुद्ध के पहले
विश्वगुरु भारत
का विश्व शान्ति और
पुनर्निर्माण का अन्तिम सन्देश
सत्यकाशी पीठ
पांचवां और अन्तिम शंकराचार्य पीठ

चुटिया पण्डित
वृन्दावन की सत्य घटना
स्वामी नन्दनानंद

कल्कि का
चुनार और वृन्दावन
से उठता प्रेम
स्वामी नन्दनानंद

कल्कि का
बेगुसराय और मीरजापुर
जन्म और कर्म क्षेत्र
स्वामी नन्दनानंद

सत्येश्वरोपनिषद्
सत्येश्वर
और
झूठेश्वर
वात्सल्य त्रिपाठी

अन्तिम अवतार
कल्कि
के लिए शेष कर्म
वात्सल्य त्रिपाठी

कल्कि अवतार
का मानव-10
विकसित भारत का प्रवेश द्वार
वात्सल्य त्रिपाठी

पप्पू-गप्पू
और
नागरिक झुलेलाल
वात्सल्य त्रिपाठी

DATA DATA DATA DATA
ओपेन गेम
कभी-कभी नहीं,
अब कन्फर्म है
अपुन ही
भगवान है
(वेब सीरीज)
वात्सल्य त्रिपाठी

SATYAKASHI
THE END OF MIRZAPUR
सत्यकाशी पीठ
पांचवां और अन्तिम शंकराचार्य पीठ

अण्डरवर्ल्ड
सनातन से पुरूषों से छुपी महिलाओं की कहानी
(फिल्म स्क्रीनप्ले-रेडी टू शूट)
वात्सल्य त्रिपाठी

सोना और सोना
एवं
नारी सशक्तिकरण
वैदिक काल से वर्तमान तक
सत्यकाशी पीठ
पांचवां और अन्तिम शंकराचार्य पीठ

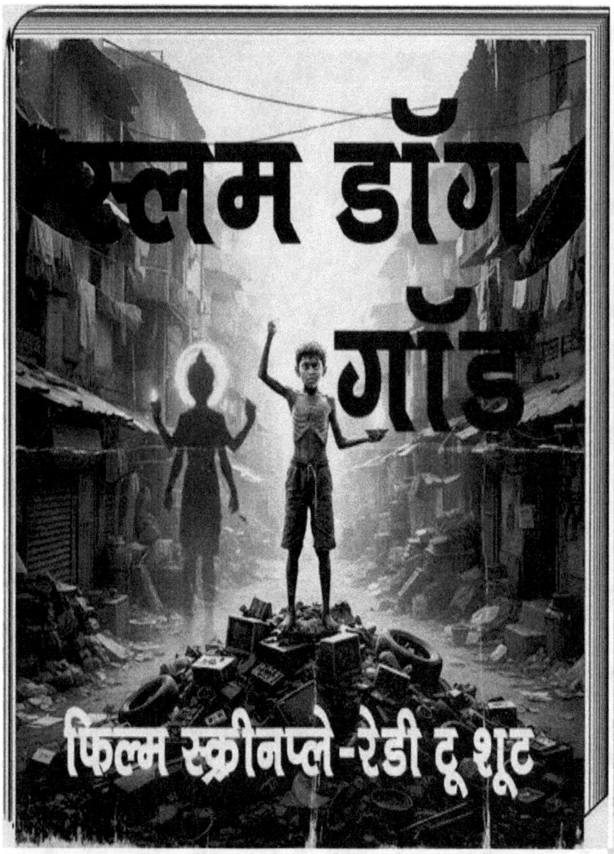
स्लम डॉग
गॉड
फिल्म स्क्रीनप्ले-रेडी टू शूट

उत्तर प्रदेश
का
उत्तर
वात्सल्य त्रिपाठी

अन्तिम समन्वयाचार्य
कल्कि
वात्सल्य त्रिपाठी

2026
2+0+2+6=10
पांचवां और अन्तिम शंकराचार्य पीठ

राम न आयेंगे
लवकुश आ रहें हैं
www.64inch.com
पांचवां और अन्तिम शंकराचार्य पीठ

युग परिवर्तन के
150 पुस्तकें-परिचय
ज्ञान, प्रेरणा और भविष्य की ओर एक कदम
150
सत्यकाशी पीठ
पांचवां और अन्तिम शंकराचार्य पीठ
"एक नई शुरुआत के लिए ज्ञान की खोज"

जैसी तुम्हारी इच्छा वैसा करो

डॉ0 सर्वपल्ली राधाकृष्णन का जन्म 5 सितम्बर, 1888 को दक्षिण भारत के तिरूतनि स्थान पर हुआ था जो चेन्नई से 64 किमी उत्तर-पूर्व में है। डॉ0 सर्वपल्ली राधाकृष्णन भारत के उपराष्ट्रपति और दूसरे राष्ट्रपति सन् 1952 से 1962 तक में रहे। डॉ0 सर्वपल्ली राधाकृष्णन भारतीय समाजिक संस्कृति से ओत-प्रोत एक महान शिक्षाविद् महान दार्शनिक, महान वक्ता और आस्थावान हिन्दू विचारक थे। डॉ0 सर्वपल्ली राधाकृष्णन ने अपने जीवन के महत्वपूर्ण 40 वर्ष शिक्षक के रूप में व्यतीत किये। उनमें एक आदर्श शिक्षक के सारे गुण मौजूद थे। डॉ0 सर्वपल्ली राधाकृष्णन समस्त विश्व को एक शिक्षालय मानते थे। उनकी मान्यता थी कि शिक्षा के द्वारा ही मानव दिमाग का सद्उपयोग किया जाना सम्भव है इसलिए समस्त विश्व को एक इकाई समझकर ही शिक्षा का प्रबन्धन किया जाना चाहिए। उनके जन्मदिन को "शिक्षक दिवस" के रूप में मनाया जाता है।

इति ते ज्ञानमाख्यातं गुह्याद्गुह्यतरं मया।
विमृश्न्यैतदशेषेण यथेच्छसि तथा कुरू।।

(श्रीमद्भगवद्गीता, अध्याय-18, श्लोक-63)

अर्थात् - मैंने तुम्हें जो बताया, वह सब से बड़ा रहस्य है। इस पर भलीभाँति विचार कर तुम्हारी जैसी इच्छा वैसा करो।

"परमात्मा देखने में तटस्थ या निरपेक्ष दिखाई देता है, क्योंकि उसने चुनने का निर्णय अर्जुन के हाथ में छोड़ दिया है। उसकी यह निरपेक्षता ही अर्जुन के चिन्ता का कारण है। वह किसी पर भी दबाव नहीं डालता क्योंकि स्वतःस्फूर्त स्वतन्त्रता बहुत मूल्यवान होती है। भगवान अपना आदेश ऊपर से नहीं थोपता। वह स्वतन्त्र छोड़ देता है। परमात्मा की पुकार को स्वीकार करने या अस्वीकार कर देने के लिए हम हर समय स्वतन्त्र हैं। हम लड़खड़ाने लगें तो वह सहायता देने के लिए तैयार रहता है और प्रतीक्षा करने को तैयार है जब तक हम उसकी ओर उन्मुख न हों।

सब कुछ पहले से निर्धारित मानने वाले सिद्धान्त में टकराव के कारण यूरोप और भारत में काफी वाद-विवाद हुआ है। यूरोप का प्रमुख सिद्धान्त है कि संकल्प शक्ति और मानवीय प्रयत्न की स्वतन्त्रता का मनुष्य के उद्धार में बहुत बड़ा हाथ होता है। यद्यपि स्वयं संकल्प शक्ति को भी परमात्मा की कृपा के समर्थन की आवश्यकता पड़ सकती है। पहले से सब कुछ तय मानने वालों को अच्छे कार्यों और प्रार्थना के लिए यत्न करना होता है, क्योंकि वहाँ भी मानते हैं कि ये उपाय नियति को आगे बढ़ाने में सहायक तो हो सकते हैं लेकिन वे उसे रोक नहीं सकते। मनुष्य इस बात के लिए स्वतन्त्र है कि परमात्मा उन मनुष्यों पर कृपा करना चाहता है जो अपने आचरण से उस कृपा को ग्रहण करने के लिए तैयार करते हैं।

आध्यात्मिक नेता हम पर शारीरिक हिंसा, चमत्कार, प्रदर्शन के जरिये प्रभाव नहीं डालते। यदि सच्चा शिष्य कोई गलती कर भी बैठे, तो वह उसे केवल सलाह देगा। यदि शिष्य को चुनाव करने की स्वतन्त्रता पर आँच आती हो, तो वह उसे गलत रास्ते से भी वापस लौट आने के लिए विवश नहीं करेगा। गलती भी विकास की एक दिशा है।

कृष्ण केवल सारथी हैं। वह अर्जुन के आदेश का पालन करेगा। उसने कोई शस्त्र धारण नहीं किया हुआ है। यदि वह अर्जुन पर कोई प्रभाव डालता है तो वह उसे अपने उस सर्वजयी प्रेम के जरिए डालता है। जो कभी समाप्त नहीं होता।

अर्जुन को अपने लिए स्वयं विचार करना चाहिए और अपने लिए स्वयं ही मार्ग खोज करना चाहिए। अस्पष्ट मान्यताओं को अनिवार्य रूप से और भावुकतापूर्वक अपना लिए जाने के कारण फलस्वरूप कट्टर धर्मान्धता उत्पन्न हुई है और उनके कारण मनुष्यों को अकथनीय कष्ट उठाना पड़ा है। इसलिए यह आवश्यक है कि मन और विश्वासों के लिए कोई तर्क संगत और अनुभावात्मक औचित्य ढूंढ़े।

अर्जुन को एक वास्तविक अखण्डता की अनुभूति प्राप्त करनी होगी लेकिन उसके विचार अपने हैं। और गुरू के जरिये उस पर थोपे नहीं गये हैं। दूसरों पर अपने विचार थोपना शिक्षण नहीं हैं।"

- भगवद्गीता के आखिरी उपदेश पर भारतीय दर्शन के व्याख्याकार और दूसरे राष्ट्रपति डॉ0 राधाकृष्णनन का विवेचन

"यह विश्वशास्त्र, मनुष्यों पर थोपा नहीं जा रहा बल्कि वह मनुष्यों को, मनुष्यो के इस संसार मे जो वर्तमान है उसे और उसके आगे अनन्त मार्ग दिखा रहा है और सभी मार्गों के एकीकरण द्वारा, उस मार्ग को भी दिखा रहा है जो विश्व को सत्य-सुन्दर-शिव बना सकता है। फिर भी हे मनुष्यों जैसी तुम्हारी इच्छा वैसा करो। वर्तमान से योग कराने के लिए ही मैं व्यक्त होता हूँ।" - लव कुश सिंह "विश्वमानव"

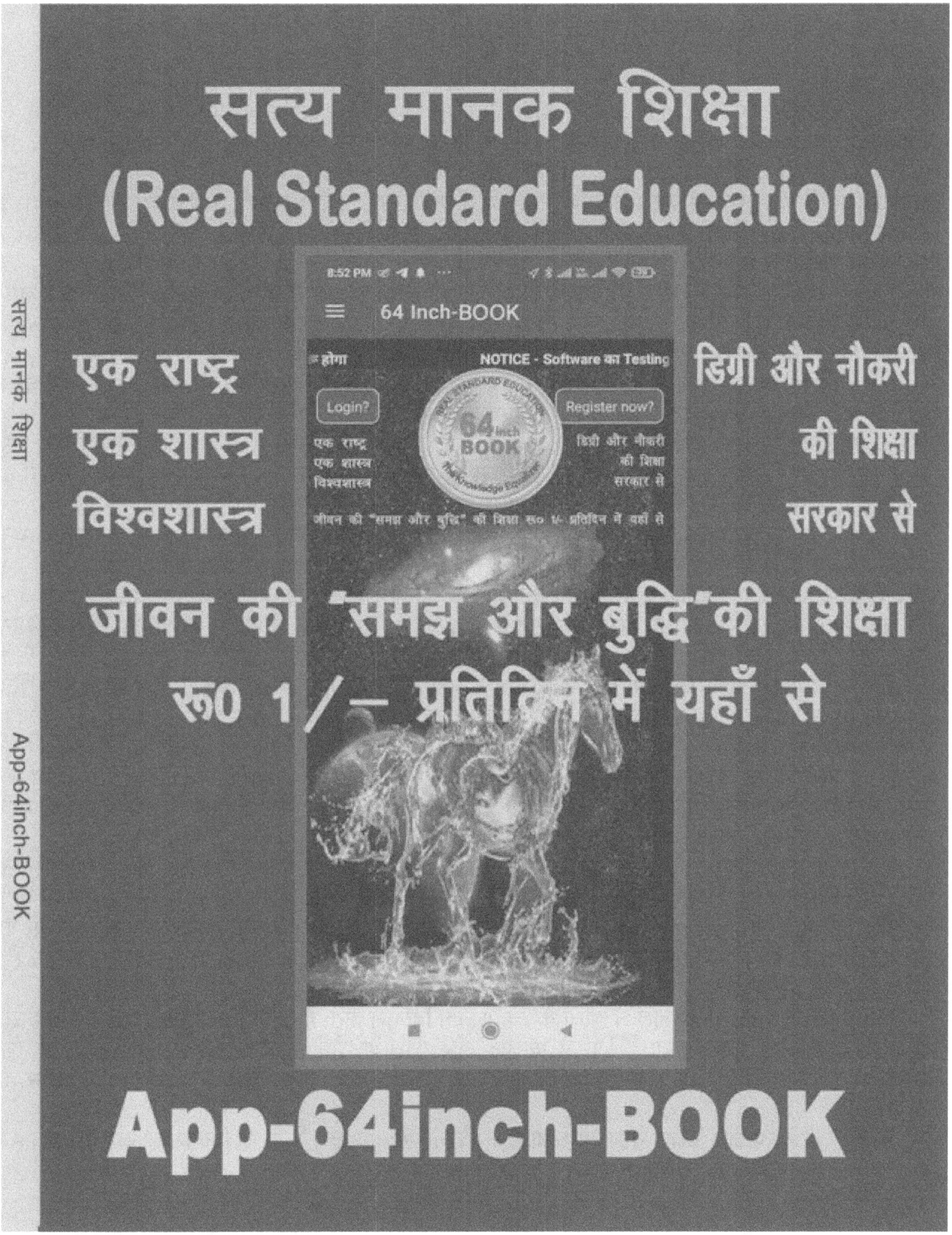
सत्य मानक शिक्षा
(Real Standard Education)
64 Inch-BOOK
NOTICE - Software का Testing
Login?
Register now?
एक राष्ट्र
एक शास्त्र
विश्वशास्त्र
डिग्री और नौकरी
की शिक्षा
सरकार से
जीवन की "समझ और बुद्धि" की शिक्षा
रू0 1/- प्रतिदिन में यहाँ से
App-64inch-BOOK
सत्य मानक शिक्षा
App-64inch-BOOK

“सत्य मानक शिक्षा” का व्यापार-एक अन्तहीन व्यापार

एक नदी पर पुल था जिसे कोई व्यक्ति पैदल दो घण्टे में पार करता था। यह पुल पैदल यात्रीयों के लिए रोक दिया गया था जिसके लिए पुल के ठीक मध्य (एक घण्टे की यात्रा) पर एक गार्ड नियुक्त था। गार्ड एक घण्टे सोता था और एक घण्टे जागता था। एक चालाक व्यक्ति को पुल से नदी पार करना अतिआवश्यक था। इसलिए गार्ड जब सोया तब वह यात्रा प्रारम्भ किया जैसे ही गार्ड के जागने का समय आया, वह वापस लौटने लगा। गार्ड समझा कि वह दूसरे किनारे से आ रहा है इसलिए उसने उस यात्री को पकड़ा और दूसरी ओर भेज दिया। इस प्रकार यात्री नदी पार हो गया।

यदि हम में से किसी को तैरकर नदी पार करना हो और आधे से पहले ही हमारा हिम्मत टूटने लगे तो हम वापस ही आना चाहेंगे। यदि आधे से अधिक तैरने के बाद हिम्मत टूटने लगेगा तो हौसला बढ़ाकर आगे ही बढकर पार करना चाहेंगे।

इसी प्रकार मनुष्य के विकास क्रम में हम सब अदृश्य विज्ञान (आध्यात्म) से दृश्य विज्ञान (भौतिक) की ओर बढ़ गये हैं। नदी या पुल का एक किनारा अदृश्य विज्ञान है तो दूसरा किनारा दृश्य विज्ञान। वर्तमान का हमारा अधिकतम जीवन नदी के दूसरे किनारे दृश्य विज्ञान की ओर है, हर पल। जन्म से ही हम अधिकतम वे सब वस्तुएँ प्रयोग कर रहे हैं जिसका कच्चा माल भले ही ईश्वरकृत हो परन्तु उपयोग का रूप मनुष्यकृत है और विज्ञान द्वारा निर्मित है। इस प्रकार मनुष्य निर्माता के रूप में अपना रूप व्यक्त कर ईश्वर की ओर ही बढ़ रहा है।

नदी के पुल पर बैठे उस गार्ड का काम और तैरने वाले का निर्णय “सत्य शिक्षा” है। वर्तमान में मनुष्य समाज अदृश्य काल से चलकर दृश्य काल में आ चुका है। आधे से वापस किनारे जाना “सत्य” को पाना है। और आधे से दूसरे किनारे पार हो जाना “सिद्धान्त” को पाना है। इन्हीं सिद्धान्त को पाने के बाद संविधान-नियम-कानून का जन्म होता है जिससे आज हम सभी संचालित व प्रभावित है। इस “सत्य-सिद्धान्त” की शिक्षा ही “सत्य मानक शिक्षा” है।

वर्तमान में जीने का अर्थ होता है-विश्व ज्ञान जहाँ तक बढ़ चुका है वहाँ तक के ज्ञान से अपने मस्तिष्क को युक्त करना। तभी डेढ़ हजार वर्ष पुराने हमारे मस्तिष्क का आधुनिकीकरण हो पायेगा। सिर्फ वर्तमान में तो पशु रहकर कर्म करते हैं। “सत्य मानक शिक्षा” मनुष्य के मस्तिष्क के आधुनिकीकरण की शिक्षा है या विज्ञान की भाषा में कहें तो मस्तिष्क के आधुनिकीकरण का साफ्टवेयर या माइक्रोचिप्स (Integrated Circuit-I.C) है। वर्तमान की अब नवीनतम परिभाषा है-“पूर्ण ज्ञान से युक्त होना” और कार्यशैली की परिभाषा है-“भूतकाल का अनुभव, भविष्य की आवश्यकतानुसार पूर्णज्ञान और परिणाम ज्ञान से युक्त होकर वर्तमान समय में कार्य करना।”

ज्ञान के इस युग में शिक्षा-विद्या-कला का व्यापार मनुष्य के धरती पर रहने तक रहेगा। ऐसी स्थिति में “सत्य मानक शिक्षा”का व्यापार भी उस समय तक के लिए स्थायित्व में है। शिक्षा-विद्या-कला कोई प्रापर्टी नहीं है कि पिता जी ग्रहण कर चुके हैं तो पुत्र को हिस्सा प्राप्त हो जायेगा। पुत्र को भी वहीं से अर्थात् अक्षर ज्ञान से शुरू होना पड़ेगा जहाँ से पिता ने शुरू किया था। इस प्रकार “सत्य मानक शिक्षा”का व्यापार एक अन्तहीन व्यापार है जो मनुष्य के पृथ्वी पर रहने तक चलता रहेगा।

स्कूल-कालेजों के जाल से शिक्षा के व्यापार का विकास होता है न कि शिक्षा का। शिक्षा का विकास तो शिक्षा पाठ्यक्रम पर निर्भर होता है जिससे शिक्षक और शिक्षार्थी दोनों निर्मित होते हैं। जब तक पूर्ण शिक्षा पाठ्यक्रम का निर्माण नहीं होता, शिक्षा का विकास नहीं हो सकता लेकिन शिक्षा के व्यापार का विकास होता रहेगा।

आध्यात्म और विज्ञान ने मानव सभ्यता के विकास में अब कम से इतना विकास तो कर ही चुका है कि अब हमें मन के एकीकरण के लिए कार्य करना चाहिए। और उस मन पर कार्य करने का ही परिणाम है-

सम्पूर्ण ब्रह्माण्ड में व्याप्त एक ही सत्य-सिद्धान्त द्वारा व्यक्तिगत व संयुक्त मन को एकमुखी कर सर्वोच्च, मूल और अन्तिम स्तर पर स्थापित करने के लिए शून्य पर अन्तिम आविष्कार WS-0 श्रृंखला की निम्नलिखित पाँच शाखाएँ है।

1. डब्ल्यू.एस. (WS)-0: विचार एवम् साहित्य का विश्वमानक
2. डब्ल्यू.एस. (WS)-00: विषय एवम् विशेषज्ञों की परिभाषा का विश्वमानक
3. डब्ल्यू.एस. (WS)-000: ब्रह्माण्ड (सूक्ष्म एवम् स्थूल) के प्रबन्ध और क्रियाकलाप का विश्वमानक
4. डब्ल्यू.एस. (WS)-0000: मानव (सूक्ष्म तथा स्थूल) के प्रबन्ध और क्रियाकलाप का विश्वमानक
5. डब्ल्यू.एस. (WS)-00000: उपासना और उपासना स्थल का विश्वमानक

और पूर्णमानव निर्माण की तकनीकी WCM-TLM-SHYAM.C (World Class Manufacturing – Total Life Maintenance – Satya-Heart-Yog-Ashram-Meditaion.Conciousness) है।

जो शिक्षा का नया माडल है। गरीबों की समस्या सुलझानें का नैतिक दायित्व है। देश में 25 वर्ष से कम उम्र के 55 करोड़ लोगों के लिए पुननिर्माण जैसी योजना हैं। उन्हें नौकरी और प्रशिक्षण की व्यवस्था है। रचनात्मकता, समन्वय, लीडरशिप, ग्लोबल तथा प्रोफेशनल विषयों को पढ़ने तथा सूचना तकनीक के जरिए पढ़ाई पर ध्यान केन्द्रित करने से युक्त है। हमारे देश में जो अध्यापक हैं, वे शोध नहीं करते और जो शोध करते हैं वे पढ़ाते नहीं, इसलिए शिक्षार्थी को ही शोध पत्र (विश्वशास्त्र) पढ़ाया जाय क्योंकि शिक्षक पढ़ने से तो रहे क्योंकि समान्यतः धन के आने की सुनिश्चितता के बाद लोग पढ़ना छोड़ देते हैं, यही नहीं कोशिश तो यह भी रहती है कि पढ़ाना भी न पड़े और उन्हें सेवा से हटाया भी नहीं जा सकता।

स्वामी विवेकान्द जी ने कहा था – "सुधारकों से मैं कहूंगा कि मैं स्वयं उनसे कहीं बढ़कर सुधारक हूँ। वे लोग इधर-उधर थोड़ा सुधार करना चाहते हैं- और मैं चाहता हूँ आमूल सुधार। हम लोगों का मतभेद है केवल सुधार की प्रणाली में। उनकी प्रणाली विनाशात्मक है और मेरी संघटनात्मक। मैं सुधार में विश्वास नहीं करता, मैं विश्वास करता हूँ स्वाभाविक उन्नति में।"

स्वाभाविक उन्नति तभी होती है जब संसाधन उपलब्ध हो। कार-मोटरसाइकिल घर में पहले से रहता है तो स्वाभाविक रूप से कम उम्र में ही घर के लोग चलाना सिख जाते हैं

जो व्यक्ति या देश केवल आर्थिक उन्नति को ही सर्वस्व मानता है वह व्यक्ति या देश एक पशुवत् जीवन निर्वाह के मार्ग पर है-जीना और पीढ़ी बढ़ाना। दूसरे रूप में इसे ऐसे समझा जा सकता है कि ऐसे व्यक्ति जिनका लक्ष्य धन रहा था वे अपने धन के बल पर अपनी मूर्ति अपने घर पर ही लगा सकते हैं परन्तु जिनका लक्ष्य धन नहीं था, उनका समाज ने उन्हें, उनके रहते या उनके जाने के बाद अनेकों प्रकार से सम्मान दिया है और ये सार्वजनिक रूप से सभी के सामने प्रमाणित है। पूर्णत्व की प्राप्ति का मार्ग शारीरिक-आर्थिक उत्थान के साथ-साथ मानसिक-बौद्धिक उत्थान होना चाहिए और यही है ही। इस प्रकार भारत यदि पूर्णता व विश्व गुरूता की ओर बढ़ना चाहता है तब उसे मात्र कौशल विकास ही नहीं बल्कि राष्ट्रीय बौद्धिक विकास की ओर भी बढ़ना होगा। बौद्धिक विकास, व्यक्ति व राष्ट्र का इस ब्रह्माण्ड के प्रति दायित्व है और उसका लक्ष्य है।

राष्ट्र के पूर्णत्व के लिए पूर्ण शिक्षा निम्नलिखित शिक्षा का संयुक्त रूप है-

अ-सामान्यीकरण (Generalisation) शिक्षा

ज्ञान के लिए- यह शिक्षा व्यक्ति और राष्ट्र का बौद्धिक विकास कराती है जिससे व्यक्ति व राष्ट्रीय सुख में वृद्धि होती है।

ब-विशेषीकरण (Specialisation) शिक्षा

कौशल के लिए- यह शिक्षा व्यक्ति और राष्ट्र का कौशल विकास कराती है जिससे व्यक्ति व राष्ट्रीय उत्पादकता में वृद्धि होती है।

स-सत्य नेटवर्क (REAL NETWORK)

समाज में प्रकाशित होने के लिए-क्योंकि कोई भी क्यों न हो उसे स्वयं अपना परिचय (BIO-DATA) देना पड़ता है तभी उसके अनुसार समाज उसका उपयोग करता है।

वर्तमान समय में विशेषीकरण की शिक्षा, भारत में चल ही रहा है और वह कोई बहुत बड़ी समस्या भी नहीं है। समस्या है सामान्यीकरण शिक्षा की। व्यक्तियों के विचार से सदैव व्यक्त होता रहा है कि-मैकाले शिक्षा पद्धति बदलनी चाहिए, राष्ट्रीय शिक्षा नीति व पाठ्यक्रम बनना चाहिए। ये तो विचार हैं। पाठ्यक्रम बनेगा कैसे?, कौन बनायेगा? पाठ्यक्रम में पढ़ायेंगे क्या?

एक पूर्ण मानव निर्माण प्रक्रिया में शिक्षा पाठ्यक्रम के स्वरूप का विश्वमानक निम्नवत् है। जो किसी विशेष देश-काल-पात्र पर निर्भर नही करता अर्थात् यह प्रत्येक देशों और व्यक्तियों के लिए शिक्षा का स्वरूप है। जिससे ब्रह्माण्डीय, वैश्विक और व्यक्तिगत संतुलन, स्थिरता, एकता, प्रबन्ध, विकास, शान्ति और सुरक्षा निर्धारित होती है।

1. प्राइमरी शिक्षा (कक्षा-5 तक)-भाषा ज्ञान आधारितः- क्षेत्रीय, देश, विश्व और विज्ञान की भाषा का ज्ञान, सामान्य विज्ञान, सामान्य ज्ञान, चित्र कला।

2. जूनियर हाई स्कूल (कक्षा-6 से 8 तक)-समाज ज्ञान आधारितः- क्षेत्रीय, देश, विश्व और विज्ञान की भाषा का ज्ञान, सामान्य विज्ञान, सामान्य ज्ञान, चित्र कला का विस्तार, खेल, संगीत, कृषि, समाज विज्ञान।

3. हाई स्कूल (कक्षा-9 से 10 तक)-सामान्यीकृत ज्ञान आधारितः- ज्ञान-कर्मज्ञान समाहित WCM-TLM-SHYAM.C (World Class Manufacturing – Total Life Maintenance – Satya-Heart-Yog-Ashram-Meditaion.Conciousness) प्रणाली अर्थात शिक्षा पाठ्यक्रम का विश्व मानक, कालानुसार विज्ञान, तकनीकी, व्यापारीक व प्रबन्धकीय ज्ञान की शिक्षा।

4. इण्टरमीडिएट (कक्षा-11 से 12 तक)-विशेषीकृत ज्ञान आधारितः- कौशल विकास की शिक्षा।

5. उच्च शिक्षा-इच्छानुसार विशेष क्षेत्र आधारित

"किसी देश का संविधान, उस देश के स्वाभिमान का शास्त्र तब तक नहीं हो सकता जब तक उस देश की मूल भावना का शिक्षा पाठ्यक्रम उसका अंग न हो। इस प्रकार भारत देश का संविधान भारत देश का शास्त्र नहीं है। संविधान को भारत का शास्त्र बनाने के लिए भारत की मूल भावना के अनुरूप नागरिक निर्माण के शिक्षा पाठ्यक्रम को संविधान के अंग के रूप में शामिल करना होगा। जबकि राष्ट्रीय संविधान और राष्ट्रीय शास्त्र के लिए हमें विश्व के स्तर पर देखना होगा क्योंकि देश तो अनेक हैं राष्ट्र केवल एक विश्व है, यह धरती है, यह पृथ्वी है। भारत को विश्व गुरू बनने का अन्तिम रास्ता यह है कि वह अपने संविधान को वैश्विक स्तर पर विचार कर उसमें विश्व शिक्षा पाठ्यक्रम को शामिल करे। यह कार्य उसी दिशा की ओर एक पहल है, एक मार्ग है और उस उम्मीद का एक हल है। राष्ट्रीयता की परिभाषा व नागरिक कर्तव्य के निर्धारण का मार्ग है। जिस पर विचार करने का मार्ग खुला हुआ है।"

"भारत का प्रत्येक नागरिक अपने जीवकोपार्जन के मार्ग व संघर्ष में अपने विषय का जानकार व अनुभव तो प्राप्त कर रहा है परन्तु कुछ पाने के क्रम में कुछ छूट भी जाता है इसलिए प्रत्येक नागरिक को अपने अहंकार को भूलकर यह स्वीकार करना होगा कि वह अपने विषय से हटकर अन्य विषय के विषय में कम या नहीं जानता है।"

अतः एक "आदर्श नागरिक" बनने के क्रम में न्यूनतम ज्ञान सभी को एक समान रूप से चाहिए।

NEW WORLD ORDER

"न्यू इण्डिया" का एक्शन प्लान

www.64inch.com

The Knowledge Equalizer

"सार्वभौम सत्य–सिद्धान्त" एवं "आध्यात्मिक सत्य" पर आधारित जीवन शास्त्र –"विश्वशास्त्र" की

"युग परिवर्तन" श्रृंखला की पुस्तकें

मुख्य शास्त्र

01. *विश्वशास्त्र – द नॉलेज आफ फाइनल नॉलेज*

सारांश के अनुसार

02. मैं सत्यकाशी से कल्कि महावतार बोल रहा हूँ (समष्टि गीता – यथार्थ प्रकाश)

शीर्षक *के अनुसार भाग*

03. विश्वस्तरीय फिल्म लेखन कला
04. प्रारम्भिक सत्य – अन्तिम दृष्टि
05. सत्य धर्म – युग परिवर्तक दृष्टि
06. सत्य दार्शनिक–दर्शन और कर्म वेदान्त–विकास दर्शन
07. सत्य शास्त्र एवं पुराण रहस्य–महर्षि व्यास कला
08. संत एवं गुरू और विश्व संत एवं गुरू
09. समाज और ईश्वरीय समाज
10. सत्य शास्त्र और विश्वशास्त्र
11. कृति और विश्व कृति
12. भारत माता मन्दिर और विश्वधर्म मन्दिर
13. महाभारत और विश्वभारत
14. संविधान और विश्व संविधान
15. शिक्षा और पूर्ण शिक्षा
16. देवता और सार्वभौम देवता कल्कि
17. देवीयाँ और सार्वभौम देवी माँ कल्कि
18. द्वादश ज्योतिर्लिंग और 13वां अन्तिम ज्योतिर्लिंग
19. काशी – मोक्षदायिनी और जीवनदायिनी
20. सत्यकाशी – स्वर्णयुग का तीर्थ
21. काशी – रहस्योद्घाटन
22. 2020 – मन का नवीनीकरण
23. ईश्वर का संक्षिप्त इतिहास
24. अवतार – अन्तिम सत्य दृष्टि
25. भविष्यवाणियाँ और कल्कि अवतार
26. स्वामी विवेकानन्द और कल्कि अवतार
27. मनु, मनवन्तर और कल्कि महावतार
28. व्यास, शास्त्र और कल्कि महावतार
29 ऋषि, ऋषि परम्परा और कल्कि महावतार
30. दूसरा आगमन या अन्तिम आगमन
31. परिवर्तन–काल, मनु, युग, व्यास और शास्त्र
32. राम, रावण और सार्वभौम एकात्म
33. मैं, व्यक्तिगत या सार्वभौम
34. लव कुश (त्रेतायुग) और लवकुश (कलियुग)
35. कल्कि महावतार आ चुके हैं (ACTION PLAN)
36. लव कुश सिंह (कल्कि महाअवतार)–जीवन, ज्ञान, कर्म और विश्वरूप
37. वैश्विक बुद्ध – बुद्ध का भाग दो और अन्तिम
38. बुद्धा कृष्ण – कृष्ण का भाग दो और अन्तिम
39. सम्पूर्ण क्रान्ति–अन्तिम कार्य योजना
40. पुनर्निर्माण (RENEW)–समस्या, समाधान और राष्ट्र निर्माण की योजना
41. पुनर्निमाण (RENEW)– ग्राम एवं नगर वार्ड प्रेरक
42. विश्वशास्त्र द नालेज आफ फाइनल नालेज–परिचय
43. एन्टायर पालिटिक्स – पूर्ण पाठ्यक्रम
44. वसुधैव–कुटुम्बकम्
45. कर्मवेद : प्रथम, अन्तिम तथा पंचम वेद
46. आठवें अवतार श्रीकृष्ण के अनकहे संदेश
47. अयोध्या नहीं, मुंगेर है राम जन्मभूमि
48. विश्वमानव–भूतपूर्व नेतृत्वकर्ताओं का स्पष्टिकरण
49. विश्वमानव–वर्तमान नेतृत्वकर्ताओं का स्पष्टिकरण
50. विश्वमानव–वार्ता, वक्तव्य एवं वाणियाँ
51. विश्वमानव–पत्रावली, प्रसारण और अन्तिम पत्र
52. सत्य जनहित आह्वान
53. विश्व शान्ति–अन्तिम सत्य दृष्टि
54. नई विश्व व्यवस्था का रहस्य
55. समाजवाद – ब्रह्माण्डीय विकास का अवतारी मार्ग
56. भारतवाद – राष्ट्रवाद की मुख्यधारा
57. 100 वर्षीय संयुक्त राष्ट्र को अग्रिम सन्देश
58. सार्वभौम एकात्म–नव विश्व निर्माण
59. गणराज्य, संघ, मानकीकरण संगठन और सम्पूर्ण मानक
60. व्यापार केन्द्र (TRADE CENTRE)–दृश्य सत्य
61. मन का विश्वमानक और पूर्ण मानव निर्माण की तकनीकी (WCM-TLM-SHYAM.C)
62. मानक विपणन प्रणाली (3F:FUEL-FIRE-FUEL)
63. स्वर्णयुग का मानक आदर्श नागरिक–दिशा निर्देश
64. विश्वधर्म : परिचय (स्वर्णयुग का धर्म)

व्यक्ति और विभागीय स्तर पर सफाई–सुधार का पहला प्रारूप की पुस्तक – डा0 रमेश कुमार द्वारा लिखित "विशाल ज्ञान विज्ञान सबका समाधान" है

दर्शन, विचार एवं संपादन

लव कुश सिंह "विश्वमानव"

Search on Google -> Lava Kush Singh "vishwmanav"

पुस्तक उपलब्ध

notionpress.com

Book Store

www.ingramcontent.com/pod-product-compliance
Lightning Source LLC
LaVergne TN
LVHW080933071026
849535LV00013B/4195
* 9 7 8 1 6 4 8 9 9 4 5 6 2 *